Elsa Triolet

DU MÊME AUTEUR

Pas d'histoire, les femmes, Syros, 1977
Hélène Brion; la voie féministe, Syros, 1978
Un coin dans leur monde, Syros, 1979
Le Ministère du possible..., Alain Moreau, 1986
Choses dites de profil, Ramsay, 1988
Rose Noël, Seghers, 1990
La Grande Verrière, Payot, 1991
Carnets de Prague, Seghers, 1992
Le Déjeuner, François Bourin, 1993
La Famille Renoir, Calmann-Lévy, 1994
Simone Weil, Julliard, 1995, rééd. hb éditions, 1999
Les Roches rouges, Écriture, 1996
Faute de regard, Écriture, 1997
Agatha Christie, Flammarion, 1998
George Sand, La lune et les sabots, Robert Laffont, 1990,
rééd. hb éditions, 1999
Une autre façon de dire je, Flammarion, 2000

Huguette Bouchardeau

Elsa Triolet

Écrivain

Flammarion

Ouvrage publié sous la direction
de Perrine Simon-Nahum

ISBN : 2-08-067730-6

Prologue

Elsa Triolet, écrivain

Un destin ancien menace toujours les femmes ; celui de n'être reconnues qu'à travers les hommes dont elles sont les filles, les amantes ou les épouses. Comme il serait tentant de ne décrire Elsa Triolet qu'à travers ceux qui peuplèrent sa vie : les amants et les maris qu'elle eut, le plus célèbre d'entre eux surtout, celui qui s'appliqua, au cours de tant d'écrits, à ne se définir que comme son servant. Être possédé, comme se disait « le fou d'Elsa », c'est aussi annexer qui vous possède. Quel mal n'avons-nous pas, aujourd'hui, à démêler les histoires tressées d'Aragon et d'Elsa... Nous ne pourrons redécouvrir la femme qu'elle fut, l'écrivain qu'elle devint, qu'en cherchant à la faire échapper au contrat d'exclusivité qu'instaura sur elle, au fil des années, le génial poète.

Car la clé de la personnalité d'Elsa est dans le sentiment aigu qu'elle eut toujours de sa solitude : « La solitude n'est pas le grand thème de mes livres, elle l'est de ma vie », écrira-t-elle un jour de souffrance et de rage à l'homme qu'elle aimait tant. Une solitude qui s'augmentait peut-être de cet art qu'elle pratiquait dans le roman, d'inventer des vies, de se masquer et de se dévoiler tour à tour, car l'auteur entraînait l'autre – le toujours naïf lecteur – en d'improbables aventures avec une Elsa imaginée, imaginaire, inatteignable. Si nous ajoutons aux créations de fiction qu'elle broda autour d'elle-même l'autobiographie soigneusement brossée dans les préfaces aux volumes qui lui sont consacrés dans les *Œuvres romanesques croisées*[1], nous avons beaucoup de mal à départager les visages d'Elsa Triolet réelle des multiples facettes d'Elsa qui ne s'aimait pas et d'Elsa folle de ce qu'elle nommait son « amour-propre », d'Elsa telle qu'elle se rêvait et se dédoublait en plusieurs personnages dans tel ou tel de ses romans, d'Elsa telle qu'elle croyait se voir dans les regards jaloux, sévères, amoureux ou indifférents de ceux qu'elle aimait et de ceux qu'elle appelait « les gens »...

Peut-être la biographie d'un écrivain est-elle une tâche impossible, puisque le modèle s'est déjà mis en musique à travers son œuvre. Je ne connais guère d'auteurs à qui n'ait paru odieux le projet manifesté par d'autres de les faire comparaître sous d'autres plumes que la leur. On se souvient de Jorge Luis Borges écrivant : « Qu'un individu veuille évoquer chez un autre individu des souvenirs qui n'appartiennent qu'à un troisième, voilà un paradoxe évident. Réaliser en toute tranquillité d'esprit un tel paradoxe, c'est l'innocent objet de toute biographie[2]. » Elsa Triolet, comme la plupart des écrivains, avait protesté d'avance contre la recherche de ce qu'elle appelait sa « propriété privée » : « Nous avons dit de nous-mêmes, de notre vie, des événements de notre temps que nous avons vécus, que nous vivons, ce qui a trouvé écho dans nos romans. Nous avons dit ce qui est devenu littérature. Le reste est notre propriété privée. »

Dans le premier livre écrit par elle en français, *Bonsoir, Thérèse,* Elsa Triolet notait aussi : « Si j'étais quelqu'un dont on écrit la biographie, si on notait mes malheurs de Sophie, ma vie n'apparaîtrait pas plus creuse qu'une autre. Mais entre les points qu'enregistre une biographie : née le..., fait ses études à..., se marie en..., d'un point à l'autre il y a les pas qu'on fait dans les rues, il y a les gens qu'on a vu passer, et ce qu'on a pensé à ses moments perdus, tout ce qui est la partie creuse d'une vie, dont on tairait les événements.» Avec «cette partie creuse de la vie», elle définissait excellemment le territoire du genre nommé «nouvelle», ces brins de paille accrochés à la trame du discours romanesque... Mais ces brins de paille ne tissent pas une existence.

Quand Antonin Blond, la créature d'Elsa Triolet dans *L'Inspecteur des ruines,* rencontre Joë, la jeune fille égarée dans la ville détruite, il déclare : «Nous sommes sans biographie l'un pour l'autre. Une biographie est un récit où les choses se tiennent; c'est extraordinaire combien c'est logique, une biographie, même la plus folle.» Elsa se méfiait de ces reconstitutions trop sages ou trop sauvages auxquelles l'exposait son existence publique.

Quand on lui demanda d'écrire ses Mémoires, elle confia à sa sœur, en 1961 : «Oui, les Mémoires sont à la mode. Julliard m'a demandé d'écrire les miens pour faire concurrence à Simone de Beauvoir. J'ai été prise d'un tel ennui en envisageant la chose que je ne veux plus en entendre parler. Les Mémoires, qu'ils soient historiques ou autobiographiques, ne m'intéressent pas. L'éditeur aurait voulu une autobiographie, mais je ne m'intéresse pas le moins du monde à moi-même, y penser me répugne ; même en tant que simple échantillon de l'humanité, je ne m'intéresse pas. Je n'ai rien de neuf pour moi, je suis si lasse de moi que je préfère n'importe quelle fiction. Les «mémoristes» mentent tous, l'histoire ment cruellement, les causes des actes ne sont jamais (ou, en tout cas, pas toujours) celles que l'on croit. Seul l'art ne ment pas.»

Le grand mot était lâché : «Seul l'art ne ment pas.» Un écrivain demandera toujours que l'on cherche à lire ses œuvres plutôt que sa vie. J'ai la faiblesse de penser, comme elle, que le plus intéressant dans la vie d'un auteur c'est incontestablement son œuvre, cet effort pour exister par lui-même qu'il traduit par sa création. Elsa Triolet fut mêlée à l'Histoire : l'histoire littéraire, sans doute, ce qu'on nomme la grande histoire aussi, par la part qu'elle prit volontairement à la vie sociale et politique, et par le destin qui lui fut imposé, entre deux pays, entre deux guerres, entre deux conceptions du monde.

Avant toutes choses, nous tenterons donc de lire Elsa Triolet, de lire sa vie à travers son œuvre, et s'il manque une anecdote, si quelque note de blanchisserie est absente, qu'on me pardonne ; ce qu'il m'importe de réaliser ici, c'est ce que Flaubert résumait ainsi : quand « on écrit la biographie d'un ami, on doit le faire du point de vue *de sa vengeance* ».

« Le lecteur complice et ami existe, c'est certain. Et j'irai encore à mon rendez-vous d'amour avec lui », avait noté Elsa Triolet dans *La Mise en mots*. Nous aimerions l'accompagner dans ce voyage.

CHAPITRE 1

ELSA KAGAN

« Dans ma jeunesse, à tant lire, je n'ai jamais songé écrire. Mes lettres elles-mêmes étaient rares et courtes. Par écrit, je ne communiquais guère qu'avec moi-même : j'avais douze ans peut-être quand j'ai commencé à écrire mon journal. J'ai continué pendant des années, un cahier par-ci par-là. Si je faisais ainsi mes gammes, je n'en savais rien. J'étudiais l'architecture. Mais aussi naturellement que se cherchent et se trouvent les individus d'une même espèce animale – chiens, chats, oiseaux – je n'avais pour amis que des poètes. »

Elsa TRIOLET, *Ouverture,*
Œuvres romanesques croisées.

Il faudra nous en souvenir tout au long de cette histoire : Elsa Triolet, écrivain – en français – de centaines d'articles, de plus de dix romans, de nouvelles par recueils entiers, Elsa qui dut son nom de plume à son premier mari, un officier français, André Triolet, et une partie de sa notoriété au poète français Aragon qu'elle épousa après dix ans de vie commune, Elsa Triolet était russe.

Elle naît le 12 septembre 1896. Sa famille, de racines juives (son père et sa mère viennent de Lettonie) n'est pas pratiquante ; famille bien assimilée, elle appartient à la bourgeoisie intellectuelle reçue surtout dans les milieux cultivés de la capitale russe. Sa mère parle couramment l'allemand et l'apprend à ses deux filles. Elsa a six ans lorsqu'elle apprend aussi le français : son professeur, Mademoiselle Dache, est d'origine française mais, née à Moscou, elle garde un accent russe qu'Elsa conservera toujours. Léon Robel, dans la préface à l'ouvrage si important pour la connaissance d'Elsa Triolet qu'est le recueil de la *Correspondance* entre Elsa Triolet et Lili Brik[1], souligne l'originalité de « ces gens de Courlande des classes aisées » qui « pratiquaient aussi bien l'allemand que le russe, savaient d'autres langues européennes, étaient cultivées, aimaient la littérature et l'art sous toutes ses formes ».

La richesse de la langue russe autorise à jouer avec les identités héritées, à mêler la tendresse à la dénomination officielle : la fille de Iouri Kagan sera donc, selon l'état civil, Ella (son prénom russe) Iourevna (fille de Iouri selon la coutume du patronyme russe) Kagan. Puis, le goût de son pays pour les « petits noms », les surnoms, les diminutifs, la fera apparaître tantôt comme Ella, Elia, Elza (sous la plume d'André Triolet), Elik pour Maïakovski, Elitchka pour Chklovski, Elsa pour la postérité, sans compter les Ellinka, les Alia, dont la câlinera la plume d'un amant, l'Elsoucha dont la gratifiera son beau-frère…

Femmes de la maison

Environnée de ces chantonnements, l'enfance de la petite Ella (racontée plus tard par Elsa Triolet sous le nom de *Fraise-des-bois*, évoquée dans le premier livre écrit par elle *À Tahiti*, rappelée dans les lettres à l'amoureux Chklovski qui paraîtront dans l'ouvrage de celui-ci sous le titre *Zoo, ou lettres qui ne parlent pas d'amour*) s'éveillera d'abord dans les odeurs chaudes du nid familial. Univers de femmes où règne, « blanche et rose, potelée, rieuse » la nourrice Stepanida, dite « Stécha » en babil enfantin, « toute tiède, bonne », qui sentait tantôt « comme son coffre de bois, lorsqu'elle en soulevait le couvercle : l'indienne et la pomme », tantôt « l'huile de lampe ». La cuisinière, Dounia, un peu plus sévère, avait « une odeur chaude de linge repassé ».

La petite fille sentira, plus qu'elle ne comprendra alors, que sa nourrice aime la vie sous toutes ses formes : elle est si gourmande, se gavant de noyaux de cerises pendant qu'on fait les confitures à la datcha, que son lait manque d'empoisonner le bébé ; se moquant des régimes hygiéniques auxquels sa patronne voudrait la soumettre, elle fait partager de la soupe aux choux au nourrisson de deux mois. Et puis, sans doute, elle adore « le sexe masculin », « aussi a-t-elle été souvent nourrice » conclura plus tard malicieusement Elsa.

À l'égard de ses maîtres, Stepanida oscille entre respect et simple tendresse : « Lorsque j'ai grandi, elle venait m'apporter des cadeaux, restait debout et me disait “vous” ; quand nous étions seules, elle s'asseyait pour prendre le thé avec moi et me tutoyait. » Elsa, devenue grande, se rendra compte du contraste entre le caractère joyeux de la nourrice, et le ton de respectabilité de sa mère avec ses amies. La nourrice, « un nez en l'air, des yeux malins », disant : « Ma maîtresse a une amie chez elle, je n'y comprends rien : on dirait des nonnes. » Dans les lettres à Chklovski, alors qu'elle a déjà été mariée, qu'elle écrit à un homme fou d'amour pour elle, qu'elle a vingt-six ans, elle conclut ainsi une missive : « J'aime tellement Stécha que je n'ai plus envie de dormir. »

Cet univers n'est pourtant pas que d'odeurs, car Elena Kagan environne l'enfance d'Elsa de musique. Elena Iourevna Berman, originaire de Riga, sans profession comme il se devait dans les bonnes familles russes, était une musicienne de talent. Elle avait obtenu un diplôme de piano à la Philarmonique de Moscou puis étudié la composition avec

Gretchaninov. La maison des Kagan possède deux superbes pianos. Dans *À Tahiti* Elsa évoquera, au « temps où on m'appelait Elia », cet apprentissage musical qui n'allait pas de soi : « Le seul point noir de ma vie, c'étaient les gammes en particulier et le piano en général. » Mais elle se souvient de ce qu'elle nomme le « sur l'oreiller », les deux ou trois gâteries que sa mère disposait sur son oreiller pour qu'elle les trouve au moment de se coucher : une pomme et un bonbon, une pâte de fruits, et elle parle presque avec tendresse de ces pommes-là, des *antonovka,* des « pommes d'enfants » alors qu'il existe d'autres pommes, plus présentables, les « pommes d'invités ». Les douceurs ainsi dégustées semblent se fondre dans l'atmosphère musicale. En s'endormant, elle entend sa mère jouer au piano « des sons qui dans mon demi-sommeil me paraissent divins ».

Le 29 octobre 1913, Ella note dans son journal : « Qu'est-ce qui peut être plus enchanteur que la musique ? Même mon journal a pris une note poétique alors que je le relisais pendant que maman jouait. [...] Je ne crains sans cesse qu'une chose : que maman s'arrête de jouer, que se dissipe la brume qui m'entoure non seulement du point de vue moral, mais aussi du point de vue physique, que soudain tout devienne rationnel, que quelque chose se mette à me manquer. » Dans les pages à l'allure de journal d'enfance qui forment une partie du livre *Fraise-des-Bois*, la mère est évoquée jouant *Tristan et Isolde*. Plus tard, dans ses *Souvenirs sur Maïakovski*, Elsa aura cette formule pour évoquer les années d'autrefois : « Notre maison était une maison de musique. Les murs, les vitres, les meubles étaient saturés, imbibés, lourds de sons. »

Papa, chaud, vivant...

Du père, il est beaucoup moins question dans le journal et les récits d'enfance. Iouri Kagan est avocat, spécialisé dans les contrats d'édition d'artistes et d'écrivains. Il s'occupe aussi des problèmes liés au droit de résidence des juifs à Moscou. C'est à sa mort prématurée, en 1915, qu'Ella prend la mesure de la place qu'il occupait dans son existence. Un passage intitulé « Mort » évoque cet événement dans *Fraise-des-Bois*. Ce texte, sensible et précis à la fois, décrit surtout la solitude qui s'installe alors dans l'univers de la jeune fille : la sœur aînée qui repart avec son mari le jour même pour Petrograd où ils résident, la mère qui laisse la cadette préparer le déménagement, le petit appartement neuf où l'on dort dans les fauteuils et où l'on mange dans la cuisine, la vie un peu triste menée à deux. Et puis le flot d'émotion et les mots pour le dire : « Papa, chaud, vivant », évoqué par la jeune fille « qui, la tête enfouie sous la couverture, éclate d'un trop plein d'amour désormais inutile : "Papa, Papa..." »

Dans *Le Cheval roux*, Elsa évoquera, avec une grande précision dans la futilité des détails, la cérémonie de l'enterrement, et avec tendresse le dernier souvenir des moments de veille passés auprès du corps de son père : « À l'enterrement de mon père, j'avais des bottines neuves, vernis et drap noir, qui me faisaient mal aux pieds. Une jupe en crépon, à volant. Un chapeau avec un petit voile de crêpe. Le deuil m'allait scandaleusement bien, le noir va bien aux filles de seize ans, à leur éclat. Mon père est mort dans une maison de campagne en rondins de bois. Je l'ai veillé toute la nuit, seule, ma mère n'en pouvait plus, et la bonne avait peur. Je veillais mon père, je l'avais tout à moi peut-être pour la première fois. Il était là avec son visage doux à regarder, ses petites mains, ses petits pieds coquets. Il ne pouvait plus me faire mal autrement qu'en n'étant plus. Je n'avais plus à craindre ses yeux bleus et doux, ses pensées, ses nerfs, sa voix. Je veillais mon père, je baisais ses mains froides, puisque personne ne pouvait me voir, que cela ne regardait que moi. » Pour l'adulte Elsa Triolet, cet amour filial revendiqué est le signe que la dureté qu'on lui prête n'a pas toujours existé : « Je jure devant le monde détruit, devant l'humanité entière, sourde et aveugle, je jure que j'ai eu un cœur. On détruit un cœur comme on détruit un monde. »

Lili, l'incomparable

Mère, nounou, servantes, l'univers de femmes compte un autre personnage féminin qui sera plus important que tout pour Elsa : sa sœur Lili, son aînée de cinq ans.

Il existe, dans la littérature, des couples de sœurs – ou de frères et sœurs – dont les rapports d'intimité et d'opposition à la fois sont si étroits dans l'imitation, l'adulation, la jalousie, la haine même, qu'ils semblent avoir construit la personnalité tout entière de l'un au moins des protagonistes. Elsa, toujours, sera la « petite sœur » de la femme extraordinaire que deviendra Lili. « Extraordinaire » d'abord dans le regard de cette cadette fascinée, érigeant en modèles inaccessibles tous les traits qui la différencient de l'aînée. Car, au fond, les deux sœurs se ressemblent : jolies toutes deux, douées toutes deux pour les études en général et pour les arts plastiques en particulier, bien élevées toutes deux par des parents qu'elles adorent (dans une lettre à Lili du 1er mai 1949, Elsa parlera avec tendresse de « nos hurluberlus, papa et maman » à qui elle dit devoir les valeurs essentielles de sa vie) et par les mêmes servantes. Ce sont deux petites filles de la bourgeoisie aisée et intellectuelle que leur origine juive ne distingue pas encore des enfants du même milieu. Plus tard, quand l'âge aura effacé la différence de taille et d'allure, elles poseront, jeunes filles, pour des photographies en robes folkloriques où elles joueront à créer la confusion en adoptant mêmes tenues, mêmes poses.

Mais voilà : Ella est blonde et rose quand Lili – Liska, le petit renard – est rousse et abricot. Ella se voit donc fade. Sur tous les portraits, leur différence apparaît dans la forme des yeux : ceux d'Ella sont fendus en amande, ceux de Lili sont bien ronds, bien ouverts. Ella se sent renfermée. Lili, arrivant cinq ans avant la seconde, a des succès auprès des amis masculins que la petite Ella laisse indifférents. Ella se croit incapable de susciter l'amour. Lili, très sociable et très séductrice, est toujours entourée d'une cour bruissante. Ella parlera toute sa vie de son sentiment de solitude.

Dans *Fraise-des-Bois*, Elsa relève dans le journal d'enfance dont elle recopie des passages : « Elle est si jolie que quand on la regarde on ne peut que s'exclamer. C'est fou ce que j'aime quand elle est si jolie. C'est autre chose que moi : pleine de taches de rousseur et pas d'yeux. » Bien plus tard, Lili, dans des lettres affectueuses, appellera Elsa et Aragon « Elsa, mon petit soleil, Elsa et Aragocha, mes soleillots chéris » ; pour la jeune Ella, persuadée qu'elle ne fait que marcher dans l'ombre de cette sœur éclatante, l'astre solaire sera toujours Lili. La plus belle page peut-être d'Elsa Triolet sur cette sœur tant admirée se trouve dans *Cahiers enterrés sous un pêcher* lorsque l'héroïne, évoquant en phrases superbes l'amour qu'elle porte à son pays d'origine, la Russie, à Moscou, la ville de son enfance, à « la » maison, le pavillon jaune qui avait « quelque chose d'humain, de compréhensif, d'ensoleillé », se souvient surtout de cette aînée merveilleuse, avec son « teint éblouissant, comme éclairé de l'intérieur », en ajoutant : « elle n'avait rien à cacher, elle aurait pu se promener toute nue, chaque petit coin de son corps était adorable. D'ailleurs elle se promenait volontiers toute nue, elle n'avait aucune pudeur. » Et, très consciente du côté excessif de cet amour-là, elle souligne qu'un instinct de conservation assez fort lui interdisait toute jalousie, pour ne pas souffrir le martyre.

Des rapports de la cadette avec l'aînée durant l'enfance, il reste bien sûr quelques scènes de dispute, comme entre tous les frères et sœurs du monde. Disputes dont Elsa se souviendra plus tard avec une pointe d'accusation ; elle raconte dans *Fraise-des-Bois*, elle reprend dans *Le Cheval roux*, l'histoire d'une poupée cassée et de la violence de sa grande sœur à cette occasion : « J'ai peur de cette chute en arrière depuis que toute petite j'ai été renversée par ma sœur d'un coup dans la poitrine, parce que j'avais cassé sa grande poupée. C'était à Moscou, dans la chambre d'enfants avec sa fenêtre "à l'italienne", comme on y appelait les grandes baies vitrées. »

Au temps de l'adolescence, la comparaison permanente avec l'aînée sera, pour Ella, source inévitable d'amertume ; et comme elle se sent coupable de ce genre de sentiments, elle les confie au journal qu'elle a commencé en 1908 et qu'elle tient avec plus ou moins de régularité depuis ses seize ans, en 1912. À propos d'un de ses amoureux, Mara, qui avait fréquenté Lili avant elle, et dont elle fera un des personnages de *Fraise-des-Bois*, elle note, le 4 novembre 1913 : « Mara n'aime que Lili en moi, il n'a aimé que notre extraordinaire ressemblance. » « J'ai dit à Mara que je n'épouserais qu'un homme qui me placerait aussi haut qu'il place lui-même Lili. »

Un jour de ce même mois de novembre, Lili a l'imprudence de déclarer à Ella qu'elle n'aime pas un texte écrit par sa jeune sœur : bourrasque dans le ciel ! Plus rien n'a de valeur pour Ella, il lui faut trouver refuge dans des vanités qu'elle méprise : « J'ai eu l'impression qu'elle m'en voulait. Cela recommence, je n'ai plus envie de rien. Sinon de luxe, donc d'argent. Des robes, des bijoux, des fourrures, cela j'en rêve encore. »

La voilà pourtant prête à justifier cette préférence des hommes à l'égard de l'aînée : « Lorsque l'on voit constamment près de soi un homme en adoration devant une autre, en l'occurrence Lili, on commence malgré soi à se trouver insignifiante et pitoyable, mais lorsqu'on aime quelqu'un, qu'on l'aime vraiment, on le place très, très haut et il paraît inaccessible à une nullité telle que moi. » Elle prie Dieu de lui envoyer quelqu'un « par qui je pourrais prouver que je ne suis pas si vilaine, qu'on peut m'aimer, et surtout (elle souligne l'adverbe) souffrir ». Et, sans peur des mots, elle ajoute : « Se peut-il que, dans tout mon entourage, il n'y ait pas un seul homme qui me désire ? Quelle humiliation ! »

Page après page, elle accuse Lili du péché d'indifférence à son égard, comme une écorchée vive qui ne se sentirait renaître que dans la considération de l'aînée. *Fraise-des-Bois* rappelle des scènes très anciennes ; Ella raconte les peurs que lui causait sa grande sœur qui faisait mine de l'ensorceler en criant « crac ! » et la cadette endosse volontiers le rôle de souffre-douleur. Plus tard, après une maladie, où la petite fille s'est étirée sans prendre de rondeurs, elle se décrit – face à cette sœur adolescente – comme « un grand et maigre laideron ». Dans les petits dialogues qu'elles chuchotent dans leur chambre d'enfant, alors que la mère leur a demandé de s'endormir sans causer entre elles, Liska s'invente un personnage : « Je serais la plus belle et je saurais broder d'après nature. » « Et, moi ? » interroge Fraise-des-Bois. « Mais cela n'intéresse pas Liska. » Un jour, ces jeux s'arrêtent parce que Liska décide : « Je ne joue plus, je ne suis pas une petite. » « Fraise-des-Bois n'en croyait pas ses oreilles, pleurait, suppliait, mais Liska était inflexible et cessa non seulement de jouer, mais même de bavarder avec Fraise-des-Bois. » Dans *Le Cheval roux*, en 1953, Elsa racontera de nouveau, et en termes absolument identiques, cette scène qui la choqua si fort. Et, dès l'adolescence, Ella ne se prive pas d'attribuer à la proximité de cette grande sœur ce qu'elle estime être son manquc dc confiance en soi : « Il me semble parfois que je répugne terriblement à tout le monde et alors je me déteste tellement moi-même que ça me donne des tics. »

Plus tard, le journal d'Ella sera plein de notations qui rappellent ce climat d'enfance. Dans un dîner, Ella remarque que Lili ne prête aucune attention à ses propos. Un autre jour, elle lui reproche l'égoïsme avec lequel son aînée l'abandonne seule à la maison, pour des amis qu'elle entraîne « Chez Maxime ». Et de conclure : « Comme j'ai détesté Lili hier ». De plus, comme il faut quelques bonnes raisons à cette détestation, elle conclura au caractère difficile de sa sœur : « Je suis insolente, insupportable, et je ne parviens pas à me contenir. Trait pour trait comme Lili. »

« LA VIE TIÈDE » ET « LA VIE DES AUTRES »

Pourtant, que d'admiration sous cet agacement. Lili est entrée d'un si bon pas dans le monde encore mystérieux des grands ! En 1905, alors que « la petite » n'a que neuf ans, l'aînée paraît participer déjà aux événements importants du monde extérieur. La Russie de l'époque connaît par épisodes, depuis les années 1860, des mouvements révolutionnaires qui tentent de renverser le pouvoir des tsars pour lui substituer un ordre nouveau. La grande industrie a commencé à se mettre en place grâce aux capitaux venus de l'Ouest : le pétrole a jailli à Bakou, les mines de l'Ukraine voient se constituer des bataillons de travailleurs, l'immense chantier du Transsibérien, dont on annonce la fin pour 1906, et qui fera rêver les poètes, a vu le transfert de populations entières tout au long de sa construction. Les noms des principaux mouvements qui animent la révolte sont souvent prononcés dans le salon sage des parents Kagan, sans que cette famille libérale n'en encourage aucun : les « terroristes », que l'on réprouve, et dont on se souvient qu'ils ont été les inspirateurs de l'assassinat du tsar Alexandre II ; le « parti ouvrier social-démocrate » qui diffuse, dans tous les milieux où règne la nouvelle pauvreté, les doctrines venues de Londres, de Paris, de Berlin, d'un certain Karl Marx et de ses disciples sur la lutte des classes et l'avènement du prolétariat ; enfin, plus « russe », le parti social-révolutionnaire, qui rêve d'installer un socialisme agraire. Pendant ce temps, là-bas, aux frontières de l'Orient, la guerre avec le Japon tue des hommes, menace l'intégrité de l'Empire tsariste, et installe la misère au cœur même des populations slaves.

En 1905, donc, Lili a presque quinze ans, Ella n'en a que neuf, lorsque se succèdent les manifestations et les opérations de répression qui vont marquer la Russie pendant plus d'un an : contre le régime du tsar, une opposition de type libéral réclame des institutions parlementaires démocratiques que le tsar acceptera, par l'élection d'une Douma fin octobre. À quoi se conjuguent des rébellions ouvrières violentes. Ces dernières sont écrasées dans le sang : c'est le Dimanche rouge de janvier 1905. L'armée connaîtra la rébellion du cuirassé *Potemkine*, au début de l'été 1905, la mutinerie des troupes de Kronstadt en novembre et la révolte de la flotte de la mer Noire au début de décembre, ces dernières étant animées par le mouvement qu'on commence à appeler bolchevik. Une féroce répression suit la grève générale déclenchée à Moscou en janvier 1906. Les anarchistes sont aussi dans la bataille, et le grand duc Serge est assassiné.

Lili fréquente dans son lycée des jeunes gens qui s'enflamment pour les idées révolutionnaires : l'un d'eux, avec lequel elle se lie d'amitié et qui sera son futur mari, est Ossip Brik, le frère de son amie Véra Brik. Il est militant, dirige un cercle d'économie politique. Avec lui, Lili se rend en cachette à des meetings, diffuse des tracts. Elsa racontera dans *Fraise-des-Bois* comment elle eut très peur, un jour de 1905, pour cette grande sœur frondeuse qui détruisit en catastrophe de la « littérature révolutionnaire » un soir où elle crut avoir affaire à une perquisition dans la maison familiale. Se souvenant de ses effrois de petite fille, Elsa écrira : « Les mots “guerre” et “révolution” se glissèrent hors des manuels d'histoire, se secouèrent, se donnèrent un coup de neuf et retrouvèrent leur taille naturelle. [...] La vie bien tiède de Fraise-des-Bois se fondit dans la vie épouvantable des autres. »

« La vie bien tiède » d'Ella, malgré cette intrusion de « la vie des autres », est ordonnée durant toute l'enfance et l'adolescence selon trois cercles : l'univers familial ; l'univers des études, avec le lycée Valitski, les cours de piano à Moscou chez les Gnessine, une famille de musiciens réputés, puis celui de l'Institut d'architecture où elle obtiendra ses diplômes ; l'univers des vacances, des soirées et des bals dans la bonne société moscovite, dans les datchas avec les amis, des voyages à travers l'Europe avec la mère (Bayreuth, Varsovie, Venise, Berlin, Ostende, Paris...). Les documents que nous possédons de la main d'Elsa, son journal intime en particulier, sont prolixes sur la vie du cocon familial, les sorties et les fêtes, beaucoup plus discrets sur les études. Et déjà, au travers de multiples notations, le pays natal est célébré, même lorsque la jeune Ella est séduite par un paysage vénitien, par les éblouissements que procure Paris. Sur ces voyages, c'est le récit d'enfance travaillé dans l'âge mûr, *Fraise-des-Bois*, qui apporte le plus d'informations. Dans un texte, intitulé « L'offense », où elle décrit les manœuvres d'un Italien pour se coller contre elle, l'horreur et le trouble qu'elle ressent sans pouvoir se les expliquer, elle sait trouver les mots pour décrire la ville magique : « Venise se révéla telle précisément que Fraise-des-Bois en rêvait : un ciel bleu et, en dessous, la ville multicolore et silencieuse comme une peinture. Ni roues, ni chevaux, ni chiens : l'eau pesante s'écoule en silence, les gouttes tombent silencieuses des rames, les palais baignent sans bruit, il ne manque que des tapis pour étouffer les bruits sur les dalles des places et des rues.

Fraise-des-Bois et Maman voguaient somnolentes sur les flots de la ville berceuse. Elles allaient à travers les salles fastueuses et les sous-sols noirs des palais, puis, l'ivresse passée, faisaient les magasins, regardaient les coraux roses et les cuirs estampés. »

Le passage en Pologne, au contraire, ne laissera à l'adolescente russe que mauvais souvenirs : elle se souvient d'une fouille par les douaniers, et surtout de Varsovie : « À Varsovie, il y a un pont qui n'en finit pas, encombré de charrettes, de fiacres, de tramways. Des cochers qui ne veulent pas comprendre quand on leur parle russe. Des Juifs luisants à longues basques, des Juives hirsutes très grosses ou très maigres, beaucoup d'enfants pouilleux aux grands yeux. Rues, maisons, boutiques, vêtements, corps, tout n'est que poussière, détritus, boue… » Revenue à la maison, elle notera que Liska n'aime pas son « cher Moscou », et, sous sa plume, nous comprendrons vite que c'est l'un des plus graves reproches qu'elle puisse lui adresser. Sur le printemps dans la capitale de la Russie, elle a ces mots pour célébrer la ville qui lui est chère, avec l'air tiède, la fonte de la neige : «Le Pont-des-Maréchaux et la Pétrovka sont tout neufs, tout brillants comme si on venait tout juste d'en ôter l'étiquette.» L'exilée qu'elle sera plus tard trouvera toujours des images pour évoquer les printemps si attendus de son pays natal.

Sur les études d'Elsa, les textes que nous venons de citer ne donnent que quelques aperçus ; sans doute possédons-nous l'avis d'un professeur de mathématiques, V.G. Friedman, qui avait aussi été celui professeur de sa sœur. Celle-ci note combien Elsa réussissait : «Elsa était une enfant très douée et très tenace. Elle ne faisait jamais les choses à moitié. [...] Elle faisait tout à fond. Elle obtint son diplôme du lycée avec la médaille d'or, et celui de l'Institut d'architecture avec le maximum de voix.» Ella écrira elle-même dans son journal le 26 mai 1913, un peu de triomphe sous la plume, qu'elle a réussi ses examens avec «des cinq partout».

Quelques notes éparses ressortent de ces années d'apprentissage : elle écrit un jour qu'elle a suivi au lycée une conférence sur «Les personnages féminins de Tchekhov». Ailleurs, elle parle d'un moment où elle lit du Tchekhov à sa mère. Celle-ci lui donne aussi à lire *Guerre et Paix* de Tolstoï. Elle raconte que le professeur de russe a fait des compliments sur elle à Liska, tout en ajoutant : «Pourquoi est-elle si sèche ?» Elle décrit comme des «occupations» distrayantes, la lecture de Dickens, une représentation de *Werther* au Bolchoï. Elle découvre le journal de Marie Bachkirtseff et en recopie d'abondantes citations. De temps en temps revient le goût de la réussite, et son revers : «J'ai envie d'avoir la médaille et un peu honte de cette envie.» «Je suis jalouse de tout et pour tous.»

L'année de ses dix-sept ans, elle écrit : «J'ai beaucoup mûri cet été. Ma seizième année s'est achevée, on dit que c'est la meilleure.» Puis : «J'entre en huitième année du lycée, je m'occupe des petits du jardin d'enfants et je les adore. » Avec, toujours, une remarque pessimiste : « Je suis terriblement inculte. Je sais fort peu de choses en histoire, rien du tout en géographie, en chimie, en physiologie, etc. Et ce que je lis, je l'oublie aussitôt. »

La même année, comme une revanche sur la sœur aînée plus jolie, plus séduisante qu'elle, elle notera à la date du 26 novembre, dans son journal : « La seule chose que je possède, c'est l'intelligence. Parfois, lorsque je parle, je m'étonne moi-même de la justesse, de l'exactitude de mes propos. » Mais c'est pour déplorer aussitôt son « ignorance », son manque de culture. Quelques jours plus tard, elle reviendra sur ce thème des dons et du travail, s'interrogeant sur sa capacité à écrire, à créer : « Est-il vrai que pour devenir un grand artiste, il faut aimer son art par-dessus tout ? Je le crois. Il faut l'aimer *über alles*. » Et lui vient alors la peur d'être médiocre : « Même si j'abandonne tout pour me consacrer à une seule chose, je ne saurai le faire que "gentiment" ».

À la fin des années de lycée, elle entreprendra des études aux Beaux-Arts et à l'Institut d'architecture qui furent couronnées de succès. Plus tard, Elsa songera à se servir des connaissances ainsi acquises, en se faisant engager par un architecte londonien. Toute sa vie, le bagage acquis ces années-là et les dons manifestés à l'occasion de cette première formation apparaîtront. Fabrication des colliers au moment des années difficiles à Paris, talents de décoration dans les maisons et les appartements qu'elle occupera, travail sur l'illustration de ses ouvrages beaucoup plus tard, à travers la recherche de *Écoutez-voir*, de *La Mise en mots* et des *Œuvres romanesques croisées*. Mais ce sont d'autres histoires.

L'AMOUR-PROPRE ET LES TENTATIONS DE L'AMOUR

Car en ces années de formation, ce qui passionne le plus la jeune Ella, ce sont les relations avec les autres : la manière dont elle se juge au travers des comparaisons avec sa sœur et ses amies, les doutes et les convictions que lui suggèrent ses tentatives de séduction à l'égard des jeunes gens qui l'entourent, la portée de son pouvoir – est-il réel ? est-il imaginaire ? se demande-t-elle – sur ceux et celles à qui elle pourrait inspirer quelque sentiment, ou qui pourraient lui rendre la pareille. Le journal des années 1912-1913 est plein de ces notations-là, peut-être plus encore qu'on ne s'y attendrait pour des écrits intimes d'adolescence et de jeunesse. La note dominante semble être un tiraillement – dans un soliloque introspectif à forte connotation moralisatrice – entre son sentiment d'insuffisance et la revendication orgueilleuse de sa supériorité.

Ainsi, à la première page de ce journal, elle juge d'un même mouvement ce qu'elle estime être sa « petitesse » et la haute idée qu'elle se fait d'elle-même lorsqu'elle se compare aux amies de son âge : « Je me trouve petite et inutile. Je n'ai pas envie de décrire les amusements de mes compagnes. » Un mot revient souvent dans les écrits de sa seizième année : « l'amour-propre », dont elle dissèque les bienfaits et les blessures. « Mon amour-propre ! Toujours à vif, le pauvre. » Et quand un jour l'un de ses flirts lui prédit qu'elle perdra bien cet amour-propre qui la rend si fière, qu'elle finira par abdiquer ses résistances et se « cramponner à un homme », elle réplique : « Moi, je crois que je ne le perdrai jamais. »

Dès lors, d'ailleurs, cette notion d'amour-propre, assimilée au respect de soi-même, devient un élément essentiel dans la description des batailles menées par l'adolescente pour concilier les tentations de goûter aux premiers éveils amoureux et la peur de se laisser aller à une sensualité qu'elle méprise. Une sensualité dont la brutalité exprimée dans le désir masculin l'effraye sans doute, mais dont elle redoute tout autant les signes en elle-même.

On ne peut qu'avoir quelque admiration pour la lucidité dont témoigne le texte de ce même journal, malgré les débordements de l'auto-analyse qui ne sont, après tout, que la pente habituelle du journal intime. Car Ella voudrait faire la «clarté» en elle : «Je ne puis m'expliquer cette part de mon âme, je la sens clairement, mais je ne saurais l'expliquer. Ce que j'ai écrit ne ressemble que de loin à la réalité et pour cela ne me soulage pas autant que lorsqu'on atteint à une totale clarté.» Ailleurs, elle a ce paragraphe étonnant de mépris à l'égard de certaines de ses camarades : «Je ne veux pas me tenir sur la même marche que ces folles en corsages insensés et à la chevelure en désordre, et que les élèves du Conservatoire qui s'amourachent de leur professeur, beau garçon et brillant pianiste. Pourtant, je n'ai pas beaucoup plus de chances qu'elles, seulement moi, je suis lucide.» Cet effort de lucidité n'est pas toujours exempt de grandiloquence : «Tous mes sens, et même ma sensualité, sont morts pour moi – ou plutôt amortis. Seul mon amour-propre est toujours aussi vif. [...] J'aurais dû naître très belle. Je crois qu'alors je n'aurais pas eu besoin de beaucoup d'argent, c'est-à-dire ce n'est pas que je n'en aurais pas eu besoin, mais j'aurais été comme Lili, je n'en aurais pas rêvé. La seule chose qui puisse me satisfaire, c'est d'être admirée. C'est de faire des conquêtes sans crainte de me plonger dans l'amour que l'on me voue. Je n'ai rien à faire des gens, mais je porte un intérêt douloureux à l'opinion qu'ils ont de moi, même à celle des femmes.» Le jour de ses dix-sept ans, le 9 octobre, elle ajoute que ses vœux se bornent à avoir une belle robe et une bonne loge au théâtre «bien entendu, tout ça, pour qu'on me regarde». Et encore : «J'ai seulement besoin que l'homme affiche devant tout le monde qu'il est à moi.»

L'amour-propre, d'autres diraient la vanité, se mue alors en désir de puissance. Le 29 octobre 1913, elle essaie d'analyser des aspirations confuses : «Tenir entièrement un être en mon pouvoir, savoir qu'à chaque instant sa pensée est près de moi, que je suis le centre de tout pour lui et, ma foi, l'aimer aussi moi-même. Mais je ne sais pas aimer.»

La ronde des sentiments se déroule donc ainsi : je veux que l'on m'aime; je veux surtout pouvoir afficher que l'on m'aime ; je veux que l'être aimé soit à ma merci ; j'aurais du plaisir à éprouver pour lui un sentiment en retour ; mais je ne sais pas aimer ; donc je ne peux moi-même être aimée ; conclusion définitive : personne ne m'aime. Cette dernière affirmation, qui deviendra l'un des titres de roman d'Elsa Triolet, apparaît, répétée à satiété, dans les pages du journal intime. Ainsi écrit-elle, le 13 octobre 1913 : « Je n'ai jamais aimé personne, et je crains de ne jamais aimer. » Et encore cette formule : « Hier, il a éveillé mes sens (Dieu soit loué : je les croyais morts). » Au-delà d'affirmations dont le caractère péremptoire prêterait à sourire, c'est encore la lucidité de la jeune fille qui prédomine quand elle remarque, par exemple, qu'en présence d'un garçon elle aurait pu « faire assaut de coquetterie » si elle n'avait été « tributaire de (ses) désirs » mais qu'il vaut mieux, peut-être, « vivre dans la lucidité, ne pas se laisser leurrer d'espoir, ne rien attendre, ne rien faire, ne rien désirer ».

Sans trop se conter d'histoires, Ella se sait partagée entre désirs physiques et aspirations morales. « J'ai passionnément envie d'amour », écrit-elle, se reprenant aussitôt : « Je salis l'amour en disant que je le veux. Je suis sensuelle, et même maladivement sensuelle. Je dois être très perverse, mais je l'ignore. » Les mots « se salir », « dégoût » réapparaissent dans ces textes, jusqu'à ces formules : « Je suis une sale gamine, vicieuse, mauvaise. » « J'ai sans cesse envie de noter combien je suis mauvaise. À quel point je suis calculatrice, froide, vicieuse, sensuelle. » « Je me méprise, je me méprise. »

L'ART, PLANCHE DE SALUT

Elle se prend souvent à espérer qu'elle peut se sauver en cultivant l'art, le travail intellectuel, l'amour de la beauté sous toutes ses formes. Que Beethoven lui pardonne, mais elle se dit un jour qu'un baiser reçu pendant un concert « en écoutant la *Cinquième Symphonie*» permettrait d'«atteindre à une extase qui aurait tout ennobli et purifié», en ajoutant, comme dans un cri : «Comme je me méprise ! De la beauté, de la beauté !» Une autre fois, comme se sont conjugués un compliment sur la qualité de son dessin, un exposé très réussi, le contentement de son professeur de musique, elle note : «Tout cela m'a tellement soulevée, donné tant de joie, de plaisir. J'ai pensé un certain temps que seul le travail vous apporte un bonheur pur, sans mélange, ne vous laissant aucun arrière-goût. Et j'étais moi-même si pure, sans désirs ni pensées sales. Il m'a semblé que je m'étais trouvée moi-même, que ma nature n'était pas dans l'amour, mais dans le travail, quel qu'il soit. Ces jours-là, je me suis sentie prête à vivre dans un couvent.» Et c'est encore le désir de la pureté qu'elle évoquera le 29 octobre 1913 : «Je voudrais que ma vie s'arrête subitement pour pouvoir la recommencer heureuse et calme. Me laver dans une eau pure, me rincer de tout ce qui fut, puis recommencer à vivre et que tout se passe autrement.»

Ces impressions de dégoût et de honte tiennent-elles simplement à l'écart entre réalité et idéal qu'évoquent si souvent les textes intimes de la jeune fille ? Ont-ils une origine plus précise ? Un texte de *Fraise-des-Bois*, intitulé «L'opprobre», décrit une première relation amoureuse, dont on ne peut dire le niveau d'achèvement, avec un homme mûr. Tout est là, «écrit», transformé en vrai récit littéraire : le dégoût mêlé d'attirance qu'elle ressent pour cet homme, l'obsession de mener à bout cette relation qu'elle juge coupable et irréversible, le mélange de sentiment de malédiction et de plaisir intense : «à présent le pire est ce qu'il y a de mieux», l'impression d'avoir changé physiquement après cette soirée : «son visage rond n'est plus rond», ses yeux lui mangent le visage, «elle a sur le front un sceau de feu» et, surtout, elle désire recommencer : «Parfois, elle croit voir le visage insolent sur le fond des rideaux rouges et alors elle pense avec désespoir qu'une autre fois, que chaque fois, ce serait aussi honteusement merveilleux.»

ÊTRE UN OBJET DE LUXE...

Hormis quelques scènes, cependant, les textes évocateurs de l'enfance et de l'adolescence comportent peu de notations précises, même si Ella raconte nombre de fêtes, de bals, de réceptions. En février 1913, ce sont les trois cents ans de la maison des Romanov, un bal masqué pour une crémaillère chez des amis, un autre donné par une association de droit dont le père de Lili et d'Ella, avocat, faisait partie, un autre bal encore pour le carnaval. Ailleurs, ce sera un concert de Debussy... Mais le cahier d'Ella n'est plein que des notations qui concernent ses toilettes, ses rencontres, les flirts qui se nouent, les hommes qu'elle évite et ceux qu'elle recherche. Le jour de ses dix-sept ans, elle fait le point sur une de ces soirées : « Je portais une robe de soie, des souliers de soirée, des bas fins, j'étais douce et faible, mais il n'a pas compris le *charme* de ces choses. Je veux que l'homme à qui je plais s'aperçoive de tous les merveilleux détails que je découvre en moi. » La coquetterie est toujours vigilante, devient rouerie pour piéger le partenaire ; dans une scène d'orage, elle est assise au jardin avec Lazzia, elle est effrayée mais... « J'avais vraiment peur, mais en outre, sachant que Lazzia était sensible à la fragilité, j'ai pris des airs terrorisés. » Une autre fois, elle note à propos d'un jeune homme, amoureux d'une de ses amies : « Se peut-il vraiment qu'il n'ait pas remarqué que j'ai des cheveux merveilleux, des mains blanches, que je sais être tendre ? Il aurait dû me le dire [...] j'ai si peu confiance en moi que je veux tout le temps que l'on me parle de tout ce que j'ai de bien. En somme, je n'ai que mon intelligence pour me donner des amis, faire que l'on dise du bien de moi, mais non pour m'apporter le bonheur. Le bonheur des femmes est dans la beauté. Tout le monde aurait été à mes pieds si j'avais été belle. Que d'audace cachée il y a en moi qui ne se montrera jamais, cédant le pas à mon amour-propre. » La notation des faits s'efface tellement derrière l'analyse des conquêtes, des réussites, des plaisirs et des peines, que l'auteur du journal conclut elle-même la relation d'une journée très animée par ces mots : « Quelle idée ai-je de ne parler que de plaire ou de déplaire ? »

Une formule est souvent employée alors, pour décrire ce qu'Ella désire devenir dans le regard des autres comme au sien propre : « Être un objet de luxe ! » Le 4 novembre 1913, elle écrit dans son journal, à minuit : « Je suis retournée chez Tamara et sous l'emprise de ses paroles charmeresses, passionnées, j'ai redécouvert le désir de devenir un *objet de luxe*. Je crois qu'ainsi, je me serais retrouvée “dans ma sphère”. » Le même soir, elle associera à cette idée de luxe celle de flirt : « J'ai soudain eu envie d'un flirt raffiné, pur. Le flirt des Américaines qui ne perdent jamais leur dignité. » Et, quelques jours plus tard : « Parfois survient un petit désagrément, ou une idée, une observation, une remarque, alors j'ai envie d'aller me coucher au plus vite, de fermer les yeux et de rêver de luxe (quelle honte !). »

Luxe, envie de luxe, et honte de cette envie, envahissement de la vie par les vanités, et mépris de ces vanités, Ella est toute en ces déchirements. Et ce journal auquel elle confie ses états d'âme, elle ne peut s'empêcher de se demander s'il a quelque valeur : « Je voudrais bien savoir ce que vaut mon journal : ennuierait-il ou intéresserait-il un étranger, que vaut son style, contient-il des idées nouvelles ou simplement des idées, qu'a-t-il de particulier ? » L'écriture serait peut-être le moyen de se sauver de tous ces flirts, ces petites batailles pour séduire, ces occupations superficielles dont elle songe souvent qu'elles ne sont pas à sa mesure. Elle avait noté qu'elle se savait intelligente, elle va se vouloir cultivée, et proposer à son amie Nadia Kerkov de « s'atteler à la lecture d'un philosophe avec elle ». Pourtant, suivant sa pente de lucidité morose, elle avoue son goût de la reconnaissance publique : « Je crois que ma fin d'études ne me fera aucun plaisir si je n'obtiens pas la médaille. » Et ses démons l'emportent : « Si j'avais besoin de gloire, ce ne serait pas pour la gloire, mais comme remède contre mon culte de l'amour. » (Et elle souligne ce dernier terme.)

Être juive

Un trait apparaît encore, dans le journal, quant à la quête d'identité que mène la jeune fille : sa situation à l'égard de ses origines juives. Les débats, les errements, les massacres du XXe siècle ne doivent pas nous faire exagérer l'importance des réflexions jetées au hasard des pages du journal ; pourtant, ces dernières seront significatives d'une conscience de la différence que les décennies suivantes rendront plus douloureuse.

Le temps n'était pas bien loin où, sous le règne d'Alexandre III, une décision gouvernementale fixait le programme suivant : « Un tiers des juifs sera converti, un tiers émigrera, un tiers périra. » Le début des années 1880 avait été marqué en Russie par une série de grands « pogroms » (on sait que le mot est russe !) à Elisabethgrad, à Kiev, à Odessa. À ces pogroms, le petit peuple des ouvriers, des artisans, participait : maisons et boutiques pillées, meurtres et viols, que la police laissait faire. En 1903, un pogrom organisé à Kichinev sous la conduite d'un vice-gouverneur et d'un officier de police de Saint-Pétersbourg avait accéléré l'immigration vers les États-Unis et la Palestine. En 1904, paraît le célèbre manifeste « Protocole des Sages de Sion », un faux imaginé par la police russe pour accréditer l'idée d'une conspiration juive internationale afin de se soumettre les pays chrétiens. Ce n'est qu'en 1917 que fut adoptée en Russie « l'émancipation » des juifs, c'est-à-dire leur égal accès aux droits publics.

Ella sait que si son père, tout avocat réputé qu'il fût, ne peut ester lui-même en justice et doit confier ses plaidoiries à ses aides russes, c'est à cause de sa judaïté. Mais elle semble accepter l'ostracisme dont sa communauté d'origine fait l'objet. En 1913, Ella note qu'elle est la seule juive au cours d'un bal masqué, et elle ajoute par contraste en parlant de l'orchestre : «des youpins en veux-tu en voilà». Plus loin, elle fera bien la remarque que la jeunesse juive est d'une «sensibilité plus raffinée» que la moyenne des aristocrates russes, mais le 24 février 1913, elle écrit à propos d'un de ses soupirants : «Sans son type juif fortement marqué, je l'aurais aimé.» Car, ajoute-t-elle : «J'ai besoin d'être fière de celui que j'aime, d'être heureuse qu'il m'ait jugée digne de son choix.» D'un autre «flirt» elle dit encore : «Il a un type juif très prononcé et cela me déplaît.» Une seule fois, dans ce journal, le «problème juif» apparaît en tant que tel : il s'agit du procès Beilis[2] auquel elle fait allusion le 28 octobre 1913 : «Beilis a été acquitté. Pour l'instant, j'ai la joie au cœur. Tout le reste me paraît insignifiant. [...] Beilis m'a bouleversée. Aujourd'hui, avant le verdict, je m'étais sentie en proie à une véritable panique.» Et, dans son mouvement permanent de dévalorisation, elle croit bon d'ajouter, pour qualifier cette panique : «sans doute, pour une part, égoïste».

L'année 1915 sera importante pour Ella : son père, Iouri Kagan, vient de mourir, elle commence des études d'architecture et se mêle au groupe d'intellectuels, de poètes et d'écrivains dont font partie Khlebnikov, Bourliouk, Kamenski, Pasternak ou Chklovski qui se retrouvent régulièrement autour de Lili et d'Ossip Brik. C'est l'été 1915 qu'elle présente Maïakovski à Lili. Dans ses souvenirs sur Maïakovski, elle écrira plus tard : «1915-16-17. J'avais perdu mon père, j'habitais seule avec ma mère une autre maison, dans un autre quartier. J'avais d'autres amis, d'autres passions. Après le lycée, j'entrai à l'École d'architecture, je ne rêvais plus que mathématiques et peinture. Maïakovski était devenu entre-temps l'"oncle Volodia" et je lui vouais une amitié illimitée.» Et elle ajoute : «Quand j'y pensais !»

Nous croyons savoir qu'elle y pensait souvent.

CHAPITRE 2

MAÏAKOVSKI

« J'ai pensé autrefois
qu'ainsi se font les livres :
s'en vient un poète,
sans travail s'entrebâillent ses lèvres,
et sans plus l'innocent inspiré chantera :
tant qu'il vous plaira !
Mais en réalité,
avant que le chant se déclenche
longuement on rôde couvert des durillons de la marche,
et lentement barbote dans la vase du cœur
la stupide morue de l'imagination. »

MAÏAKOVSKI, *Le Nuage en pantalon.*

Mais moi
je me
domptais
en écrasant
du pied la gorge
à ma propre chanson

MAÏAKOVSKI, *À pleine voix.*

Deux sœurs et un poète

Le 15 juillet 1915, Ella présente Maïakovski à sa sœur Lili. Le poète écrira dans son autobiographie, *Moi-même* : ce fut « une date des plus joyeuses ». Pour lui, pour les deux sœurs, c'est un début et une fin. Le début d'une longue liaison amoureuse entre Lili et le grand homme, la fin d'une expérience amoureuse espérée entre le grand homme et Elsa. Cette histoire triangulaire – ou quadrangulaire si l'on y ajoute le mari de Lili, Ossip Brik – durera quinze ans, jusqu'à ce 14 avril 1930 où le poète se donnera la mort. Pourtant, au-delà de cette mort même, les deux sœurs, comme des veuves, se feront les défenseurs de la mémoire de Maïakovski, non contre l'oubli – dont il n'est pas menacé – mais contre les déformations, réelles ou supposées, que le régime en place, les écrivains mal intentionnés, les captateurs d'héritage de toutes sortes voudraient faire subir à son œuvre et à sa biographie.

En lisant l'histoire passionnée, joyeuse et douloureuse, de Maïakovski et des deux sœurs, on serait tenté de se demander : qui a commencé ? Sans doute est-il avéré que c'est Ella qui a présenté Maïakovski à sa sœur, mais qui, entre ces trois-là, est le plus initiateur pour l'autre, pour les autres ? Celui qui se sait déjà poète et promène ses provocations d'écriture et de costume dans les salons des familles moscovites où l'entraînent ses jeunes amies ? Cette petite Ella – de quinze, seize ou dix-sept ans selon les versions – qu'il lutine un peu sous prétexte de l'aider à rattraper les perles d'un collier qui s'est défait, et qu'il bouleverse en lui prenant la main sous la table où ils se sont accroupis ? Cette Lili déjà mariée dont le premier regard assassine le poète alors qu'elle n'en fait pas grand cas (sa petite sœur n'a pas encore le goût bien sûr) mais qui introduira l'ours mal léché au sein des cercles intellectuels qui comptent dans la Russie d'alors ? Quelque chose est clair pourtant : les sœurs Kagan ont appris de leur éducation libérale à accueillir le non-conformisme, et le jeune Maïakovski est bien le moins conformiste qui soit. Surtout, pour ces trois jeunes gens, l'art compte avant tout, comme pratique sans doute, comme mode d'existence plus encore.

L'HOMME À LA BLOUSE JAUNE

Quand elle écrira, beaucoup plus tard, ses souvenirs sur Maïakovski, Elsa Triolet insistera d'abord sur ce «côté artiste» du poète-dessinateur qui l'avait tellement émue : la fameuse blouse jaune qu'il portait comme un drapeau éclatant, dont la fonction était au moins autant de choquer le bourgeois que de lui servir de vêtement; sa manière déclamatoire, avec sa belle voix de basse, pour imposer la musique de ses vers libres dans quelque assemblée que ce soit, salon ou meeting; son goût du jeu : «Maïakovski jouait fort bien à tous les jeux, et aux cartes, et au billard. Peut-être aimait-il le jeu parce que c'était pour lui un délassement, quelque chose qui l'obligeait à penser à autre chose qu'à son travail obsédant. Il aimait aussi risquer. Dans le jeu et dans la vie.» Elle décrira aussi le rapport de Maïakovski aux femmes : Lili sans doute, mais aussi «toutes les autres femmes. De préférence très jeunes et très jolies». Et Elsa de noter les traits du séducteur qui lui firent si mal, mais dont elle se plaisait au moins à constater qu'elle n'avait pas été la seule à en souffrir : «Il était avec les femmes d'une gentillesse surprenante dans ce colosse. Il l'était surtout quand une femme avait des bontés pour lui. Alors il avait sans cesse peur de lui manquer de respect, de la blesser.» Elle a ici une formule extraordinaire : «Il ne laissait jamais tomber une femme, il la posait avec la plus grande délicatesse. [...] Quand les femmes essayaient de lui résister, il les poursuivait avec l'énergie d'une locomotive et d'une locomotive tenace. [...] Elles respiraient mal à l'altitude de Maïakovski, elles avaient peur. » Mais elle corrige aussitôt ce que le portrait pourrait sous-entendre de donjuanisme. « Il n'a pas eu auprès des femmes le succès d'un ténor, il lui manquait entièrement ce rien de scabreux, de déflorant, d'insinuant et à double entente, que les femmes aiment tant. »

Pour Ella, cependant, ce Maïakovski de trois ans son aîné n'est pas seulement un de ces intellectuels brillants qu'elle rencontre parmi ses camarades d'études ou dans les cercles que réunissent sa sœur et son beau-frère. Plus tôt que d'autres, dès ses quinze ans, Maïakovski s'est mêlé au mouvement de cette fraction du parti social-démocrate russe qui – depuis 1903 – a adopté les thèses de Lénine, et que l'on nomme en russe « bolchevik », qui signifie majoritaire. Lorsque Ella le « découvre », il est déjà auréolé d'une réputation de courage sulfureux : il a fait onze mois de prison.

En pointe quant à ses idées politiques, il a contribué à imposer à Moscou une école artistique : le futurisme. Pour qui cherche aujourd'hui les classifications et le sens des étiquettes, le futurisme est sans doute plus connu comme mouvement pictural qui trouva sa naissance en Italie avec le *Manifeste du futurisme* du poète Marinetti, en 1909, puis le *Manifeste de la peinture futuriste* et le *Manifeste technique de la peinture futuriste*, en 1910, signés par un collectif de peintres italiens. Les peintres de cette école, habités par l'idée de dynamisme qui leur paraissait être la caractéristique du monde « moderne » (on sait quelle vogue connut cet adjectif pour caractériser toutes les créations au début du XXe siècle), tentèrent de représenter les objets en mouvement. Ce faisant, ils rencontraient les efforts de cubistes comme Marcel Duchamp, superposant les divers aspects d'un objet ou d'un homme en déplacement, comme le *Nu descendant l'escalier*. Les formules les plus célèbres de définition du futurisme avaient été données, sous la plume de Marinetti, dans un article publié par *Le Figaro* du 20 février 1909 :

Nous voulons chanter l'amour du danger, l'habitude de l'énergie et de la témérité.

Les éléments essentiels de notre poésie seront le courage, l'audace et la révolte.

La littérature ayant jusqu'ici magnifié l'immobilité pensive, l'extase et le sommeil, nous voulons exalter le mouvement agressif, l'insomnie fiévreuse, le pas de gymnastique, le saut périlleux, la gifle et le coup de poing. » Etc.

Suivaient quelques exemples de ces choix esthétiques : « une automobile de course, avec son coffre orné de gros tuyaux, tels des serpents à l'haleine explosive..., une automobile rugissante qui a l'air de courir sur de la mitraille, est plus belle que la Victoire de Samothrace ».

D'autres, en architecture, devaient baptiser plus tard du même vocable de « futurisme » des modèles où le mouvement vertical des hauts immeubles, les translations d'un étage à l'autre, les rampes d'ascension mobiles, se mêleraient au bruit des machines, de la circulation pour construire « la cité futuriste : un lieu immense, tumultueux, plein de vie, dynamique de toute part[1] ».

Dès le début, et quelles qu'aient été les réalisations produites en son nom, le futurisme se définissait comme un art de l'« audace », de la « révolte ». De quoi satisfaire le jeune Maïakovski, même si certains passages du programme futuriste pouvaient inspirer quelques frissons. Si le poète russe se retrouvait pleinement dans la formule : « Il n'y a plus de beauté que dans la lutte », que pensait-il des déclarations qui suivaient : « Nous voulons glorifier la guerre – seule hygiène du monde – le militarisme, le patriotisme, le geste destructeur des anarchistes, les belles idées qui tuent et le mépris de la femme » ?

N'empêche... Le nom de Maïakovski sera associé très vite au mouvement futuriste, en Russie, dans le sens presque générique de recherche d'avant-garde.

Lorsque Ella a rencontré Maïakovski à Moscou, elle a d'abord été saisie par son aspect extérieur : cette allure provocante, cette force inspirée. Elle cherchera plus tard à se souvenir de ces premières rencontres, sans pouvoir préciser avec une grande exactitude s'il s'agit de 1911, 1912 ou 1913. Alors avaient lieu les «premières soirées poétiques contradictoires avec Maïakovski, Bourliouk, Khlebnikov et Krioutchionikh». «Je ne les ai pas connues, précise-t-elle, je sais qu'on s'y tapait dessus, simplement, malgré un public de symbolistes et d'esthètes. Il y a eu le manifeste *La Gifle au goût public* (1913), signé des mêmes noms. Il y a eu les soirées où Maïakovski avec sa blouse jaune lisait ses vers. Là, j'ai le souvenir personnel de quelque chose de l'ordre d'un combat de boxe. L'auditoire hurlait, plaisantait et sifflait... Et Maïakovski qui tenait tête, grandiose, tonnant, engueulant le monde...»

Elle situe dans la salle du musée Polytechnique l'une de ces séances pour l'élection du «roi des poètes» (peut-être en 1914, dit-elle) : «Je crois bien que c'est la seule et unique fois qu'il ait perdu son sang-froid devant une foule. Même à l'époque où il se faisait huer par les salles, je ne l'ai jamais vu que jouir de l'insuccès, du pugilat, comme d'une victoire. Il aimait la cabale, il ne s'arrêtait devant rien pour irriter le dragon qu'il avait devant soi...»

Le contenu de ses vers, bien sûr, est à l'aune de ses audaces de scène. Comme dans le *Nuage en pantalon* :

> De nos jours il faut
> avec un casse-tête
> tailler dans le crâne du monde.

Un homme si différent d'elle

Expliquant comme par contraste la séduction exercée sur elle par le poète, Elsa parle d'elle-même : «Pour ce qui est de moi, je n'imagine pas qu'on puisse s'avancer sur une scène bien éclairée, devant une assemblée à laquelle il est impossible de cacher quoi que ce soit, qui est là pour constater que votre robe est boutonnée de travers, que vous avez un défaut de constitution, ou que vous avez dit des choses qu'il ne fallait pas dire.

On m'a posé un jour cette question oiseuse : pour un prix fabuleux, n'importe lequel, celui qui me plairait, est-ce que j'aurais consenti à vivre pendant huit jours dans une vitrine de magasin, mais à y vivre complètement, sans rien changer de mes habitudes... La scène me paraît ressortir du même genre d'horreur. »

Elle note à ce propos combien elle a pu constater l'énorme fatigue (on dirait aujourd'hui le stress) accablant les artistes qui doivent « s'exposer ». La chroniqueuse théâtrale qu'elle est devenue à partir de 1948 cite des noms du cinéma et du théâtre de boulevards : Fernandel, Saint-Granier... Ce qui ne fait qu'accroître son admiration pour le Maïakovski d'autrefois : « Je n'ai jamais vu qu'un seul homme, je n'ai jamais vu que Maïakovski "posséder" une salle, jouer avec, la taquiner, l'agacer comme un taureau, et toujours la faire passer par où il voulait qu'elle passât, en laissant sur le carreau quelques spectateurs qui s'avisaient de le contredire, et qu'il mettait knock-out avec une insolence, une désinvolture et un humour grandioses. »

La presse russe de l'époque lui rend bien ces insolences : « En 1913-1914, se souvient Elsa, la presse ne s'occupait de lui que pour l'injurier. » Mais Maïakovski va publier lui-même : en 1914, il participe au journal humoristique *Satirikon* ; cette même année, raconte encore Elsa, il lit des fragments du *Nuage en pantalon* à Gorki. « Gorki fut bouleversé par cette lecture, il pleura d'émotion et de joie devant ce génie découvert » et le fit engager dans la revue qu'il crée en 1915, *Letopiss.*

Elsa, forçant sur la modestie, a raconté qu'elle était longtemps restée insensible au talent de son ami : « Je ne m'intéressais guère à ce travail intérieur qui se passait à côté de moi, et c'est à peine si je m'apercevais que Maïakovski était poète », répétera-t-elle souvent plus tard. Elle y joint un souvenir qu'elle a soin de décrire comme un « coup de foudre » intellectuel. Elle se trouve en vacances à la campagne dans la datcha de ses parents ; c'est un de ses soirs d'été où l'on se couche tard, où l'on se raccompagne après les veillées ; Ella marche à côté de son ami, dans une allée large et sombre, entre deux rangées de villas. Elsa Triolet ne dira pas, dans la reconstitution de ses souvenirs, la nuit qui tombe, l'isolement auprès de cet homme qui la trouble, l'attente sans doute d'un geste de sa part. Dans ses souvenirs encore, tout va se passer sur un autre plan, comme si, à la première émotion de la main prise sous la table allait succéder une émotion d'ordre purement esthétique, une émotion jointe à la gloire d'une découverte qu'elle n'aura de cesse de faire partager. Écoutons-la :

« Maïakovski, absorbé, vague, dit brusquement à haute voix des vers... Je m'arrêtai, stupéfaite ; je venais de me rendre compte que Maïakovski écrivait des vers et que ces vers je les aimais passionnément...

Aha ! dit Maïakovski avec un triomphe dédaigneux, ça te plaît ?

[...] J'étais folle d'émotion, de la découverte de quelque chose que j'avais eu à côté de moi depuis si longtemps et que j'ignorais si totalement. J'en voulais encore et encore... »

Elle raconte comment elle devint alors le principal agent du culte dû au poète : « Je voulais prouver, démontrer, avec toute l'exaltation d'une moins de dix-sept ans et qui croit que la poésie est la grande affaire de sa vie, ce qui était lumineux pour moi – son génie. »

La découvreuse mal aimée

Il faut bien souligner cette étrange vérité : c'est la jeune Elsa, encore adolescente, qui a fait entrer Maïakovski dans le cercle réputé des intellectuels dont font partie les Brik. Elle s'est employée avec ténacité, pour rendre justice au talent du poète, à faire admettre Maïakovski par sa sœur Lili et son beau-frère Ossia. Quelques mois auparavant, Lili avait découragé Ella d'amener sans cesse l'homme à la blouse jaune dans la maison de sa mère : ce perturbateur ne pouvait qu'ennuyer Elena Iourevna. Mais ce n'est plus du trublion dangereux pour la petite sœur qu'il s'agit ; Lili doit, elle aussi, admettre l'existence de l'homme de génie. On connaît la suite : Lili qui supplie sa cadette de ne pas demander de lecture au poète, Ella qui insiste, Maïakovski faisant fi des réticences et entamant, de sa voix qui tantôt éclate, tantôt se fait caresse, la déclamation du *Nuage en pantalon.* Lili qui se laisse emporter par cette voix « à jamais inoubliable » et boit le poète des yeux, Ossia qui apprécie en connaisseur et s'empare du petit carnet sur lequel Maïakovski a noté son texte. Carnet que récupère aussitôt le poète pour y inscrire en première page la dédicace qui précédera désormais le *Nuage en pantalon* : *À Lili Iourevna Brik.*

Oubliées les réticences du couple Brik et de leurs amis à recevoir le poète, oubliées les recommandations de prudence de l'aînée à sa sœur, oubliée la petite Ella… « Sur ces faits, est arrivée ma sœur Lili » écrira-t-elle plus tard. Commence en effet, ce 15 juillet 1915, l'histoire tumultueuse et passionnée de Lili et de Maïakovski. Si déçue qu'elle ait pu être, Elsa s'emploiera pourtant à magnifier, toute son existence, le lien entre sa sœur et le poète. Dans ses *Souvenirs sur Maïakovski* elle écrit : « Il y avait les femmes. En premier lieu – la femme, sa femme, celle à qui il dédiait tous ses livres, dont l'obsession remplit ses poèmes d'amour et les autres, qu'on retrouve à chaque pas de sa poésie, qu'on retrouve dans sa lettre d'adieu : "Lili, aime-moi." » Elle cite alors des passages de poèmes :

> C'est toi que je chante,
> maquillée et
> rousse.

Et là-bas,
où le monde se fane dans la toundra,
où le vent du Nord marchande avec le fleuve,
je gratterai sur la chaîne le nom de Lili
et j'embrasserai la chaîne dans les ténèbres du bagne.

Pourtant, cette année 1915, Ella a bien du mal à oublier que, dans le cœur de Maïakovski, elle avait été la première. Les correspondances qu'elle échange avec le poète sont pleines d'un sourd reproche : une première lettre, du 8 septembre, alors qu'elle est étudiante à l'Institut d'architecture, n'est qu'une longue plainte : « Je m'étais tellement attachée à vous, et puis, tout d'un coup – un étranger ! » et elle répète « Quel dommage que vous soyez devenu un étranger, que vous n'ayez plus rien à faire de moi. J'ai même peine à y croire, mais c'est l'habitude entre Lili et moi, nous n'avons pas d'amis communs. »

Maïakovski publie en 1916 ce *Nuage en pantalon* dont était venu tout le bien et tout le mal, et il en envoie un exemplaire à Ella, précédé de la fameuse dédicace à Lili. Lorsque Ella reçoit cet exemplaire, elle ne peut s'empêcher de truffer sa réponse d'une ou deux perfidies : « J'aurais été tout à fait heureuse sans la certitude que c'est une idée de Lili. Vous n'y auriez pensé pour rien au monde. » Et : « C'est étonnant, il y a des gens intelligents qui discutent si bêtement, et en disent du mal ! »

Les récriminations se répètent : « évidemment, vous ne me répondrez pas », « mes affaires de cœur sont toujours au même point : ceux qui me plaisent, je ne leur plais pas, et vice-versa [...] cet été j'ai songé à m'empoisonner... » (7 octobre 1916). À quoi Maïakovski répond avec humour : « je dois remettre pour l'instant mon irrésistible désir de te pendre pour ta morosité ».

Elle s'excusera de cette morosité dans la lettre suivante, en prétextant la crainte d'une maladie. Elle s'attarde alors sur son goût de la solitude, et ne peut s'empêcher d'y joindre de véritables déclarations, sur le ton d'une lettre amoureuse. Maïakovski s'en tient résolument à répondre par l'humour. Le 2 novembre, elle récidive, s'adressant à lui sous le vocable affectueux d'oncle Volodia : « Pourquoi ne me dis-tu rien de toi, oncle Volodia ? Tu ne sais pas le faire ? » Et la plainte revient : « J'attends toujours qu'il arrive quelque chose d'heureux, mais il n'arrive rien. » Et comme Ella a demandé : « Je ne sais si je peux t'écrire toute sorte de bêtises, comme cette lettre, ou si je ne dois le faire que lorsque j'ai quelque chose à dire », Maïakovski lui répond : « Sotte ! Recevoir est une des choses les plus agréables. » Le même mois, elle va jusqu'à lui dire : « Tu sais, quand j'ai trop le cafard, je commence à me dire : et si je me mariais ? Mais tu comprends, en théorie, c'est tout simple, mais quand on en arrive aux actes, je ne doute pas un seul instant qu'il m'est impossible de me marier comme ça, pour rien...

Oncle Volodia, je n'aime personne en ce bas monde, il faut croire que je ne sais pas, toi, tu es heureux...

J'éprouve pour toi une telle tendresse, et pourtant, tout m'est mort et silence. Qu'il serait bon, un certain temps, de perdre la faculté de sentir, d'être conscient, presque comme si l'on dormait. Que ce serait bon. » Cette fois, avec un peu plus d'égards, le poète écrit : « Je crois qu'en ce moment tu es l'unique personne au monde à qui je pense avec amour et tendresse. »

Elsa n'est-elle pas justifiée alors de lancer cet appel : « Je veux absolument te voir ! Je sens sans cesse dans l'air quelque chose qui ne devrait pas être, quand je pense à toi, c'est toujours avec une sorte d'inquiétude. [...] Je ne viens que pour toi. »

Pourtant, en matière de jugements artistiques, l'étudiante des Beaux-Arts est prête à revendiquer son indépendance. Après être allée, le 10 novembre 1916, à l'exposition du « Valet de Carreau », elle défendra chaudement cette manifestation qu'elle qualifiera de « véritable fête populaire », en particulier, le travail de Lentoulov et de Chagall. Se faisant,

Ella sait qu'elle provoque un peu oncle Volodia. L'école de peinture ainsi baptisée comprenait sans doute à son origine des peintres novateurs, mais qui se voulaient dans la lignée de Matisse et de Cézanne. Maïakovski avait pris le parti, de la peinture futuriste contre les « Valets de Carreau ». En décrivant ce groupe comme porteur des espoirs de la peinture russe, en négligeant d'aller voir les tableaux de Bourliouk dont elle sait qu'il est un ami de Maïakovski, en lui glissant : « J'ai tout le temps pensé à toi, à cette exposition, j'ai regretté que tu sois si loin », peut-être, et malgré ces regrets, veut-elle lui faire entendre qu'elle peut dorénavant, quant aux choix artistiques, se passer de son tutorat.

De son côté, Maïakovski, « lancé » dans les meilleurs cercles intellectuels à Petrograd par Lili et Ossia, va être, en 1916, avec Brik et Jakobson, du nombre des créateurs de la « Société pétersbourgeoise pour l'étude du langage poétique » connue sous le sigle OPAÏAZ (O pour société, PA pour poétique, ÏAZ pour ïazik, langage). Ella, qui réside à Moscou, ne participera qu'exceptionnellement aux débats littéraires et aux fêtes futuristes comme celle du jour de l'an qu'elle racontera plus tard : « Il y eut un réveillon chez Lili avec un arbre de Noël futuriste. » Elle décrit l'arbre suspendu au plafond, la tête en bas « comme un beau lustre vert, brillant de cheveux d'anges, de verroteries [...] la grande idée, c'était de rendre les choses pas comme tous les jours, les invités costumés et lourdement maquillés pour ne pas avoir leur tête de tous les jours ». Elle cite parmi les futuristes invités : Bourliouk, Khlebnikov, Chklovski, Vassili Kamenski, « compagnon de Maïakovski dès les premières batailles futuristes, un garçon très blond, aux yeux très bleus de capitaine de vaisseau, avec une bouche moelleuse de menteur ».

Il faudra que bien du temps ait passé pour que, toutes péripéties amoureuses terminées, Elsa écrive, dans son journal du 5 novembre 1924, comme une épitaphe amère pour amour défunt : « Je lui suis attachée et reconnaissante d'aimer Lili et moi aussi, par-dessus le marché. »

Je vais faire quelque chose à la douma...

En attendant, en ces années 1916-1917, pour Ella, la vie est devenue plus difficile. Les ressources maternelles sont très minces et la jeune fille devra accepter des périodes de travail comme ouvrière d'usine pour continuer ses études d'architecture.

Elsa trouvera des accents de fraternité au moment des événements qui vont secouer la Russie. Dans une lettre du 8 mars 1917, écrite à Maïakovski au lendemain de la révolution de février qui porta Kerenski au pouvoir, elle ne peut s'empêcher de s'écrier : « Ce qui se passe est une pure merveille !

Et maintenant, j'ai incroyablement envie d'étudier, cela fait une semaine que de l'aube à la nuit je traîne dans les rues. Au cours, c'est tout réunions et machins de toute espèce. J'espère que les cours reprendront demain. Et puis, je vais probablement faire quelque chose à la douma municipale.

Et toi, Volodia, qu'as-tu fait ? Tu t'es promené avec un drapeau ? Par bonheur, "l'aube de la révolution" n'a pas été trop sanglante, en tout cas, ici. »

Elle signale que Roman Jakobson – le futur linguiste, son ami d'enfance dont nous aurons l'occasion de reparler – est entré dans la milice (les autorités de la révolution de février avaient demandé aux étudiants de participer à l'organisation de la lutte), et elle précise : « Roma est à la milice, il s'est promené avec un fusil, il a arrêté six hommes de la police. »

À propos des mois qui suivirent, et de ce qu'il convient d'appeler la Révolution d'octobre, Maïakovski répondra comme en écho dans son autobiographie, *Moi-même*, publiée en 1928 : « Faut-il y adhérer ou pas ? Cette question ne se posait ni pour moi, ni pour les autres futuristes moscovites. C'était ma révolution à moi. J'allais au Smolni. J'ai travaillé à tout ce qui se présentait. »

En somme, pour Ella comme pour ses amis, les mouvements révolutionnaires de 1917 sont naturellement les leurs.

Maïakovski situe d'ailleurs cet engagement autant sur un plan artistique que politique : il s'y engage avec « les futuristes », dit-il. Quant à Ella, « elle manifeste une certaine excitation plus liée à l'atmosphère d'exaltation générale qu'à un enthousiasme politique », écrira Marie-Thérèse Eychart, et les rares textes de la future Elsa Triolet que nous ayons gardés sur une période aussi importante semblent bien témoigner en ce sens.

Par intermittences...

À partir de 1917, Elsa va prendre du champ. Elle rencontrera bientôt André Triolet, et ce Français si différent de ses amis d'adolescence l'éloignera pour un temps et de Maïakovski et de la Russie. Pourtant, dès que le bateau l'aura ramenée d'un lointain voyage en Pacifique, dès que le mari à son tour se sera éloigné, Maïakovski s'imposera à nouveau, par intermittences, dans la vie d'Elsa.

En 1920, il est devenu un personnage international : on se dispute l'homme à la stature de colosse qui retrouve, dans les assemblées et les salons de l'Europe de l'Ouest, les allures provocatrices que lui confère son double statut de révolutionnaire et de poète. Il débarque à Paris et se fait naturellement héberger par Elsa, dans les petits hôtels de Montparnasse. Elle l'accueille, le présente à tout ce qu'elle connaît de peintres, d'écrivains. Elle veille à sa bonne installation, comme une parente de la capitale recevant un cousin de province, fait ses courses, lui sert d'interprète.

En septembre 1922, Elsa rejoint à Berlin toute sa chère société russe venue goûter un moment aux joies de la capitale allemande loin des difficultés que connaît alors leur pays. Elle retrouve à cette occasion un Maïakovski plus amoureux que jamais de sa sœur. D'Elsa à lui, ce ne sont que brouilleries et querelles.

Du 2 novembre au 20 décembre 1924, Maïakovski séjournera à Paris, à l'hôtel Istria. Elsa l'accompagnera partout, lui servira de traductrice. C'est avec lui qu'elle rend pour la première fois visite à Picasso, avec lui qu'elle rencontre Tristan Tzara chez les Delaunay. Elle écrit alors *À Tahiti* et commence *Fraise-des-Bois* dont elle lui lit des passages. Dans ses souvenirs sur Maïakovski, elle insistera sur le rôle de mentor en littérature que joua alors le poète auprès d'elle, en lui conseillant en particulier de ne pas gaspiller ses « réserves » : les petites scènes, les petits incidents, les trouvailles de toutes sortes qu'il lui suggère de noter pour pouvoir les utiliser ensuite, sans les avoir livrés par mégarde à quelqu'un d'autre.

Elle rappelle combien il pouvait être de bon conseil : « Ce qu'il me disait sur les épithètes usées, sur les mots qui infailliblement s'entraînent les uns les autres… Comme par exemple "le port royal des Maoris…" dont malheureusement je parle dans mon livre *À Tahiti* : "Alors, si tu dis *port*, il faut que tu dises *royal* ? Et moi je vois un roi avec une grande barbe et de la soupe aux choux qui dégouline par-dessus…" »

Il est clair que Maïakovski ne ménageait pas son interlocutrice, et que la raillerie était rude. Si rude qu'Elsa en fut souvent choquée ; dans son journal, le 5 novembre 1924, elle écrit : « Volodia peut vous apprendre comment rendre un livre plus aigu. Mais il n'admet que sa chanson à lui […] il doit tout mesurer à sa toise à lui. […] C'est un homme colossal, ce n'est pas un homme bon, c'est certain, malgré ses charmantes allures de "toutou". »

Plus tard, quand Elsa analysera la brochure de Maïakovski, *Comment on fait les vers* (1926), on sentira combien elle a repris à son compte bon nombre des préceptes qu'avait développés son ami. En particulier sur le matériau principal de l'écrivain : les mots, « nécessaires, expressifs, rares, inventés, composés et autres » dont le poète souhaitait qu'on enrichît sans cesse « les réservoirs, les granges de votre crâne ». Il insistait sur le fait que le travail poétique préparatoire s'accomplit de façon continue. Car une œuvre poétique de qualité ne peut venir au jour dans un temps donné, que si l'on dispose d'un grand nombre de «réserves poétiques». Comme beaucoup d'autres écrivains, il préconisait donc l'usage d'un «carnet de poches». Même si on ne le mentionne que lorsque le poète est mort, pour en extraire des bribes publiables, ajoutait-il, «pour l'écrivain ce carnet est tout». [...] «Dans n'importe quelle circonstance, le poète juge chaque rencontre, chaque enseigne, chaque événement uniquement comme matière d'expression verbale.» Et encore : ce sont les «moyens qui font d'un écrivain un professionnel».

Mais voilà, le grand poète était un homme, avec ses petitesses. Elsa cite différents épisodes des voyages à Paris où elle devait lui servir d'interprète et de guide; comment il ne lâchait pas Elsa «d'un pied», «persuadé que sans moi il serait perdu, vendu, trahi!» Elle souligne combien le Russe qu'il était se sentait mal hors de chez lui : «Il n'aimait que les "siens". Il lui fallait se sentir les coudes : avec son pays, ses proches. Hors de Moscou, il devenait malheureux à périr.» Et elle souligne comme à plaisir le rôle important qu'elle prenait alors à ses côtés : «Paris lui était moins hostile parce qu'il m'y retrouvait, un morceau de la "famille", c'est-à-dire quelqu'un avec qui on aime et déteste les mêmes choses et les mêmes gens, qui épouse tout naturellement vos querelles et vos amitiés.» Elle cite une scène où il injurie la compagnie en russe, avec un interprète qui se contente de traduire toutes ses phrases par une demande de tasse de thé. «Partout où nous allions, nous étions accompagnés par une espèce d'ébahissement. Ce géant jouait avec les gens, comme un grand chien avec des enfants : il les bousculait délicatement et les mordillait sans leur faire de mal...» Elle raconte avec humour les démêlés du poète avec la préfecture de Paris pour mettre ses papiers en règle, le vol qu'il subit à Paris et la collecte qu'ils organisent pour qu'il puisse continuer son voyage, sa reconnaissance éperdue pour ceux qui l'ont aidé dans cette circonstance, en particulier Ilya Ehrenbourg. Quand Elsa se trouve avec lui à Montparnasse,

Maïakovski a pris l'habitude d'aller manger au restaurant de la Grande-Chaumière car, explique Elsa, « au bout de trois jours qu'il était quelque part, Maïakovski avait déjà ses habitudes ».

En 1928, nous le verrons, la première rencontre d'Elsa avec Aragon aura lieu sur fond de ce compagnonnage avec Maïakovski.

Un coup de feu, une lettre..

Elsa notera avec mélancolie : « C'est en 1929 que j'ai vu Maïakovski pour la dernière fois, toujours à Paris. » Elle se souvient de ce dernier séjour et revoit le poète écrivant des lettres, assis par terre, le bloc de papier posé sur le lit, en le comparant aux enfants qui adoptent une position impossible et la gardent des heures durant.

On sait que Maïakovski devait se suicider le 14 avril 1930. Sur les raisons de ce suicide, les interprétations divergent. Dépression de plus en plus accentuée ? Difficultés à s'accorder avec le régime ? Déception amoureuse ? Cette dernière hypothèse a été souvent mise en avant, en particulier à la fin des années soixante en URSS où fut rappelé, contre la thèse de la dévotion fidèle du poète à Lili, l'amour malheureux porté par Maïakovski à une Russe blanche de vingt ans, Tatiana Iakovleva, qui venait d'épouser un vicomte français. La lettre laissée par Maïakovski lors de son suicide disait pourtant :

> À tous !... Je meurs, n'en accusez personne. Et pas de cancans, le défunt avait ça en horreur.
>
> Maman, mes sœurs, mes camarades, pardonnez-moi, ceci n'est pas un moyen (je ne le conseille à personne), mais moi je n'ai pas d'autre issue.
>
> Lili, aime-moi.

Sans doute, la lettre ajoutait-elle que sa « famille », au premier rang de laquelle il faisait figurer Lili, comptait aussi Veronica Vitoldovna Polonskaïa, l'un des derniers amours du poète, mais le message insistait sur l'héritage poétique :

« Les poèmes commencés, donnez-les aux Brik. Ils s'y retrouveront. »

Dans ses *Souvenirs sur Maïakovski*, Elsa soulignera la tendance suicidaire qu'aurait toujours manifestée le poète. Elle évoquera un ingénieur, S., devenu plus tard directeur d'une grande usine à Leningrad, homme très rationnel, qui se moquait des menaces de suicide dont Maïakovski était coutumier : « Quand je lui parlais de la hantise du suicide que je sentais rôder autour de Maïakovski, écrit-elle, il tournait en ridicule et moi et mon obsession. » Pourtant, ajoute-t-elle, « l'exhibitionnisme de ce genre n'est pas une garantie que cela en restera là. Mais la dignité occidentale outrée ne veut pas l'admettre ». L'idée du suicide, de l'au-delà, d'un au-delà magnifique et grotesque et une affirmation de la vie, de la nécessité de vivre et surtout de rendre la vie admirable, s'entrecroisent dans les poèmes de Maïakovski :

> Dans cette vie il est facile de mourir,
> Bâtir la vie est autrement plus difficile.

Et dans *L'Homme*, en 1917 :

> Et le cœur bondit vers la balle
> et la gorge rêve au rasoir.

Elsa s'en tiendra donc à l'impossibilité finale, pour le poète, de subir sans cesse les attaques d'une opinion hostile. Elle rappelle combien Maïakovski avait choqué par son comportement d'original : « Dix ans, quinze ans plus tard, on ne la lui avait pas encore pardonnée, cette blouse ! Les gens continuaient à être vexés, à se sentir bafoués par lui. Il fallait que ce fût un voyou, il fallait ne pas le prendre au sérieux, rester sceptique... » Et, se rangeant du côté du suicidé, elle ajoute, employant à répétition l'expression qui lui permet de rejeter dans un autre camp le moyen des mortels : «Les gens... Les gens qui vous grignotent, qui grignotent votre vie par leurs jugements, leurs suppositions, des racontars, la diffamation... » Elle rappellera l'apostrophe du poète contre les cancans. En solitaire hautaine, elle ajoutera même : «Et comme la moitié des conversations ne sont que des cancans, Maïakovski avait horreur des conversations. »

Au lendemain de ce suicide, le 28 avril 1930, Elsa écrira à Lili : «Il y a seize ans, Volodia est venu pour la première fois ruelle Petroverigski, à la maison Egorov, en blouse jaune. Il y a de quoi se souvenir. Je rêve de lui toutes les nuits sans exception. C'est très dur. » Et elle indique en post-scriptum : «Les surréalistes s'apprêtent à écrire au sujet de Volodia. Malheureusement la traduction est impossible, cela donne des choses nulles. »

Elsa s'efforcera de le traduire elle-même, en respectant le rythme des coupes, en cherchant à retrouver les éclats sonores que la voix de Maïakovski imprimait à ses vers. Et quand, tout au long de la vie des deux sœurs, la mémoire du poète sera attaquée, ou son message de révolte déformé par le régime, toutes deux s'insurgeront. À la fin de sa vie, Elsa s'attaquera même violemment aux penseurs fortement antisémites de la Russie soviétique pour défendre conjointement le souvenir de Maïakovski et l'amour qu'il portait à sa sœur. Elle écrira aussi, pour stigmatiser les déformations de l'histoire, ses romans *Le Grand Jamais* et *Écoutez voir*... Toute sa vie, l'homme à la blouse jaune l'aura accompagnée.

CHAPITRE 3

UN MARI ET DES ÎLES

> *« J'ai quitté la Russie en 1918 pour épouser un Français qui ne faisait pas de vers. [...] En partant j'étais sûre de revenir très vite, de faire juste un voyage. [...] Mon mari sortait de la guerre, il en avait assez des cadavres et des vivants et ne rêvait que solitude et île déserte. »*
>
> Elsa TRIOLET.
> *Ouverture. Œuvres romanesques croisées.*

UN MARIAGE COMME UNE FUITE...

1917. Elsa décide d'épouser André Triolet. Il n'est pas trop aventureux de supposer qu'elle va tenter ainsi d'échapper à deux souffrances qui lui sont devenues intolérables : le contact permanent avec l'amour passionné et réciproque qui lie le seul homme qu'elle aime vraiment à sa sœur Lili, la misère et l'insécurité de Moscou au lendemain de la révolution d'Octobre. Jamais, bien sûr, elle ne pourra avouer ces deux raisons. Pourtant, souvenons-nous de la lettre à Maïakovski de novembre 1916 : « Tu sais, quand j'ai trop le cafard, je commence à me dire : et si je me mariais ? » Quant à la misère des villes russes au moment où elle projette de se marier et de quitter son pays, c'est elle-même qui parlera de « ces dures années, à partir de 1917 », et qui écrira : « Leningrad crevait de faim et de choléra. Les gens mouraient par paquets tous les jours, ils tombaient dans la ruc, dans les tramways. Des montagnes de fruits pourrissaient, les manger c'était attraper le choléra. »

Évidemment, en ce début du XXe siècle, Elsa n'est pas la seule jeune fille qui se marie pour pouvoir exister. Mais, particularité, Elena Iourevna, sa mère, va l'accompagner dans le pays de son fiancé. S'il s'agit pour Elsa d'échapper à un amour impossible, c'est tout autant pour permettre à sa mère, qui vit de plus en plus mal les conditions difficiles de la Russie, de retrouver une existence plus confortable. Les deux motifs sont si fortement mêlés qu'Elsa résiste jusqu'au bout aux demandes pressantes de son ami d'enfance et d'adolescence Roman Jakobson, demandes qui rencontraient pourtant et le désir de sa mère, et les conseils de sa sœur aînée : « Marie-toi avec Roma », lui aurait chuchoté Lili au moment où Elsa quittait Moscou. Mais Jakobson, lié à son monde de poètes, ne pouvait être une alternative à Maïakovski, et sans doute ne voulait-il pas quitter la toute jeune Union soviétique.

Ce mariage, ce voyage, ont des allures de fuite ; dans son livre de souvenirs sur Maïakovski, Elsa rappellera que le « camarade » qui lui donnait son passeport « aux fins d'épouser un Français, officier de l'Armée française », avait levé sur elle « un regard désapprobateur » et maugréé : « Alors, il n'y en a pas assez chez nous ? » Se souvenant de l'incident dans les années trente Elsa ajoutera, avec une certaine mélancolie : « Le camarade qui m'avait remis les passeports avait raison : il vaut mieux épouser l'un des siens[1]. »

Et c'est l'image d'une Lili plus solaire que jamais qui sera la dernière de celles qu'Elsa enregistre au moment d'embarquer pour Stockholm, image de cette sœur triomphante et provocante, dans le décor d'un port où traînent des immondices : « La tête rousse rejetée en arrière, elle montrait toutes les dents splendides, solides de sa grande bouche fardée, ses yeux marrons tout ronds, illuminés, dans un visage avec cet excès d'expression presque indécent d'intensité, qui fait que jeune ou vieille, avec son teint miraculeux, ou toute ridée, les passants se retourneront toujours sur son passage. »

André triolet

Quel est donc l'homme qui va enlever Elsa à son pays ? André Triolet est un officier français, de six ans son aîné, attaché à la mission militaire de la France en Russie. Elsa tiendra à préciser plus tard, comme pour s'excuser d'avoir épousé un militaire, que le grade de son mari était « exagéré » sur le passeport et qu'il aurait fait le serment suivant : « Je suis artilleur, mais je jure de ne jamais toucher une arme. » La jeune fille a plutôt l'impression de s'être fiancée à un membre du corps diplomatique qu'à un soldat. En fait, André est surtout l'héritier d'une riche famille de porcelainiers de Limoges, accomplissant dans les armes une occupation de jeunesse qui lui permet d'échapper pour un temps à l'enfermement provincial. Ils se sont rencontrés en 1917 à la mission française de Moscou. Il devait quitter son ambassade et revenir en France la même année. Elle choisit de ne le rejoindre qu'après avoir terminé ses études d'architecture en 1918, date à laquelle elle embarque en compagnie de sa mère à Petrograd, le 4 juillet, sur le *Angermanland.* Un voyage pénible les conduit à Stockholm, puis en Norvège et finalement à Londres où André Triolet les rejoint. Grâce aux relations de Maïakovski et de Brik, la mère d'Elsa pourra travailler à Londres à la représentation commerciale soviétique (Torgpredstvo).

Les lettres qu'André envoie à Londres avant leur mariage, à celle dont il orthographie le nom «Elza Kagan», disent avec tendresse des choses assez banales. Il recopie le cliché amoureux «plus qu'hier et bien moins que demain», il la rassure sur la possibilité qu'il lui laisse de reprendre son engagement : «Si tu vois que tu t'es trompée, Elza, tu dois avoir le courage de me le dire.» Il se plaint doucement de la vie qu'il a vécue jusque-là, laissant entendre que l'avenir sera meilleur pour lui : «Tant d'années sous la tyrannie paternelle pour aboutir à sept ans sous la botte militaire, c'est payer cher la famille et la patrie.»

Ces lettres-là se font l'écho de bouderies et de querelles : un jour, dans un grand cri de rage, André lui écrit : «prostitue-toi si tu veux»! D'autres fois, il la rassure : «mais si, tu es jolie, tu es femme, et enfant». D'autres jours il lui dira combien il est heureux et fier de pouvoir sortir dans le monde à son bras.

Lorsque leurs vies seront liées, il commencera les lettres qu'il écrit au crayon de son lit d'hôpital où il vient de subir une opération, par de petits mots doux qui traduisent l'intimité : ce sera «Madame Cockotov, mon cher petit Cockotov». Il terminera une missive par : «il y a toi et il y a moi et puis plus rien». Et, toujours, il opposera à ce qu'il pense être leur bonheur futur, la vie étriquée et encombrée de préjugés qu'il prête à sa famille : «beaucoup trop d'armoiries qui sentent leur hobereau de province à vingt lieues».

Plusieurs messages envoyés par André à cette époque font état des difficultés qu'il rencontre auprès de son père pour faire accepter son projet de mariage : il ne touche plus que 500 francs par mois, et s'il épouse la jeune fille sans l'approbation paternelle, ils devront se contenter des seuls revenus de la «dot» d'André (s'élevant à 25000 francs). Celui-ci proposerait bien à Elsa de vivre avec elle en concubinage, mais, écrit-il, elle a reconnu elle-même être «au fond très bourgeoise»... Il répète avec insistance à Elsa : «Il m'est complètement indifférent de vivre n'importe où et n'importe comment si j'ai avec moi un visage aimé. La vue de mes parents m'a trop appris que la fortune n'a rien à voir avec le bonheur. » Quant à Elena, elle ne s'étonne guère de l'opposition rencontrée dans la famille d'industriels du Limousin à l'égard de sa fille, à qui elle aurait même confié : « André ne t'aime pas assez pour se marier avec une Juive russe. »

Pourtant, le 22 mai 1919, les projets ont mûri. André la presse de se procurer les papiers pour le mariage, et lui demande de lui envoyer... la taille exacte de son doigt pour l'anneau de fiançailles : « À propos, à quel doigt porte-t-on cette bague en Russie ? » lui demande-t-il. À deux jours de là, il s'explique longuement sur sa santé, et dans des phrases un peu embrouillées, où il est beaucoup question de pureté et d'impureté, il note les examens médicaux qu'il subit « pour savoir [s'il aura] des enfants sains ».

Enfin, le 27 mai 1919, le voici plus serein : après de nombreuses scènes, sa mère a obtenu de son père l'arrangement suivant : « Toutes mes dettes payées, il me restera cinquante mille francs à notre disposition à la banque d'Indochine à Tahiti, dix mille francs pour notre voyage, et mille cinq cents francs payés chaque mois à la même banque. » Et la mère d'André envoie à sa future belle-fille une lettre débordante d'affection. Le mariage aura lieu le 20 août 1919 à 11 heures, à la mairie du sixième arrondissement de Paris.

Une lettre est fort étonnante, et pourrait peut-être apporter l'explication manquante concernant le problème de stérilité dont eut à souffrir Elsa, à la suite, a-t-on dit, d'un avortement difficile. Il lui écrit de Budapest, pendant la période d'attente du mariage, et il a ces mots qui paraissent transparents : elle est « de nouveau au lit et vomissant toute la journée » et il s'accuse : « tout cela pour une minute de plaisir et parce que nous sommes deux fous ».

Elsa donnera plus tard, dans ses fragments d'autobiographie, une description blasée mais presque tendre de ce premier mari : « Il avait beaucoup d'argent et de manies, une énorme quantité de manies et d'habitudes frisant la manie, beaucoup de convictions mal accordées entre elles, une conception stricte de l'honneur, du bien et du mal, et par bonheur, au milieu de ce méli-mélo anarchique, le meilleur des cœurs. » Et elle le traite de « fou adorable ».

À TAHITI

Immédiatement après le mariage, le couple voyage un moment dans la région de Limoges où ils sont accueillis chaleureusement par la famille d'André. Mais c'est un bien plus grand dépaysement qui attend Elsa : en octobre, ils partent pour Tahiti, font escale à New York et s'embarquent à San Francisco pour Papeete, où ils arrivent fin décembre. Ils envisagent alors d'acheter une plantation. Cette escale d'Elsa dans les îles du Pacifique durera une petite année. Une année qui va lui permettre d'accumuler de multiples impressions, et de les noter si bien qu'elle aura, dans cette expérience, matière à son premier livre en russe, dont elle achèvera l'écriture en 1924 et qui sera publié en 1925 aux éditions Aténeï de Leningrad.

Sans doute écrira-t-elle dans ses fragments autobiographiques : « Séparée de tout ce qui vous est doux et cher, d'autres gens, d'autres mœurs, une autre langue, côte à côte avec un fou adorable mais étranger, il y a de quoi se jeter à l'eau. » Sans doute a-t-elle encore bien du mal à se défaire des amours anciennes puisque, aussitôt arrivée à Tahiti, elle propose à André qu'ils traduisent ensemble en français *La Guerre et l'Univers* de Maïakovski. Pourtant, les pages consacrées à ce séjour – même si elles ne sont encore qu'exercices – sont parmi les plus belles, les plus attachantes d'Elsa. La poésie inspirée par une nature étrange s'y mêle sans cesse à des documents qu'il faut bien dire « ethnographiques », où le regard subtil de la nouvelliste à venir est partout à l'œuvre. Présentant la traduction française de *À Tahiti* dans l'*Ouverture* aux *Œuvres romanesques croisées*, elle écrira : «Veuillez lire ces pages comme un témoignage timide d'un temps révolu, comme une entrée en matière de mon autobiographie littéraire. [...] Ma langue, vous le savez, est simple. Ce que vous ne savez peut-être pas, c'est que rien n'y est de hasard et que sa simplicité est un parti pris. La simplicité, lorsque les choses sont dites et non suggérées, rend la corde du langage plus raide : il faut de la précision si on veut être simple, un faux-pas et l'on se rompt le cou.»

Le livre est dédié à son mari et il porte en exergue, «Je vous livre l'enfance de mon écriture...» L'*Ouverture* ajoutera : «*À Tahiti* est dédié à André, mon mari. Il ne l'a jamais lu, ne connaissant pas ma langue maternelle.» Et elle ajoute, comme si leur désaccord futur ne pouvait qu'être inévitable, étant donnée cette différence de langue : «Aussi nous sommes-nous séparés. D'ailleurs bien avant que j'écrive ce livre.»

L'ouvrage se présente comme un récit, fait d'une collection de «textes courts». Un de ces récits que les éditeurs n'acceptent qu'avec difficultés parce qu'ils sont inclassables. Mais quelle mine pour le biographe! Nous suivons d'abord le jeune couple tout frais débarqué dans un hôtel médiocre, celui de Johnny Goudine, un «être de sexe mal défini». Son mari s'installe avec joie, elle est beaucoup plus morose : «André boit le mauvais café, rayonne et croit à un avenir radieux. Je m'installe doucement à côté de lui et je pense aux trois cancrelats, noirs, gros et gras, qui sont sortis de sous le linge, dans la valise ouverte.» Et elle décrit la banalité de la ville, telle qu'elle lui apparaît au premier jour : «Elle possède deux cinémas, des Ford, des églises, canalisation, électricité, un gouverneur, des boutiques et des cancans.» Pour les habitants, dont elle dit qu'ils sont peu travailleurs, elle note aussi : «Ce peuple est beau, avenant, souriant et hospitalier.» Mais déjà, elle sent combien l'originalité de l'ancienne civilisation est précaire : «Ceux qui veulent connaître ce peuple, ne serait-ce que tel qu'il est maintenant, doivent se dépêcher de traverser les océans.»

Elle décrit alors avec précision le mode de vie à l'hôtel : les plats préparés aux laits de coco, cuits dans un four sommaire fait de pierres plates et de feuilles de bananiers ; et elle tente de rendre sensible l'étrangeté de cet « été au mois de janvier, dans la touffeur de la chaleur et de l'humidité combinées ». Elle s'applique à trouver les images qui puissent dessiner le paysage typique des îles océaniennes, comme si un immense compas, piqué au centre des montagnes, avait décrit trois cercles concentriques : « le bord de l'île, le trait blanc au-dessus du récif, la ligne large de l'horizon ». Elle s'étonne des pluies énormes et soudaines : « devant les yeux, pousse un mur d'eau, tiède et mou ».

Les Triolet vont bientôt quitter l'hôtel pour une maison, et ce sont les mots de la Russie natale qui permettent à Elsa de l'évoquer : « Comme une datcha à Sokolniki », bâtie sur pilotis, « si bien que l'air pouvait passer dessous librement et cela rendait la maison plus fraîche. » Ils embauchent un cuisinier chinois, Apaou, et une femme de chambre indigène, Vahiné. Cette femme les vole, et travaille fort peu, mais Elsa la garde pour l'amour de son petit garçon « lisse, brillant, bien nourri [...] conçu pour faire rire. Je jouais avec lui comme avec un petit chat. » Dans le chapitre « comment nous vivions », elle décrit ses difficultés à assumer la vie matérielle, elle qui avait toujours été servie par des domestiques fidèles et compétents. Elle se plaît à faire des courses sur sa « bicyclette toute neuve, luisante », elle détaille les provisions qu'elle peut acheter, et la nourriture qui ne la satisfait guère, elle sait qu'elle apparaît étrangère à cause de ses « joues qui n'ont pas encore eu le temps de pâlir » ou de « la façon de regarder autour de moi avec curiosité ». Et elle se méfie, ici comme dans son ancienne existence, des « cancans » dont les protège un religieux défroqué, le père Rougier.

Et, tout à coup, elle a un passage flamboyant :

> Midi. Rayonnement.
>
> La mer, la route, les maisons, les arbres, les fleurs, tout est chauffé à blanc. Tout est transparent, sans poids. Un rayonne-

> ment blanc, comme lunaire, mais intolérable de clarté. Autant de sources de lumière blanche que d'objets. Chaque chose, un soleil blanc, luisant; de chacun de ces soleils partent des rayons. Il y en a trop ! L'œil humain ne peut accepter autant de lumière et son globe va fondre, il va se mettre à couler…

Affrontements aveuglants que calment les heures de sieste : « Le lit-tente devenait ma maison dans la maison. » C'est pendant ces heures d'après-midi qu'elle tente, en vain, d'apprendre le russe à André dans l'ABC composé par Tolstoï. Le soir, ils regardent le soleil se coucher derrière l'île de Moorea, « une des attractions de l'île, comme la *Madone Sixtine* à Dresde, ou le Kremlin à Moscou ».

Pour l'Européenne qu'elle est, le temps, ici, semble s'être arrêté, dans l'éclat des journées, dans la torpeur des nuits : « Chaque jour, chaque nuit, l'air est immobile, la verdure humide a un éclat insupportable sous le soleil de midi : des grappes de fleurs les plus fraîches, les plus tendres, regardent tout droit sa face éblouissante. Ici, c'est ainsi que cela doit être, que cela a été, que cela sera. » Ce sentiment d'éternité est, par un curieux rapprochement, proche de celui d'anéantissement : « Parcelle de terre au milieu d'un océan illimité, cette île de hasard va un jour couler, l'eau se fermera sur elle, ça fera des ronds et tout sera calme à nouveau. Et là-bas, les tramways continueront à marcher et les téléphones à sonner. »

Ce dont elle a gardé un souvenir trop lourd, ce sont les angoisses des nuits à Tahiti. « J'ai vécu dans une petite *stanitza* de la steppe transcaucasienne, dans une solitude presque totale. Combien était paisible la nuit du jardin où embaumait le tabac. J'ai vécu dans un *ranch* solitaire du désert fertile de la Californie et, marchant la nuit sur le macadam de la route, je réfléchissais tranquillement à ce que je devais acheter le lendemain dans la petite ville voisine.

Mais là-bas, sur cette île entre ciel et terre, j'ai appris à connaître l'angoisse nocturne. […] comment savoir ce qui bruit, cogne, soupire dans l'obscurité et l'éclat d'une nuit tropicale ? » La pesanteur de ces nuits fait qu'elle se sent déplacée, là, plus que dans tout autre pays au monde : « Chères nuits noires moscovites, nuits blanches de Finlande, nuits étouffantes d'Italie, claires et vastes nuits de Californie, petites nuits grises de Paris, de Berlin, nuits du Caucase, en quoi donc différez-vous de celles-là ? »

Ce climat, cet enfermement dans la mer et la nature végétale vous anesthésient. Même les souvenirs de la chère terre natale menacent de disparaître dans cet engourdissement : « Celui qui connaît et n'aime pas la narcose, qui sait ce que sont les derniers efforts, la dernière révolte avant de s'endormir sous le masque du chloroforme, celui-là comprendra comment ce pays vous engourdit, vous étouffe : cela est tout aussi insupportablement sucré, inévitable et pénible. Les mots de ma langue à moi, le Pont des Maréchaux, le lycée Valitzki font en moi surface de plus en plus rarement et bientôt il n'y aura, et aujourd'hui et demain et toujours, plus rien que la mer qui nous garde, l'anneau de corail qui nous enserre, la verdure muette et humide, l'éclat des fleurs, les Maoris majestueux, le soleil qui se lève et se couche, et la nuit brillante et étouffante comme le jour. »

Le mal du pays

La nostalgie de sa chère Russie est toujours présente, ainsi cette chanson russe qu'elle cite en exergue d'un chapitre :

> Quand tu seras grande
> On te mariera
> Dans un grand village,
> Un village étrange,
> Et les gens s'y fâchent,
> Y jouent de la hache,
> Il y pleut, et pleut le matin,
> Il y pleut, et pleut le soir…

Car un sentiment domine tout le livre, le mal du pays : « Là-bas, pas de printemps » est le titre d'un texte superbe sur cette dépossession. Qu'on me pardonne la trop longue citation que je vais en faire : peut-être pourrait-elle avoir pour fonction – en plus de nous éclairer sur l'état d'esprit d'Elsa durant cette année dans les îles – de permettre d'apprécier la qualité d'un livre qui n'est pourtant que le premier d'une toute jeune femme :

> Je suis née à Moscou, j'ai grandi avec les gelées printanières, la joie des eaux printanières, le soleil qui doucement se met à chauffer, ma nourrice Stécha, rose et joyeuse, les cochers de fiacre – « Je vous promène, Mademoiselle, avec mon cheval rapide ! » – les pommes *antonovka*, la ruelle Golikovski, celle qui part et se tortille à droite de la Piatnitzkaïa. Et je ne savais pas qu'elles étaient vraiment gaies, les gelées, qu'elles étaient en vérité joyeuses, les eaux printanières, je ne savais pas combien étaient aimables Stécha et les fiacres, bonnes les *antonovka* jaunes, et pittoresque la ruelle qui se tortille. Mais quand il n'y a pas d'hiver et donc pas de printemps, quand il n'y a rien qui puisse fondre et que le cœur n'a rien à fêter ni rien à attendre, quand tu ne rôdes pas par les ruelles qui se tortillent, à la recherche de Dieu sait quoi de perdu, et tu essayes de te rappeler quelque chose, qui est là, prêt à surgir, et qui va glisser et fuir à nouveau… et des toits de là-bas tombent de grosses gouttes qui ne ressemblent pas aux larmes et des cascades s'échappent des gouttières, et on ne sait plus s'il faut chausser des bottes de feutre ou des caoutchoucs, prendre un traîneau ou une voiture… tandis que le soleil, responsable de cette fête magnifique, regarde d'en haut tout ce remue-ménage, cette impatience, et doucement rassemble ses forces pour se mettre à chauffer pour de bon… Quand tout cela est inaccessible, inconcevable, si lointain, alors, alors on a envie de hurler comme une bête.

Quand elle échappe un moment à la torpeur du pays, elle note avec curiosité les caractéristiques de ses habitants. Des femmes en particulier : « Si cela avait été possible, j'aurais emmené avec moi de là-bas, en même temps que les broderies, couronnes et chaînes de coquillages minuscules, que les étoffes de couleur, les coupes de bois sculpté, et autres… j'aurais emmené avec moi quelques femmes. Des femmes si adorables, qu'ici elles auraient eu leur petit royaume amoureux et un essaim de sujets fidèles. » Elle décrit leur danse, avec ce « mouvement qui les visse dans le sol et les en dévisse d'un balancement des hanches et du derrière, et un frémissement des mains levées ». Elle parle de Taouti, qui la soignait quand elle avait de violentes névralgies, dues à une impréparation à la vie et au climat de l'île : « Ses mains étaient douces comme des coussinets en chevreau, fortes, tièdes. » Quant aux enfants, dont elle trouve qu'ils sont à la fois séduisants et insupportables, elle note au passage qu'ils sont tous dotés de deux mères, l'une naturelle et l'autre adoptive.

Mais elle ne se contente pas de dire ses émotions ; son regard peut être aussi aigu que l'œil d'une caméra : « Des jambes droites et lourdes ; les épaules larges, carrées, hautes, le dos droit, ne pliant pas au niveau du cou solide, comme s'ils avaient à la place de la colonne vertébrale une barre de fer, la tête plantée droit, un visage sévère, sauvage, inaccessible. Des dieux en bois presque au-dessus de la grandeur humaine. » Elle s'étonne de leurs « intérêts futiles » de leur « rire enfantin ». Elle les dépeints têtus, curieux, craintifs à l'égard des *toupapaou*, les âmes des morts. Elle note leur absence d'intérêt pour le vol, le sentiment d'infériorité à l'égard des Blancs, les mœurs sexuelles des deux communautés : les Maoris favorisent la recherche des femmes indigènes par les hommes blancs et une sorte de polygamie admise par tous : « Chaque Blanc de l'île est supposé être le père d'un nombre extraordinaire d'enfants. » Elsa, si tolérante qu'elle paraisse être à ces mœurs, rappelle cependant que les Blancs ont importé les maladies sexuelles et la grippe espagnole qui a tué une bonne moitié de la population ; elle rappelle ce que l'île avait de meilleur avant la colonisation, et elle cite ce mot Maori, devenu comme une autre nature : « hama », j'ai honte.

Tahiti est une colonie française et Elsa assiste avec André aux fêtes du 14 juillet, elle observe la danse des hommes, leurs parures de fête, les régates, le corso de fleurs sur la mer et le chant des femmes maoris qui passent devant le gouverneur : « Vois, gouverneur, vois combien sont magnifiques ces derrières qui se balancent devant toi. »

Pour aborder ce qu'elle nomme « nos relations parmi l'aristocratie blanche de l'île », elle se découvre la plume alerte : voici un fonctionnaire et sa femme, qu'il trompe effrontément, des Anglais plus anglais que nature, une métisse jolie et bête, un banquier parfaitement correct mais toujours ivre, la fille d'un riche homme d'affaires américain, que son père tente d'envoyer dans un couvent à San Francisco tant elle est à la dérive auprès d'une mère négligée et érotomane. Chacun de ces portraits est comme le condensé d'une nouvelle possible.

Malgré ces notations pittoresques, elle montre combien l'accoutumance s'installe, surtout en hiver, en juin-juillet, quand « il fait bon dans l'île ». Et elle a ce paragraphe pour décrire cette apparence de bonheur : « Le matin, tu te lèves fatiguée et heureuse que la nuit soit déjà derrière toi. Tu souris à ces gens avenants, gentils, silencieux, qui s'occupent tranquillement de leurs affaires. Tu cours sur le gazon vert, tu cueilles sur les buissons de grosses fleurs charnues, tu te mouilles les pieds dans le ruisseau le plus proche, parce que tu as envie de savoir ce qu'il y a de l'autre côté, tu te perches un moment sur une grosse branche, tu admires, tu es heureuse, et tu te lèves d'un bond chassée par un moustique réveillé. Ensuite, tu montes dans la voiture et tu vas plus loin. » [...] « Je courais par la ville, j'achetais des photos, je cherchais des ti-fé-fé[a]. » « Quand le ti-fé-fé est bien fait, le dessin semble non point cousu, mais peint. »

a. Grandes couvertures pour le lit, généralement blanches, avec des applications de tissus de couleur.

Dans cet univers de monotonie, l'arrivée du bateau régulier et de ses passagers est aussi étrange que « les invités dans une fête au lycée ». Et, le lendemain ils s'en iront en pensant à nous avec étonnement, comme l'on pense à ceux qui habitent la maisonnette solitaire d'un passage à niveau ou au préposé du télégraphe d'une petite gare, que l'on voit se pencher à sa fenêtre pour regarder l'express : « Comment peuvent-ils vivre ici ? »

À l'intérieur de ce microcosme, Elsa et André se comportent comme un jeune couple dont l'affection mutuelle paraît évidente, même si le mari reste assez imperméable aux tentatives de son épouse de le convertir à la langue et à la culture russe. Elle décrit une soirée comme une autre, faite de petits riens : « Nous allons dîner et ensuite nous irons nous asseoir devant la maison, face à la mer. » André clora les notations vagabondes, les idées sans suite qui vous passent par la tête en ces moments de calme par un « Mme Colibri, il est temps d'aller se coucher… »

Pour accomplir une de ses missions, André Triolet devra partir trois semaines pour les îles Marquises, sur un navire de guerre. Le chapitre qu'Elsa consacre à cette séparation subie est plein de tendresse : elle cite en exergue une chanson russe, « tu sais combien terriblement je t'aime », rappelle la demande que lui a faite André d'allumer et d'éteindre comme un signal d'adieu les lumières de leur véranda pendant que son bateau s'éloigne sur la mer, et le dernier mot du texte est comme un soupir triste : « Mon Dieu… » C'est la princesse Takau de la dynastie des Pomaré qui la prévient du retour. Elle décrit le guet du bateau, depuis l'apparition de la fumée grise sur la mer, puis les retrouvailles : « je bondis, je saute sur ma bicyclette » […] André me fait des signaux, je vois remuer ses lèvres, mais le vent emporte ses paroles […] André marche précautionneusement à côté de moi, comme s'il craignait de renverser sa joie, il me regarde à tel point qu'il en vient des rayons et dit « Comme tu es petite ! et tu as un accent étranger ! » Il lui racontera alors, tout heureux d'avoir un peu coupé la monotonie de l'île, la vie avec l'équipage, les conversations avec les officiers, quelque chose du monde extérieur.

Quand, au dernier chapitre du livre, intitulé « Le départ », elle décrira le paysage vu du bateau qui s'en va : « et voici notre chère maison… » son ultime phrase sera pour évoquer l'évanouissement total du monde irréel dans lequel elle a eu l'impression de vivre : « Je pense que la veille cette terre une fois encore a tremblé, je regarde à en avoir dans les yeux des lames de rasoir, des larmes, je regarde l'île qui disparaît. »

Encore étrangère

Le retour en France sera difficile. Fin 1920, le couple séjourne en Limousin dans la famille d'André, puis – sur la demande d'Elsa que la vie de province n'enthousiasme guère – il s'installe à Paris. En premier lieu dans un meublé assez sordide, puis dans un appartement confortable qu'André a commencé à aménager pendant qu'Elsa, malade, partait se reposer dans le Midi. La vie commune ne durera qu'un an. Ils étaient revenus de Tahiti à l'automne 1920, Elsa partira vivre avec sa mère à Londres à la fin de l'année 1921. Cette brève année de travaux de reconnaissance de la vie européenne fournira à Elsa quelques-unes de ses bonnes pages sur la souffrance d'être étranger.

En exergue à cette période transitoire où Elsa hésite entre vivre ici ou ailleurs, entre mener une vie traditionnelle de couple ou opter pour l'indépendance, je citerais volontiers le Prologue de *Bonsoir, Thérèse* avec l'évocation d'un conte russe qu'elle a souvent repris :

« Il y avait trois routes : si je prenais l'une je perdais mon cheval, si je prenais l'autre je me perdais moi-même, qu'est-ce que je perdais en prenant la troisième ? […] Chaque route est la mauvaise. Qu'est-ce qu'on perd, qu'est-ce qu'on gagne pour ne pas avoir pris le tramway un certain jour ? »

Adopter le mode de vie de la famille provinciale d'André ? Son mari ne détesterait pas. Elle annonce, dans une lettre à Lili, qu'ils ont décidé de vivre complètement à la campagne où André veut s'occuper d'élevage de chevaux. Elle a cette phrase douce-amère : « Il aime passionnément les chevaux et il n'est heureux qu'à cheval ou du moins, près des chevaux ! » Elle ajoute aussi, comme si aucune perspective ne pouvait l'émouvoir, que cela lui est bien égal. Pourtant, cherchant à reconstituer cette époque dans ses fragments d'autobiographie, elle opposera aux Français qu'elle connaîtra ensuite – « des gens qui s'intéressent aux mêmes choses que moi » – ceux qu'elle a connus quand elle n'était « qu'une épouse » « des étrangers, avec lesquels je n'avais rien en commun ». Et elle emploiera une image cent fois répétée pour rapprocher le dépaysement connu dans les îles et celui que lui fait éprouver la province française : « Je les trouvais aussi insolites que les Nègres de Tahiti. » « D'étranges choses de ce passé brumeux me reviennent à l'esprit. Provinciales, bêtes, drôles. »

Elle trouvera autant de verve et de distance pour les personnages du Limousin natal de son mari qu'elle en avait mis à décrire les Maori. Sans doute découvre-t-elle quelque consolation aux rêves qui s'effilochent dans un paysage campagnard, dans un sentiment total d'irréalité : « Allongée dans l'herbe, je regarde le ciel. Je m'étonne du ciel et de moi-même : c'est moi… vraiment moi […] des nuages blancs battus en neige se pressent. L'air frémit d'une sonnerie de cloches. J'appuie la tête contre le mur gris et rongé d'une église […] Au faîte de la tour, un coq gaulois, la queue en panache. Et c'est quand même moi… » Mais voici la galerie de portraits : les servantes, Victorine et Anna qui « cueillent les œufs » au poulailler. Une maîtresse de maison aussi carrée que ses servantes : « elle ressemble à une porte, enfin pas tant que cela, la porte est plate et la maîtresse grosse ». « Monsieur le curé [elle écrit ce mot en français dans le texte russe], les cheveux blancs, les joues roses, le nez rouge et des mains rugueuses de paysan. » Ce Monsieur le curé-là est aussi un intellectuel : il a écrit un drame en cinq actes sur Jeanne d'Arc, « et un traité où il défend l'idée qu'Ève n'a pas été tentée par une pomme, mais par une grappe de raisin ». La « belle-mère » [encore un mot pour lequel elle emploie le français], une madame Raimu « assise dans son fauteuil à franges, les pieds sur un petit banc ». Un oncle et une tante Buffon : l'oncle sculpte des guignols en bois, la tante « rubiconde, laide, intelligente, étincelle du lorgnon d'un air indigné, menace de quitter son mari et la propriété – mais alors, qui débarbouillerait l'oncle Buffon ? » Et voici un tableau de la maison des grands-parents d'André : « Des fauteuils, des chaises, des tabourets, des coussins, tous brodés en laine, au petit point. Que de roses de laine rouge, que de chiens de laine au museau carré. Les commodes, les chiffonniers, les parquets, tout reluit. Aux murs, des dames en crinoline. On vous sert un café exquis dans des tasses Empire, droites et dorées. » Le verger est plein « d'arbres fruitiers, noueux, penchés vers le sol », et, à la cuisine « sous l'autorité d'une Marie, toute desséchée, la cuisinière, des poulets cuisent à la broche ».

Se résoudra-t-elle à vivre à Paris ? Même ce Paris qu'elle aime lui paraît hostile : « Les habitants de la ville se promènent dans les rues, liés entre eux par leurs connaissances communes, comme des Francs-Maçons, et ne font aucune attention à la pauvre voyageuse. » Le premier appartement meublé où ils logent est une catastrophe : « nous avons connu un embarras d'argent passager » expliquera-t-elle dans ses essais d'autobiographie, et elle donnera une description précise dans *Bonsoir, Thérèse* : « La chambre se trouvait au bout d'un couloir long et sombre [...] fauteuil râpé [...] tapis effrangé. » Elle sera prodigue de détails sordides, comme si le même dégoût imprégnait à cette époque l'appartement et ses propres gestes : lavabo « archaïque » [...] « constamment bouché : l'eau ne s'écoulait pas. J'y fourrageais longuement avec une épingle à cheveux : une puanteur en montait. » Les

mots reviennent, exactement à l'identique, dans les fragments d'autobiographie et dans la nouvelle. Mais, pour *Bonsoir, Thérèse*, Elsa a supprimé le texte suivant : « Je m'ennuyais parce que quelque part dans une autre rue, en ce moment s'ennuyait, s'ennuyait comme toujours, continuellement, partout, mon mari. Cet ennui de voisinage ou à distance m'ôtait tout intérêt pour quoi que ce soit. » Pourtant c'est le même marasme : « La chambre était en désordre. Il y faisait noir dès le matin : la fenêtre donnait sur un mur. Il n'y avait pas où s'asseoir, il n'y avait rien à lire, il n'y avait pas de raison d'écrire. » On peut penser que le passage de la nouvelle qui suit est de fiction : elle imagine (j'allais écrire : elle rapporte) un dialogue de l'héroïne avec son mari, la veille de son départ pour le Midi : « Nous dînions comme d'habitude au restaurant. Comme d'habitude, nous nous taisions. [...] :
– Tu m'accompagnes à la gare demain ? [...] J'irai à la gare si tu me promets de ne pas revenir. » Mais, avec indulgence, la romancière expliquera la cruauté de cette réplique par la peur qu'aurait eue le mari qui venait d'avaler malencontreusement une arête de poisson : « il répondit tout autre chose que ce qu'il avait peut-être l'intention de dire ». Le fragment autobiographique dit l'ennui, la nouvelle conte la blessure, le climat n'est guère différent.

D'ailleurs le sentiment d'étrangeté, pour Elsa, est aussi important à Paris qu'en province : « Quand je suis rentrée en France, ce n'était pas chez moi que je rentrais, tout, à Paris, était aussi extraordinaire que dans l'île, comme les Nègres. [...] Mon Dieu, comme l'on peut s'ennuyer à Paris, au fameux *gai Paris*. Au fond, je n'ai pas tardé à ne même pas m'ennuyer. J'ai cessé de voir et d'entendre et tout n'a plus été que brume épaisse. Je m'étonne même de me rappeler ce temps-là. Son seul point fort est peut-être l'idée de suicide. J'ai vécu avec cette pensée et, aussi paradoxal que cela paraisse, elle m'a aidée à vivre. » Plus loin, elle ajoute : « Il nous arrivait parfois, Petrovitch et moi, de quitter Paris. Nous n'avions aucune raison de partir, nous n'avions aucune raison de rester non plus. Alors, on voyageait. Mais en province, la sensation de sommeil, et d'un sommeil irréel, ne faisait qu'augmenter [...] en province, le sommeil m'engourdissait complètement. »

Vient alors pour Elsa ce qu'on nommait encore au début du siècle une sorte de maladie de langueur ; peut-être diraiton aujourd'hui dépression ? En tout cas, on craint autour d'elle une tuberculose. Pendant qu'André cherche un appartement salubre et l'aménage elle séjourne à Hyères en février, puis à Nice.

Sur ce séjour, les rapprochements entre les fragments d'autobiographie et la nouvelle *Une vie étrangère* de *Bonsoir, Thérèse* nous autorisent une fois de plus à attribuer à Elsa elle-même l'impression d'environnement hostile qui émane du texte de fiction : un mot est souvent répété, mot que nous lui avons vu employer à propos de l'incompréhension qui entourait Maïakovski : « les gens ». » Je pris une chambre chez « des gens », dit-elle. « Les gens » ce sont ces hommes et ces femmes qui vont délaisser Elsa, la considérer comme une étrangère, et qu'elle rejettera elle-même, d'un mouvement de solitude orgueilleuse, dans la foule sans intérêt. Alors, à défaut d'avoir avec eux de vrais rapports humains, elle les décrira dans leur extériorité, ce qu'elle pourrait presque appeler leur exotisme : dans les cafés de Nice ce sont des Anglais « en knickerbockers et bas de laine », des Anglaises « habillées d'épaisses jupes de laine », et, dans les rues, elle note la présence « des personnes de cette même espèce humaine ».

À son retour à Paris, elle s'intéresse un moment à l'appartement qu'a déniché André. Le 8 septembre 1921, elle écrit à Lili, dans une lettre qui se veut avant tout rassurante : « Nous avons installé notre petit appartement et nous sommes enfin "chez nous" ! C'est un peu vide, mais il y a un grand divan, un fauteuil confortable et beaucoup de coussins, et le plus important, c'est que lorsqu'on a été pendant trois ans dans des hôtels ou chez les autres, avoir son coin à soi semble un paradis. » Elle parle alors d'André comme d'un « mari français » qui la « harcèle parce que je ne lui reprise pas ses chaussettes, ne lui fais pas de beefsteacks et qu'il y a du désordre ». Elle dit avoir réussi à changer suffisamment : « j'ai de la propreté, j'ai de l'ordre ». Elle ajoute que « pour tout le reste, absolument pour tout » elle a sa « pleine liberté ».

Elle assure sa sœur qu'elle s'entend bien avec André « maintenant encore mieux qu'au début ; nous nous sommes habitués l'un à l'autre et nous sommes même passés au tutoiement ». Mais une phrase indique pourtant son mal-être : « Quant à moi, cela m'est égal, où vivre. À Paris, je connais peu de monde, je n'ai pas d'amis » et elle ajoute qu'à partir d'un certain âge – elle a vingt-cinq ans ! – il est beaucoup plus difficile de se faire des amis. Et les noms de Maïakovski, de son amie d'enfance Nadia, viennent alors sous sa plume.

Adieu Petrovitch

Et, décidément, avec « Petrovitch », comme elle a choisi d'appeler André, à la russe (fils de Pierre), plus rien ne va. Dans un fragment intitulé « Après Nice », elle décrit la rupture de vie commune : « J'ai quitté Petrovitch [...] Petrovitch m'avait, de longues années, poussée dans une impasse et j'ai erré comme une aveugle, une sourde, une muette... Je lui ai rendu la monnaie de sa pièce en le laissant définitivement déconcerté. » Une autre fois, exagérant la durée de cette vie commune elle écrira : « Plusieurs années ont passé avant que je ne m'avise de quitter ce mari qui ne me convenait pas et de partir droit devant moi, loin de mon confortable appartement parisien. »

Vers qui se tourner ? Elsa songe un moment aux jeunes gens avec qui elle était liée, Roman Jakobson en particulier qui l'avait demandée en mariage. À son propos, elle a ce mot : « Il me semble quand même que Romik aurait pu me rendre la vie. » Mais rentrer en Russie ? Elle n'y songe guère en cette année 1921. Sa mère est restée à Londres, gardant son travail à la Représentation commerciale soviétique ; Elsa va courir vers elle, notant avec une certaine honte : « Maman me manque [...] j'ai envie de maman. J'ai vingt-quatre ans, et je deviens de plus en plus infantile. » Elle se sent pauvre de santé et d'énergie. « Comme si en moi, tout était brûlé. C'est l'ennui d'André qui m'a vaincue. »

À Londres, elle trouve du travail chez un architecte : « Je bâtirais des maisons, je serais utile... » À ses dires, ce travail ne lui rapporta que de maigres ressources : « Cet architecte payait extraordinairement peu. Je n'avais pas de quoi prendre l'autobus, alors je marchais, pas de quoi acheter un rouge à lèvres, alors je m'en passais. Je déjeunais d'un *Bovril* avec des biscuits salés, j'adorais ça » écrira-t-elle dans *Ouverture* en ajoutant à cette occasion (mais faut-il prendre cette remarque pour « argent comptant » ?) : « Cette inconscience par rapport à l'argent a dû jouer un rôle dans ma biographie. »

Après avoir noté que sa vie à Londres n'était pas si triste « le jour je travaillais, le soir, je dansais » elle a ce mot pour tourner la page : « Je m'ébroue, je lèche mes blessures, et puis voilà : je pars à Berlin pour voir ma sœur, Maïakovski. J'écris un livre. »

BERLIN, 1922-1923. JAKOBSON, CHKLOVSKI

Nous l'avons noté : Elsa ne part pas pour redécouvrir la capitale allemande qu'elle avait déjà visitée avec sa mère autrefois. En septembre 1922, elle va retrouver à Berlin cette Russie dont elle a rêvé à Tahiti, en Limousin, à Paris et à Londres – des gens qui parlent russe comme elle, qui connaissent tout de la culture dans laquelle son enfance et son adolescence ont baigné – sans avoir à subir les difficultés du cher pays qui se débat dans la construction d'un nouveau régime.

Elle écrira plus tard dans *Ouverture* : « J'allais à Berlin pour y retrouver ma sœur, Lili, la femme de mon ami de jeunesse, Vladimir Maïakovski. Le Berlin de la défaite et de la dévaluation était alors une ville russe : l'intelligentsia russe, surtout celle des arts et des lettres, y venait pour un voyage aller et retour, ou aller seulement, sans retour. À Berlin, je me replongeais sinon dans mon pays, du moins dans mon milieu ». Dans les *Souvenirs sur Maïakovski*, elle dit avoir voulu retrouver « nombre d'amis russes, ma famille, celle qui ne dépend pas des liens du sang, et qu'on acquiert au cours de la vie ». Peut-être ne goûtera-t-elle pas, Unter der Linden, le dégel des fameux printemps moscovites, mais elle va vivre là-bas au milieu d'une colonie russe qui compte ses meilleurs amis : sa sœur et Ossip Brik, bien sûr, et Maïakovski – puisque Lili est là – l'éditeur Vichniac, le peintre Ivan Pougny et sa femme Xana Bogouslavskaïa, Vladimir Pozner, Ilya Ehrenbourg, et deux de ses plus fervents amoureux, Roman Jakobson et Victor Chklovski.

Mais à vrai dire, au moment où il retrouve Elsa à Berlin en 1923, Roma (comme elle appelle le plus souvent Roman Jakobson), même de loin, ne l'a jamais quittée. Des lettres envoyées de Prague en 1920 en témoignent : « Elitchka, tu m'as sorti de l'enfance par les oreilles et je te suis infiniment reconnaissant pour beaucoup de choses… Ce n'est que maintenant que je comprends à quel point tu es exceptionnelle. » Il dit avoir lu les carnets d'Elsa : « J'ai lu ton carnet d'enfance : c'est une telle beauté. » Et plus tard, insistant sur les contrastes de la jeune femme : « Malgré moi, je te crois toujours sainte pécheresse. » Cette même année 1920, quand elle se sentait désespérée et perdue à Paris, il lui offrait de la faire venir à Prague, de lui trouver un travail, et il lui proposait à nouveau le mariage.

Roman Jakobson sera reconnu plus tard, alors qu'il aura acquis la nationalité américaine, comme l'un des éminents linguistes du XXe siècle. Il avait été mêlé de très près, dès 1916, à l'école du formalisme russe, il avait fait partie, avec

Brik et Maïakovski, de la société OPAÏAZ. Plus tard il enseignerait la linguistique à Prague, à partir de 1929, puis en 1939 dans les pays scandinaves, avant de rejoindre les États-Unis en 1941.

Avec Elsa, il s'agit d'une amitié ancienne. Dans son ouvrage sur Elsa Triolet[2], Lilly Marcou en a dessiné les grands traits : Jakobson était né à Moscou, en 1896, comme Elsa. Leurs deux familles avaient « les mêmes origines lettones ». Entre eux, souligne Lilly Marcou, régnait « une sorte d'amitié prénatale [...] parce que selon la mémoire collective des deux familles la mère de Roman et la mère d'Elsa, peu avant la naissance de leurs enfants, s'étaient promis de les marier l'un à l'autre s'ils se trouvaient être garçon et fille. » Ils partagent le même amour du français, que leur avait enseigné le même professeur. L'étudiant Roma est « plein de charme, des traits bien dessinés, un regard rêveur que ses fines lunettes mettent davantage en lumière, les cheveux roux coupés en brosse ». Il fait à Ella la proposition de l'épouser alors qu'ils ont tous deux vingt ans. Peut-être la jeune fille le sent-elle trop proche d'elle, peut-être – nous l'avons dit – est-elle surtout occupée de Maïakovski. L'année suivante, il écrira pour elle des poèmes :

> Nous sommes tous attirés par ta beauté,
> Mais qui est ton élu, c'est la question
>
> Ah, Elsa, Elsa,
> En t'aimant jusqu'à l'infini
> Je te donne un conseil
> Vis sans souci...
> Ne t'en va pas...
> Reste chez toi et aime l'étudiant Roma.

« Aie pitié de l'étudiant Roma », suppliait-il encore quand elle se décida à quitter la Russie en 1918, et que Lili lui chuchotait : « Marie-toi plutôt avec Roma... »

À Berlin, c'est un Jakobson déjà installé qu'elle retrouve, installé avec Sonia Nicolaïevna Feldman qu'il épousera plus tard. Pourtant, dès octobre, alors qu'Elsa n'est arrivée qu'en septembre, Roma et Elsa vont nouer une brève mais très réelle liaison amoureuse. Quand elle retournera en France, Jakobson lui écrira, le 27 mars 1923 : « Je t'aurais écrit : ne va pas à Paris, si j'avais le moindre droit. »

En 1965 lorsque Elsa publiera son *Anthologie de la poésie russe*[3], c'est Jakobson qui en écrira l'introduction, malgré les conseils donnés par Lili, qui trouvait Jakobson trop vieux et incompétent et suggérait de lui préférer Claude Frioux.

Dans la petite colonie russe de Berlin, Victor Borissovitch Chklovski est présent, encore amoureux lui aussi de cette Elsa de sa jeunesse revenue parmi eux, épouse en rupture de ban. Il a trois ans de plus qu'Elsa et Jakobson, mais le même parcours : théoricien du formalisme russe, écrivain et critique de talent, il avait été au côté des Brik, en particulier lors du fameux Noël célébré chez Lili avec Maïakovski qu'Elsa évoqua si souvent. Lui aussi a participé à la création de la société poétique OPAÏAZ. Encore un soupirant, trop semblable, trop mêlé à l'histoire du quatuor Elsa-Lili-Brik-Maïakovski. À Berlin, le voici de nouveau amoureux d'Elsa. Il se sent, quant à lui, une mission auprès de la jeune femme. Comme Jakobson, sans doute, il a été amené à lire quelques pages du journal tenu autrefois par Elsa. Comme lui, il admire la qualité des notations. Il écrit à Elsa (qu'il nomme ici Alia) des lettres amoureuses, et elle répond « à côté », refusant le dialogue amoureux, mais ne se privant pas de parler d'elle-même, d'évoquer son enfance en particulier. Au passage, elle livre quelques notes sur son existence à Berlin : « Dans mon quartier, on ne parle qu'allemand ; d'où qu'on vienne, on est forcé de passer sous douze ponts métalliques [...] Actuellement, le tarif des taxis se multiplie par cinq mille [...] Bien que la vie soit paisible ici, j'ai la nostalgie de Londres. La nostalgie de la solitude, d'une existence au rythme régulier, d'un travail du matin au soir, de la baignoire et des danses avec des jeunes gens aimables. » Chklovski envoie des fleurs, des adresses superbes :

« Tu es la ville que j'habite, tu es le nom du mois et du jour.

Je nage, couvert de sel et alourdi par les larmes, presque sans sortir la tête de l'eau »...

À quoi Elsa répond toujours à peu près : « Mon gentil, mon mien. Ne me parle plus d'amour. [...] Je ne suis pas une femme fatale, je suis Alia, rose et potelée. »

Elle dit aussi combien elle s'ennuie dans cette vie où elle ne trouve plus sa vraie place : « Un tas de livres que je peux lire et que je ne lis pas, un téléphone dont je peux me servir et ne me sers pas, un piano dont je peux jouer et ne joue pas, des gens que je peux rencontrer et ne rencontre pas, et toi que je devrais aimer et n'aime pas. »

Chklovski aura l'idée de publier ses lettres et les réponses d'Elsa, en 1923, dans un petit ouvrage intitulé *Zoo, Lettres qui ne parlent pas d'amour ou La troisième Héloïse*[4]. Commentant la parution de cet ouvrage, qui lui est dédié, Elsa notera dans *Ouverture* : « Chklovski voulait m'amener à écrire, me donner un métier, une passion, une assise dans la vie. »

Quoi qu'on pense du livre et du procédé cavalier de son auteur, la publication de ces lettres aura sans doute des conséquences incalculables pour Elsa ; l'attention de Gorki sera attirée par l'écriture de la jeune femme. Il l'invite et elle vient passer quelques jours chez lui à Saarow, près de Berlin, recevoir ses conseils. Elle renouvellera ces demandes d'aide auprès de Gorki pour la publication de *À Tahiti* en 1925, de *Fraise-des-Bois* en 1926 et de *Camouflage* en 1928. Avec beaucoup de bienveillance, lorsque Elsa aura terminé le texte de *À Tahiti*, Gorki l'invitera à nouveau, annotera et corrigera son manuscrit, et Elsa lui en gardera une reconnaissance admirative.

Quant à Chklovski, il se sentira toujours investi d'une responsabilité à l'égard de cette carrière littéraire dans laquelle il a lancé Elsa. Quand elle s'installera définitivement à Paris, il demandera à son ami Vladimir Pozner de veiller sur elle : « Si tu ne prends pas soin d'Elsa, je te ferai manger du verre pilé. » Par la suite, il continuera à informer Elsa du sort de ses livres en Russie, et se tiendra toujours pour garant du métier de la jeune femme. Au moment de la publication de l'anthologie dont nous avons parlé, Lili, pourtant, sera aussi sévère à l'égard de Chklovski que de Jakobson…

Retour à Paris, 1924

Le voyage berlinois se terminera au début de 1924. Pourquoi revenir à Paris, plutôt que de suivre à Moscou sa famille agrandie ? Elsa ne s'en expliquera jamais beaucoup. Elle aura seulement ce soupir de regret : « Je suis rentrée à Paris, je ne pouvais rien inventer de plus bête. J'aurais dû rentrer chez moi, à Moscou. » Dans *Ouverture* encore, elle évoquera ce retour à Paris, avec quelque chose qui ressemble à un remords : « De Berlin où j'ai bien passé un an, je suis retournée à Paris. Peut-être aurais-je pu, aurais-je dû[5] alors rentrer dans mon pays, mais je ne crois pas y avoir seulement songé. Je n'étais plus de plain-pied avec les miens, famille ou pas : ils avaient vécu la guerre civile, la famine, les hivers assassins, pendant que moi j'avais été dans quelque Tahiti paradisiaque. Certains ne me l'envoyaient pas dire. […] Je n'avais plus de chez-moi à Moscou, j'y avais perdu ma place, et déjà j'avais Paris dans le sang. » Et l'écrivain de conclure sur ce choix : « Mais ici ou là, à l'heure qu'il était, je ne voyageais plus qu'à l'intérieur de ma solitude. »

Une chose est certaine : ce n'est pas André Triolet qui la retient en France. Sans doute le couple a-t-il conservé des relations amicales et les deux époux se voient souvent. André verse même à Elsa une pension. Dans une lettre du 14 mai 1922, il lui écrivait : « Sache seulement que de toute façon et si je n'avais plus rien, tu auras toujours 500 F par mois tout le temps : tu peux en être absolument sûre, je m'arrangerai pour cela.» Une missive d'André envoyée à Berlin commence par des mots tendres et déborde de déclarations : «Mon cher petit Cockotov [...] je n'ai que toi, tu es ma seule famille [...] même si tu te remariais, tu seras toujours ma seule confidente, la maman véritable, celle à qui on dit tout, son mal et son bien, qui ne juge pas, qui aime... Cockotov, deviens écrivain, écoute Gorki, tu es tenace, obstinée, puisque tu es bien douée, tu arriveras certainement.» Une autre lettre du 12 mai 1924 se termine par : «Tu es un autre moi-même, je t'aime de tout mon cœur.» Pourtant, en novembre 1924, Elsa écrira dans son journal : «André, c'est le calvaire, il m'ennuie, il me pèse, il me dérange.»

En 1934, sa liaison avec Aragon s'affirmant, elle songera à divorcer. Elle écrira à Lili : «Petrovitch, depuis qu'il est riche, est devenu un vrai mufle et je ne le vois plus. Il serait temps de divorcer, mais j'ai peur qu'il ne me crée des ennuis à cause de mon nom (littéraire) de peur qu'un jour je n'écrive quelque chose de fâcheux. En ce moment, il est très agressif.» Il faudra attendre le 7 janvier 1938 pour qu'elle annonce dans une lettre à Lili : «je divorce de Triolet», et encore ce divorce sera-t-il retardé par un voyage d'André en Afrique.

Plus tard, en 1963, Elsa s'inquiètera d'apprendre qu'André Triolet est très malade, et elle dira son inquiétude à ce sujet : «Sa vie n'est pas une réussite, elle ressemble à une coquille vide, écrasée de surcroît.» Affaire de santé sans doute, mais tout autant de mode de vie tellement étranger à celui des deux écrivains : en 1964 André se trouve dans un hôtel à côté de Toulouse ; les ressources de «Petrovitch» sont maigres, écrit encore Elsa à sa sœur, mais «il jette l'argent par les fenêtres»... Elle veillera à ce qu'il puisse se reposer de manière confortable dans le Midi. Lui, de son côté, manifestera beaucoup de sympathie pour Aragon : «J'ai été ravi de revoir Aragon. Les poètes sont un peu sorciers, il a sûrement un élixir de rajeunissement.» Cette sympathie s'avèrera même un peu envahissante quand le vieil homme, sorti d'affaire et en visite au Moulin voudra donner des « avis autorisés sur tout »... Plus tard encore, en 1969, alors qu'Elsa parle de lui comme d'une « relique vivante », il demande à Aragon et Elsa de l'accepter comme hôte payant auprès d'eux. Le couple n'accède pas à cette demande, mais Elsa dira éprouver de la pitié pour cet ancien mari de près de quatre-vingts ans qui ne sait où se poser : « Être dans une cage vide bien à soi et savoir qu'il n'y a pas de liberté pour toi... » André mourra cependant après elle, le 24 décembre 1971.

CHAPITRE 4

CHEZ LES « MONTPARNOS »

« Les gens de Montparnasse formaient une sorte de Légion étrangère qui n'avait aucun crime sur la conscience, autre que celui de se trouver loin de son pays, de son milieu, ou en rupture avec ce milieu... Ce n'étaient ni des exilés, ni des immigrés, c'étaient des pèlerins venus à Paris pour ce petit bout de boulevard où se font les peintres. C'étaient des gens qui n'avaient qu'une seule patrie, l'Art ! »

Elsa TRIOLET, *Le Rendez-vous des étrangers.*

C'est la Russie qu'Elsa a quittée une nouvelle fois en abandonnant la petite colonie russe de Berlin. Dans ses notes autobiographiques, elle résume sèchement sa situation : « Après, à Paris, j'ai habité à l'hôtel. Je n'avais plus de mari. Je me suis mise à écrire. » Elle écrira plus tard, dans *Ouverture,* qu'elle était alors « une âme en peine rongée par le mal du pays, seule à patauger dans mon abîme nostalgique ». Le choix de vivre à l'hôtel, de ne s'installer que dans le provisoire, est bien le signe de ce mal qu'elle a transporté de Tahiti à Londres, de Londres à Paris, de Paris à Berlin et retour.

Le journal de 1924 est plein de notations désenchantées ; le 15 septembre 1924, au lendemain de son anniversaire, elle écrit : « J'ai vingt-huit ans et je m'ennuie terriblement avec moi-même. [...] Je n'attends rien de bon. » Elle ajoute que cette disposition d'esprit est convenable pour apprécier les petits plaisirs : « Une joie pas plus grosse qu'une coccinelle prend à mes yeux la proportion d'un bonheur. » Elle décrit pourtant l'amertume que lui suggèrent ses relations : elle n'en veut pas à ceux qui lui ont fait du mal, « ils m'étonnent ». Elle dit détester seulement ceux qui ont encouragé ses propres sentiments et dont elle est blessée, ensuite, par l'indifférence. Mais elle analyse avec lucidité ses propres difficultés à nouer des liens : « Ce que l'homme a de plus attachant, c'est la spontanéité. J'aime les gens avec qui j'arrive à être spontanée. » Or l'image qu'elle paraît avoir d'elle-même ne l'encourage guère à cette spontanéité. Elle a vingt-huit ans, chacun s'accorde à la trouver plutôt jolie, et elle confie à son journal : « Mon corps n'a été qu'une pauvre chose flasque et laide, objet de tourments physiques et moraux à la vue de sa laideur. » Elle prévoit même d'apposer en exergue à *Fraise-des-Bois* qu'elle a commencé d'écrire la phrase suivante : « Le bonheur, c'est d'être consolé, le courage, c'est d'être résigné. Mon lot à moi, c'est le courage. »

Parmi les joies « pas plus grosses qu'une coccinelle », l'espoir d'écrire... Les amis qu'elle vient de quitter s'étaient tous, peu ou prou, frayé leur chemin en littérature. Elle a encore au cœur la chaleur des encouragements de Gorki. Cependant, ce qui la tenaille en cette année 1924, c'est encore et toujours le sentiment de son insuffisance en tant qu'écrivain possible. Elle se sait assez « lettrée » pour apprécier la lecture des autres auteurs, mais écrire elle-même ? « Je suis extraordinairement dénuée d'idées, je n'écrirai jamais rien de convenable, mais l'étude des lettres m'a donné le moyen de déguster les œuvres des autres. Parfois, je m'en lèche les doigts. »

Quant à ses essais d'écriture, elle est partagée entre la hâte de livrer au public les résultats de ce qu'elle a nommé ses « exercices », et ce qu'elle estime être les exigences du métier littéraire ; ainsi reproche-t-elle à un auteur de n'avoir pas « traité le métier d'écrivain » avec assez « d'amour », mais elle défend – elle qui en veut tellement à Maïakovski de ses moqueries sur quelques clichés de *À Tahiti* – un style direct et simple qui n'aurait pas peur d'images banales, lorsque ces images traduiraient bien la réalité : « ce ne sont plus des images, mais des moyens de conter ». « Je suis heureuse qu'au ciel on voie varier les tons les plus tendres, que les roses aient le parfum de rose, que brillent des étoiles d'argent, que les rossignols chantent sans s'occuper d'être si démodés. Les rossignols, ils s'en balancent, des innovations, des trucs. Ne pourrais-je pas, moi aussi, me débarrasser de la crainte pourrie ? » Elle sait aussi combien la lecture des « grands » de la littérature peut nourrir l'écriture à venir, moins par l'imitation ou les réminiscences que par l'état d'enthousiasme dans lequel ces textes plongent l'apprenti écrivain : « Pour me remettre au travail, il m'est indispensable de relire Dostoïevski. Il va me bouleverser d'admiration, je me jetterai sur ma plume. Cela m'a déjà aidée deux fois. »

L'HÔTEL ISTRIA

Mélancolie, difficultés à se lier, recherches d'écriture, ainsi va la vie pour Elsa. Autour d'elle, Montparnasse brille de tous ses feux. Elle n'avait pas particulièrement recherché ce centre bourdonnant de la vie artistique, puisqu'elle s'était installée au retour de Berlin dans le calme et bourgeois quartier des Ternes. Au bout de quelques semaines sa logeuse ne veut plus d'elle et la voici contrainte de chercher un autre logement. Il semble que ce soit l'épouse de Fernand Léger qui ait aidé Elsa à rejoindre l'hôtel Istria,

29 rue Campagne-Première. Logent là Marcel Duchamp, Man Ray, Picabia... Montparnasse est aussi le lieu de rencontre de ses amis russes : Ilya Ehrenbourg, Vladimir Pozner, Valentina Kodhassévitch, Robert Delaunay et Sonia Terk, son épouse.

Pour Elsa, l'hôtel Istria ce n'est pas une maison, ce n'est pas même un appartement, c'est un « pied à terre », la possibilité d'être là sans y être, d'occuper un poste d'observation, d'être au milieu des autres, au cœur de ce qu'elle pense être l'activité intéressante de cette capitale qu'elle adore. Dans cette chambre, presque rien d'autre que le lit, mais un ancrage sur la terre ferme pour dominer l'extérieur. Dans son journal du 18 septembre 1924, elle décrit cette chambre minuscule « jaune, à rayures, et étriquée » non comme un espace intérieur mais, grâce au balcon, comme un « point de vue » : une fenêtre comme celle d'une maison de poupée, avec de petits rideaux et des dahlias rouges devant. De la fenêtre, elle rêve que la mer est à l'horizon et « que les réverbères sont des feux de navire ». « Je peux imaginer que je vois tout cela par la vitre d'un wagon russe, la nuit. » Ajoutant aussitôt : « On se croirait n'importe où, sauf à Paris. »

Dans *Une vie étrangère*, elle reprendra cette description : « L'hôtel. Quatre paliers réunis par un escalier en colimaçon, autour de chaque palier six portes, et plus rien : comme dans une tour. » Les murs sont « jaune et violet, rayés, comme une cage à gros barreaux ». « Derrière la fenêtre, le boulevard Edgard-Quinet, désert, se transformait vers le soir en une large rivière grise, en une mer, où se balançaient les petits feux des bateaux. » Dans la cage règne la solitude à laquelle la rue toute proche, envahissante, permet seule d'échapper : « On a beau faire la fière, c'est dur d'être toute seule à Paris. On s'en tire avec le ciel et la mer, mais avec la rue et les gens qui passent, qui passent... [...] Pourquoi les gens désespérés s'enfuient-ils toujours dans la rue, comme si c'était un abri ? »

Penchée sur son journal, elle ne sait pas qu'elle va vivre là, hormis la coupure de quelques voyages, pendant plus de quatre ans, jusqu'à la rencontre avec Aragon. Cherchant à retrouver son passé, dans *Ouverture*, elle rêvera encore à cette cabine de paquebot ouverte sur les nuits parisiennes : « la nuit il y voguait des lumières ». Et de citer les autres voyageurs du navire : « À l'Istria habitaient Marcel Duchamp, Jeanne Léger [la première femme du peintre Fernand Léger], Man Ray, Picabia, la belle Kiki y amenait son nez pointu... » Mais, en 1924, elle sait qu'elle ne fait pas vraiment partie de ce monde-là : « je ne suis pas si mal dans ma chambre à rayures jaunes... » même si « certains pensent que je ne trouve personne à m'annexer ». Elle se voit déjà à travers les regards curieux, et voici qu'apparaît le terme de « camouflage » qui sera le titre de son roman sur ce quartier : « On a du mal à associer ma petite taille et mes joues roses à ma dureté et ma sécheresse de caractère. Et pourtant, ma petite taille et mes joues roses ne sont qu'un camouflage. » C'est l'époque où Kiki de Montparnasse parle d'Elsa en disant « la petite Russe aux yeux durs », cette petite Russe qui cherche désespérément à s'accrocher à des amis, à un homme, « un vrai pot de colle ». Il est vrai que lorsque Kiki écrit cela, elle est jalouse d'Elsa : celle-ci connaît, en septembre-octobre 1928, une courte liaison avec Marcel Duchamp – le peintre célèbre du *Nu descendant un escalier* qui devait être un tableau phare pour la peinture moderne.

À Montparnasse, pour Elsa, seuls les cafés vous accueillent vraiment : « Que Paris est donc hospitalier ! [...] Des milliers de cafés vous ouvrent leurs bras », la Closerie des Lilas, le Bal Bullier. Elle lit, sans doute, mais trop de livres ne lui apportent rien : « C'est sans le moindre appétit qu'elle attaquait un livre qu'elle avait tiré d'un tas. Ils écrivent tous aussi bien, pensait-elle avec ennui », notera-t-elle dans *Camouflage*. Entre deux lectures (*Le Nègre du « Narcisse »* de Conrad en anglais...) et dans sa solitude, elle sent rôder autour d'elle toutes les tentations : « La cocaïne, la morphine sont des palliatifs du suicide.

Et il n'en est pas de retour, comme pour la mort, c'est pourquoi j'ai si peur de chercher ma consolation en elles.» Elle répète ses plaintes moroses : «Mon Dieu ! Que ne puis-je crever pour de bon !.. Chienne tu es, meurs comme une chienne ! » Pourtant, de temps en temps, le journal laisse apercevoir une accalmie : sans doute, ce jour-là, a-t-elle croisé un regard amical : «Comme par ironie, je deviens de jour en jour plus jolie. Merci, mon Dieu, de cette "ironie". [...] je me pardonne ce qu'il y a de sale en moi au nom de ma figure plus fine et de mes yeux plus grands. Quand on m'aura ôté cela, il n'y aura plus rien.»

Elle s'en veut d'être aussi perméable à toutes les impressions, si exposée aux joies et au malheur : «Pourquoi est-ce que j'accueille tout de façon si frénétique, que je mûris si longuement mes impressions, que je couve chacune d'elles et qu'elles s'envolent ensuite tels des oiseaux aux longues ailes ? [...] Je suis une vieille enfant.»

L'écriture va-t-elle la sauver ? Il faudrait avant tout, et elle en est consciente, qu'elle sorte d'elle-même : «Ce n'est pas que je sois incapable, mais je mijote dans mon propre jus, il risque de se tarir rapidement et alors, je n'aurai plus rien à écrire. Je ne suis pas un écrivain, mais seulement une femme malheureuse qui écrit son malheur.» Elle en est alors, en octobre 1924, à entamer la deuxième partie de *Fraise-des-Bois* ; elle s'inquiète de ne pouvoir obtenir la même qualité que pour la première, et elle a ce mot pour indiquer ce qui va devenir, de plus en plus, sa méthode : «Si je dois continuer à écrire (pour dire quoi ?) il faudra que je me serve de l'acuité avec laquelle je perçois les gens ; toutes leurs couches superposées. Abstraction entièrement faite de moi-même. Je serai sans doute aidée par mon sens de la justice ou plutôt par mon impartialité, mon grand mérite. Je ne suis insupportable que par mon irritabilité.»

Pourtant, ce qui la tourmente surtout – mais un journal intime est bien fait pour accueillir ces tourments-là – c'est encore et toujours la solitude ressassée, l'insatisfaction :

« Voici bien, bien longtemps que personne n'a posé sur moi un regard amoureux », écrit-elle le 11 novembre 1924. Comme dans son adolescence, sa solitude se nourrit d'orgueil et elle a ce mot : « Qui est à ma taille ? » Une autre fois elle trouve des expressions cocasses pour dire son isolement autant que sa différence : « *Je suis dépareillée.* Je n'ai pas de pendant, je suis un objet désassorti comme il arrive parfois dans les magasins, un article dont on n'a rien à faire. Un chandelier tout seul... » Et elle confie avoir contemplé avec envie, malgré « la puanteur et la chaleur » les singes qui « s'épouillaient l'un l'autre, se serraient l'un contre l'autre comme des réfugiés, se mettaient soudainement à se battre et soudainement s'arrêtaient ». Enfin, elle croit voir partout la faillite de ses recherches amoureuses : « Je ne puis être la première dans le cœur de personne. » Elle croit entendre autour d'elle la rumeur publique qui l'accable. Même de la part de ce mari avec qui elle a rompu, mais qui continue à la voir avec amitié : « J'ai pris une orangeade avec Petrovitch chez Weber. Il m'a expliqué combien j'étais sèche, même *dans l'intimité.* » Même dans ce pays dont elle a le mal chevillé au cœur : « On dit de moi dans Moscou que je suis désagréable à fréquenter, méchante, une garce. Et aussi que je n'ai pas de convictions. Ça, c'est la voix de Lilitchka... ! [...] Il y a une chose en moi qui empêche les autres de m'aimer vraiment. Vitia dit que je suis "vexante". »

Moscou-paris

L'origine de ces bruits sur sa réputation à Moscou n'est pas à chercher bien loin : Maïakovski s'est rendu à Paris du 2 novembre au 20 décembre 1924. Il s'est logé lui aussi à l'hôtel Istria. Pendant plusieurs semaines, Elsa l'accompagnera partout, lui servant de traductrice, s'interposant lorsque le bouillant poète provoque ses interlocuteurs. Précieux visiteur ! Il est déjà si célèbre qu'il rend visite sans peine à Picasso, qu'il rencontre Tristan Tzara chez les Delaunay, offrant ainsi à Elsa de nouvelles relations. Plus tard, le poète se fera accompagner d'Elsa pour un rendez-vous avec le futuriste italien Marinetti.

L'été 1925, c'est elle qui se rendra à Moscou chez Lili. Dès le début du mois de juin, elle avait entamé les démarches, avec l'aide de Maïakovski, pour obtenir un visa soviétique. En été, Elsa Triolet rejoint son pays. Elle racontera plus tard, dans ses *Souvenirs sur Maïakovski* : « C'était le Moscou de la Nep[1] encore tout endolori, après les dures années qu'il venait de vivre. [...] En 1925, Moscou commençait seulement à manger des gâteaux, il s'en mettait jusque-là, il souriait... » Mais, malgré les gâteaux, que de misère : « Les maisons, les petites maisons de Moscou passées à la chaux et coloriées comme des santons provençaux, les jaunes, les roses, étaient écaillées, fissurées, elles se soutenaient mutuellement pour ne pas tomber, les vitres brisées, les toits rouillés. [...] Moscou bondé, surpeuplé, craquait à toutes les coutures. » Les Brik avaient trouvé une solution au problème du logement : une datcha à Sokolniki, dans la forêt en lisière de Moscou. Une toute petite datcha surencombrée, où Maïakovski tenait toute la place. Elsa retrouvera là, au cours de cette visite et des suivantes, la beauté de son pays. Un jour, elle se souvient de la neige au retour de la datcha des Brik : « Les flocons de neige tombaient d'un ciel étoilé, des flocons de neige en forme d'étoiles, ce qui me faisait penser, depuis mon enfance, que c'étaient les étoiles elles-mêmes qui tombaient. Et que c'était pour ça que dans la nuit, la neige n'était qu'éclat étoilé. » La campagne russe n'était pas très sûre : elle décrit les précautions prises pour se barricader la nuit, les meubles lourds poussés contre les portes, etc.

C'est au cours de ce voyage qu'elle découvre la gloire atteinte en Russie par Maïakovski. « Il était reconnu par les passants, les cochers de fiacre. Les chuchotements : "Voilà Maïakovski. C'est Maïakovski..." [...] Les autographes, l'adulation… La jeunesse soviétique avec et pour lui. » Maïakovski est devenu un poète du régime, même si « les esthètes m'engueulent », comme il dit.

Marc Chadourne

Entre Moscou qui l'attire toujours et Paris auquel elle s'attache de plus en plus, Elsa brûle, par épisodes, pour quelques amants de passage. Dans son journal du 16 mai 1925 nous apercevons en deux lignes comment elle paraît faire le tour d'une de ces liaisons : « Un amour heureux, merveilleux, m'est advenu. Il m'a donné sa leçon, expliqué les choses et m'a abandonnée à une solitude complète. » Cette histoire, pourtant, fut plus longue ; en mars, Elsa avait rencontré Marc Chadourne, un fonctionnaire de l'administration coloniale qui voyageait beaucoup à l'étranger, ce qui explique sans doute la formule : « il m'a abandonnée à une solitude complète ». Car, en avril, Marc Chadourne se trouvait sur le navire *Hoggar*, en route pour l'Afrique, et les lettres qu'il envoie de ce bateau à Elsa ne laissent aucun doute sur la réalité de leurs liens.

Chadourne, comme presque tous les hommes que fréquente Elsa, est un homme qui écrit. En 1927, il suppliera Elsa de l'aider à résoudre des problèmes de « coupes » à opérer dans son futur roman : son éditeur lui a demandé de retrancher au moins une quarantaine de pages de descriptions. Un peu plus tard, il s'attristera de ne pas avoir de réponse ni d'aide après lui en avoir envoyé le plan détaillé. Ce roman devait être *Vasco*, publié en 1927, et qui connut un certain succès. Il est intéressant de le lire aujourd'hui : outre les récits d'atmosphère sur les longs voyages en paquebot, outre des descriptions de Tahiti tantôt somptueuses, tantôt sordides, qu'il est curieux de comparer à celles réalisées par Elsa, on est frappé par une construction du roman qui n'est pas sans analogie avec *Camouflage*, les deux personnages masculins de *Vasco* se répondant dans une sorte de dédoublement semblable à celui dont jouera Elsa entre ses deux personnages féminins dans le roman en train de s'écrire. On peut se demander pourtant quel effet purent avoir sur Elsa les pages cruelles où Vasco évoque « une Juive russe que j'avais un soir ramenée du Dôme [...] vingt ans, pas laide, belle même, mais disgracieuse, gracile avec des jambes lourdes, tendre avec maladresse, des yeux méchants d'inquiétude dans une figure de chagrin, un peu voûtée. Un air esclave et rancunier de porteuse de fardeaux pour Juif errant ». Il la décrit « cramponnée » à son amant, « tapie dans ses jalousies, ses rages d'amour et ses accès nerveux ».

Les lettres de Marc Chadourne ont été conservées par Elsa : elles sont belles et touchantes, sous leurs petites enveloppes jaunies, au timbre orange de la Semeuse, avec leurs feuillets trop pleins d'une immense écriture penchée. En 1925, il écrit du Cameroun « Ellinka, mon petit ». Dans les lettres d'Elsa, il retrouve Paris, un Paris que lui livrent de la même façon tous ses correspondants parisiens : « les Arts Décoratifs, la chaleur, le Bois, Delteil. » Correspondance amoureuse où pointe très vite la jalousie, où les relations de l'autre sont dites « ridicules et démodées » pour ne pas avoir à avouer qu'elles font souffrir. Mais chacun d'eux – provocation ? – décrit complaisamment ses incartades. Ainsi Chadourne évoque-t-il les bordels espagnols quand Elsa lui raconte ses promenades au Bois avec un partenaire. Chadourne tient à elle, bien sûr, puisqu'il lui propose, la sachant exilée dans le milieu parisien, de le rejoindre à Douala où elle pourrait passer quelques mois avec lui. Mais il sera dit que cet amour sera tissé de rendez-vous manqués : en 1927, ils essaient de se rejoindre à Prague, en vain. Quand, au retour d'un voyage, il ira se reposer en Corrèze pour jouir de la campagne et des petits plats que lui cuisine sa mère, Elsa ne fera aucun effort pour le rejoindre, malgré de multiples demandes. À la fin de 1928, les lettres qu'il enverra à l'hôtel Istria lui reviendront avec la mention « partie sans laisser d'adresse ». Elsa, bien sûr, aura entrepris alors une autre sorte de voyage. Cependant, alors qu'elle sera devenue la compagne d'Aragon, il lui enverra, en mars 1930, sous en-tête de « L'Est Asiatique Français », exploitation forestière au Siam, des messages où il annoncera tout de même sa venue en France pour l'été, manifestant ainsi le désir de la revoir.

Peu avant la rencontre avec Aragon, Elsa rendra un bel hommage, dans son journal du 22 septembre 1928, à celui qu'elle surnomme « l'Africain ». « Quand je pense que jamais de la vie je n'ai connu l'amour partagé – ou bien j'ai été aimée ou bien j'aimais, mais les deux ensemble – jamais ! [...] À part l'Africain qui m'a peut-être aimée comme je l'ai aimé. D'ailleurs c'est le seul homme que j'aie vraiment aimé. »

Pour se rendre compte à elle-même de la nature de cet amour, elle a, à l'égard de Marc Chadourne, tous les mots de la passion qui n'embellit pas mais avoue sa force et sa faiblesse : « Un sale gamin avide de tout avaler, glouton, envieux, mais doué du sens de l'au-delà comme personne. D'où son audace, son côté fascinant [...] et après, bien sûr, sa cambrure. Oui, comme Grouchenka dans *Les Frères Karamazov*, de cette courbe insaisissable qui vous émeut, vous trouble et échappe à toute description [...] cette courbe qui agit infailliblement sur moi. On croirait qu'elle est dans les épaules, le regard, la voix – dans le fond, je ne sais pas. » Dans le même passage du journal, Elsa renvoie explicitement à *Camouflage* pour découvrir Marc Chadourne : « Sur cet amour, voyez *Camouflage*, je ne saurais en parler mieux. »

D'autres hommes traverseront brièvement l'existence d'Elsa à cette époque ; en 1926, en particulier, un amour violent et très bref avec Roger Vitrac, dont ne restent aujourd'hui que des lettres enflammées que l'amoureux écrivait sur une table de café, depuis l'hôtel Terminus à Souillac.

CAMOUFLAGE

La référence autobiographique donnée par l'auteur à Marc Chadourne devrait nous permettre une lecture facile de l'aventure vécue par Elsa Triolet ces années-là; pourtant, le texte du livre nous perdra autant qu'il nous renseignera. Car l'auteur s'incarne tour à tour – peut-être est-ce l'un des sens de «camouflage» – dans les deux héroïnes du roman : la très parisienne et riche Lucile, l'exilée russe Barbara (ou Varvara). Le texte lui-même est écrit tout autant pour dérouter que pour signifier : «Je commence vraiment à croire – dit Varvara à Lucile – que ta petite taille et ta roseur ne sont qu'un camouflage. Les camouflages ne sont pas du tout nécessairement vert-gris-brouillard… […] Chez toi c'est du rose! Et ce n'est pas seulement un camouflage, c'est un recours… […] Remarque bien, dans le tramway on te cède toujours la place, les gens te font des sourires, on te porte pour franchir les flaques et dans les trains il y a toujours quelqu'un qui s'offre à porter tes valises. […] Je le connais ton caractère, mon petit lapin, tu permets toujours qu'on te porte tes valises… […] C'est chose admise qu'une petite femme rose à l'âme tendre et délicate ne peut donc porter elle-même ses valises. Même le nom est astreignant et une Elsa est fatalement blonde […] Mais moi je te prends tout à fait au sérieux et je suis même certaine que ton âme rose et tendre a de grandes moustaches noires.»

Le «camouflage», c'est aussi la possibilité d'avancer masquée derrière la protection d'un homme, et les héroïnes d'Elsa – Barbara surtout – hésitent entre cette «protection» rassurante et l'indépendance déstabilisante des femmes de l'époque qui s'efforcent de vivre seules. Elsa, jeune mariée séparée, connaît bien cela, et Varvara dit à Lucile : «Tu as un camouflage protecteur, un mari protecteur, de l'argent protecteur. Tu as même eu un amour protecteur. […] Toute femme a besoin pour son équilibre d'un vrai mari […] moi je préfère n'être dangereuse que pour moi seule. Les psychiatres allemands appellent ça, je crois, *selbstgefährlich*, les autopérilleux. [...] Comment sentir le réseau infranchissable des relations humaines, pensées, sentiments, à travers lesquels nous glissons à chaque instant, et ne pas avoir peur, et continuer à vivre ! » Et plus loin : « Éprouver tout le temps l'infini... C'est à cause de cela que j'ai une peur maladive de l'espace... Je me sens dans un courant d'air perpétuel, sans aucune protection. »

Dans l'*Ouverture* aux *Œuvres romanesques croisées*, l'auteur citera un passage de son journal en russe du 2 septembre 1928 où, pour parler de Barbara, elle employait elle-même la première personne : « Il y a dans Barbara assez de vie pour dix. Une femme née pour créer, mais choquée depuis l'enfance. Une peur convulsive devant la vie, qui ne la lâche pas. Entre parenthèses, quand j'aurai définitivement décidé que cette peur est de la lâcheté, j'en aurai tellement honte, que je deviendrai courageuse. » Dans *Camouflage*, Konrad-Chadourne est aimé successivement par les deux héroïnes. Et l'intérêt de la création littéraire est que cet artifice permet à l'auteur, à travers ses deux personnages, d'exploiter et d'explorer sans doute tout ce qu'elle porte en elle de contradictoire et de trouble à l'égard de la « courbe insaisissable » de son amant, et tout autant de trouver en elle le matériau disponible pour la mise au jour d'une vérité non réelle. Barbara se dédoublant en Lucile, c'est Elsa gagnant ses galons d'écrivain de fiction et s'éloignant de l'autobiographie des deux ouvrages précédents, *Fraise-des-Bois* et *Tahiti* : « Il avait dû pousser en moi la notion du *lecteur* anonyme : la conversation avec moi-même, avec moi seule, était interrompue. »

Camouflage sera donc précieux et pour la connaissance d'Elsa durant ces années 1927-1928 dans le monde bigarré des Montparnos, et pour la lecture de son œuvre tout entière, même si elle s'applique à elle-même la sanction de la critique ; elle écrit ainsi dans *Ouverture* : « Une fois le livre paru, on disait couramment que c'était un prologue au suicide. On disait que c'était un livre raté. Et on avait raison. »

Aux yeux d'Elsa, ce premier roman était, de toute façon, un livre maudit : écrit en 1927, elle en avait apporté le manuscrit corrigé à Franzensbad, ville d'eaux de Tchécoslovaquie, et ce manuscrit avait brûlé. Un autre exemplaire non corrigé traîna un certain temps à la censure soviétique, et ce n'est qu'en 1928 qu'elle put en relire les épreuves avec Babel[2]. Le livre paraîtra finalement en octobre aux Editions Fédération à Moscou. Elsa a raconté de manière poétique, dans la postface au volume 32 des *Œuvres romanesques croisées*, l'histoire du « manuscrit brûlé à Franzensbad » : « Un jour, comme on devait me changer de chambre à l'hôtel et que je suis sortie pour laisser faire la femme de chambre, celle-ci a jeté mon manuscrit au feu, le prenant sans doute pour de vieux papiers. J'ai passé toute ma nuit à pleurer, ma vie avait brûlé avec ces vieux papiers. Et lorsque je suis enfin sortie, des flammes jusqu'au ciel éclairaient la nuit ! C'était un hôtel, un grand édifice, en train de brûler vif. Ce feu immense venait, pour moi, directement des étincelles de mon manuscrit. »

MONTPARNASSE

Si imparfaite qu'elle soit, la version que nous en avons reste sans doute la meilleure peinture que nous puissions trouver pour approcher le Montparnasse de la fin des années vingt, et connaître la « petite Russe » qui le hantait alors. Plus tard, en 1956, Elsa Triolet reprendra, dans *Le Rendez-vous des étrangers*, quelques pages superbes sur les Montparnos des années vingt et trente : le milieu des « sans-milieu » : « Pour appartenir aux sans-milieu, il fallait être bien seul, vivre en marge de la société, n'avoir personne pour authentifier votre nom, votre situation »... Milieu fait d'étrangers, mais d'étrangers plus parisiens que le Français moyen : « Ce milieu des sans-milieu était parisien comme Notre-Dame et la tour Eiffel. » Au temps de l'écriture de *Camouflage*, les conclusions sont moins définitives : Elsa est trop prise dans ce microcosme pour le définir avec autant de clarté, mais sa vision en est d'autant plus précise et prenante.

Montparnasse est cette ville à l'intérieur de la ville, dont les principaux monuments sont des cafés. Les cafés sont des refuges : « La porte claque et, comme une vieille robe de chambre usée, le café vous emmitoufle de tabagie, de bavardages. Les gens sont assis en désordre, serrés, et chacun s'occupe de ses affaires, comme s'il était dans son bureau. [...] Suédois, Japonais, Allemands oublieux de leur patrie, Américains ivres ; tous venus apprendre l'art au croisement de deux boulevards. Peintres, modèles, demoiselles entretenues, agents de la Sûreté, gens sans occupation définie, journalistes, photographes, spectateurs, propriétaires de galeries de peinture, riches mécènes américains... » Ces cafés-refuges ont leurs codes : ce sont des lieux où se mêlent un anonymat absolu pour les nouveaux venus, et des liens de toiles d'araignées pour la population qui les hante d'ordinaire. Avec, au-dessus de cette population-là, la menace planant en permanence de ce qu'Elsa-Lucile-Varvara appelle les « scandales » : un journaliste a attaqué un écrivain, un artiste peintre s'est plaint des mauvaises manières d'un autre artiste, un amant attitré aperçoit sa petite amie en bonne compagnie... Tous les yeux, à toutes les tables, sont rivés sur les partenaires du drame potentiel, chacun sait tout sur chacun, s'attend à la réplique qui va cingler, au pugilat qui se prépare. Ainsi, chaque abri de fumée, dans lequel le solitaire croyait pouvoir se replier, peut devenir soudain champ de bataille.

Au fil des pages, Elsa nous entraîne à un Bal des Quat'z-Arts. Elle observe de loin, car la dame ne l'aime guère, Kiki de Montparnasse : « Se balançant sur un haut tabouret du bar, faisant étinceler ses bras nus et bronzés, Kiki menait grand bruit, Kiki, la coqueluche de Montparnasse. » « "Qui veut échanger ses seins avec moi ? s'égosillait Kiki. J'en ai marre des miens !" Son large derrière tendu par sa robe s'étalait et débordait du tabouret comme un vaste coussin. Kiki prenait sa figure pour une toile et la peinturlurait à sa fantaisie. Son nez pointu comme un crayon bien taillé, heureux et magnifique comme Kiki tout entière, perçait la fumée de tabac, et sous ces paupières bleu clair gravitaient des yeux immenses et splendides... » Les nuits sont autant de divagations pour Varvara et Lucile : le Viking, le Jockey, le Dôme, la Grande Chaumière : « Au troisième angle du carrefour flamboyait l'enseigne de la Grande Chaumière. Depuis que s'étaient allumées ces lettres rouges, les enseignes de la Rotonde et du Dôme avaient complètement pâli et scintillaient à peine, lunes ternes auprès du soleil. » Quelquefois, à l'occasion d'une invitation du mari de Lucile par un gros commerçant, la troupe quitte le quartier pour une « tournée des grands ducs » qui, commencée au confluent des boulevards Raspail et Montparnasse, se poursuit à Montmartre, et se termine aux Halles dans des bistrots à saucisson.

Konrad

Camouflage s'ouvre sur l'évocation de l'amour entre Konrad et Lucile.

« C'est ainsi que commença leur amour.

Et le lendemain, et le surlendemain et beaucoup d'autres jours encore ce fut le printemps. »

Lorsque Lucile parle à Varvara de Konrad, elle s'écrie : « Sa voix, Varvara, sa voix !... Comme si on frappait tout doucement le bois d'un violon... Lointaine, égale et caressante, comme une main... »

Lucile est séduisante, et Elsa parle à son propos (comme elle en parlait si bien à propos de Lili) de « rayonnement » : « Elle ne soupçonnait pas que, lorsqu'elle marchait dans la rue, les gens se retournaient pour la voir comme un être hors de portée du commun. » Varvara ne peut que l'envier : « Si une femme a une peau qu'on peut examiner au microscope sans y trouver le moindre défaut, si jamais rien ne lui fait mal et si tout dans sa vie n'est que prétexte au bonheur, une telle femme est la perfection [...] Si une étoile vous a fait don d'un de ses rayons, vous croyez du coup l'avoir pour vous tout entière. » Pourtant, aux yeux de son amie, Lucile ne devient détestable que parce qu'elle est bêtement amoureuse ; dans un défilé de mode où la Parisienne entraîne Varvara, la jeune Russe se sent envahir par la nausée devant cette passion asservissante : Lucile ne cherche pas la robe qui lui plaît, elle essaye « d'imaginer quelle robe plairait à Konrad ».

Mais Konrad est un voyageur ; Lucile se souvient – comme l'adolescente Ella – que l'amour-propre est le meilleur remède pour lutter contre le mal d'aimer : « Quand il dit à Lucile qu'il s'en allait, elle ne fit que se tordre les doigts. Elle avait soumis son unique vie à cette règle qu'il était indigne et honteux de s'accrocher à un homme. » Konrad, lui, ne paraît pas souffrir. Quand elle l'accompagne au bateau, il ne se retourne pas. « Konrad était de la nature des autobus écraseurs professionnels. [...] Lucile ne voulait pas remarquer que Konrad avait partie liée avec trains, passeports et guerres. » Lucile croit reconnaître son amant dans tous les passants qu'elle croise, elle reste prostrée à cultiver comme des fétiches ses souvenirs, mais, entre elle et son amant, les sentiments sont désaccordés : « Qui Lucile aurait-elle pu aimer sans se briser le crâne en montant au ciel à travers le plafond [...] Konrad avait bien consenti à lui tenir compagnie, mais n'avait pas envie de s'élever trop haut. »

Lucile est mariée, et des liens très tendres l'attachent à un mari qui n'est pas dupe ; c'est lui qui la console, la prend sur ses genoux et lui suggère : « Les chagrins, Lu, il faut les cacher, comme une tare physique. »

Au fil des pages, la description de Konrad deviendra plus sévère, et cette sévérité sera le fait de Varvara, même si elle s'apprête à prendre pour amant l'homme qui a tellement passionné son amie. Voici Varvara observant Konrad au restaurant et dans la vie : tandis qu'elle a elle-même envers les gens une attitude gourmande « comme un dégustateur », Konrad, devant un menu, n'est qu'hésitant et envieux, désireux de tous les plats qu'il ne peut prendre. « Elle aimait observer comment, tout imbu de lui-même, avide de bonheur terrestre, Konrad attendait avec impatience et fureur qu'on lui attribue enfin le bonheur comme s'il avait eu sur lui des droits acquis [...] attendant comme au guichet d'une banque, son chèque à la main [...] Pauvre petit homme agité. » Sans pitié, sachant pourtant que « si un réverbère avait prononcé le nom de Konrad, Lucile se serait précipitée pour l'embrasser », Varvara prononcera, comme un constat : « Toi et Konrad, c'est l'ennui dominical qui vous a réunis », et, méchamment, elle soulignera dans une soirée : « Konrad est aussi vulgaire et pitoyable que ce bal. »

Elle jugera de manière définitive les aspects étriqués de l'homme : « Konrad était lui-même un garçon de province, issu d'une famille de petite-bourgeoisie, qui rêvait de perfections avec obstination et rancœur. Avide des biens de ce monde, il détestait le malheur, la pauvreté, la vieillesse. La chose la plus effrayante dans la vie était pour lui l'indigence. Et cependant il ne pouvait l'éviter parce qu'il la portait en lui. Désespéré de son impuissance, s'en rendant compte mais ne l'acceptant pas, il semblait prêt à tout. Mais comme un poussah à cul de plomb, il était incapable de perdre l'équilibre ; toute sa vie il était au bord du précipice, or chaque fois qu'il prenait son élan, il n'arrivait pas à sauter. Et il portait dans ses yeux le désespoir figé du saut périlleux. »

Peu importe, d'ailleurs, les idylles qui se nouent et se dénouent entre les personnages. Même si elles renvoient à un homme aimé par Elsa, il est clair que l'auteur, ici, se contente de régler son compte à une passion difficile. Un compte que Chadourne, *alias* Vasco, réglait aussi en tant qu'auteur en décrivant le curieux mélange de rêve et de lourdeur paysanne et marchande (il emploie également la formule de « cul de plomb ») de son personnage. Ce qui importe le plus à Elsa, c'est de suivre pas à pas son héroïne russe énigmatique. Même s'il y a en Barbara «assez de vie pour dix», il lui faut démêler ces dix vies, découvrir, à travers le travail d'écriture, ce qui se passe en elle-même.

L'ÉTRANGÈRE

Varvara est avant tout une étrangère aux prises avec une langue qui n'est pas la sienne : «Il ne restait à Varvara que la langue russe, et même elle était bien obligée de la maltraiter parce que son mode de pensée, souvent, ne se pliait pas aux tours de cette langue... Quant à sa nationalité, elle l'avait perdue dans les hôtels où elle avait grandi.»

Plus grave encore, cette étrangère-là vient d'un pays présumé dangereux : «Tout étranger ordinaire, apprenant les origines russes de Varvara, sa solitude et son mode de vie (l'hôtel, Montparnasse, etc.) la trouvait suspecte et, chaque fois qu'elle faisait connaissance de quelqu'un, il lui fallait de nouveau démontrer qu'elle était inoffensive malgré toutes les apparences. Parfois, elle commençait à croire elle-même qu'elle n'était pas sans danger, sans savoir, il est vrai, de quel point de vue. Parfois elle s'indignait de l'absurdité de sa situation. En tout cas cette lutte lui prenait beaucoup de ses forces.» Accablée comme d'un procès dont elle n'aurait jamais lu l'acte d'accusation, elle manifeste une angoisse bien peu différente de celle de Joseph K. dans *Le Procès* de Kafka : «Ma vie était une erreur judiciaire et je n'avais nulle part où faire appel...» écrit Elsa Triolet. Et Varvara a peur : «Varvara ne pouvait s'astreindre à vivre comme l'exigent les règles des hommes ni rester indifférente quand on la regardait de travers [...] arrogante au-dehors, craintive au-dedans [...] sa peur était hyperbolique.» Mal aimée, de tous et d'elle-même : «Je le sais bien, les gens ont du mal à me supporter. Moi-même c'est à peine si je me supporte. Je suis vraiment par trop antipathique. Constamment voir et remarquer… Si je pouvais cesser de remarquer, me tromper moi-même ou du moins les autres.» Son amie Lucile explique ainsi à Guy, son mari, le caractère de Varvara : «Elle a peur… Et elle fait peur aux autres…»

Elsa-Varvara se souvient sans cesse d'incidents qui ont marqué ces années-là : une enquête menée sur ses moyens d'existence, des policiers se rendant à son adresse : «Pourquoi est-ce que tout le monde se soucie tant de savoir de quoi je vis, comment il se fait que je vis à l'hôtel, que j'ai les yeux gris, que j'ai beaucoup d'amis… Parce que je suis grande et pâle on s'attend à tout de ma part. Me voilà aventurière, agent de la Tchéka, et prostituée. Zut! Moi, une femme tranquille, paisible, je donne des inquiétudes à la Sûreté et je suis suivie par des messieurs en melon et chaussures jaunes […] Pourquoi cela m'est-il aussi insupportable d'être une indésirable ? […] J'ai peur de prendre peur.» Nous sommes ici dans le roman, mais, à propos de ces dossiers constitués contre elle, Elsa écrira dans *Ouverture* : «Je ne me rendais pas compte qu'une femme seule vivant à l'hôtel et avec des attaches en URSS était une proie rêvée. Je ne me savais pas proie, je n'en souffrais donc pas. Ce n'est venu que bien plus tard.»

Cette «étrangeté» la condamne à la solitude : «Dans la rue, les gens s'apprêtaient toujours à mener la farandole. Comment avouer, même à soi, qu'on ne vous accepte pas dans le jeu!» et elle prête au regard d'autrui les suspicions qu'elle imagine : «Ils sentaient, peut-être, que sa retenue, son indépendance et sa sécheresse n'étaient qu'entraînement à l'Occident et ils éprouvaient auprès d'elle une sorte d'inquiétude.» Et Elsa de conclure : «Bref, Varvara était restée les mains vides […] elle rêvait d'amour comme un cul-de-jatte rêve de béquilles.»

Ce monde si brillant est vide, et Varvara s'ennuie : «Il fallait inventer quelque chose. Premièrement, du travail : c'est ennuyeux, torturant et indispensable. Deuxièmement, du café et des cocktails dans les cafés et les bars de Montparnasse : ils vous ruinent la santé et coûtent cher. Troisièmement, des soupirants : c'est toujours pareil, toujours vexant et ennuyeux. Le beau temps, le soleil ? Ils pouvaient donner de nouvelles idées, mais aussi bien n'en pas donner… »

Prise dans le lacis de ses sentiments, Varvara s'efforce d'être lucide : « Elle cherchait inconsciemment à s'apaiser au milieu du désordre qu'il y avait autour d'elle et à l'intérieur d'elle-même, comme un ivrogne qui, se déshabillant, s'efforce de ranger ses affaires le plus soigneusement possible, histoire de se prouver qu'il n'est pas saoul. » Une question revient sans cesse : « Et si elle "refusait de continuer" ? […] Si tout d'un coup elle ne voulait plus se lever le lendemain ? » […] Ou encore : « Me servir du seul droit que j'ai, mettre fin à mes jours avant le terme normal. Je ne veux pas consentir au malheur… »

Varvara suicidaire, Varvara écorchée vive qui se replie dans la solitude des petites occupations quotidiennes pour échapper à la peur des contacts : « Varvara lavait ses bas, écoutait le phono et se disait : "Il vaut mieux finalement être seule… Si je veux, j'écoute mon phono, je lave mes bas, et personne n'a rien à y voir, je ne gêne personne…" » Mais que la situation d'électron libre est pesante ! Comme une plainte, vient alors la description de la situation d'Elsa : « Varvara allongée pensait… Elle pensait qu'elle était vraiment seule. Qu'elle n'avait ni parents ni famille ni maison ni opinion ni argent ni profession, rien qui puisse servir de lien entre elle et d'autres gens, n'importe quel groupe de gens. Dans n'importe quel milieu, elle reste solitaire, ne sachant se dissoudre et se fondre, et dans tous les pays elle est une étrangère. On l'a mise en marge, comme une faute. Et c'est bien une faute qu'elle est […] d'amour, elle n'en avait pas. Ou un enfant… Un tout petit corps avec des petits plis, des fossettes et une odeur de lait… » Il lui arrive d'envier l'état amoureux de Lucile et sa dépendance : « Seuls ceux qui aiment peuvent être de force à vivre. Toi, tu n'as pas peur, Lucile. L'amour est l'unique privation de liberté qui donne la force de combattre les hydres à trois têtes. »

C'est la Varvara brisée que Lucile découvre : « Elle était devenue tout effacée, elle s'asseyait sur sa chaise avec une obéissance d'enfant sage, posait décemment ses mains sur ses genoux et ravalait sa salive. Lucile [...] se souvenait avec nostalgie du temps où Varvara s'indignait, s'insurgeait, s'extasiait. » Cette femme cassée, Elsa la décrira souvent, tout particulièrement à travers les personnages de clochardes dans les romans de sa maturité. Le personnage qu'elle a brossé ici pourrait se résumer en ce message : « J'ai envie de mettre dans les journaux une annonce : "On a perdu ferveur". »

Elsa-Varvara en viendra au ton de la confidence, comme si elle avait besoin de fournir une explication ancienne, d'évoquer un événement qui serait à l'origine de son malaise dans l'existence : « J'étais déjà cynique à vingt ans [...] (à) l'époque de ce premier amour qui t'intéresse tant [...] Ma carrière sentimentale a commencé d'une manière assez ignoble et pitoyable... Je passe les douteuses extases et je commence directement par la sage-femme. J'avais vingt ans [...] Les mains de la sage-femme me touchaient et il me semblait qu'on m'arrachait les entrailles, comme les mains d'une cuisinière font de celles d'un poulet. C'était une offense qui ne se peut laver... » Et la réaction de « l'homme » (qu'elle appelle Lazare) à cet avortement : « "Donner mon numéro de téléphone à cette femme ! Vous voulez me compromettre ! Quelle saleté que tout ça ! Quelle boue !" [...] Cet incident vulgaire et absurde a déterminé bien des choses dans ma vie. [...] Depuis j'ai commencé à éprouver à l'égard de mon corps de la méfiance et de la crainte. »

La souffrance est si permanente pour Varvara qu'entendant pousser un cri de douleur elle se l'attribue : « Ce hurlement au-dehors, elle l'a reconnu, c'est son propre cri, à jamais coincé dans sa gorge, exactement ainsi, ensanglanté, mais n'osant surgir. »

DEVENIR ÉCRIVAIN

Document irremplaçable sur Elsa Triolet à l'époque des « Montparnos », que vaut vraiment ce roman ? Victor Chklovski, dont la recommandation auprès de Gorki a été si déterminante, lut et critiqua *Camouflage*. Il en fit d'abord à l'auteur des compliments appuyés : « Tu as ce qui fait un écrivain : le sentiment personnel de la vie et l'art de le transmettre. » Il passe rapidement sur les défauts de son écriture en russe, qui venaient selon lui du mélange des deux langues : « On t'écrira probablement que tu ne sais plus écrire en russe. » Mais ces reproches étaient à ses yeux négligeables : « Laissons donc ce discours aux chiens coiffés. Il y a des choses bien plus sérieuses. » Et il ne devient sévère qu'à l'égard du manque de distance entretenu entre Elsa et ses personnages : « En tant qu'écrivain, tu ne domines pas tes héros. Lucile fait l'admiration de tout le monde, mais la tienne aussi [...] La description servile de la vie d'autrui rabaisse l'auteur. L'auteur doit dominer ceux qu'il décrit [...] il faudra que tu reviennes à Lucile de l'intérieur. » Et de conclure sur la vocation d'écrivain d'Elsa : « Il faut que je te dises que tu pourras faire un excellent écrivain. Il faut seulement que tu deviennes un écrivain en général, que tu admettes définitivement que ce que tu as, c'est un métier, que ce n'est pas seulement comme ça, en passant, mais que cela t'a déjà changé la vie. [...] Il est beaucoup plus intéressant d'être un écrivain que d'être une dame, d'autant plus que tu peux être un être remarquable[3]. »

Quand elle rencontrera Aragon, Elsa aura touché le fond de la solitude : « Le hasard qui m'avait conduite à Montparnasse était plus malin que moi : c'était bien le seul endroit de Paris où je puisse exister. Je n'y étais pas seule à être seule. Et, de toute façon, rien n'aurait pu interrompre mon monologue intérieur ; quelque quarante ans plus tard, j'écrivais encore : "Reste le secret de la conversation avec soi-même. Entre deux yeux. Comme une balle ou une ride. Je suis faite pour cette seule intimité"[4]. »

CHAPITRE 5

ELSA-ARAGON

« Je ne suis pas rentrée à Moscou. J'avais lu Le Paysan de Paris *et parce que rien ne pouvait m'être plus proche, plus* mien, *plus* parent *comme on dit en russe, j'ai voulu connaître l'homme qui avait écrit cela. Je t'ai rencontré et je suis restée en France. C'était en 1928. »*

Elsa TRIOLET, *Ouverture.*

« Je porte la responsabilité de l'avoir retenue en France, et parce que je ne pouvais me passer d'elle, d'avoir déclenché ce drame intérieur de l'écrivain qui change de langage, cette mue profonde de l'expression, difficile à imaginer pour moi, qui n'en ai longtemps rien su que par une certaine lumière des yeux, des silences, des questions dont je ne comprenais pas l'étrangeté. »

ARAGON, *Elsa Triolet choisie par Aragon.*

Le 6 novembre 1928, à 17 heures, Elsa Triolet et Louis Aragon se rencontrent à La Coupole. Rencontre de Montparnos, rencontre d'écrivains, comme il y en eut tant et tant en ce temps-là, dans les cafés célèbres du boulevard Montparnasse. Ces deux-là, pourtant, transformèrent cette rencontre en événement : ils ne devaient plus se quitter, donnant naissance à l'un des couples les plus mythiques de la littérature et de la politique.

Nous pouvons imaginer le rendez-vous : la grande brasserie Art déco et son ballet de serveurs portant haut leurs plateaux, le petit groupe formé d'abord par Elsa, Vladimir Pozner, Aragon, puis Pozner se retirant de la table. Les deux interlocuteurs sur leur garde puis de plus en plus penchés l'un vers l'autre. Il est grand et mince, elle est petite et élégante. Ils ont tous deux la trentaine. Aux tables alentour on désigne en chuchotant le poète habitué des manifestations et la petite Russe que n'accompagne pas aujourd'hui son tonitruant compatriote, l'écrivain à la blouse jaune. Peu à peu, leur conversation s'entrecoupera de silences. Bientôt, ils se lèveront, remonteront le boulevard en direction de la rue Campagne-Première... Ainsi pourrait parler l'observateur. Coup de foudre ? Échange intellectuel ? Ni l'un ni l'autre des interlocuteurs ne l'a vraiment précisé. Pourtant, à la lecture des évocations qu'ils en firent, quelques faits sautent aux yeux.

D'abord, cette rencontre est une affaire à trois, et non à deux. Entre Elsa et Aragon voici Maïakovski, présent plus que jamais. Il séjourne alors à Paris, à l'hôtel Istria, et Elsa – de plus en plus désespérée de ne jamais trouver sa place en France – lui a demandé de l'aider dans les formalités nécessaires pour repartir en Union soviétique. La veille du rendez-vous, il a lui-même accepté de voir Aragon à La Coupole. « Aragon voulait rencontrer Maïakovski et Elsa voulait connaître Aragon[1] ». Elsa doit être assez impressionnée par l'écrivain puisqu'elle sollicite le rendez-vous par l'intermédiaire de Roland Tual et se fait accompagner par Vladimir Pozner. Il était entendu entre Elsa et Pozner que ce dernier se retirerait si l'entrevue semblait bien se passer. Ce fut le cas. La liaison entre Elsa et Aragon allait débuter le soir même.

Maïakovski en officialiserait d'un grand éclat de rire le caractère public, le lendemain matin, en rencontrant le couple dans l'étroit escalier en colimaçon de l'hôtel Istria.

Les deux protagonistes insisteront non seulement sur le tournant de leur vie que fut ce 6 novembre 1928, mais sur son caractère salvateur pour l'un et l'autre. Elsa a présenté dans *Ouverture* ce qui fut la découverte l'un par l'autre de deux «naufragés», candidats au suicide. Aragon venait de terminer *La Grande Gaîté* à propos duquel Elsa écrit : «je faisais connaissance de la perdition, de la destruction, de la fureur». *Camouflage*, qui allait paraître, n'était-ce pas aussi «une histoire de naufrage, un prologue au suicide» ? «Nous étions mûrs pour nous rencontrer.»

Pourtant, le journal d'Elsa, entre le 5 novembre et le 3 décembre, ne fait pas référence à Aragon. Le 5 novembre, elle parlait d'acheter du véronal, se traitait de «femme à terre». Le 3 décembre, elle évoque une scène, qu'elle racontera plus tard dans *Bonsoir, Thérèse*, où elle subit une humiliation de la part de son amant. Ce sera pour répéter la formule de désespoir qu'elle a prononcée autrefois, «du temps de Petrovitch» : «On ne meurt pas de chagrin», et «Cette offense aussi, nous l'inscrirons au compte général.» Le 5 décembre, elle notera encore : «incessant état d'émotion [...] assez impossible [...] douleur». Et, une fois de plus, elle se compare à d'autres pour mieux se dévaloriser : «Les cartes sont sur table. Les miennes ne sont que de petites valeurs.»

Le «naufrage», le goût suicidaire chez les deux protagonistes, Elsa les évoquera souvent pendant la première partie de sa vie : «L'idée du suicide m'a beaucoup aidée à vivre : sans cette porte de sortie toujours ouverte, la vie me serait une prison, et j'ai depuis mon enfance une peur panique des portes fermées du dehors», a-t-elle écrit en 1938 dans *Bonsoir, Thérèse*. Pourtant, bien plus tard, c'est l'autre face de la rencontre qu'elle évoquera : «Le commencement de la vie avec lui fut incroyablement simple : du jour au lendemain, nous nous sommes retrouvés heureux comme deux chiots dans le même panier.[2] »

Les premiers mois de leur liaison, Elsa continue d'occuper sa chambre de l'hôtel Istria. Dès janvier 1929, elle s'installe avec Aragon rue du Château, puis début avril dans l'atelier qu'il loue au 5, rue Campagne-Première.

Le 8 avril, Elsa fait le point sur les avantages et les inconvénients de cette vie commune, après ses huit années passées en « célibataire » : « nous vivons ensemble [...] nous quittons mon Istria pour un atelier » [...] « je crois que je vais regretter ma chambre 12 à l'hôtel Istria, si réduite que c'en était une honte, mais bien chaude, bien propre, bien civilisée, favorisant la paresse absolue – on vous apporte votre thé, on met vos lettres à la boîte, on vous change votre ampoule électrique, on débouche votre lavabo ». Il est vrai que l'atelier d'Aragon n'était pas du plus grand confort : « Des cabinets pour quatre logements [...] l'escalier qui mène à la soupente est aussi raide qu'une échelle d'incendie [...] (mais) c'est mieux que les datchas de Moscou. »

Pourtant, ce n'est pas l'inconfort qui inspire à Elsa le plus de mélancolie, mais l'absence d'isolement possible. Dans la nouvelle *Bonsoir Thérèse,* du recueil du même nom, elle écrira : « J'ai la vie que j'ai choisie. La présence d'un être humain m'empêche de penser, je n'ose plus, comme si les pensées se voyaient. » Comme elle avait noté dans le journal du 8 avril 1929 : « Je n'ose même plus penser quand il est près de moi, de crainte qu'il ne devine ce que je pense. Bref, il m'empêche de penser. Et quelle que soit la façon, la force dont il m'aime, ce n'est pas assez, ce n'est pas comme je voudrais. » Et l'auteur du journal retrouve une des phrases de condamnation chères aux personnages de *Camouflage* : « Je suis une ordure, un être solitaire. »

En tout cas, elle a officialisé cette liaison : une lettre de Lili du 19 juin 1929 remercie Elsa pour des colliers de sa confection qu'elle lui a envoyés et la félicite avec prudence : « Je suis heureuse que tu ne vives pas seule et que cela te plaise pour l'instant, bien que Nadia dise que tu pleures par moments – j'espère que c'est seulement avant tes malaises. » Lili sait aussi quelles sont les conditions de vie précaires du couple, et elle propose son aide : « Nadia m'a parlé de toi, de l'appartement, des chapeaux en guise d'abat-jour et du fait que vous n'avez pas d'argent pour vous acheter un divan. Choisis un divan et écris-moi combien il faut d'argent pour l'acheter. »

À ces difficultés à vivre en couple – manque d'espace, de solitude, aventures extérieures d'Aragon avec une danseuse allemande, Lena Amsel, et avec son ancienne maîtresse, la très riche héritière Nancy Cunard – elle lie pourtant, comme s'il s'agissait maintenant de son désir essentiel, sa volonté d'écrire. Le 23 janvier 1929, elle se prend à souhaiter que son état d'émotion et de jalousie soit favorable à l'éclosion d'un livre : « Si cela fait un livre – un bon ! – ce ne sera pas si mal » et elle commence à jeter les bases de *Bonsoir, Thérèse*. Le 8 avril, pourtant, elle se plaint que les conditions de promiscuité dans lesquelles elle vit lui fassent renoncer à écrire ce livre.

Elsa Triolet expliquera, dans *Ouverture,* combien le ratage présumé de *Camouflage* lui faisait penser qu'elle n'écrirait plus ; son ami Chklovski avait souligné qu'elle ne maîtrisait plus aussi bien le russe qu'autrefois : « L'outil que je possédais s'avérait inutilisable pour communiquer avec mes lecteurs : la langue ! » Même si sa propre réflexion sur la transition d'une langue à l'autre ne mûrira qu'au fil des années, il faut lire ici le superbe passage sur la langue maternelle qui, pour l'écrivain qu'elle voulait être, faisait succéder le « mal de la langue » au « mal du pays » éprouvé déjà si fort : « Ma langue maternelle, mon irremplaçable langue... Elle ne me servait plus à rien. Le mal de la langue est insupportable comme le mal du pays. On croirait qu'une langue, personne ne peut vous la prendre, que vous l'emportez avec vous où que vous alliez, qu'elle vit en vous, inoubliable, incurable, divine... En réalité, une langue cela se partage avec un peuple, un pays, vous ne pouvez la conserver au fond de vous-même, il faut qu'elle s'exerce, il faut s'en servir, sans quoi elle se rouille, s'atrophie et meurt. » Sans doute conclura-t-elle, en 1964, qu'elle n'a pas vraiment perdu le contact avec cette langue : « Peut-être est-ce ma dévotion pour la langue russe qui me l'a conservée exceptionnellement intacte comme à sa naissance en moi, et sans qu'aucun accent étranger ne vienne la troubler », mais le sentiment qui dominait, en 1929, était bien celui d'une perte qu'elle craignait irrémédiable.

Un autre événement va venir bouleverser la vie d'Elsa : sa sœur et Ossip Brik sont partis pour Londres en février rendre visite à Elena Kagan. Ils rentrent par l'Allemagne et retrouvent à Berlin leur jeune sœur et son compagnon. C'est quelques jours plus tard seulement, le 14 avril, que Maïakovski se suicide. Le lendemain, Elsa et Louis apprennent la nouvelle à Paris. Le 28 avril, Elsa se souvenait des premières visites du poète dans la maison familiale et écrivait à Lili : « Il y a seize ans, Volodia est venu pour la première fois ruelle Petroverigski, à la maison Egorov, en blouse jaune. Il y a de quoi se souvenir. Je rêve de lui toutes les nuits sans exception. C'est très dur. »

Elsa et Aragon rejoindront Lili à Moscou en septembre. Dans *Ouverture*, Elsa notera sobrement : « En 1930 nous sommes allés à Moscou pour la première fois ensemble. Maïakovski venait de se suicider, il y avait ma sœur. »

Les colliers d'Elsa

« Écris un livre sur la bohême française », lui suggérait Lili dans sa réponse, le 29 avril 1930, retournant sans doute le fer dans la plaie, car Elsa pense avoir déjà écrit – et raté – ce livre avec *Camouflage*. C'est un tout autre genre de livre qu'elle écrira, le dernier de ses ouvrages rédigés dans sa langue maternelle : *Colliers*.

Car les colliers qu'Elsa Triolet a envoyés à sa sœur et que Lili a trouvés «très remarquables» ne sont que quelques échantillons des bijoux qu'Elsa s'est décidée à fabriquer, se procurant ainsi les ressources nécessaires au couple ; Aragon, d'ailleurs, participe à cette petite industrie en se faisant colporteur (ou représentant de commerce, comme on voudra !) auprès des maisons de couture. Au plus fort de la crise économique, le 2 octobre 1930, Elsa rassure Lili sur ses moyens d'existence : à Paris, le luxe et la fantaisie font toujours recette. «Les colliers, Dieu les garde, se sont vendus prodigieusement bien, malgré le manque tragique et total d'argent chez les gens.» Et, comme elle l'écrira joliment dans son livre en insistant sur la futilité parisienne opposée à l'impérieuse nécessité de se nourrir : «La mode constante de boire et de manger m'ont inspiré l'idée d'exploiter la mode des colliers de verroterie.»

Sur cette aventure artistique et alimentaire des colliers, le livre du même nom, que nous pouvons aujourd'hui trouver dans sa traduction française dans le quarantième volume des *Œuvres romanesques croisées*, devient, par sa place dans cette collection très richement illustrée, un petit bijou sur les bijoux. Enrichi d'un exergue d'Aragon :

> Tu faisais des bijoux pour la ville et le soir
> Tout tournait en colliers dans tes mains d'Opéra.

l'ouvrage s'illustre de photographies superbes : Man Ray a prêté son talent aux tours de cou de ganses tressées, supports de pastilles baroques de porcelaine blanche, de feuilles de nacre en assemblages de papillons... Le couturier Poiret, Mme Vionnet, Mme Schiaparelli posent en noir et blanc, et les glaces immenses du salon de Coco Chanel reflètent les présentations de modèles.

Le texte se présentait d'abord comme un «document» : sur les lieux de la création de mode dans la capitale française, sur les métiers artisanaux des «articles de Paris», sur le monde de la haute couture. L'auteur n'hésite pas, en quelques chiffres, à livrer des données précises sur les aspects économiques de cette création, sur son rapport à l'exportation, sur les pratiques du milieu pour vivoter ou s'épanouir dans le commerce du luxe.

Pourtant, l'intérêt de la démarche d'Elsa Triolet est ailleurs que dans ce recueil de faits auquel aurait pu se livrer quelque journaliste spécialisé. Il faut se souvenir qu'elle écrit ce texte en russe et pour les Russes. À ce titre, l'ouvrage veut d'abord présenter – à la manière d'un document ethnographique – le Paris de la mode. « De même que l'ivoire vient d'Afrique, l'or de Californie, les fruits des îles, la mode vient de Paris. Certaines personnes sont occupées à faire la mode, d'autres la diffusent à travers le monde. Seuls les initiés savent exactement comment cela se pratique. Les initiés n'en parlent pas parce que les indigènes n'ont rien à raconter sur leur propre pays, très ordinaire pour eux. Mais moi, de l'extérieur, je vois mieux les particularités des mœurs et des coutumes, du mode de vie de ces sauvages intéressants au point de vue ethnographique. Je vais les raconter. »

Ce faisant, Elsa, dès les premiers mots de l'ouvrage, rappelle son statut d'étrangère dans le Paris qu'elle connaît si bien, étrangère découvrant les indigènes parisiens, comme elle avait découvert les Maoris dans leurs îles, les habitants du Limousin dans leur province. Ainsi *Colliers* est-il le plus français de ses livres russes, un livre écrit pour son pays de naissance sur son pays d'adoption. Peut-être est-il aussi – tout dénué qu'il soit de préoccupations militantes – l'une de ses meilleures études sociales (et presque politiques). Au passage – tentative d'amadouer les censeurs qui devaient donner leur *imprimatur* à son texte à Moscou ? – elle ne craint pas d'égratigner le système capitaliste qui condamne ses écrivains à la misère : « Si en Union soviétique tout métier donne la possibilité de subsister, en Occident, il y a des professions réservées aux millionnaires. » Si l'on veut subsister en tant qu'artiste, il faut donc se résigner à pratiquer en plus un quelconque métier rémunérateur : « travailler dans une Compagnie d'assurances, vendre des boutons, être menuisier, n'importe quoi ». Et elle conclut : « Moi, j'ai décidé de faire et de vendre des colliers. »

Elle entraîne le lecteur dans l'étrange périple du créateur d'article de mode qui doit en premier lieu se rendre familier les lieux de production des matériaux, les coutumes des travailleurs et des commerçants qui lui procureront ces outils de base ; il lui faudra ensuite répertorier les territoires bien gardés des acheteurs potentiels, connaître leurs goûts, leurs exigences et leurs manies. Entre vendeurs et acheteurs, il devra enfin – moment créatif du voyage – inventer, dessiner, réaliser les désirables objets du luxe et de la futilité. Nous voici donc dans le quartier du Temple, « ancien quartier aristocratique de Paris » voué aujourd'hui à ce qu'on nomme « l'article de Paris », puis dans le Sentier, haut lieu de la fabrication artisanale, à la recherche des fournisseurs de toutes sortes, des artisans qui soudent, qui dorent, qui nickèlent, qui façonnent les matières souples ; nous lisons, après Elsa, les intitulés accumulés sur les plaques des portes cochères : « articles en ivoire, fausses perles, verroterie pour les colonies, fausses pierreries, articles de foire, bas en gros, dorure sur métal, dorure sur cuir, orfèvrerie, gravures sur métal »...

Si Elsa travaille de cette manière, si Aragon – qui avait déjà connu les milieux de la haute couture, en étant, pendant un temps, l'adjoint de Jacques Doucet – lui sert de courtier, c'est que l'activité littéraire de ce dernier s'avère peu rémunératrice ; sans doute a-t-il déjà publié, en 1930, plusieurs ouvrages : *Anicet*, *Libertinage*, *Le Paysan de Paris*, *La Grande Gaîté* ; en 1927, alors que le manuscrit de *Camouflage* brûlait accidentellement à Franzensbad, Aragon détruisait volontairement son *Défense de l'infini* à Madrid. En 1931, les Éditions surréalistes sortiront *Persécuté persécuteur* et ce n'est qu'en 1934 que, brouillé avec Gaston Gallimard, Aragon pourra publier chez Denoël ses *Cloches de Bâle*.

Les revenus littéraires du couple restent donc aléatoires. En 1930, les surréalistes ont demandé à Elsa de traduire des poèmes de Maïakovski, pour le premier numéro du *Surréalisme au service de la Révolution* qui sort en juillet, mais elle reconnaît elle-même la difficulté de l'exercice : « cela donne des choses nulles », écrit-elle à Lili. De Russie, Lili s'inquiète et écrit à Elsa avec drôlerie, le 19 mars 1931 : « Combien gagnez-vous par mois ? En général, comment vivez-vous ? *N'allez-vous pas affamés et nus* ? » Le 14 août, elle redira, de la même manière : « Comment va Aragontchick ? Les colliers ? La gloire ? L'argent ? »

LES « GROUPES » D'ARAGON : DU SURRÉALISME AU PARTI COMMUNISTE

L'essentiel de l'activité d'Aragon, ces années-là, a pour cadre le milieu surréaliste. Le petit atelier d'Aragon qu'Elsa a tenté d'aménager pour eux deux est souvent le siège de réunions amicales et enfiévrées où se retrouvent – pour ne citer que les plus célèbres – Paul Éluard, Luis Buñuel, Georges Sadoul. Il semble qu'Elsa n'ait pris part que de très loin aux activités du groupe surréaliste. Jusqu'au jour où, servant d'intermédiaire pour la participation de certains d'entre ses membres à des réunions en Union soviétique, elle se trouvera étroitement mêlée aux dissensions à l'intérieur du groupe et à la rupture entre Aragon et André Breton.

Tentons d'aborder du côté d'Elsa – même si dans le couple Aragon en fut le principal acteur – ce qui devint une « affaire » et du point de vue littéraire, et du point de vue politique.

Premier écho de ces dissensions dans une lettre d'Elsa à Lili du 3 octobre 1930 : « Nous avons, comme auparavant, des ennuis avec les surréalistes : je n'ai plus de forces. Ces tourments finiront par un scandale. Par bonheur, tout est arrangé entre Aragon et le parti. Il est réintégré avec honneur et excuses car il apparaît que la décision concernant son affaire et celle de Georges [Sadoul] avait déjà été prise en janvier, et pour une raison que j'ignore, on n'avait pas eu le loisir de le leur faire savoir.» Et Elsa ajoute pour sa sœur quelques précisions sur le retentissement qu'avaient ces événements sur son couple : «Je suis d'une humeur massacrante. Aragon est de nouveau sombre comme une nuée, il est vert et a un bouton sur la lèvre. Il travaille comme un forcené – réunions, expositions, articles... Je ne le vois jamais. La plupart du temps nous nous disputons, sauf lorsqu'il me fait vraiment très pitié.» Ces désagréments retentissent aussi sur sa santé à elle, et elle ne semble pas s'aimer beaucoup plus que par le passé : «Je suis grosse, j'ai grossi de deux kilos depuis Moscou. Ça me dégoûte.»

Ennuis avec les surréalistes, apaisement avec le Parti communiste – auquel Aragon avait adhéré «près de deux ans avant d'avoir rencontré Elsa», a-t-il écrit – Elsa ne fait qu'effleurer ici toute une série de conflits qui allaient, dès 1930, lui conférer une place très spéciale, très discutée surtout, dans le cheminement politique d'Aragon.

Les faits d'abord : du 6 au 15 novembre 1930, se tient à Kharkov le Congrès international des écrivains révolutionnaires, car la direction communiste soviétique entend jouer, dans le domaine de la pensée, le rôle unificateur qu'elle s'est donnée sur le terrain social et politique. Aucune représentation française n'étant prévue à ce congrès, Elsa – qui en connaissait les organisateurs, Bruno Jasenski et sa femme Anna Berzine – intervient pour qu'Aragon et Georges Sadoul y soient invités. Louis et Elsa, ainsi que Georges Sadoul, se rendent donc à Kharkov, et Aragon peut y prononcer deux discours, les 9 et 12 novembre, dans lesquels il soutient les positions du groupe surréaliste français. En échange de ces bons procédés, Aragon et Sadoul signeront une lettre autocritique qui leur impose de prendre des distances avec le surréalisme. Elsa retrouve ses amis russes, notamment Fadéiev, et le couple entreprend un voyage où il visite en particulier, le 10 décembre, les chantiers du Dnieprosstroï. C'est le tout premier des très nombreux voyages d'Aragon et d'Elsa en Union soviétique, pour ces grandes réunions internationales qui avaient l'ambition d'unifier les créateurs de tous les pays et de déterminer les orientations communistes quant à la culture. Elsa se faisait une joie d'aider ses amis français à y participer, et de s'y joindre pour reprendre contact un moment avec Lili, son pays et sa langue natale.

Au-delà de ces objectifs, il semble qu'elle se soit fort peu intéressée aux débats eux-mêmes, laissant à Louis le rôle doctrinaire qu'il affectionnait. Mais la fonction d'intermédiaire qu'elle jouait, le travail d'interprète qu'elle effectuait naturellement auprès des délégations françaises, les contacts et les visites qu'elle pouvait organiser d'un coup de fil pendant un séjour lui donnèrent vite – lorsque les contenus et les résultats de ces voyages furent violemment contestés parmi les surréalistes français – le statut d'une responsable, pour ne pas dire d'une coupable potentielle. Il semble que, de ces moments-là, date l'accusation persistante à l'égard d'Elsa d'avoir entraîné Aragon à certaines complaisances à l'égard de la politique soviétique et du Parti communiste, complaisances et obéissance à l'orthodoxie qui devaient entraîner des inimitiés tenaces avec les surréalistes puis beaucoup d'autres intellectuels français par la suite.

À leur retour à Paris en décembre, justement, Aragon et Sadoul sont vivement attaqués pour l'allégeance sans partage manifestée par leur lettre, et Elsa, meurtrie par ces disputes, écrit à Lili : « je ne vois plus aucun des surréalistes ». Ce retour d'URSS après un passage par Bruxelles d'où elle a écrit : « les gâteaux ici ne sont ni extraordinaires ni savoureux [...] je m'ennuie déjà » est difficile sur tous les tableaux. Elle songe à divorcer d'André Triolet « qui a définitivement dépassé les bornes ». Elle dit même voir assez peu Aragon, et elle a pris une chambre d'hôtel quelques jours « pour reprendre mes esprits ». Paris lui paraît tout à coup étriqué, et elle ne trouve à relever d'intéressant dans la capitale française que la faillite d'un banquier et la sortie d'un film de Buñuel, *L'Âge d'or* : « Ici, après Moscou, c'est un trou provincial. Je m'étonne du matin au soir. » Elle est si peu lancée dans la grande politique internationale qu'elle avoue ne plus s'occuper que des colliers « qui me prennent vingt-quatre heures par jour. Je fais de nouveaux modèles, je m'inquiète à la pensée que tout cela ne vaut rien, et il faut renoncer à l'insouciance car la maison d'édition ne paie plus Aragon ».

La vie tumultueuse continue pour Aragon. En conflit idéologique avec ses amis surréalistes, il est aussi aux prises avec la justice pour la publication, en 1931, du poème « Front rouge ». Il est vrai que le poème, publié dans *Littérature de la Révolution mondiale*, organe de l'Union internationale des écrivains révolutionnaires dont le siège était à Moscou, ne faisait pas dans la dentelle. En voici quelques lignes :

> Pliez les réverbères comme des fétus de paille
> faites valser les kiosques les bancs les fontaines Wallace
> Descendez les flics
> Camarades
> Descendez les flics
> Plus loin vers l'ouest où dorment
> Les enfants riches et les putains de première classe
> Dépasse la Madeleine Prolétariat
> Que ta fureur balaye l'Élysée...

Sans doute quelques images de rêves entrechoqués rappelaient les origines surréalistes du poète :

> Ô pendulettes pendulettes
> Avez-vous assez fait rêver les fiancés sur les grands boulevards...

Mais tout se terminait par un chant à la gloire de l'Union soviétique épelée selon tous ses sigles : URSS, SSSR...

> Ce qui grandit comme un cri dans les montagnes [...]
> C'est le train de l'étoile rouge.

En janvier 1932, ce poème vaut donc à Aragon des poursuites en justice sous le double chef de « provocation au meurtre dans un but de propagande anarchiste » et d'« excitation de militaires à la désobéissance ». En mars, il entre à l'AEAR (Association des écrivains et artistes révolutionnaires) dont Romain Rolland est alors le président d'honneur, Paul Vaillant-Couturier le secrétaire général. Avec Henri Barbusse, membre du présidium de l'UIER (Union internationale des écrivains révolutionnaires), Aragon sera délégué français de l'UIER. À la mi-juin, le couple s'installe à Moscou. Le 19 juin, Aragon fait son autocritique sur son itinéraire personnel et sur l'évolution des surréalistes. Il accepte de soutenir la politique du PCF et de l'Internationale communiste. En octobre, il deviendra rédacteur de l'édition française de la revue *Littérature internationale*. La boucle sera bouclée pour Aragon lorsque, au début de janvier 1933, le couple recevra à Moscou la visite de Paul Vaillant-Couturier, puis celle de Marcel Cachin, qui proposeront à Aragon d'entrer à *L'Humanité*. Aragon abandonnera alors – non sans tiraillement avec ses « patrons » moscovites – ses fonctions à l'UIER, et le retour à Paris aura lieu dans la deuxième quinzaine de mars 1933. En mai, Aragon devient journaliste à *L'Humanité* et secrétaire avec Paul Nizan d'une nouvelle revue, *Commune*, dont le premier numéro paraît le 15 juillet. L'écrivain est devenu salarié du Parti communiste.

Elsa s'était réjouie de pouvoir ouvrir quelques portes à Aragon lors du premier voyage réalisé ensemble pour le congrès de Kharkov, mais le nouvel Aragon militant politisé lui échappe, et ce deuxième voyage semble lui devoir très peu. Pendant la presque totalité du séjour, ils vont vivre d'abord dans une petite chambre de la maison des écrivains, dans des conditions qu'Aragon qualifie de « spartiates », puis à l'hôtel Lux où logent les membres du Komintern. Aragon a dressé dans *Le Roman inachevé* un état de ces moments difficiles partagés avec la plupart des moscovites :

> J'ai connu les appartements qu'on partage comme une faim
> Les punaises les paravents les cris et les mauvais vouloirs...

La famille d'Elsa pourra cependant offrir un meilleur gîte : en janvier 1933, Elsa et Aragon s'installent rue Guendrikov chez Lili, alors en voyage à Berlin avec son nouveau compagnon, le général Primakov.

ANNÉES GRISES

Mais, à Paris comme à Moscou, Elsa connaît à nouveau de grands moments de solitude et commence à poindre un reproche qu'elle répètera souvent tout au long de la vie du couple : Aragon, en tant que militant et en tant qu'écrivain, est toujours « occupé » ; par la presse à lire, par l'article à écrire, par le nouveau livre dans lequel il se lance, par les réunions qui l'accaparent. Le 15 février 1932, Elsa se plaignait à Lili : « Avec Aragocha, nous nous disputons comme avant, et les choses ne vont pas bien. Je ne vois pas d'hommes et je n'ai pas vu Koul(echov)[3] une seule fois. » Le 8 décembre, c'est le même ton, aggravé encore : « Je n'écris pas parce que je ne suis pas en forme et j'attendais toujours le moment où je serais plus gaie pour ne pas écrire de lettres ennuyeuses. Mais voilà, je ne suis pas devenue plus gaie. Je n'ai en vérité rien qui me réjouisse. Les colliers, les colliers, les colliers. Aragon travaille sans fin et il n'y a pas de fin en cette vie. » Elle évoque aussi les poursuites en justice après la publication de *Front rouge*, et elle ajoute : « comme Aragon travaille maintenant exclusivement au parti et avec ses hommes, je crève tout simplement, non tellement de la quantité de travail, car en ce moment il n'y en a presque pas, mais de ma propre impossibilité à me transformer et de l'absence de quelconques autres intérêts. »

Plus tard, dans *Ouverture*, Elsa tentera de rationaliser cet état d'esprit de l'époque, au moment où son texte russe de *Colliers* était refusé dans son pays. Elle se souvient avoir trouvé dans ce refus, comme dans la nouvelle forme de solitude éprouvée, une sorte d'énergie du désespoir : « Je me sentais littérairement devenir prisonnière d'impossibilités intérieures et extérieures, et j'entendais ne pas m'y soumettre ! Écrire, puisque tout m'en empêchait. » Une énergie qu'elle ne peut dissocier des reproches qu'elle adresse à Aragon quant à l'absence d'encouragement qu'elle éprouve de sa part : « Tu aurais pu m'aider en prenant parti, en me disant : écris !

Mais tu ne voulais pas le dire, tu ne savais rien de ce que j'écrivais, tu ne connaissais pas le russe, et tu craignais le pire. Tu ne me faisais pas confiance sur ma bonne mine, et je t'en voulais. »

Le travail fourni à Aragon par le Parti communiste ne leur octroyait encore que de faibles revenus, et... il n'allait plus vendre les colliers ! Elsa écrira dans *Ouverture* : « Tu es entré à *L'Humanité* à treize cents francs par mois [...] On t'a confié en tremblant les chiens écrasés. » Elsa songe à se faire embaucher comme secrétaire ; Ilya Ehrenbourg, à qui elle s'ouvrait de cette démarche lui aurait dit : « Vous, une secrétaire ? Mais vous enverriez votre patron vous chercher des épingles à cheveux aux Galeries Lafayette ! Et le pis est qu'il y courrait ! »

En mars 1934, Lili s'inquiètera encore des ennuis d'argent de sa sœur : « Je suis terriblement ennuyée que vous restiez sans argent et je me demande sans cesse comment t'aider à trouver un travail d'appoint. » Pourtant, Elsa abandonne son activité d'artisane. Quelques années plus tard, ses lettres se feront l'écho de nouvelles créations pour la haute couture :

au début de 1938, elle dessine un modèle de sac transparent pour le couturier Lucien Lelong. Elle ne le fabriquera pas, elle se contente d'en vendre l'idée : « C'est désavantageux (mais) je n'ai que du plaisir. » Elle s'essaye aussi à fabriquer des boîtes pour parfums (des boîtes à trucs, dit-elle) et toutes sortes d'accessoires de modes, répétant à Lili : « j'y prends beaucoup de plaisir ».

Quant au livre *Colliers* lui-même, qu'Elsa avait écrit en russe en 1932-1933, des fragments en parurent dans une revue moscovite : *Krasnaïa Nov*. Le texte complet devait composer un volume illustré à paraître à Leningrad. Elsa corrigea les épreuves mises en page… « les clichés étaient prêts. Mais le livre ne parut jamais ». Les épreuves elles-mêmes l'avaient sidérée par les coupes opérées « On l'a tellement tailladé qu'il ressemble à la jupe de mon costume beige », raconte-t-elle à Lili à qui elle avait décrit auparavant un costume, porté au nettoyage, et immettable tellement la jupe avait rétréci.

Aucune explication ne fut donnée à l'auteur. Gorki, qui avait beaucoup aimé l'ouvrage et voulait en faire paraître des extraits dans sa revue, ne put obtenir la publication. « Et, soudain, qu'on n'ait pas voulu sortir ce petit livre, je l'ai reçu comme une gifle. Je ne voyais pas que les raisons de sa non-publication étaient extra-littéraires, qu'on nous faisait grise mine, à toi et à moi, dans ce pays que nous aimions. » Cet échec-là fut sans doute l'une des raisons du passage au français d'Elsa Triolet pour son travail d'écriture.

Bientôt, le couple va quitter l'inconfort de l'atelier rue Campagne-Première et le monde bigarré de Montparnasse. Le 14 mai 1935, Elsa envoie à Lili l'adresse de leur nouvel appartement 18, rue de la Sourdière, Paris, 1er, en pointant sur une carte postale de la rue de Rivoli et du Louvre l'emplacement de l'appartement : « Nous nous habituons à notre nouvel appartement. Je suis ravie surtout de la cuisine et du cabinet de toilette. »

Les deux sœurs et les frivolités

Comme un peu d'air frais dans cette morosité, les lettres des deux sœurs instaurent des échanges de toutes sortes où ce qu'il est convenu d'appeler la « frivolité » tient un grand rôle. Échanges de cadeaux : en août 1935, Lili fait porter à Elsa par des voyageuses « trois serviettes éponges, six petits torchons et un petit flacon d'Aube nouvelle ». En janvier 1936, Lili joint à quelques notes sur les travaux entrepris pour le souvenir de Maïakovski une liste interminable de commandes qui vont de tissus pour la confection de robes du soir au produit déodorant à la mode : l'Odorono. Comme Elsa se sera acquittée soigneusement de la commande, le courrier suivant donnera une description précise des robes confectionnées, en insistant sur les détails de coupe et de couture amincissants… Circulent ainsi des instructions pour des travaux de couture, des colis de tissus, de savon, de chocolat, de cigarettes pour l'asthme, même de chewing-gum…

Quand Aragon commencera à avoir des fonctions officielles plus importantes, et qu'Elsa se rendra avec lui à des réceptions, elle les racontera par le menu à sa sœur, comme ce jour de juin 1937 où elle décrit une fête à laquelle est présent le ministre de la Justice, et où elle arbore pour la première fois une robe longue qui lui a été prêtée ; Aragon arrivera en retard dans un taxi bourré de programmes, et Elsa dira gaiement : « Aragocha est incorrigible, et il sera en retard à ses propres obsèques. Dieu le veuille. » Elle joint à sa lettre un petit dessin de sa robe « nouée en gros filet noir sur un fourreau noir brillant et ce sont les plumes de coq bleu ciel avec du gris », avant de remarquer, mélancolique : « Je n'ai pas grossi, mais j'ai pris de l'embonpoint sur les hanches. Les années ! Quelle saleté… »

Elle s'émerveille, au début de 1938, de l'acquisition d'une bonne TSF, payée à crédit, où elle essaye d'écouter Moscou, et « pour le sentiment », l'Espagne. Elle répétera souvent : « je raffole de la radio » ; elle n'arrive pas à capter Moscou et songe pour cela à installer une antenne extérieure, mais elle ne boude pas son plaisir : « Je ne peux m'habituer à ce qu'une boîte parle toutes les langues, à entendre Madrid et Franco et les Allemands, etc. Je m'endors au son d'éblouissants fox-trot. »

Enfin, événement dont elle ne peut parler qu'avec sa sœur, le 28 décembre 1938 elle lui annonce, tout de même en post-scriptum : « Pour la première fois dans ma quarante-deuxième année d'existence, j'ai changé de coiffure. Et je ne comprends pas pourquoi je ne me suis pas coiffée comme cela toute ma vie ! Je suis, toute la journée, élégante et soignée, pas un cheveu ne dépasse. C'est un filet ; le tour est en élastique. Les cheveux sont dans le filet comme dans un petit sac, ils sont enroulés, la coiffure va jusqu'aux épaules. Quelque chose dans le genre des Petites Filles modèles, si tu t'en souviens. L'oreille est découverte » (et la lettre joint un dessin). La lettre suivante donnera encore d'autres explications sur la coupe de ce filet dans une voilette et sur la manière de le poser.

La plus grande fréquence des lettres, les confidences sur ces petits détails de l'existence comme sur les points plus importants des événements politiques et des aventures littéraires auxquels ils sont tous mêlés, feront écrire à Lili le 7 septembre 1939 : « Ma petite Elsa ! Nous nous écrivons comme des amoureux ! »

Quand la politique s'impose

Mais tout n'est pas aussi gai. Du côté de Lili, la politique stalinienne va tomber comme un fléau. Depuis 1930, le nom de Vitali Primakov (dit encore *Inch'Allah* pour la manie qu'il avait de citer cette formule, ou Vita, selon la bonne habitude des diminutifs russes) apparaît dans la correspondance entre les deux sœurs, et il semble que sa liaison avec Lili ait débuté peu après le suicide de Maïakovski. En 1931, elle le dira

« adorable » et évoquera ses voyages et ses résidences avec lui. Vitali Primakov était l'un des généraux de corps d'armée de l'Armée rouge, devenu gouverneur militaire de la région de Leningrad. Avec lui, Lili pouvait bénéficier de conditions de vie très supérieures à celles qu'elle avait connues jusqu'alors : le couple jouit d'une résidence dans une belle maison entourée d'un jardin à Leningrad, d'un vaste appartement à Moscou... Or, le 14 août 1936, alors qu'Elsa et Louis se trouvent à Moscou, ils apprennent l'arrestation de Primakov. Lili, bouleversée, cherche des appuis, des intercesseurs possibles auprès de Staline. En vain. Le 11 juin 1937, c'est de Paris qu'ils apprendront la condamnation à mort et l'exécution du général. Dans la même charrette, les plus hauts dignitaires de l'armée subissent un sort identique. Accusations d'espionnage au profit de l'Allemagne, du Japon, accusations de complot contre l'Etat pour le compte des oppositions de droite ou trotskiste, la propagande occupée à asseoir le pouvoir stalinien par la terreur n'en était pas à une incohérence près.

Lili elle-même est en danger; « en tant que compagne d'"ennemi du peuple", souligne Lilly Marcou, elle encourt au moins l'exil ». Staline interviendra pour la protéger : il raye le nom de Lili de la liste des personnes à arrêter et inscrit en face de ce nom : « nous ne touchons pas à la femme de Maïakovski[4] ». Le 11 juin 1937 encore, Elsa, tout occupée par la vie culturelle foisonnante des débuts du Front populaire, écrivait à Lili qu'elle avait vu avec Aragon le « film remarquable » de Jean Renoir, *La Grande Illusion*. Le 12 juin sa lettre sera grave et sobre : « J'ai lu hier soir dans le journal la terrible nouvelle. Si tu as besoin de moi, je viendrai. » Après avoir signé pour sa sœur des procurations afin qu'elle puisse retirer les sommes qui sont dues à Aragon et à elle-même pour des œuvres publiées en URSS, elle ajoute simplement : « Je t'embrasse, te serre dans mes bras, je t'aime. » Elle ne reparlera pas de Primakov dans ses lettres, et un courrier du 8 novembre aura même ce mot sybillin pour expliquer l'absence de réponse à tel ou tel message : « peut-être que tu ne reçois rien du tout »...

Du côté d'Elsa Triolet aussi, la politique sera dorénavant beaucoup plus présente. Elsa entrera dans cet univers par le biais de l'écriture, plus précisément du journalisme. Mais elle ne s'autorise pas encore à écrire des articles en français. Et si Aragon, devenu directeur du journal *Ce soir*[a], propose à Elsa d'y participer, elle se contentera d'y organiser la page de mode. Elle avait commencé à tenir le même type de rubrique dans le magazine illustré *Regards,* en 1934.

C'est en russe, et plus particulièrement pour la revue *Znamia*[b], qu'elle envoie des articles sur l'actualité politique à l'ouest de l'Europe. Elle a trouvé l'occasion de suivre Aragon sur ses terrains de reportages, lors de grèves, de manifestations, et elle en tire des articles. Ainsi écrit-elle un long reportage sur l'Espagne qui fera l'objet d'une publication dans la revue *Znamia,* comme le rapporte Lili qui, dans une lettre du 7 avril 1937, juge ce texte « brillant ».

Ce n'est pourtant pas le qualificatif qui vient immédiatement sous la plume, car le texte d'Elsa ne cherche aucun « effet ». Écrit pour relater le voyage d'une délégation de l'Association des écrivains pour la défense de la culture venue manifester sa solidarité aux écrivains espagnols en lutte – délégation dont faisaient partie Aragon et Elsa, et qui accompagnait un camion équipé d'un appareil de projection et d'une imprimerie – l'article d'Elsa Triolet se présente plutôt comme le résultat d'un regard attentif aux menus faits de la vie quotidienne. Comme si elle était déjà rompue au style journalistique, Elsa excelle aux peintures d'atmosphère : les pourparlers à la frontière, le dialogue avec le petit apprenti boulanger

---

a. La manchette du journal porte « Grand quotidien d'information ». Aragon en assumera la direction jusqu'au 26 août 1939, date de l'interdiction du quotidien. *Ce soir* reparaîtra à partir d'août 1944, et Aragon en reprendra la direction le 30 septembre 1944. Le journal suspendra définitivement sa parution le 1er mars 1953, lorsqu'Aragon sera appelé à diriger *Les Lettres françaises.*

b. *Znamia* : revue littéraire et politique dont le titre se traduit par *L'Étendard,* et dont le premier numéro avait paru en 1931.

français, chômeur, qui veut aller gagner sa vie de l'autre côté de la montagne… Au passage, le récit fait place à quelques descriptions superbes : « Ici commence un rêve : des montagnes, des collines, une plaine, la terre rouge, le sable, une végétation rase, des vignes aux feuilles rougies comme la terre (c'est le mois d'octobre), des cactus plats, comme découpés dans du carton, des arbres fruitiers au tronc gris clair, s'enroulant en tire-bouchon, comme une longue robe autour d'une danseuse qui tourne. Le vent. » L'observatrice qu'elle veut être affirme très peu, elle transforme ce qui pourrait être des remarques naïves en interrogations qui portent tout autant sur les sujets observés que sur la partialité du regard de l'observateur ; ainsi de ce passage où les rédacteurs de la revue supprimèrent les expressions de doute qu'avait soigneusement notées Elsa : « [Et en fait, je ne sais ce qu'il faut attribuer à la révolution et ce qui est propre à l'Espagne.][a] Pourquoi les Espagnols et les Espagnoles sont-ils si beaux ? Pourquoi tant de chaleur et de soleil ? Pourquoi les gens sont-ils si accueillants ? Pourquoi le vin est-il si bon et les enfants si adorables ? [Est-ce dû à la révolution ou est-ce simplement l'Espagne ?] » Elsa décrit par le menu Barcelone et ses ramblas, l'accueil du peuple espagnol à leur délégation, et le texte ne donnera qu'en introduction et à la fin dans le lyrisme révolutionnaire : mais ce ne seront plus les mots d'Elsa elle-même, ce sera, au début, l'adresse de l'Association internationale des écrivains pour la défense de la culture, et à la fin, des extraits du discours d'Aragon lors d'un meeting tenu le 25 octobre 1936 au Théâtre espagnol de Madrid.

À quelques jours de partir pour l'Espagne, Elsa avait raconté à Lili la campagne de meetings qui se menait en France contre la montée du fascisme en Europe ; elle insistait sur les efforts militants d'Aragon puis racontait : « Notre moral s'est fortement amélioré après le meeting de dimanche. C'était éblouissant ! Soixante mille personnes, qui s'étaient

a. Les passages indiqués entre crochets ont été supprimés par la revue.

rassemblées essentiellement parce qu'il était dangereux de se rassembler. Nous y sommes allés en taxi avec les Moussinac, les fascistes ont tenté de casser une vitre, mais nous avons eu de la chance et étions tombés sur un bon chauffeur.» Elle ajoute que Lili en a sûrement appris quelque chose dans les journaux, mais «de loin, on ne comprend pas à quel moment un tel attroupement signifie réellement quelque chose et à quel moment c'est simplement un meeting habituel».

Plus tard, l'attachement d'Elsa à la cause espagnole se traduira dans un projet qui aurait pu combler aussi d'autres vœux. Le 29 janvier 1939, elle confie à Lili : «Je suis émue : je m'apprête à adopter un petit enfant espagnol.» Ceci, explique-t-elle, pour éviter à un enfant le camp de concentration. Et elle ajoute : «Je rêve que ce petit enfant va me déranger et être dans mes jupes ! J'aurais voulu une petite fille de cinq-six ans… au demeurant, peu importe l'âge et le sexe.» Est-ce les tracasseries prévisibles de cette adoption qui accélèrent la décision – longtemps retardée par les deux partenaires et par les atermoiements d'André Triolet à accepter le divorce – de légaliser leur union ? En tout cas, Aragon et Elsa se marient le 28 février, à la mairie du 1er arrondissement, avec Pierre Unik et Georges Sadoul pour témoins.

Il faudra pourtant qu'Elsa renonce à son projet : «Je ne peux pas prendre un enfant espagnol tout petit, je n'ai pas de femme de ménage, ni de chambre séparée, ni même de coin particulier pour un enfant.» Elle sait aussi qu'elle est de santé fragile et le dit de manière cocasse : «Je me porte bien par haine de la maladie.» «Un enfant de quatre ans, on peut l'emmener se promener, à la rigueur le faire manger au restaurant, il dormira la nuit, il y aura moins de lessives et il sera plus facile à nourrir. Mais en attendant, le problème est qu'on refuse les enfants aux Parisiens.»

Ce même mois de février 1939, alors que le sort de l'Espagne est scellé, Elsa Triolet se rend avec Aragon au Perthus, à la frontière espagnole, pour accueillir les réfugiés républicains. Elle écrit un autre article qui paraîtra le 9 février dans *Regards*, cette fois-ci en français, pour les Français : « J'ai perdu mon cœur au Boulou. » Entre-temps, fait remarquer Marie-Thérèse Eychart avec justesse, elle a accompli deux pas décisifs : elle est devenue un auteur de langue française avec *Bonsoir, Thérèse*, et les événements du Front populaire, de la guerre d'Espagne, la montée du nazisme et de l'antisémitisme en Allemagne, du fascisme dans plusieurs pays d'Europe l'ont convaincue d'une chose essentielle : tout destin humain est traversé par la politique, il vaut mieux en être conscient pour n'en n'être pas complètement esclave.

Difficiles apprentissages

Dans une lettre du 8 juin 1934, Elsa remerciait Lili de lui avoir envoyé un *Almanach* où plusieurs articles traitaient de Maïakovski, et elle félicitait particulièrement Vitali Primakov pour ses sept récits. Le compliment vaut la peine d'être lu, car il est très probablement significatif de ce que cherchait alors à atteindre Elsa par l'écriture : « C'est magnifiquement écrit, comme écrivent les gens dont ce n'est pas l'occupation principale : ils ont une activité, ils écrivent à son propos. » Elle continue : « Maman demande : pourquoi écris-tu ? Parce que, de temps en temps, il me semble que c'est ma profession, et qu'à la question : "pourquoi écrivez-vous ?" (une telle enquête a eu lieu dans *Commune*) j'aurais répondu : "pour ceux qui ne savent pas ce que je sais par hasard et que j'estime devoir être su de tous". » Puis elle ajoute : « Et j'ai envie d'être publiée, en dehors de cette première raison essentielle, pour être réhabilitée ! mais chaque article, l'un après l'autre, m'enfonce plus profondément dans la honte ! D'où ma persévérance. »

Dans cette période, où nous savons aujourd'hui qu'elle s'essayait en secret à écrire en français, elle multiplie les occasions d'exercice. La lettre à Lili du 27 septembre 1935 en est un exemple; Elsa l'intitule : «Lettre de Paris à Moscou», et elle énumère, dans un style alerte, toute une série de faits divers. Certains sont graves : elle signale avoir vu pour la première fois «une inscription au charbon, sur le fond jaune d'une réclame, "À bas les Juifs".» «Je n'avais pas encore vu une seule fois une telle inscription sur les murs de Paris, riches en graffitis.» Elle rapporte aussi des ragots antisémites : «c'est les juifs venus en foule d'Allemagne, qui cassent les prix…». D'autres sont plus gais : ainsi décrit-elle, avec un certain émerveillement, le Monoprix qui vient de s'ouvrir avenue de l'Opéra, et elle admire que ce soit un grand magasin avec une clientèle populaire… À la fin de cette lettre, elle analyse même les pages qu'elle vient de rédiger : «Si je n'avais pas estimé que les chroniqueurs du 27 septembre devaient "écrire la vérité", et que ce n'est pas bien de mentir à nos descendants, je me serais peut-être laissé tenter, et j'aurais décrit je ne sais quel événement intéressant de la vie. Mais, en réalité, qui les connaît, nos descendants, qui sait ce qui sera intéressant pour eux : le prix de la viande, "le jeu politique de la flotte sur l'échiquier de la Méditerranée", ou le beau style des grands écrivains?»

Pourtant, le lot quotidien de ses problèmes d'écriture, ce sont les difficultés à traduire, et, plus encore, à obtenir de Moscou des éditions honnêtes de ses traductions : elle tient beaucoup à corriger les épreuves des romans d'Aragon en russe – elle avait travaillé à la traduction du *Voyage au bout de la nuit* de Céline puis des *Cloches de Bâle* d'Aragon – mais on oublie de les lui envoyer, et, le plus souvent, on ne tient pas compte des corrections qu'elle effectue. En décembre 1936, Aragon a obtenu le Renaudot pour *Les Beaux Quartiers*. Elsa en attaque la traduction, et une lettre du 13 janvier 1937 note qu'elle s'astreint chaque jour à dix pages de traduction, en ressentant une vive culpabilité quand elle ne les fait pas. La lettre à Lili du 17 mars 1938 souligne rageusement les termes concernant le respect du texte et de l'auteur : « C'est là une question de principe, pour lutter contre une *attitude formelle* envers le travail (une façon de dire : il est important de publier, mais comment, c'est sans importance), contre l'*irrespect* à l'égard du travail de l'écrivain. » Dans une lettre du 29 mars elle répétera : *« il ne faut pas corriger Aragon »*.

UNE RUSSE QUI ÉCRIT EN FRANÇAIS[5]

Des signes apparaissent de ce qui sera une véritable mutation. Au début de 1938, Elsa a envoyé à Lili un texte en russe, sorte de suite pour le roman *Camouflage*, que sa sœur a particulièrement apprécié. Mais Elsa traduit le texte en français; il devient une nouvelle, *Une vie étrangère*, qu'elle placera au début du recueil *Bonsoir, Thérèse*. Après s'être disputée avec Aragon à propos de cette nouvelle, elle l'envoie à Cassou qui la publie dans *Europe*. Elle confiera à Lili : « Sur mon élan, j'ai écrit une nouvelle, directement en français[6] ; Aragocha est terriblement ému, il dit que c'est remarquable, que cela ne ressemble à personne. » Cette nouvelle sera justement reprise dans l'anthologie composée par Aragon[7].

En même temps, et toujours en français, elle écrit, « avec plaisir et enthousiasme » dit-elle, un petit ouvrage de cinquante pages sur Maïakovski, dont sa sœur s'étonnera qu'il ne soit pas en vente en Union soviétique où arrivaient très rapidement, en général, toutes les publications des Éditions sociales internationales. Elsa continue à produire de plus en plus d'articles. En mars 1939, elle note : « Maintenant, je cisaille docilement mes chroniques. Peut-être deviendrai-je journaliste ? Pourvu que ce ne soit pas correspondant de guerre ! »

Elsa Triolet a raconté plusieurs fois, en particulier dans le texte *Ouverture*, la souffrance qu'elle éprouva à passer d'une langue écrite à l'autre. Il faudrait d'ailleurs parler de plusieurs types de souffrance ; et celle de s'arracher à sa langue maternelle pour créer ses propres textes dans une langue d'emprunt ne fut peut-être pas – si nous en croyons Elsa – la plus grande. En tout cas, le texte mûrement pesé de la préface aux *Œuvres romanesques croisées* met au premier plan le malheur de n'avoir pas été reconnue, dans des essais si difficiles, par celui qui partageait sa vie et dont elle mettait le jugement plus haut que tout. C'est l'éditeur Denoël, si nous en croyons la version d'Elsa, qui donna le premier son assentiment aux nouvelles de *Bonsoir, Thérèse*, précédant ainsi l'approbation d'Aragon.

Que l'on juge sur textes : elle a commencé, nous l'avons vu, à écrire *Bonsoir, Thérèse* en russe, en traduisant en français ensuite. « Mais cela ne pouvait pas continuer comme ça... Il me fallait plonger dans le français. J'en souffrais physiquement, comme si on m'avait mis un corset de plâtre. J'étais limitée de toute part, il n'y avait autour de moi que des bornes, je manquais de matériaux verbaux, et ceux que je possédais étaient rigides, et commodes à manier comme du fil de fer barbelé, enchevêtré. » Vient alors l'accusation : « Je n'écrivais pas. Je m'entêtais. Je me persuadais que pour écrire il m'aurait fallu t'entendre dire : écris ! Or, tu ne voulais toujours pas me le dire. Et quand j'ai recommencé à écrire, c'était contre toi, avec rage et désespoir, parce que tu ne me faisais pas confiance. J'allais essayer d'écrire en français, pour que tu me dises : écris ! – ou n'écris pas !... en connaissance de cause. » Quand Robert Denoël, ayant lu quelques pages, décide : « C'est entendu. Je l'envoie à l'imprimerie », lorsque le recueil de nouvelles paraît en 1938, Aragon a approuvé depuis longtemps, mais Elsa, rapportant les faits, note cette remarque : « De toi, je n'avais plus rien à craindre, tu n'avais qu'une idée : m'obliger à continuer. » Est-ce mal interpréter que de penser que, près de trente ans plus tard, Elsa ne semble pas avoir complètement pardonné le manque de confiance – ou d'écoute – initial ?

Elle développera plus précisément le thème du changement de langue dans la *Préface au mal du pays*[8]. Après avoir décrit ce «mal du pays» qui définit «l'étranger», elle en vient au passage à l'autre langue dans l'écriture : «Je n'ai pas encore parlé de la raison majeure, pour quoi l'étranger reste un étranger et pleure sa patrie : la langue. Être bilingue comme je le suis est une anomalie. Comme d'être daltonien ou gaucher, avoir un seul œil au milieu du front, six doigts à une main, être l'une des deux sœurs siamoises. Ne croyez pas que parler indifféremment la langue de deux pays vous donne deux patries, cela vous rend au contraire deux fois étrangère : étrange que vous ayez quitté un pays, étrange que vous soyez allée et restée ailleurs.» Par rapport à d'autres «déracinés», Elsa se dit privilégiée d'avoir appris la langue : «J'ai forcé les frontières de la langue. Je traverse les murailles, je suis un perce-mur et un perce-oreilles; mon horizon englobe le parlant russe et le parlant français sans sous-titres ni doublage.» Mais quand on lui demande comment elle a franchi l'obstacle, elle répond : «En grinçant des dents, en m'arrachant les cheveux.» Elle cite Julien Green, Nabokov, Beckett, Troyat. «Pour ce qui est de moi, j'écris en français mais je suis une Russe; je suis une Russe qui écrit en français.»

Bonsoir, Thérèse

Pourtant, durant les années où Elsa la Russe s'entraîne à écrire en français, elle ne fera pas confidence de ses efforts : ni à Aragon, nous le savons déjà, ni même à sa sœur, si nous en croyons les lettres qui nous sont restées. En revanche, son journal intime porte nombre de témoignages sur le travail qu'elle s'impose. Elle se reproche de ne pas assez écrire tous les jours, de ne pas avoir pris de notes lors d'un petit voyage dans les Alpes et le Midi, et elle ajoute : «Évidemment, cela ne ferait pas un roman… Mais cela ne fera jamais un “roman”, je ne suis pas une romancière. Mes moyens sont petits, petits… […] Le mal profond est dans ce que j’ai perdu mon pays et ma langue et que maintenant je suis là à ne rien connaître organiquement. Sauf moi-même. Alors il s’agit sans fin de moi-même.» On le voit : elle s’en veut, et de manquer de souffle, et d’abuser de l’autobiographie.

Sur le genre de la nouvelle, du texte court, elle avouera à plusieurs reprises qu’elle ne le choisit à ce moment-là que par sentiment d’impuissance : «Je n’aurai jamais le courage d’écrire un roman, c’est de trop longue haleine pour se permettre de le rater – il est plus commode de rater après un mois d’efforts qu’après un an.» Et elle trouvera nécessaire de s’excuser que Denoël ait jugé bon de qualifier son livre de «roman». «Ce n’est pas de mon fait si la première édition de *Bonsoir, Thérèse* a porté sur la couverture le mot *roman.*» Elle se réfugie derrière la définition du dictionnaire de l’Académie : «toute histoire feinte, écrite en prose, où l’auteur cherche à exciter l’intérêt soit par la peinture des mœurs, soit par la singularité des aventures», mais peu importe la raison invoquée, il reste qu’elle est persuadée n’avoir cultivé là qu’un genre mineur – alors qu’elle aurait voulu aller jusqu’au bout d’un «vrai» roman – et qu’elle tient à se faire pardonner.

D’autres notations du journal rendent compte des exercices effectués. Le 1er septembre 1938 : «En écrivant *Thérèse* j’ai encore une fois constaté ceci : ne pas dire “elle était triste”, mais faire parler, agir, de façon qu’on voie qu’elle est triste. Autre chose : ne pas se croire idiote et pour cette raison exprimer des “considérations”. J’ai vu dans Thérèse que les “considérations” intéressent les gens.

Gorki disait qu’il fallait s’astreindre à écrire tous les jours. Et puisque je suis une sale intellectuelle incapable d’effort physique, je vais m’astreindre à cette gymnastique intellectuelle et coûte que coûte écrire tous les jours. Pour ce que j’ai à foutre dans la vie. Écrire comme aujourd’hui, ou dans le genre littérature, mais écrire…»

Le 2 septembre : « J'ai bien essayé ce matin de manquer à mon devoir et de ne pas écrire. Pour ça j'ai lavé, repassé, tourné dans mes deux pièces... Enfin, j'écris quand même. »

Le lendemain, 3 septembre 1938, elle fait des exercices pour un texte sur « Femmes » avec des descriptions de gâteaux :

> Les champs plats des tartes.
>
> La modestie spongieuse et alcoolisée des babas lâchant une sauce dorée.
>
> Le mniam-mniam mœlleux et mouillé du gâteau maison aux framboises.

Le même jour : « Denoël était très emballé sur les premières pages de *Thérèse*, puis il a dû trouver que cela tournait court. Le manque de souffle. Ce qui est sûr, c'est que si je n'écris pas tout le temps sans but défini, je n'écrirai jamais rien ayant un but défini. Car ce "but" sera fait de toutes les petites choses que j'écris tous les jours, qui formeront un "sentiment" général et qui deviendra "but". Et je ne peux rien écrire "de chic". Donc il faut que je continue à *tout* noter. Enfin tout ! si on peut dire... »

Lorsque *Bonsoir, Thérèse* sera près de paraître, Elsa le présentera à sa sœur : « Ce n'est pas un "roman", mais des nouvelles où se rencontrent les mêmes personnages, tantôt en passant, tantôt comme centre du récit. [...] C'est un livre apolitique, mais avec des "sympathies", ce qui chagrine l'éditeur. Mais tous les mots d'une chanson se tiennent. » Sartre et Nizan salueront la sortie de l'ouvrage, et, le 16 décembre 1938, Lili dira, après avoir lu *Bonsoir, Thérèse* sans pouvoir s'en arracher : « J'ai pleuré à chaudes larmes en lisant le *Prologue*. »

Autre succès d'écrit en français, *Maïakovski poète russe, souvenirs*, qui paraît aux Éditions sociales en juin 1939. Quelques jours après sa sortie, Elsa notait : « À Paris, le livre a un succès *stupéfiant* dans les milieux du parti. Volodia est une révélation, quelque chose d'inattendu et de merveilleux. On cite le livre dans toutes les assemblées du parti, comme exemple de ceci, comme exemple de cela… Il est paru à un moment où l'on porte un intérêt particulièrement aigu à la question des intellectuels, et à l'attitude envers eux et le travail de création. La presse n'a pas eu encore le temps de réagir […] Mais c'est encore à voir. De toute façon, l'image de Volodia en est sortie tout à fait convaincante, j'en suis fière et, même comblée d'éloges, je n'en ai pas dormi de toute une nuit, à cause du sentiment que, pour la première fois de ma vie, j'avais fait quelque chose d'utile. »

Le livre sera mis au pilon sur ordre du gouvernement Daladier après l'entrée en guerre : Elsa en reprendra l'écriture sous d'autres formes plus tard.

Ce soir

En décembre 1936, Aragon obtient le Renaudot pour *Les Beaux Quartiers*. Elsa se plaint que depuis « ce maudit prix » son compagnon soit trop occupé : ainsi ce jour où il est allé à Nice avec un orchestre populaire espagnol pour « prendre la parole, causer ». Tout le monde pense à lui, les occasions intéressantes se multiplient : il est nommé codirecteur, avec Jean-Richard Bloch, de *Ce soir*. Elle reconnaît avoir des attitudes de « mère-poule » mais ajoute : « Et quand donc va-t-il écrire des livres ? Et parler avec moi ? Et quand j'imagine ce qu'on dira de lui, et comme on va le couvrir d'injures, je me bouche les oreilles et les yeux. » Pourtant, le 22 janvier 1937, elle semble s'être prise au jeu et elle donne à Lili de multiples précisions sur le journal dont le premier numéro doit sortir le 1er mars : « C'est un journal du soir, *apolitique* […] une entreprise commerciale avec des actionnaires et un conseil d'administration. » Elle annonce la location d'un local près de la rue de la Sourdière, puisqu'il est situé avenue de l'Opéra, les travaux entrepris sur les trois étages, une campagne d'affichage pour le lancement, etc. Elle souligne aussi qu'« Aragon et Bloch sont pleinement responsables, il n'y a aucune pression de la part des actionnaires». Enfin, elle s'attarde sur la commodité, pour la rédaction, des horaires d'un journal du soir, sur sa manière à elle de s'adapter au nouvel emploi du temps d'Aragon… Bref, l'active Elsa s'est conquis de nouveaux repères, et trouve apparemment son compte à cette situation.

Le 6 avril, elle annonce à Lili qu'elle s'occupe de la page «La mode» dans *Ce soir*, une fois par semaine, «gratuitement et avec passion». Ce jour-là, comme emportée par un bel entrain, elle ajoute : «Je me suis acheté des nippes. Ce sont de belles nippes, mais je suis très grosse et elles n'y font pas grand-chose.» Cependant, les plaintes sur le surmenage d'Aragon ne cessent pas : «Aragon a complètement perdu la tête avec son journal. Il ne dort pas, ne mange pas et plus ça va, pire c'est. Lorsque cela prend de telles proportions, je commence à trouver cela désagréable, je ne supporte pas les fous.» Cette entrée à deux dans *Ce soir* s'accompagnera de la participation du couple à de nombreuses mondanités, dont Elsa tient une chronique fidèle dans les lettres à sa sœur : le 24 mai 1937, ce sera l'ouverture de l'Exposition universelle de Paris et l'inauguration du Pavillon soviétique; grâce à la position directoriale d'Aragon qui reçoit des billets gratuits, ils assistent à presque toutes les «premières». Le 25 novembre, ils participent à une grande fête des Catherinettes. Le 21 décembre, Elsa trouvera des mots pétillants pour raconter une réception en l'honneur de *Ce soir* et surtout d'Aragon : «Aragocha est très respecté et très aimé.» Même si elle déplore qu'il n'écrive plus : «Il n'a pas le temps, et j'ai peur que ce "pas le temps" soit pour toujours.» Elle note la croissance du journal et l'«atmosphère d'unanimité sans précédent pour Paris, une cohésion extraordinaire». Le 2 juin 1938, elle racontera «une soirée grandiose au profit des enfants espagnols», avec les acteurs – et le singe Toto! – qui envahissent la rédaction de *Ce soir*.

Elle signalera aussi, avec une certaine fierté, que les concurrents du journal, *Paris-Soir*, donnent sa page de mode en exemple, et elle expliquera à Lili en quoi consiste son travail : « Ce n'est pas moi qui écris les articles ; je fais faire les articles, les dessins, je choisis les photographies et fais la maquette de la page. Je veille à l'imprimerie, à la composition et à la mise en page (il me semble que c'est ainsi que ça s'appelle). » Plus tard, elle signalera que ses « petits » articles à elle paraissent le jeudi (journal daté du vendredi) « à la seconde page, dans le coin, en haut à gauche. D'ailleurs ils sont imprimés en caractères suffisamment gras ! ». Quant à Aragon, ses articles à lui, si l'on en croit Elsa, ont un « exceptionnel succès, il reçoit des centaines de lettres ». Elle ajoute : « Le nom et la popularité d'Aragon grandissent chaque jour, on crie dans les manifestations "Vive Aragon", et cela ne fait nullement mon affaire. Il n'a définitivement pas le temps d'écrire, son roman reste en plan et se couvre de poussière. Mais les événements, qui ne tiennent pas compte des préférences personnelles, dirigent déjà notre vie. Alors que moi, je serais bien partie dans n'importe quel coin perdu, ou mieux encore, je me serais bien créé mon coin perdu à Paris… » Petit à petit, Elsa reconnaît donc que la politique est entrée dans sa vie, même si elle l'accueillait avec prudence : les contrecoups des événements de l'Est, l'époque mouvementée du Front populaire, la guerre d'Espagne, le nazisme, tout cela vécu par la compagne d'un homme engagé, dans le contexte de vies de journalistes qui plus est… on voit mal comment les choses auraient pu tourner autrement !

Pourtant, un épisode douloureux est venu interrompre, au printemps 1937, l'activité d'Elsa : une péritonite. Soignée à l'hôpital, elle restera alitée deux mois, Aragon s'occupant d'elle « de façon touchante ». Le 14 juillet, elle annonce qu'elle est rentrée chez elle, heureuse d'avoir échappé au milieu hospitalier. Aragon prépare alors le deuxième Congrès des écrivains pour la défense de la culture. Elle est évidemment trop fatiguée pour y participer, mais elle confie à Lili son enthousiasme : « Maintenant, il faut qu'à Paris le Congrès fasse du bruit et ait du succès, car la presse l'a complètement passé sous silence. »

Ces ennuis de santé expliquent peut-être les plaintes (toujours exprimées dans les lettres à sa sœur) qui reprennent de plus belle à l'égard de l'excès de militantisme d'Aragon : « Il est extrêmement fatigué, et nous nous disputons de façon inimaginable : est-il admissible d'en arriver là, il est répugnant de se transformer en martyr, il ferait bien d'abandonner ces simagrées chrétiennes. Et il n'y a personne à qui se plaindre de lui, Vaillant n'est plus, il n'y a personne pour lui donner la fessée et l'envoyer à la campagne. Et il n'écrit définitivement plus ! S'il n'avait pas peur de moi, il ne se reposerait pas du tout. » (3 janvier 1938). Quelques jours plus tard, sa morosité se fera plus ostensible encore : « Pas d'hommes. Après ma maladie, j'ai fortement vieilli et suis devenue triste. Je n'ai pas besoin d'hommes et ils n'ont pas besoin de moi. »

Veille de guerre

Premier signe des difficultés à voyager en Europe, en juillet 1938 un voyage prévu à Prague est abandonné : « Les Allemands ne nous ont pas accordé les visas de transit, et il n'y avait pas de places dans les avions. »

D'ailleurs, Aragon traverse à son tour une passe difficile : « Il est tantôt levé, tantôt couché, il a maigri, vieilli, jauni », écrit Elsa inquiète et sans pitié. Pourtant, ils ont décidé de se rendre, du 2 au 4 juin 1939, au congrès des écrivains en Amérique. Elsa énumère tous les obstacles possibles : problèmes d'argent, d'organisation, de santé, et ajoute : « En ce moment, tout est écrit sur du sable et il est presque risible de bâtir des projets. »

Le 23 mai, ils embarquent pour New York, en se promettant d'être de retour à Paris le 9 juillet. À leur retour, le 14 juillet, Elsa écrira à Lili : « C'était merveilleusement intéressant, mais on ne peut parler dans une lettre d'une ville si grande, elle n'y logerait pas. »

Plus tard, Elsa écrira : « Nous revenions de New York où il y avait eu un congrès d'écrivains. Prenant congé de nos amis de là-bas, on se disait : "au revoir, à bientôt… s'il n'y a pas la guerre !" On le disait, mais on ne croyait pas plus à cette inévitable guerre qu'on ne croit à sa propre mort, certaine et inimaginable […] ce 1er septembre 1939, le ciel nous tomba sur la tête[9]. »

CHAPITRE 6

GUERRE ET RÉSISTANCE

« S'il n'y avait pas eu l'écriture, je crois bien que je me serais donné la mort, tellement, par moments, c'était dur et pénible. Je me suis prise de passion pour cette activité, elle me remplace les amis, la jeunesse et bien d'autres choses encore qui me manquent dans la vie. »

ELSA TRIOLET, *Lettre à Lili, 1er février 1945.*

Le 1er février 1945, une longue lettre d'Elsa, envoyée à Lili depuis le 18 rue de la Sourdière, va en finir avec le silence qui s'était installé entre les deux sœurs pendant les années de guerre. De ce silence, une lettre de Lili, datée du 21 novembre 1944, fait foi. Elle commence sur le mode tendre et inquiet qui allait devenir le ton habituel de l'aînée à la cadette : « Mes soleillots aimés Elsa et Aragocha, quand nous reverrons-nous ? Quand au moins recevrons-nous une lettre de vous ? » Cette missive résume l'inquiétude des cinq années écoulées : « Je m'inquiétais indiciblement pour vous. Je ne savais pas où vous étiez, si vous étiez en vie. » Mais Elsa et Louis sont devenus célèbres, et c'est la radio qui a donné de leurs nouvelles à la famille moscovite : «Depuis que la radio française a annoncé que vous étiez tous les deux des héros, je vois de nouveau le soleil à ma fenêtre.» Pourtant, Lili redoute ces temps difficiles, les questions se pressent sous sa plume : «Où habitez-vous? Êtes-vous en bonne santé, nourris, vêtus? Avez-vous chaud, êtes-vous bien éclairés?» Et l'aînée de se demander : «Chaque jour je vous attends : et si tout d'un coup vous arriviez!» en ajoutant comme un reproche : «C'est que je ne sais rien de vous...»

Elsa répondra à sa sœur par une sorte de rapport sur les années de guerre où elle s'efforce de dire l'essentiel. Le contenu de cette lettre nous guidera comme un canevas pour suivre Elsa et Aragon de 1939 à 1945.

LE «CALVAIRE» DE 1939

«Notre calvaire a commencé en 39. Le 2 septembre, Aragon a été mobilisé, le 3 octobre, il y a eu chez moi une grandiose perquisition. Nous étions suivis par des flics. Quand Aragon en a eu assez, il a demandé à quitter son bataillon, en quelque sorte disciplinaire, pour le front.»

Il nous faut expliquer ici, au moins pour les générations récentes, les raisons qui rendent compte de certaines étrangetés dans le témoignage d'Elsa. Qu'Aragon soit mobilisé, rien que de banal. Mais pourquoi la surveillance policière, la perquisition rue de la Sourdière, le fait qu'Aragon soit versé dans un bataillon de type disciplinaire? Le conflit débute le 3 septembre 1939 par la déclaration de guerre de la France, de la Grande-Bretagne, de l'Australie et de la Nouvelle-Zélande à l'Allemagne. Cette déclaration de guerre fait suite à un événement considéré comme insupportable par les nations qui avaient pourtant accepté, à travers les accords de Munich l'année précédente, l'annexion par Hitler de l'Autriche et d'une partie de la Tchécoslovaquie. Ce nouvel événement, cette fois estimé intolérable, est l'invasion de la Pologne par l'Allemagne. Mais Hitler s'est donné le moyen d'opérer cette annexion en signant avec Staline, le 23 août 1939, le «pacte germano-soviétique» qui lui assurait la neutralité amicale de l'URSS. Les communistes français réagiront presque tous à ce pacte par l'approbation.

Pour comprendre ce qui nous paraît aujourd'hui être des errements coupables, il nous faut évoquer ce que furent les hésitations dans la conduite à tenir à l'égard du régime hitlérien, non seulement de la part des États (les États-Unis n'entreront dans la guerre, après avoir déclaré leur neutralité le 5 septembre 1939, que le 8 décembre 1941, après l'agression japonaise contre leur flotte à Pearl Harbor) mais aussi de personnalités peu suspectes de faiblesses pour le nazisme, et simplement animées de sentiments pacifistes (que l'on songe à la philosophe Simone Weil...).

Pour les communistes français, l'allégeance au Parti communiste soviétique fit le reste. Mis à part quelques intellectuels comme Paul Nizan, les militants français, déchirés, ne protestèrent pas. Aragon dira les bienfaits de ce pacte dans plusieurs numéros de *Ce soir*. Elsa reconnaîtra l'avoir approuvé aussi.

Le 25 août, *Ce soir* est interdit comme l'est toute la presse communiste. Agressé dans la rue par des hommes des ligues fascistes, Aragon se réfugie avec Elsa chez leur ami Pablo Neruda à l'ambassade du Chili. Il y restera quelque temps, travaillant nuit et jour à terminer *Les Voyageurs de l'impériale*.

Vient alors, pour Aragon comme pour tant d'autres, cette phase de la guerre où les batailles et les actes de véritable héroïsme alternaient avec les ordres de retraite : «Il s'est retrouvé dans une division de blindés qui ne reculait que sur ordre, fin mai ils ont dû fuir par la mer, si tu te souviens de la retraite de Belgique, par Dunkerque en Angleterre, de là ils sont allés à Brest et à travers toute la France sans cesser de se battre jusqu'à l'armistice. Pendant ce temps, j'étais surveillée en permanence et on m'aurait sans doute arrêtée, si n'était intervenue la fuite générale de Paris. » Aragon avait fait des études de médecine ; c'est donc en tant que médecin auxiliaire qu'il est affecté dans son corps, le 220e régiment régional de tirailleurs à Coulommiers. Il y reste en formation pendant un mois, puis est envoyé à Crouy-sur-Ourcq. Le 28 septembre, il demandera et obtiendra une nouvelle affectation.

Nous n'avons de ces mois troublés que quelques mots très brefs sur des papiers bleus de télégramme. Nous savons par exemple – Aragon ayant pu obtenir une permission de vingt-quatre heures – que la soirée du réveillon du 31 décembre 1939 se passera chez Jean-Richard Bloch.

Durant ces premiers mois de guerre, Elsa se trouve sous étroite surveillance et les ressources de journaliste d'Aragon sont absentes. Jean Paulhan proposera à l'auteur de *Bonsoir, Thérèse* de collaborer à la rubrique « L'air du mois » de la *NRF*. Outre l'amitié reconnaissante qui se nouera alors entre Aragon, Elsa et Paulhan, cette coopération donnera lieu à quelques articles, ponctuant les années 1939-1940, qui disent mieux que de longs discours, l'état d'esprit d'Elsa dans le Paris de l'Occupation.

En janvier 1940, elle raconte ainsi le départ d'Aragon pour rejoindre son unité. Elsa l'accompagne « dans une gare inconnue, car le mystère de Paris est si grand qu'on peut y cacher même une gare », et tout son texte dira l'irréalité de cette situation : « Des cascades de limonade et de vin blanc coulaient sur le zinc du bistro voisin, et les hommes étaient bons les uns pour les autres, comme si c'étaient des animaux. » Elle rentre chez elle dans un « taxi collectif », avec d'autres femmes qui viennent aussi d'accompagner qui un mari, qui un fils... La solitude l'a déjà gagnée : « Les téléphones sonnaient dans le vide des appartements : il n'y avait personne à l'autre bout du fil. » Viennent les alertes sur Paris : « La sirène de la première alerte m'avait presque soulagée : j'avais l'impression qu'elle hurlait à ma place. Les nuits valaient leur pesant d'horreur. »

En février 1940, elle décrit les nuits sinistres de Paris en guerre : « Les nuits de Paris ne sont pas blanches. Les rues de Paris sont noires, une panne d'électricité qui dure, dure et dure… […] Au Quartier latin, le boulevard grouille d'ombres qui ont l'air de se courir après. Est-ce une vie que de grelotter sur le boulevard Saint-Michel, avec ce carrousel de gens, qui tourne dans le noir… Pour aller où, pour faire quoi… Pourtant il y a des gens qui travaillent. On fait du pain, on soigne des malades, la police veille, si j'ose dire, les journaux paraissent, on vide les poubelles… Les autres, ceux qui ne sont pas dans ce mouvement du corps de ballet, reprennent de l'aplomb, se raccrochent à une autre branche. Il n'y a pas d'autre branche pour moi.

Je rentre par le dernier métro. Les rues sont vides. Il flotte des ombres casquées. Une voiture est tapie dans le noir. Elle semble préparée pour un “kidnapping”. J'imagine la portière qui s'ouvre, je me sens poussée dans le fond noir de la voiture… mais rien ne bouge, sauf les gouttes de pluie, qui tombent, tombent… Je vais essayer de passer entre… »

En mars, la neige tombée à Paris donne à Elsa l'envie de pleurer, tellement elle songe aux cadavres que son manteau recouvre… Paris est plein de « permissionnaires », dans les cafés s'installent des messieurs « qui ont l'air de sortir de vieux films, en noir et blanc, avec des cols cassés et des moustaches noires », tout ferme à 11 heures – « Que se passe-t-il à Paris, après les 11 heures réglementaires ? » – La chroniqueuse improvisée raconte qu'elle écoute de longues heures durant la radio qui diffuse des chansons tristes, « des kilomètres de chagrin »…

En avril 1940, le papier d'Elsa Triolet à la *NRF* ne paraîtra pas, la *NRF* pratiquant l'autocensure : « c'était un air à ne pas jouer par le temps qui courait »… L'article était écrit « à la gloire du “petit brun” face aux douteux grands blonds ». L'auteur s'interrogeait ouvertement sur les fondements du racisme nazi, et se retrouvait, aussi sottement disait-elle, emportée par le préjugé contraire : « Finalement, je considérais ce pauvre homme avec une véritable haine. J'étais complètement hypnotisée par la suspicion que j'avais décidé de porter aux blonds. Quelle incroyable sottise !

Justement. »

En mai 1940, la chronique d'Elsa porte sur le Paris des soldats en permission : « l'air est à nouveau tendre, il a des manières de printemps », Paris qui tente de vivre : un spectacle à Bobino, « Édith Piaf aux petites mains blêmes, à la voix sonnante comme des cuivres », le Théâtre Michel où l'on joue à guichets fermés *Les Monstres sacrés* de Cocteau, une présentation de mode où cancanent des femmes riches... « Mais les permissions ont une fin » et, ensuite, « il y a les nuits ».

Juin 1940 : retrouvailles et errance

La vie en demi-teintes croquée par Elsa dura le temps de la guerre incertaine. « Nous nous sommes retrouvés tous les deux incroyablement vite, à la fin du mois de juin 1940, par miracle. » Ainsi Elsa résume-t-elle pour sa sœur la période confuse qui s'étend de la déclaration de guerre à la démobilisation qui suit l'armistice, indiquant seulement à Lili leurs moyens d'existence après les retrouvailles : « Bien entendu, nous ne sommes pas revenus à Paris. Nous sommes restés en zone libre. Nous n'avions pas d'argent, on ne nous donnait nulle part de travail. »

Pour leurs retrouvailles, lisons *Préface à la contrebande* où Elsa les relate, même si c'est l'écrivain qui parle, qui met en scène, qui trouve le ton de la « nouvelle » pour dire ce que furent ces événements confus. Elsa s'attarde un peu plus sur son propre départ de Paris : en juin, alors qu'elle supposait Aragon à Dunkerque, elle reçoit la visite de la police militaire qui lui demande les papiers de l'absent : « Nous étions au moment de la fuite éperdue, de la défaite, de l'exode, les adresses permanentes elles-mêmes s'évanouissaient d'un coup… “L’adresse militaire ? Au fond de l’eau, Monsieur, au fond de l’eau !” Il se mit à me consoler. » La poste lui transmet cependant un mot d’Aragon qui lui conseille de quitter Paris. Elle part en direction de Bordeaux, dans une voiture du corps diplomatique chilien, et le couple arrive à communiquer par télégramme, se donnant rendez-vous à Ribérac, en Dordogne. « Dans une voiture de l’ambassade du Chili, une Pontiac qui faisait du cent soixante à l’heure, j’ai traversé le pays silencieux, immobile et vide. Pas une âme qui vive, ni homme, ni bête. » Elsa dit ne rencontrer que des voitures allemandes. À Ribérac, elle cherche le régiment d’Aragon, en guettant sur les uniformes ce qu’elle sait être le signe de reconnaissance de cette troupe… le soleil d’Austerlitz ! Sans rien connaître aux insignes qui distinguent les grades militaires, elle s’adresse au général Langlois : – « Qui cherchez-vous, Madame ? » – « Mon mari, Aragon » – « Il s’est très bien conduit, Madame ». Elsa précisera plus tard [1] : « Aragon avait en effet gagné dans cette campagne la médaille militaire et la croix de guerre. »

Aragon retrouvé à Javerlhac, les voilà réunis à nouveau pour les mauvais jours. Ils resteront un mois dans le village, et Aragon sera démobilisé le 31 juillet. Renaud de Jouvenel [2] (qui régularise la situation d’Aragon en le déclarant comme ouvrier agricole) les accueillera dans une ferme de ses propriétés à Varetz, près de Castelnovel, où il réside lui-même. Ils ne resteront là, ajoute Elsa Triolet, qu’une quinzaine de jours, le temps de faire confectionner pour Aragon un costume civil…

Sur la route qui leur fait traverser le Sud-Ouest au pied des Pyrénées, Elsa trouve le moyen d’envoyer une lettre à Lili. Le cachet de la poste indique : Toulouse, 4 octobre 1940, gare. Au dos de l’enveloppe, une étiquette de la censure allemande, portant, sous le timbre du commandement suprême de l’armée : « contrôlé ». Le cachet postal d’arrivée à Moscou est du 22 octobre. Le 2, Elsa écrivait donc, se voulant rassurante avant tout : « Mes chers amis, nous sommes sains et saufs. Mon mari est rentré sans une égratignure, et pourtant il a fait la campagne des Flandres, Dunkerque inclus, et aussi la campagne de France. » Elle indiquait l'errance : « Dans l'impossibilité de rentrer chez nous, nous cherchons du travail un peu partout et sommes actuellement sans adresse fixe. » Puis venait un mot sur l'état d'esprit : « La vie n'a pas toujours été facile, surtout quand j'ai été seule et inquiète. Heureusement qu'il y a des amis pour vous soutenir. »

Les mois qui suivent les mènent, à la fin de 1940, à Carcassonne où ils espèrent trouver Gaston Gallimard et obtenir de lui quelques subsides. De ce côté-là, rien ne se règlera, et Elsa parlera du « sombre malheur » éprouvé, « une mélancolie comme l'immobile eau noire du canal, noire comme les cyprès de cette ville. La citadelle croulante et factice… [3] » Dans *Mille Regrets*, Elsa aura des mots encore plus cruels sur la cité restaurée par Viollet-le-Duc : « une maquette de théâtre : la cuirasse des chevaliers qui en sortiront sera en carton » ; ses murs crénelés évoquaient, avait-elle écrit, « un râtelier […] J'aime mieux de vieilles dents naturelles ». Seule rencontre qui vaille, « notre seul havre, la chambre obscure de Joë Bousquet, son corps paralysé, décharné, étendu là depuis la guerre de 1914, Joë Bousquet, seule lumière, seule âme de cette ville aux portes closes, inhumaines ».

On sait que le poète Joë Bousquet – qui avait, à un an près, l'âge d'Elsa – était cloué dans sa chambre depuis 1918 par une blessure de guerre. De son lit, il reçut, durant ces mois où le nord de la France fuyait vers le sud, où les intellectuels se regroupaient dans le Languedoc et en Provence, tout ce que le pays comptait d'important en matière de poésie, de philosophie, de littérature et de pensée. Simone Weil vint un moment poser ici sa pèlerine noire… Elsa et Joë Bousquet allaient se lier d'une amitié qui durerait jusqu'à la mort de l'écrivain, en 1950. Un jour, le poète écrira à Elsa ce compliment superbe : « En vous-même j'ai vu le seul être qui sut entrer tout entier dans sa voix, la seule femme qui sut être jolie à la manière d'un enfant – certainement – et je vous supplie de ne pas rire, la seule femme de qui j'ai pu avouer à ma mère, qui me connaît bien : “Elle est la seule femme que dans ma vie de malade ingrat et méchant, j'aurais pu voir dans les soucis du ménage, et triant par exemple le faux café pour y trouver des grains”. »

À Carcassonne, le couple devait aussi retrouver Jean et Germaine Paulhan. Entre eux, les souvenirs étaient déjà nombreux[4]. Dans l'immédiat après-guerre, en 1919, avait eu lieu à l'Hôtel des grands hommes, près du Panthéon, une lecture par Aragon de ses premiers chapitres d'*Anicet*. Cette lecture réunissait, outre Aragon et Paulhan, André Gide, Paul Éluard et André Breton. Car « c'est Aragon qui présenta Jean Paulhan à André Gide. C'est Jean Paulhan qui avait fait se rencontrer Éluard et Breton, avant que Breton ne présentât Aragon à Éluard ». Jean Paulhan, alors secrétaire de Jacques Rivière à *La Nouvelle Revue française,* avait fait publier les deux premiers chapitres d'*Anicet* dans la revue. L'éditeur devait pourtant connaître avec l'écrivain de rudes passes, au moment où Aragon entrait en conflit avec la *NRF*. Une lettre d'Aragon à Paulhan, en 1927, se termine par ces mots : « Vous êtes trop con à la fin, je ne peux pas me contenter de vous le laisser dire. Je vous emmerde définitivement. » En 1931, Aragon terminait une autre missive par un provocateur : « salutations communistes ». La réconciliation aura lieu en 1939 par l'intermédiaire d'Elsa, Jean Paulhan ayant demandé et obtenu pour la *NRF* la publication de fragments de son *Maïakovski, poète russe*. À Carcassonne, Aragon lit au couple Paulhan *Les Lilas et les Roses*.

Et, amitié décisive, Elsa et Aragon se lient avec Pierre et Anna Seghers : « À partir de cette rencontre et durant toute la Résistance, il s'ingénia à notre liaison avec le monde, il a été notre “porteur” et notre soutien. » Dans la cité restaurée par Viollet-le-Duc, on ne propose à Aragon qu'un poste dans l'administration de l'hôpital, « huit heures par jour de travail pour huit cents francs par mois ». Ils sont à cours de ressources. Leur logeuse ira jusqu'à imaginer de leur confier un commerce d'épicerie en gérance ! Des amis américains leur proposeront aussi d'émigrer, mais tous deux refusent. Heureusement, les Seghers vont les inviter et les aider. Elsa écrit des articles pour la revue de Pierre Seghers, *Poésie 40.*

Pendant ces mois d'errance, Elsa accumule des notes, des impressions. La nouvelle de *Mille Regrets*, qui s'intitule « La belle épicière », est signée « Paris-Carcassonne, 1940 ». Et son auteur prendra soin de préciser – en rééditant la nouvelle en 1964 dans les *Œuvres romanesques croisées* – qu'elle en reprit alors l'écriture commencée à Paris « pour occuper mes mains vides, mon temps mort ». La nouvelle du même recueil, *Henri Castellat*, ne sera rédigée qu'à l'étape suivante des pérégrinations, à Nice ; mais le héros (si l'on peut dire, puisque Henri Castellat est le prototype du lâche) naît à N..., qui – explique Elsa – « ressemblait étrangement à Carcassonne dont les eaux froides venaient de me glacer le cœur ».

C'est à la fin de l'année qu'arrive la bonne nouvelle des Etats-Unis qu'évoquera la lettre à Lili : ils reçoivent de là-bas, chaque mois, la somme de cinq mille francs, « régulièrement transmis par les banques, note Elsa, c'était la possibilité de vivoter[5] ». Elsa et Aragon décident alors de partir pour Nice, en passant par Avignon, et de s'arrêter chez les Seghers, aux Angles. « Avignon entra dans ma vie. C'est là que j'ai dû vivre dans quelque passé inimaginable. Tant je l'aimais, cette ville en forme de cœur, que tu t'étais mis à l'appeler *la ville d'Elsa.* J'ai vu les Angles, sous la haute neige de l'hiver 1940, Villeneuve-lès-Avignon, la garrigue... Des personnages de mes nouvelles et romans allaient choisir ces lieux.[6] » Aujourd'hui, au Moulin de Saint-Arnoult qui fut la dernière demeure d'Elsa, on peut voir, dans le bureau bleu de l'écrivain, parmi des photos de jeunesse – l'amie Nadia, Maïakovski, Tahiti, un bois gravé d'art populaire de Russie – un plan ancien d'Avignon accompagné d'un poème autographe d'Aragon : « C'est ici la ville d'Elsa[7]. » Mais plus encore que cette trace intime, Elsa a si bien parlé d'Avignon dans toute son œuvre ! Dans la nouvelle *Les Amants d'Avignon* parue séparément chez Seghers en 1945, et publiée dans le recueil *Le premier accroc coûte deux cents francs* chez Denoël la même année, l'écrivain se souvient que Pétrarque y rencontra Laure : «*L'aria, l'aqua, la terra è d'amor piena.*» Ville «mystique et galante», ville «aux grands murs s'étirant vers le ciel» comme «une immense harpe, le haut touchant le ciel, le bas posé sur un piédestal de pierre grise, claire. Le terrible vent d'Avignon parcourt ces murs»... Elle aimera toujours «la toile d'araignée des rues [...] ces rues étroites, tordues comme des bras, entre les murs où la France, l'Italie, l'Espagne se mélangeaient et se sauvegardaient, la pierre portant sa gloire et sa chute dans la menace gothique, la folie luxueuse du baroque». La dernière image aperçue dans la ville est celle d'une superbe gitane porteuse d'eau qu'enlace un homme, un juif, en cape et grand chapeau noirs : les deux images des réprouvés de la guerre, ceux dont Hitler avait organisé l'extermination, les non-aryens qui devaient disparaître de la surface de la terre et que l'antique cité méditerranéenne accueillait à l'abri des fortifications de sa culture. Avignon est tout cela pour Elsa. L'histoire autant que la lumière. Et quand, beaucoup plus tard, elle cherchera à acquérir une petite maison à Avignon ou à Villeneuve-lès-Avignon, de l'autre côté du Rhône, ce ne sera pas par tocade de Parisien à la recherche du soleil, mais pour un attachement profond à ce qui était pour elle un double symbole : et de la culture résistante à l'envahisseur, et de sa propre résistance.

La retraite niçoise

D'Avignon, le couple se dirige vers Nice ; Nice, la dernière ville importante en partant vers le sud, une ville pour la «retraite». Ils arrivent là-bas tout juste pour le réveillon du

31 décembre 1940. La lettre à Lili de 1945 – dont il faut bien dire qu'elle présente à la sœur aînée la guerre ou la résistance du couple, comme on voudra, et non le reste de la vie – ne parle pratiquement pas du séjour à Nice, sauf pour indiquer : « Nous avons repris contact avec l'organisation en juin 1941. On nous a envoyé de Paris un “agent de liaison” qui devait nous faire passer la ligne de démarcation. » Plus tard, Elsa évoquera des contacts, en particulier avec le beau-frère de Danielle Casanova, Jean-Pierre Pagès, mais pour préciser aussitôt qu'il ne s'agissait que des tout débuts et « du travail artisanal de la Résistance[8] ».

Les six mois passés à Nice en ce début de 1941 sont donc comme une parenthèse dans ce qui deviendra la vie publique d'Elsa, un sas avant l'entrée dans la Résistance. Mais, pour l'écrivain Elsa Triolet, parenthèse combien féconde. À Nice, Elsa va achever l'écriture de *Mille Regrets* et entamer à grandes enjambées celle d'un long roman : « toute ma vie vécue jusque-là allait passer dans l'écriture, dans un roman : *Le Cheval blanc*[9] ».

« Nous vivions entre mer et fleurs », se souvient Elsa, dans *Préface à une vie de Michel Vigaud*, avant de décrire précisément l'appartement qu'elle occupe avec Aragon : deux pièces, « deux cellules voûtées, blanches » quai des États-Unis, à Nice : « Ces petites maisons à étages [...] qui forment, face à la mer, comme un seul rempart discontinu et qui ont dans le dos une rue : la Cité du Parc. » Elsa, dans un grand effort de mémoire, cherche à retrouver comme des « instantanés » du Nice de cette époque et du cadre de son écriture : « J'écrivais tantôt dans mon lit, côté mer, tantôt côté rue, à la table de la salle à manger avec son petit poêle à sciure et un buffet de chêne, sculpté de haut en bas, brillant noir, qui nous servait de bibliothèque ; les murs étaient couverts d'épreuves de photographies tirées en bleu, représentant un Paris d'avant la guerre de 1870. »

Nice enveloppe cette cellule d'écriture que le couple Aragon-Elsa s'est bâtie : « Nous nous enfoncions dans la pelote du Vieux Nice [...] une vie italienne ininterrompue comme la musique [...] des cimetières, attirant comme le mystère des tombes [...] on rencontrait beaucoup de nomades de notre sorte», et ces «gens bizarres, les sédentaires qui habitaient la Côte sans avoir été chassés d'ailleurs».

Parmi ces derniers, le docteur Lévy, d'Antibes, un des fondateurs du mouvement Libération qui retournera sur la Côte après l'avoir fuie au moment de l'entrée des Italiens, s'y fera prendre et périra dans un camp. Ils rencontrent aussi des semi-sédentaires, propriétaires d'une maison de vacances, qui s'y étaient installés au début de la guerre : l'écrivain René Laporte, et sa femme Renée, Pierre Abraham et Gabrielle Gras qui tenait une librairie «vivante comme un journal clandestin, les passants y amenant des nouvelles de Paris et d'ailleurs».

Aragon et Elsa rendaient souvent visite à Matisse, sur les hauteurs de Cimiez, «dans la splendeur de son appartement découpé dans un ancien palace [...] Ses tableaux vivaient dans l'encadrement des fenêtres, ils descendaient des murs, grandeur nature : Lydia, fauteuils-coquilles, moucharabieh... Matisse peignait des jacinthes pour illustrer un livre d'Aragon où il parlait d'Elsa : "J'aime tant, j'aime terriblement les jacinthes".»

Ces refuges de vie mis à part, pour ces Parisiens transplantés, le Nice de l'époque transpire l'ennui : «Ces longs après-midi, ces soirées à passer.» Il écoutent Michel Eymer et son orchestre «dans un café bondé, nageant dans la fumée». «La Grèce antivichyssoise de Maurice Druon (Mégarée), tout jeune auteur dramatique, avait la saveur de la complicité.» «Georges Ulmer commençait sa carrière dans une boîte de nuit [...] il traînait partout cet air :

La fille de joie est triste

Je te lisais tous les jours un chapitre du *Cheval blanc*. Ça te rendait heureux. Tu as commencé *Aurélien*.»

LE RÉSEAU D'ARAGON

Mais les amis de l'autre vie ne sont pas loin; Elsa évoque le «va-et-vient d'amis, d'étrangers, de messagers. Venant de Paris apparaissaient Paulhan, Max-Pol Fouchet d'Alger, Pierre Seghers d'Avignon... De Suisse arrivèrent les premières images des camps allemands...» Et, s'adressant à Aragon avec le «tu» familier dans toutes ces préfaces autobiographiques : «Quelqu'un apporta de la part de Jacques Duclos les documents dont tu as fait *Le Témoin des martyrs*...»

Dès le mois de février 1941, en effet, Aragon a renoué avec le PCF clandestin. Elsa décrit le climat d'attente à l'égard d'éventuelles actions à venir. Le couple convient, avec un ami rencontré, d'un signe de reconnaissance : comme dans un roman policier, les partenaires achètent deux cartes postales semblables; il faut que l'une des deux soit présentée à celui qui possède l'autre pour que l'on soit sûr de reconnaître un ami. «Mais, pratiquement, cela se décida d'autre façon.» Le contact fut pris par Georges Dudach, et Elsa raconte : «Un jour, au début de 1941, on a frappé chez nous. J'étais seule, j'ai entrebaîllé la porte... un grand garçon que je ne connaissais pas me dit timidement : "Je viens de la part des camarades... De Paris..." En ces temps-là, on était méfiant, et il n'était porteur d'aucune carte, pourtant je n'ai pas douté un instant : il avait la tête d'un camarade». C'est le même Georges Dudach qui reviendra en juin les chercher pour les emmener à Paris, en les aidant à traverser la ligne de démarcation.

Il faut rappeler ici que dans les rangs des communistes et de leurs sympathisants, les dernières réticences dans l'engagement contre l'occupant avaient été levées. Après de multiples contestations entre URSS et Allemagne sur des annexions de territoires convoités par l'une et l'autre puissance, l'Allemagne avait ouvertement attaqué l'URSS le 21 juin. C'est le 23 juin, après avoir franchi clandestinement la fameuse ligne, qu'Elsa Triolet, Aragon et Dudach sont arrêtés par les Allemands et emprisonnés dans ce qu'Elsa appellera « la caserne-prison de Tours ». Elsa aura l'idée « de dire au moment de l'arrestation qu'ils arrivaient de Paris et que, pris de peur au moment de franchir la ligne, ils essayaient de revenir sur leur pas ». Ils furent donc « refoulés » vers Paris. Ils passent le 14 juillet dans cette prison et, libérés le lendemain, ils seront logés, à Paris, pendant quinze jours, dans l'atelier du sculpteur Lipchitz, réfugié en Amérique, et où habitait le peintre Edouard Pignon.

Des rencontres auront lieu pendant ces quelques jours avec Pignon mais aussi Maïe et Georges Politzer, et avec Danielle Casanova qui avait elle-même établi la liaison avec Jacques Duclos. Le petit groupe prépare le numéro 2 de *La Pensée libre* et pose alors les bases, avec Jean Paulhan et Jacques Decour, d'un groupement d'intellectuels, préfiguration du Comité national des écrivains, tandis que se met au point le projet de publication des *Lettres françaises* clandestines. La direction du Parti communiste hésite un moment sur l'idée de garder Aragon et Elsa à Paris pour éditer *L'Humanité* clandestine, puis elle leur demande de regagner la zone Sud afin d'y organiser la résistance des intellectuels. C'est dans leur appartement de Nice qu'ils apprirent l'arrestation de Politzer, de Danièle Casanova, Maïe Politzer, et Georges Dudach… « Pris, torturés… » notera amèrement Elsa. « L'exécution de Politzer et de Georges eut lieu au mois de mai 1942… »

Elsa et Aragon passeront l'été à Villeneuve-lès-Avignon, chez les Seghers. En mai, Elsa écrit une chronique : « Fantômes 41 » que Seghers publie dans sa revue *Poésie 41*. La suite de cette chronique paraît dans le numéro d'août-septembre. Le couple regagne Nice fin septembre, non pour l'hôtel Célimène des débuts – leur logeuse en a assez de répondre aux enquêtes de police les concernant – mais pour un appartement au 16, cité du Parc, sur le front de mer. En décembre, la nouvelle *Mille Regrets,* qui donnera son nom au recueil à venir, paraît dans la revue *Fontaine*.

L'ÉCRITURE : DE *MILLE REGRETS* AU *CHEVAL BLANC*

Ainsi, tandis qu'a commencé en juin l'aventure de la Résistance, le plus clair de son temps, en cette année 1941, Elsa l'a passé à écrire. Deux livres sont presque prêts : *Mille Regrets* et *Le Cheval blanc*. Le premier est un recueil de nouvelles, le second un roman. Denoël, qui a déjà publié *Les Cloches de Bâle* et *Les Beaux Quartiers* d'Aragon, a été le « découvreur » d'Elsa Triolet, écrivain français, avec *Bonsoir, Thérèse* : il sera aussi celui de ses prochains livres.

Robert Denoël vient rencontrer Elsa à Nice, et son auteur en parle avec beaucoup d'amitié : « Ce jeune Belge promettait de devenir un grand éditeur, tant il avait d'intérêt, de passion pour la littérature, tant il avait le goût du risque et des affaires. Ses auteurs n'étaient ni de jeunes espoirs bien policés et sportifs ni des hommes de lettres à Légion d'honneur, il se les choisissait, par goût, parmi les extravagants : Luc Dietrich, Lanza del Vasto, Louise Hervieu… et déjà c'était l'éditeur du *Voyage au bout de la nuit*. […] Ses auteurs, il les aimait, il supportait avec curiosité et compassion les tordus, les malades, les excentriques[10]. » Elsa signale, comme en passant, qu'il a aidé une amie juive à passer au Portugal. Lorsque l'écrivain lui fait lire la moitié du *Cheval blanc* : « Il n'eut qu'une peur : est-ce que la suite allait être à l'avenant ? »

En septembre 1942, Elsa reverra Denoël à Avignon. Lors de cette rencontre, elle lui demandera si les rumeurs qui courent sur son compte à propos de collaboration avec les Allemands sont fondées : « Oui, dit-il, c'est vrai ». « C'est à peine si je parviens à articuler : "Mais alors, on ne peut plus être amis !…" Et lui qui me console et me prie de ne pas dire de bêtises, ses employés doivent manger tous les jours, n'est-ce pas… Parlons du *Cheval blanc* ![11] » Denoël lira le manuscrit la nuit suivante, et promettra d'essayer de le publier sans coupures. Elsa commente : « Du point de vue allemand, c'était le tout, la chair même du livre qui aurait dû être exécutée. Mais les Allemands n'y verraient que du feu ! C'était un risque à courir. »

Denoël demandera seulement à Elsa de supprimer ce qu'il appelle des « citations » : la présence, dans la partie proprement parisienne, de personnages comme « Cocteau, Bérard, Desnos, etc. » Cela permettra à Elsa, plus de vingt ans plus tard, de livrer ce qui nous paraît aujourd'hui une des grandes originalités de ses romans qu'elle appelle la technique de la « citation » et qu'elle apparente aux « collages » dans la peinture. « La *citation*, sous toutes ses formes, est un élément nouveau dont on peut se servir dans la création comme d'une matière première, comme des mots du dictionnaire, des couleurs sorties des tubes, des notes d'une octave[12]. » Alors que Denoël traitait d'« artifices » cette introduction de personnages réels dans le roman, elle note qu'en 1960 on a pris l'habitude de ce procédé, et que « les films de J.-L. Godard sont un exemple de comment on peut se servir, dans la création d'une œuvre d'art, d'éléments préfabriqués, de citations en tous genres ». Elle rappelle à ce propos : « C'est la boîte d'allumettes collée sur la toile dans la peinture de Picasso ; c'est autrement, et de façon semblable, la jambe en stuc sortant d'un personnage au plafond de l'église *Die Wies* ou d'un château de Louis II, en Bavière... Ce sont les acteurs vivants dans un décor peint. C'est, en même temps, l'approche de la réalité et un faux-semblant ; c'est, chez moi, le *la* que je veux donner aux lecteurs, d'un milieu, d'une époque[13]. » Aussi conserva-t-elle dans *Le Cheval blanc* ces intrusions de personnages connus de tous, vivants encore pour la plupart.

Le couple devait retrouver l'éditeur un peu plus tard, puisque Elsa et Aragon furent hébergés chez les Denoël lors d'un voyage clandestin à Paris. Ils étaient un peu trop riches aux yeux d'Elsa, mais, pour ménager la clandestinité des Aragon, ils avaient donné congé à la bonne. « Eût-il été le pire des collaborateurs que nous nous serions confiés à lui avec la même tranquillité : quoi qu'il advînt, c'était pour ses amis un homme sûr[14]. » Les Aragon témoigneront en sa faveur, par écrit, lors de son procès. Denoël périra assassiné lors d'une vulgaire agression crapuleuse en 1945.

Le Cheval blanc, commencé à Nice, sera terminé dans la Drôme, lorsque Aragon et Elsa auront rejoint ce qui allait devenir l'une de leurs « bases » de résistance. Mais ceci est une autre histoire. Car, avant même de franchir le pas décisif qui va amener Elsa Triolet à participer à l'Histoire par son engagement clandestin, elle surmonte un autre handicap : celui de rédiger, dans une langue qui n'est pas la sienne mais qui l'est devenue, non plus de ces textes courts, nouvelles, chroniques, articles pour lesquels elle a déjà prouvé son excellence, mais une œuvre de fiction au souffle continu, un vrai roman, et presque plus que cela puisque l'histoire de Michel Vigaud pourrait s'apparenter au genre des romans « picaresques ».

Le cheval blanc

Un vrai roman disons-nous, et non plus une œuvre autobiographique comme le sont *À Tahiti*, *Colliers*, et même *Camouflage*. Pourtant Elsa Triolet revendique hautement de pouvoir s'appliquer le fameux « Michel Vigaud c'est moi [15] » qu'avait inventé Flaubert pour Madame Bovary. Et elle trouve alors quelques formules que tous les créateurs de fiction, tous les romanciers pourraient contresigner. Après avoir déclaré que ce livre est « le plus autobiographique de mes romans, je veux dire le plus proche de ce que j'ai vu et senti du monde », elle ajoute – consciente de l'enrichissement des dix années qui viennent de s'écouler – « Inutile de chercher des clefs à ce roman, je n'ai jamais rencontré ni Michel ni Elisabeth ni Stanislas ni les autres ; j'avais assez de glaise pour les créer de la tête aux pieds. » Avoir assez de glaise, ou la définition de la maturité selon Elsa. Elle ne se contente plus, comme dans ses nouvelles, d'utiliser les « réserves » que Maïakovski lui avait appris à collationner secrètement, et qui donnent si souvent, d'une lettre à une page de journal et à un élément de fiction un air de déjà vu ; elle a entendu aussi les remarques de Chklovski sur la nécessité de prendre des distances avec ses personnages ; elle ose enfin prêter à Michel Vigaud autant de vies qu'elle en rêve, en faire un héros « vrai » qui se sera démarqué de ses modèles « réels ».

C'est dans *Le Cheval roux*, qui ne sera écrit que douze ans plus tard, qu'apparaîtra le meilleur texte d'Elsa Triolet que nous ayons sur *Le Cheval blanc*. Elle trouvera là, dans un de ces passages qu'elle appelle ses « collages », de nouvelles images pour évoquer le lieu de son écriture, leur appartement niçois : « une de ces maisons de poupée qui, soudées l'une à l'autre, semblent se nicher dans l'ancien rempart de la ville ». L'intérieur est décrit avec un luxe de détails, comme si, au moment où elle évoque un monde en perdition, celui d'après la bombe atomique, Elsa tentait, dans un grand effort de souvenir, de restituer ce qui avait été pour elle une niche entre « des murs de forteresse et des plafonds voûtés » où elle se réfugiait, en 1941, dans l'attente des catastrophes. Dans le décor qu'elle brosse sur une page entière, elle ne voit, occupant son espace et son temps, que le manuscrit du roman qu'elle est en train d'écrire : « j'écrivais comme on danse ». Et elle s'explique sur l'identification à son héros, cette fois en faisant explicitement référence à la formule de Flaubert. « Michel Vigot (*sic*) c'était moi. » J'ai eu sa vie facile et difficile, sa solitude entourée, sa sotte pureté, son ignorance, son emprise inutile et inconsciente sur les gens autour de lui, sa joie de vivre et ses désespoirs. » Elle rappelle alors qu'il s'agit là du lot de tous les écrivains : mettre « un point d'honneur » à ne pas parler de soi-même, « le narcissisme, le perpétuel autoportrait me font honte, une si petite chose quand l'humanité est si grande et si diverse. » Et l'écrivain d'invoquer alors Gogol qui avait retourné la question, et qui, « pour se réhabiliter devant ceux qui lui reprochaient sa satire du régime, de la société de l'époque, avait inventé de dire que tous les vices décrits par lui étaient les siens propres ». Passage étonnant où, dans la pirouette de quelques lignes, et revendiquant la filiation à la littérature romanesque de deux traditions, Elsa Triolet plaide pour le droit à la création absolue à partir des éléments fournis par la réalité et aussitôt niés.

Qu'importe le mystère de sa naissance : Michel Vigaud est là, ce chevalier blanc d'une épopée qui se joue entre les deux guerres du XXe siècle, dans un paysage historique qui pourrait sembler bien plat entre les deux cataclysmes. Il a une manière à lui, toute « cavalière », de clore l'un après l'autre les épisodes du roman lorsqu'ils risquent de s'affadir, de sombrer dans la banalité : il s'en va, et fermant une porte, il nous invite à changer de scène, comme les personnages de *La Ronde* de Max Ophuls.

À la fin de sa vie, dans *La Mise en mots*, Elsa s'interrogera sur les traits qui donnent une unité à son œuvre : le thème de l'errance sous des formes variées y revient avec la persistance de ces deux vers de Pouchkine :

> Il fut saisi par l'inquiétude
> L'envie d'un changement de lieu…

Fermant ainsi et rouvrant des portes, Michel Vigaud est celui qui donne sens aux périodes incohérentes et aux milieux si différents qu'il traverse. C'est « un enfant du siècle » déclare son auteur, il « existe avec son temps, il en est le produit et la victime. Et, après tout, l'époque est peut-être bien le héros principal de ce roman ».

Mais « enfant du siècle » évoque une autre référence : celle du romantisme bien sûr, et de ces êtres qui sont toujours un peu en décalage dans le temps qu'ils habitent, simplement parce qu'ils sont doués d'une certaine innocence qui les fait échapper aux vicissitudes de ce temps. Michel Vigaud, tout au long des vingt années que dure le roman, garde une inaltérable jeunesse, une capacité à s'étonner, se lier, tomber amoureux, se déprendre et repartir. Un tel héros peut inspirer de belles pages de roman d'amour, et son auteur en parle à cœur ouvert : « J'avais encore assez de jeunesse pour vivre dans l'amour. Or, si je ne connais pas l'amour malheureux, je sais ce que c'est que le malheur de l'amour. Le désespoir devant ce qui toujours reste "l'autre", labyrinthe, au-delà, parois lisses, le fuyant de sa pensée, de son rêve, qui s'en vont courir de par les rues et sentiers ainsi que le fait celui que l'on aime». Alors, Elsa Triolet s'invente cet homme à la hauteur de ses espoirs, un homme qui pourrait être aussi à la hauteur de l'idéal nécessaire pour sauver un siècle d'inhumanité : «J'allais, comme malgré moi, inventer un homme pour me plaire, imprenable, innocent des ravages de sa séduction, un homme à femmes qui ne serait pas un Don Juan, qui aurait la beauté animale ne cherchant pas à conquérir [...] qui aurait tout ce que l'enfance a d'adorable, de spontané, de tendre [...] Un être simple et clair, avec tout le mystère de ce qu'il porte en lui sans le savoir [...] un homme en pure perte.»

Dans un Occident encombré de luxe et de batailles pour consommer toujours plus de biens matériels, «Michel Vigaud était un homme fait pour vivre heureux à la belle étoile». Tout au long du livre, les protagonistes notent avec stupéfaction son indifférence à la notoriété, «il ne tenait pas à devenir quelqu'un», son vagabondage permanent, «Hélène croit que je n'aime rien [...] j'ai oublié de lui dire que j'aime marcher sur les routes... J'aimerais marcher sans fin, aller d'un côté et de l'autre», son insouciance à l'égard de la mort : «Michel ne pensait pas à la mort, il pensait à la vie, c'était pis.» Elsa Triolet excelle à donner des images concrètes de ce qui pourrait n'être qu'un «type» littéraire, un mixte de Don Quichotte, de Lafcadio égaré un siècle trop tard, de personnage gidien amateur de l'acte gratuit. Michel Vigaud a des mots simples pour indiquer qu'il est de son temps sans en être. Il n'aime pas les plats tout préparés : «Je n'irai jamais au bordel et je ne lirai pas de livres... Je n'aime pas le tout cuit.» Elsa Triolet, si nourrie des grands classiques russes, et par-delà de toute la littérature européenne, mais méfiante à l'égard des personnalités pseudo-cultivées qui ne jurent que par le dernier livre sorti ou le journal qui leur tient lieu de pensée, fait préciser par Michel Vigaud : « Un monsieur me raconte une histoire à sa façon, il me la met dans un volume, je la lis dans une soirée... Quand je veux une histoire, je me la fabrique moi-même, je ne suis pas pressé, je regarde les histoires à ma façon [...] j'ai le temps, j'aime regarder pousser les arbres. » [...] « Vous, les gens qui lisez, vous n'êtes pas des idiots... Il y a quelque chose dans cette étrange idée de suivre la pensée d'un autre. Quand soi-même on n'en a pas... Ça meuble, il n'y a pas de doute, ça meuble. On ne se demande plus : à quoi vais-je penser ? on oublie le mécanisme... »

Car Michel Vigaud est pris, comme les êtres jeunes, comme ceux que n'a pas encore enfermés un carcan social, une carrière, dans ce dilemme : vouloir être soi-même, et ne pas trouver de projet à sa mesure. « Que voulez-vous que je fasse dans la vie ? Tout ce qui me plairait, c'est d'être un héros. Tu parles d'un métier ! [...] Pas de belle à défendre, pas de peuple à libérer, pas de monstres à combattre... Je voudrais me sacrifier, accomplir des actions d'éclat... La foule jetterait des roses sur mon passage, sous les sabots de mon cheval blanc... »

Pourtant, la tentation de s'installer pointera souvent à la fin du roman : quand Michel, musicien de talent, songe à s'associer de nouveau avec son ancien partenaire de music-hall, et qu'il découvre l'intérieur de celui-ci où tout est « attendrissant, laid et asphyxiant », il se demande avec terreur si l'on ne va pas pouvoir dire de lui-même « *he lost his pep*. Il allait être raisonnable et embêtant. » Plus tard, contemplant Paris de son sixième étage, il se rappelle un vers « Que jamais la honte de vivre raisonnable... » et le chapitre évoquant cette menace se termine par : « Quelle chiennerie ! Dans le temps je n'aurais pas pu m'empêcher de partir, maintenant je ne peux pas m'empêcher de rester. » Dans l'atmosphère de panique qui marque la mobilisation au début de la Seconde Guerre mondiale, un Michel Vigaud un peu désabusé regarde – en ayant peur de leur ressembler – les « gens », les lâches, les précautionneux, qui se livrent à leurs mesquines occupations pour préserver une existence sans valeur : « On y tient à sa petite vie, on ne veut surtout pas la mettre en danger [...] si bien que quand on n'a pas peur du définitif, du plus jamais, du pour toujours, on ne trouve personne avec qui jouer [...] ils sont là sur du sable mouvant, à faire des projets pour dans dix ans, à se tirer dans les pattes, à se faire de la bile, à se noyer dans un verre d'eau. » Mais voilà, « tous ces gens, calfeutrés dans leur vie humaine, il pourrait leur arriver des choses monstrueuses qui les mettraient dans un drôle de courant d'air ! »

LA RÉSISTANCE, LE « CIEL », LA DRÔME, *LES ÉTOILES*

En 1942, le « drôle de courant d'air » est arrivé. Les Italiens, alliés des Allemands, ont passé la frontière et s'installent sur la côte méditerranéenne le 11 novembre 1942. La lettre à Lili, dont nous avons vu qu'elle s'efforcerait de résumer tous les événements de la période de guerre et de résistance vécus par le couple, va dater de ce jour de novembre leur entrée véritable en clandestinité. Les préfaces des *Œuvres romanesques croisées* reprennent ces renseignements, avec quelques notations un peu moins sèches. Les Aragon fuient Nice par le train de Digne avec Pierre Seghers. Lydia, la secrétaire de Matisse, les aide à charger leurs valises dans le train où ils rencontrent l'acteur Samson Feinsilber. « Nous couchons à Digne où il faut changer de train. Je prends froid dans les draps non pas humides, mouillés !, d'un hôtel. J'arrive le lendemain à Villeneuve-lès-Avignon, mijotant dans la fièvre, les courbatures, le rhume. » Elsa s'arrête un moment à la Chartreuse de Villeneuve chez Hélène Guenne-Cingria, tandis qu'Aragon part tout de suite pour « cette maison perdue que nous appelions *le Ciel* », au-dessus de Dieulefit. Cette maison sera « décrite dans *Les*

Amants d'Avignon, avec sa beauté et ses rats». Elle s'attarde aussi sur le temps passé à la Chartreuse, dans une cellule : «Tout n'était que pierre froide, murs, voûtes, passages, escaliers, tout n'était que pierres croulantes. Les siècles vous venaient dessus en éboulis splendides, le présent était là, dans les cours intérieures avec des gosses gitans crasseux, des chiens et des chats errants, et la beauté intarissable, inépuisable de ces lieux auxquels va ma préférence depuis que le hasard m'y a conduite.» Elle tape les dernières pages du *Cheval blanc* dans cette cellule, «pratiquement assise sur le poêle». Elle rejoindra Pierre Seghers à Valréas. Le car les conduit à Dieulefit, et de là ils montent au *Ciel* : Pierre portait les bagages trois fois trop lourds pour lui. L'ascension commença. Au bout, conclut Elsa en prolongeant sa préface-dialogue avec Aragon, «il y avait toi». Cette «planque» est une «maison-ruine, au carrefour de trois communes, si bien qu'on ne savait au juste à laquelle des trois elle appartenait. C'était comme si elle n'existait pas», glisse-t-elle au passage, consciente sans doute de ne pas définir seulement cette maison occasionnelle, mais la vie même d'un étranger qui ne peut choisir entre ses territoires, sa langue, son appartenance. Là, le couple s'enfouira «dans la neige de l'hiver 1942».

Dans *Préface à la clandestinité*, Elsa évoque aussi le court voyage qu'elle fit à Lyon pour y prendre livraison de faux papiers procurés par Pascal Pia. Au retour, «Tu m'attendais au pied du ciel. Une longue, longue montée dans la nuit de Noël et, au bout, cette maison perdue, gardée par trois immenses peupliers, où tu as fait flamber dans l'âtre des genévriers à trente-six mille étoiles.» Retour de courte durée puisque, dès le 31 décembre 1942, Elsa et Aragon gagnent le quartier de Montchat à Lyon où, sous le nom de M. et Mme Castex et depuis la maison de René Tavernier, directeur de la revue *Confluences,* ils s'occuperont pendant six mois de l'organisation du réseau. Certains se sont interrogés sur un conflit grave qui aurait éclaté, durant cette période, entre Elsa et Aragon[16]. Le seul élément que nous possédions porte sur les réticences d'Aragon à entraîner Elsa, d'origine russe et juive à la fois, dans les risques de la Résistance active. La règle habituelle, dans les réseaux de l'époque, était d'ailleurs que les couples résistants se séparent pour donner moins de prise à l'ennemi. Elsa voulait être de cette Résistance. Elle obtint aussi de ne pas quitter Aragon, ou peut-être Aragon obtint-il de ne pas quitter Elsa, à moins qu'il ne faille se dire qu'ils aient été très vite d'accord tous deux sur ce point.

La lettre à Lili rappelle le travail d'organisation auquel ils se livraient : « Aragon avait la responsabilité de toute la zone libre. Nous sortions le journal *Les Étoiles* et nous avons monté une maison d'édition : la Bibliothèque française. [...] Notre réseau a vite couvert toutes les branches de la science, de l'art, environ cinquante mille personnes ont rejoint l'organisation, dans toutes les villes ont commencé à sortir des journaux locaux des médecins, des juristes, des enseignants, etc. Nous avions nos agents de liaison qui diffusaient la littérature, c'étaient comme des commis voyageurs qui établissaient les contacts. Le principal adjoint d'Aragon était Georges Sadoul. »

C'est le 20 septembre 1942 que devait paraître le premier numéro des *Lettres françaises* clandestines. Dans l'interview donnée à Yvonne Gouineau, Elsa insiste sur le type de travail que le Parti communiste demandait à ses adhérents : « L'organisation clandestine du parti était intéressante à condition que ses membres travaillent ailleurs. Le parti n'était pas un club. Il devait agir sur les masses. » Côté littérature, Elsa a publié la suite de ses chroniques dans *Poésie 42* : « Fantômes 41 et monstres 42 » dans le numéro de décembre 1941-janvier 42. Dans *Poésie 42* de février-mars, paraîtra la fin de cette chronique. En mai, le recueil de nouvelles *Mille regrets* sort chez Denoël.

Vie de guerre et vie d'écriture : le manuscrit du *Cheval blanc* arriva chez Denoël, qui ne pratiqua qu'une coupure. La dernière phrase du texte était : « Stanislas Bielenki ne reçut pas cette lettre, il y avait un an qu'il était dans le camp de concentration de Gurs où l'on ne fait pas suivre le courrier.» La première édition du *Cheval blanc*, celle de 1943, porte : «Stanislas Bielenki ne reçut pas cette lettre.» «Un point, c'est tout», rapporte Elsa, comme pour se justifier de cette publication chez un éditeur «collabo». En revanche, elle explique encore : «Le *Cheval blanc* put pénétrer dans les bibliothèques des prisons : là on savait lire et, après la Libération, me vinrent des lettres pour m'en remercier.» *Le Cheval blanc* sera publié à Paris le 10 juin 1943 seulement mais, dès le 20 mars, Elsa obtient pour ce livre trois voix au prix Goncourt, dont celle de Francis Carco.

Au cours d'un voyage d'organisation à Paris, les Aragon retrouveront, dans l'appartement du boulevard Morland que leur a prêté une amie russe d'Elsa réfugiée sur la côte, Paul Éluard et sa femme Nusch qu'ils n'avaient pas revus depuis leur brouille au moment des conflits d'Aragon avec les surréalistes en mars 1932. Éluard, qui avait été exclu du Parti communiste en même temps que les surréalistes Breton et Crevel fin 1933, venait de rejoindre et le PC et la Résistance. Georges Sadoul et Lucien Scheler seront aussi de cette réunion.

LYON, LE COUPLE MENACÉ

Mais leur lieu d'attache, pour 1943, se trouve à Lyon. On ne peut dire qu'Elsa ait porté cette ville dans son cœur; prototype pour elle d'une ville bourgeoise, nourrissant des fortunes secrètes, Lyon est «désolante comme un poussiéreux bureau de notaire, tapissé d'anciennes archives de familles, pareilles à des caveaux dans un cimetière. Sur les quais, des maisons uniformes et plates, vrais dossiers à héritage, fortunes cachées dans la suie et l'abandon des vieux murs aux entrailles de soie et de velours, toute une ville étroite et tortillée comme le secret de ses traboules, tragique comme l'eau du Rhône, de la Saône, avec ses noyés, les détritus, la navigation et les ponts qui l'enjambent». Image sans doute fortement influencée par le danger vécu par le couple durant cette période : « promue capitale de la Résistance, vivant d'une vie intense et périlleuse, traversée par les bourrasques des rafles, s'engraissant au marché noir, souffrant de ses prisons... »

Dans cette atmosphère, Elsa évoquera, dans la lettre à Lili, la mort des initiateurs du réseau, dont Aragon et elle font partie des rares rescapés, et elle ajoute ce passage important : « Nous écrivions énormément. S'il n'y avait pas eu l'écriture, je crois bien que je me serais donné la mort, tellement, par moments, c'était dur et pénible. Je me suis prise de passion pour cette activité, elle me remplace les amis, la jeunesse et bien d'autres choses encore qui manquent dans la vie. » Il est vrai qu'aux deux premiers livres qui sont parus, en 1942 *Mille regrets,* en 1943 *Le Cheval blanc,* viendra s'ajouter (il est sous presse lors de l'écriture de cette lettre et sortira « dès qu'il y aura du papier ») le recueil de nouvelles qui témoignera le mieux du climat de la Résistance : *Le premier accroc coûte deux cents francs*.

La menace sur Elsa se fait de plus en plus précise. Le 21 mars, le SS Heinz Röthke, un des responsables du commandement de la Gestapo en France, envoie à la Gestapo de Marseille l'ordre « d'arrêter immédiatement la juive Elsa Kagan dite Triolet maîtresse d'un nommé Aragon également juif ».

Pour ce couple recherché par les polices allemande et française, et qui veut cependant continuer à agir dans le réseau dont Aragon est responsable, la vie clandestine devient très difficile. Le 1er juillet, ils quittent Lyon, jugé peu sûr. Sous les noms d'Elisabeth et de Lucien-Louis Andrieux (on sait qu'Andrieux était le nom du père d'Aragon) ils se réfugient à Saint-Donat, dans la Drôme, chez Claire Bret, avec de faux papiers procurés par Madeleine Braun. Ils effectuent des voyages fréquents à Paris, Valence, Lyon où ils louent une chambre au mois à Bron. À Paris, ils rencontrent régulièrement Pierre Villon qui s'occupe du Front national. Ils se lient avec des résistants locaux : le pharmacien Chancel et son épouse.

« Nouvelles » de la Résistance

La Résistance et le malheur de la France occupée deviennent les sujets centraux de la création littéraire d'Elsa. Le 25 octobre 1943 paraît *Les Amants d'Avignon*, signé Laurent Daniel, aux éditions de Minuit. Dans la revue *Poésie 43*, est éditée la nouvelle *Clair de lune* et dans le numéro de mai-juin *Qui est cet étranger qui n'est pas d'ici ? ou le mythe de la baronne Mélanie*. Cette même année, Elsa entame l'écriture d'*Alexis Slavsky* et *Cahiers enterrés sous un pêcher*. En été, Elsa part en reportage dans les maquis du Lot, accompagnée de Marcenac ; ils circuleront un moment dans une voiture volée à la Gestapo. Ce reportage sera publié dans *Les Lettres françaises* clandestines et utilisé pour *Cahiers enterrés sous un pêcher*. Peu après, de retour d'un voyage à Paris, ils sont fouillés par la Feld-Gendarmerie. Leur valise contient le rapport d'Elsa sur les Francs-Tireurs et les maquis du Lot, mais les Allemands, ne comprenant pas le français, les laisseront partir.

Elsa se fera l'écho, dans sa lettre à Lili de février 1945, sans pouvoir cacher sa fierté, du retentissement de ces livres de la période noire : « Mes livres ont beaucoup de succès, on s'est mis à me respecter et à me prendre au sérieux. » Aragon, sachant la nécessité de lever le soupçon d'avoir influencé ce succès, précisera plus tard que *Mille Regrets* avait gagné l'enthousiasme de Roger Martin du Gard, ignorant de l'identité de la romancière et de ses liens avec le poète (qu'il n'aimait guère), et de Max Jacob qui écrivit lui-même à Elsa, cet auteur « dont il ne savait rien ».

Attardons-nous un instant sur le « mythe de la baronne Mélanie ». C'est à Lyon, en 1943, alors que « nous habitions chez René Tavernier, cachés au-dessus du bureau de la revue *Confluences* », qu'est produit ce petit texte, une sorte de curiosité dans l'histoire littéraire française de ce temps. Il s'agit de la longue nouvelle – ou du court essai ? – intitulé *Qui est cet étranger qui n'est pas d'ici ou le mythe de la baronne Mélanie*. Elsa en situe précisément la date d'écriture : ce « fut la dernière histoire à paraître légalement, alors que nous, nous n'étions déjà plus légaux ; je l'ai écrite en 1943, à Lyon[17] ». Aragon, qui tenait ce texte pour l'un des meilleurs d'Elsa puisqu'il le fit figurer dans son anthologie des écrits d'Elsa, précisera, lui, que ce texte fut écrit à Lyon immédiatement après *Les Amants d'Avignon*, donc entre février et avril. Le texte est une réponse, sous forme de fable, au *Mythe de Sisyphe* que Camus vient de publier. Il porte en sous-titre : *La critique de l'absurde comme philosophie*. Elsa s'explique sur sa genèse dans *Préface à la contrebande*.

Elle rappelle les liens de résistance qui l'unissaient à Camus et à Pascal Pia ; elle n'était donc pas suspecte de vouloir attaquer l'un ou l'autre de ces amis. Camus, d'ailleurs, devait rendre hommage à Elsa Triolet sur ce texte, en lui écrivant, le 29 mai 1943 : « *Le Mythe de la baronne Mélanie* est une réussite étourdissante – je veux dire jusque dans le détail. C'est la meilleure façon de philosopher : proposer des images qui ont du sens. »

Dans son essai, Elsa traitait en effet de manière fort personnelle et « concrète » de ce qui constituait pour elle le réel malheur de la vie. Non point les termes de « vie » et de « mort », considérés comme des concepts, mais tout bêtement la peur de la vieillesse qui menace la vie. « Le temps de ma vie s'arrêtera au seuil de la vieillesse... La lassitude, l'ennui seront mon sort, la perte progressive de tout ce à quoi, de tous ceux à qui l'on a tenu pendant la vie active, passionnée... L'épouvantail me bouche l'horizon, empoisonne mes joies, l'à quoi bon se dresse à propos de tout et de rien, l'instinct vital blessé à mort ne peut plus rien pour moi... » À quoi Albert Camus acquiesçait : « Je sais bien pour finir que la vieillesse dérange tout et qu'avec elle s'en iront le courage, la passion et le défi et qu'il n'y a pas de philosophie qui puisse arranger ça. Ou alors, comme vous le dites et comme le disaient mieux encore certaines pages de *Mille regrets*, l'art et le mythe[18]. » Albert Camus tenait pourtant à se montrer, sur un point, moins pessimiste qu'Elsa Triolet ; elle avait insisté dans son essai sur l'autre compagnon de la vieillesse, la solitude. Camus répond : « Je ne vois pas que l'amitié, ni tout ce qui touche au cœur humain, soit tout à fait une illusion. Il y a des amitiés qui ne durent pas et celles qui durent autant que l'homme : ce sont les bonnes. Elles donnent bien notre mesure qui, en fin de compte, est grande. »

Le meilleur, pour Elsa, était dans la fin de la lettre. Après des mots qui pourraient passer pour convenus entre auteurs : « votre texte m'a touché et m'a fait plaisir », Camus ajoutait : « C'est une critique originale et brillante, une critique de créateur. » Quel plus beau compliment faire à Elsa ? Par de tels regards portés sur ses textes, elle sait maintenant qu'elle est entrée dans le cercle des intellectuels qui comptent. Elle sait encore plus qu'elle y est entrée par elle-même, et non par retentissement d'une célébrité conjugale. Enfin, si l'on veut bien regarder de plus près ce qui fait la particularité de cet essai par rapport à celui auquel il voulait répondre, on devra convenir que la part féminine de l'écriture d'Elsa s'y donne libre cours, par référence à ces réalités concrètes de l'existence que la plume philosophique abandonne trop souvent comme scories résistant au grand souffle des idées.

En avril 1944, *Qui est cet étranger...* est publié chez Seghers. *Yvette*, récit de 1943, paraît en mai à la Bibliothèque française sous le pseudonyme de Laurent Daniel. Le 14 juin, Elsa participe à la réception d'un parachutage (avec Jean Chancel, le pharmacien de Saint-Donat) qui lui inspirera la nouvelle *Le premier accroc coûte deux cents francs*[19]. Au matin, une expédition punitive des Allemands oblige Aragon et Elsa à s'enfuir de chez eux. Ils y retournent trois jours après. Entre-temps, les Allemands auront mené une opération de représailles et violé les femmes, en particulier la fillette de Jean Chancel qui en mourra. En juillet, Elsa et Aragon créent le journal *La Drôme en armes* qu'ils distribuent eux-mêmes. Elsa, obligée de fuir brusquement Saint-Donat avec Aragon, enterre ses manuscrits dans une boîte de biscuits, sous un pêcher. Au début août, ils retournent à Lyon.

Dans la *Préface à la contrebande*, Elsa écrira, à propos de cette année 1944 : «La vie s'emballait. Dans le danger et l'impatience, elle devenait de plus en plus intense.» Puis elle semble vouloir se justifier de la prudence des textes écrits alors : «même en 1944, même en parlant à l'oreille du lecteur, il fallait encore le prendre en douceur pour ne pas l'effaroucher». Et c'est ainsi, à mi-voix, qu'est écrite *Yvette*, nouvelle publiée par la maison d'édition clandestine La Bibliothèque française. Elle signale que cette nouvelle est tirée d'un fait réel : le saccage d'un magasin juif par la Gestapo et le sort subi par la jeune fille de ce magasin. «Charlotte, ou Mme Léonce, ou Yvette... l'auteur ne raconte que ce qu'elles vivent; leurs rapports avec le monde extérieur qu'elles subissent sans pouvoir se détourner de lui, elles les gardent secrets. Dans aucune de ces nouvelles il n'est question de la Résistance, on n'y trouve que le quotidien désespérant, navrant, de l'époque : elles ont été écrites – sauf *Yvette* – pour paraître légalement. Mais, alors, on se comprenait à demi-mot : "Malheur à nous..." disait l'auteur, et c'est ainsi que l'entendait le lecteur complice.»

Libération

Dès le 16 septembre 1944, alors qu'Aragon et Elsa se trouvent à Lyon qui vient d'être libéré, *Les Lettres françaises* publient la «liste noire» des écrivains avec lesquels les membres du Comité national des écrivains (le CNE) refusent tout contact professionnel; il est important de noter – parce que la polémique fera rage les années suivantes sur les règlements de comptes qui suivront la Libération – que ni Elsa ni Aragon ne participèrent à sa constitution.

Le 27 septembre, le couple rentre à Paris dans un convoi encadré militairement, la circulation ferroviaire n'étant pas encore rétablie et, le 30 septembre, Aragon reprend la direction de *Ce soir*.

Dans la lettre à Lili résumant « leur » guerre, Elsa notera que la police française, comme la Gestapo, sont venues perquisitionner plusieurs fois rue de la Sourdière. Parmi les objets perdus, « les nègres d'Aragocha ». Mais ces petits malheurs sont de peu d'importance : « Je n'en reviens pas de bonheur, de Paris, des amis... Bien qu'à Paris en ce moment ce ne soit pas drôle, je ne m'en soucie guère ! » Elle a un mot, aussi, à ce moment-là, pour demander des nouvelles de Russie, et pour évoquer sa mère dont Lili lui a appris la mort survenue en 1942 : elle tire d'abord un trait, avec la manière dure qui choquait si souvent ses interlocuteurs : « c'est la mort qui l'a sauvée des Allemands, merci à la mort ». Puis vient une notation douce : « Sans maman, il est devenu triste de vivre, je me rends compte que je vivais aussi un peu pour elle : quand il arrivait quelque chose de mauvais, je me disais, dieu soit loué, maman n'en sait rien : quelque chose de bon, c'est maman qui sera contente ! »

Tous les écrits de la Résistance, ceux qui avaient pu paraître illégalement pendant l'Occupation et ceux qui durent attendre la Libération, furent ensuite réunis par Elsa et l'éditeur Robert Denoël sous le titre *Le premier accroc coûte deux cents francs*. Pour Elsa qui écrivait à sa sœur combien elle se sentait vieillie : « je me suis habituée à mon moi non jeune », et combien Aragon était beau sous ses cheveux blancs, l'après-guerre commençait. Il allait falloir s'habituer à d'autres batailles. Mais, comme 1939 avec *Bonsoir, Thérèse* avait vu naître en Elsa un écrivain français, l'histoire de la Résistance ferait reconnaître en elle une personnalité française : elle aurait dépassé une fois pour toutes la marginalité de la petite Russe émigrée à Montparnasse, elle entrerait d'un seul mouvement, avec le Goncourt obtenu en 1945, dans la double notoriété de la politique et de la littérature françaises.

Lors d'une émission de radio où l'on avait demandé à Elsa de choisir certains textes afin d'illustrer l'interview par des lectures, elle déclara : « Voyez, je me suis définitivement attachée à la France avec les malheurs de l'Occupation. Tant qu'on n'aime d'un pays que la douceur d'y vivre, on ne sait pas si c'est de l'amour ou un plaisir égoïste. » Et elle cite à l'appui de cette affirmation des vers de Maïakovski :

> … J'aime
> cette terre.
> On peut
> oublier
> où et quand
> On prit du ventre
> et un triple menton,
> mais
> la terre
> avec laquelle on a su
> ce que c'est que la faim,
> on ne peut
> jamais
> l'oublier..
>
> ……………………..
> Mais
> la terre
> qu'on a conquise
> que
> demi-morte
> on a bercée,
> où la balle vous levait
> où le fusil vous couchait
> où on coule comme une goutte d'eau
> dans les masses
> avec
> cette
> terre
> c'est à la vie
> au travail,
> à la fête,
> à la mort.

CHAPITRE 7

SE BATTRE POUR LES LIVRES

« Bien sûr, si on veut être tranquille, on n'a qu'à rester dans son coin, ne toucher à rien, ne pas écrire, n'aimer rien ni personne. Moi, j'écrivais, et je m'occupais, non pas seulement de mes livres, mais du livre en général, de la diffusion de la littérature. »

ELSA TRIOLET, *Préface au désenchantement.*

LA POLITIQUE ET LES INTELLECTUELS

La guerre est finie. Voire… Même après le 8 mai 1945, et bien après qu'Aragon et Elsa Triolet ont regagné leur appartement parisien, s'installera une sorte d'après-guerre – qui n'est pas encore la paix – dominée par les ressentiments, les clivages du conflit qui vient de balayer l'Europe. Sur les ruines laissées par les persécutions nazies et les bombardements de tous bords va naître une autre guerre, qu'on dira « froide » parce qu'elle n'atteindra jamais la violence des cinq années précédentes, mais qui divisera profondément et les nations entre elles, et les individus embarqués dans la défense d'une idéologie ou d'une autre, d'un camp ou d'un autre. Un mur se dressera au cœur du continent européen, symbolisant cette guerre ; des hommes et des femmes, parmi les meilleurs, s'acharneront à nier des évidences historiques pour rester fidèles à leurs convictions ; le monde entier deviendra un champ de bataille avec ou sans batailles, un échiquier où les pions blancs et rouges se placeront selon une logique forcenée, le personnage de l'espion envahira le roman policier, et les chaises électriques de l'Ouest, les camps de l'Est, seront sans pitié avec les traîtres ou présumés tels.

Elsa Triolet est devenue française par son mariage, par sa participation à la Résistance, par sa plume peut-être encore plus. Mais son pays de naissance est là-bas, derrière la frontière de l'autre camp. Sa sœur à laquelle elle tient tant vit dans un pays très vite devenu l'ennemi principal après avoir été l'allié de poids. Cette sœur qui représente pour Elsa toutes ses affections d'enfance, toutes ses racines, s'est trouvée mêlée au régime soviétique de multiples façons : épouse d'Ossip Brik, militant actif de l'installation du système soviétique, elle fut aussi la maîtresse reconnue de l'un des poètes les plus célébrés par les nouveaux maîtres de Russie, et, après la mort de Maïakovski, elle était devenue la compagne d'un autre dignitaire, le général Primakov ; protégée par Staline au nom de son premier grand amour, suspectée au nom du second, on n'oubliait pas, dans une Russie où le vieux démon de l'antisémitisme ne s'était jamais éteint, que Lili Brik était née Kagan, juive de Courlande… Il se passera entre les deux sœurs, de Paris à Moscou, de Moscou à Paris, des allers et retours de services et d'influences. Aragon et Elsa Triolet désirant être reconnus par les instances du mouvement communiste pour le rôle qu'ils tiennent à jouer dans le mouvement culturel international, feront intervenir Lili et ses amis. Inversement, lorsque Lili est attaquée pour son appartenance à une communauté suspecte ou pour ses liens avec un homme que Staline a désigné comme un opposant au régime, Aragon et Elsa accepteront sans doute quelques servilités supplémentaires à l'égard dudit régime pour protéger leur sœur. Veulent-ils voyager de part et d'autre de cette Europe divisée, les uns et les autres s'appuieront pour obtenir les visas nécessaires, confieront des courriers et des cadeaux à transmettre par les amis de passage. L'« Amitié franco-russe », qui devint le nom d'une association dont les buts politiques n'étaient jamais très clairement revendiqués, sauf à vouloir maintenir l'amitié entre les peuples des deux pays, cette amitié s'incarne tout naturellement dans le couple Aragon-Elsa, dont il devient de plus en plus clair qu'il représente à la fois le lien entre ces deux pays, l'orthodoxie communiste, et la littérature engagée dans ce combat.

Tout ceci se développe dans ce que j'aimerais nommer une sorte de syncrétisme où se fondent, sans jamais se distinguer, pensée politique, choix esthétiques, regroupements littéraires. Les jeunes gens arrivés à l'âge adulte après les années soixante-dix auront du mal à comprendre comment on pouvait, au milieu du XXe siècle, ne jamais établir de frontière entre appartenance à un parti et choix intellectuels d'ensemble. Elsa Triolet n'a jamais « appartenu » au Parti communiste, au sens où elle n'a jamais fait acte d'adhésion, pris sa carte. Mais quand elle disait « le » parti, comme d'ailleurs la plupart des intellectuels de l'époque, c'était bien sûr du seul possible qu'elle parlait, le Parti communiste. À la fin du XXe, au début du XXIe, un parti, quel qu'il soit, organise un certain champ d'activités publiques, il a vocation à gérer le pouvoir, il désigne des candidats aux différents mandats législatifs et gestionnaires. Quant aux activités littéraires, intellectuelles, elles se situent dans d'autres domaines, avec leurs propres règles, leurs associations, leurs vies à elles. Bien sûr, les influences politiques, les tendances de toutes sortes les traversent, mais davantage comme des perturbations que comme les courants quasi religieux auxquels il fallait alors faire obligatoirement allégeance.

Durant l'immédiat après-guerre, Elsa Triolet s'occupera beaucoup plus de ce qu'elle nommera « la Bataille du livre », de l'organisation de bibliothèques, de ventes de livres, de réunions de « jeunes poètes » que de ce que nous nommerions aujourd'hui « la politique ». Mais ce faisant, elle est de plus en plus intégrée au mouvement communiste, dans lequel elle joue justement ce rôle de rouage indispensable dans la bataille des intellectuels pour le triomphe de leur camp. Pendant des décennies, en France, des centaines d'intellectuels furent ainsi membres actifs d'un courant politique sans jamais s'occuper précisément de politique. Toujours sollicités de prendre parti, d'afficher des positions sur les grands problèmes de l'heure, ils se retrouvaient au bas des pétitions de toutes sortes qu'avaient concoctées pour eux, le plus souvent, des politiques très au fait des objectifs à atteindre. On épiloguera sans doute encore assez longtemps sur les contradictions, ce que d'aucuns appellent les « trahisons », ou simplement les erreurs de grands esprits des années de l'après-guerre, prêts à couvrir, au nom de l'idéologie ou pour des raisons filandreuses, les pires errements des régimes totalitaires. Il faut bien voir que ces grands esprits-là prenaient rarement le temps de s'intéresser à l'action politique en tant que telle, de connaître les centres de décision du pouvoir, de s'astreindre à l'étude peu exaltante des réalités économiques, sociologiques. Et ils pouvaient faire preuve de naïvetés désarmantes qui leur permettaient, étant donnée la pureté de leurs intentions personnelles, de tolérer tout ce que des politiques pouvaient avoir d'insupportable dans leurs choix pour arriver à leurs fins.

Elsa Triolet faisait partie de ces écrivains qui ne pouvaient, dans le climat de conflit où le monde était engagé, se sentir indifférents aux questions importantes. Mais elle avait choisi une fois pour toutes ses amis et leur faisait confiance. Quitte à frôler le désespoir quand elle s'apercevrait, un jour, de ce qu'avaient couvert les positions qu'elle avait soutenues. Ces découvertes-là seront pour plus tard. En 1945, les écrivains continuent le travail de la Résistance, ils veulent que soient éradiquées les théories qui ont fait tant de mal, ils condamnent bien sûr le fascisme, l'antisémitisme, la xénophobie militante, mais aussi la lâcheté de ceux qui ont accepté tout cela, « collaboré » de près ou de loin. On comprend que dans un tel combat, le manichéisme ait été une pente facile. Nous verrons qu'Elsa Triolet ne fut pas de ceux qui y cédèrent le plus, même si sa proximité à l'égard du Parti communiste et de sa direction pouvait l'y pousser.

Elsa, écrivain français

L'écrivain Elsa Triolet, qui avait travaillé depuis 1936 à rédiger son premier roman en français, confie à sa sœur au moment de la Libération : « J'ai désappris à parler et à écrire en russe, pardonne-moi, il apparaît qu'en neuf ans on peut même oublier sa langue maternelle ! » Aragon et elle-même cherchent à se réinsérer dans ce monde où il est important de se trouver du « bon côté », où les relations se nouent selon certains calculs, où la compagnie du couple est donc recherchée. « Nous avons une vie agitée. Depuis que nous avons eu le dessus, il y a autour de nous du monde à en avoir le mal de mer. Je suis bien placée pour en connaître le prix, tu ne peux imaginer ce que cela a été en 39-40-41, surtout en 39, quand les gens passaient sur l'autre trottoir pour ne pas avoir à me serrer la main et la seule personne qui ne m'abandonnait pas était le flic qui me filait partout. »

Aragon ne va pas très bien, et il part en janvier près de Dax se soigner pour une insuffisance rénale et des signes de tuberculose. De retour à Paris fin février, la vie militante rappelle le couple. Le 4 mars 1945, dans une lettre chaleureuse à Lili, qui lui a annoncé par télégramme, le 2, la mort d'Ossip Brik, Elsa écrit : « Aragocha est parti en avion hier pour Londres, conférences, etc. Il va y rester à peu près une semaine. J'ai peur quand il n'est pas là, mais je suis très fatiguée et je n'ai aucune envie en ce moment de me faire secouer dans les airs, si encore c'était pour quelque chose à faire, mais comme ça, pour me distraire, ça n'en vaut pas la peine. Et donc je suis en train de trembler d'inquiétude. »

Quant à elle, Elsa renoue avec le travail de chronique journalistique en publiant chaque semaine une chronique titrée « En plein Paris » dans la revue *Action*. Le 17 mai 1945, elle annonce à Lili qu'« Aragon a quitté *Ce soir*, il en avait assez » mais « bien entendu, ce journal est quand même le nôtre et tu peux en utiliser l'adresse si c'est plus commode ».

Et puis, simplement, Elsa jouit de ce premier printemps retrouvé à Paris, de la douceur du mois de mai : « Peu importe où aller. Le printemps est fait pour tourner en rond. Les lilas sur les charrettes, les ombres obliques sous les arcades de la rue de Rivoli... » et, devant la gare d'Orsay, « cette chose attendue, souhaitée, rêvée, cette chose pour laquelle on a lutté, peiné, pleuré, souffert, haï tous les jours et toutes les nuits depuis bientôt cinq ans : le retour des prisonniers ».

De ces moments-là sont conservées des lettres d'Elsa à Joë Bousquet dont elle dit la joie de l'avoir « retrouvé » ; ces lettres ne sont pas datées mais on peut penser qu'elles commencèrent après la rencontre à Carcassonne et durant les années qui suivirent immédiatement. Elle confie à l'écrivain qu'elle relit la littérature russe : Tolstoï, Dostoïevski, et c'est à propos d'*Oblomov* de Gontcharov qu'elle a ce jugement sur le bien ou le mal écrire. « Ce que je pensais du bien écrire, et du mal écrire, et du peu d'importance que cela a pour la force motrice d'une œuvre, je le pense plus que jamais. Avez-vous lu *Oblomov* de Gontcharov ? C'est écrit dans un petit style, dans un langage domestique, qui ne connaît que les mots d'un cabinet de travail, et d'un jardin devant la maison où pousse un lilas sentimental. Le tout aggravé par cent ans de distance dans le style et les idées. Il sort de ce roman, par moment illisible, un homme inoubliable, Oblomov, le paresseux absolu, bouleversant de pureté et de tendresse. Mais ce n'est pas mon idéal d'écrire mal, ni pour moi, ni pour les autres. Je voudrais seulement me libérer de mon son de voix, qui couvre l'essentiel de ce que je veux dire, par des inflexions, des intonations. »

Le goncourt

Un événement va venir arracher Elsa à ses occupations studieuses. Le 2 juillet 1945, le prix Goncourt lui est attribué pour son recueil de nouvelles *Le premier accroc coûte deux cents francs*. Vite, il lui faut confier sa joie à Lili, en termes un peu burlesques pour ne pas avoir l'air de trop se prendre au sérieux ; elle écrit donc le 3 juillet : « Toute la journée, j'ai été photographiée, "interviewée" et j'ai dû parler à la radio. » Et elle ajoute : « Et si par hasard vous m'aviez entendue ? [...] Aujourd'hui, dans tous les journaux sans exception, il y a en première page ma tronche et dans l'appartement tellement de fleurs qu'on ne peut ni se lever ni s'asseoir ! » Le couple s'est offert un petit dîner avec « nos amis les plus proches », dîner où le caviar expédié par Lili, et reçu par hasard le même jour que le prix, était le plat d'honneur.

Marie-Thérèse Eychart a dépouillé toute la presse qui suivit l'attribution du prix pour nous livrer ce que fut cet événement[1]. Il s'agit du prix Goncourt de 1944, qui n'avait pas été attribué l'automne précédent, et l'ouvrage d'Elsa Triolet l'emporta par 5 voix sur 7. Trois éléments au moins constituaient des « premières » : le prix était attribué à un recueil de nouvelles, son lauréat était... une lauréate, et, pour la première fois enfin, une femme, Colette, était membre du jury. On se souviendra sans doute que, dès 1943, Francis Carco avait voté pour *Le Cheval blanc*, indiquant ainsi, un an avant le choix final, qu'il choisissait bien l'écrivain en tant que telle, non la résistante enfin reconnue. Pourtant, la presse dans son ensemble insistera sur ce dernier aspect : ce n'était qu'éloge à ce moment-là, cela deviendrait presque accusation, l'accusation d'avoir reçu le prix tant convoité non « au mérite », mais pour des raisons de circonstances.

Les termes relevés par Marie-Thérèse Eychart sont convaincants : *Le Patriote* titre : « Une femme, une résistante, une Française ». *L'Illustré* écrit : « Tant elle est devenue française de cœur et d'esprit. » Du côté des amis d'Elsa, on pouvait aussi accréditer la version d'un choix politique. Les *Lettres françaises* clandestines avaient averti : « L'Académie Goncourt aura des comptes à rendre. » On ne se priva donc pas d'épiloguer ; Raymond Jouve : « L'Académie Goncourt, après s'être élégamment épurée, se devait d'élire un candidat de la Résistance et de couronner un roman de la littérature clandestine. » André Chassaignon : « Les jurés rescapés de l'épuration ont cru faire preuve d'opportunisme en couronnant *Le premier accroc coûte deux cents francs*, moins sans doute en considération de son réel intérêt que pour des raisons politiques. » Roger Peyrefitte n'aurait obtenu que deux voix au second tour pour *Les Amitiés particulières* pour des raisons du même ordre.

Marie-Thérèse Eychart analyse très justement : « Placée au centre d'enjeux qui la dépassent (Elsa Triolet) va désormais apparaître comme l'écrivain d'un parti (à cette date, au sens large du terme, celui de la Résistance). Son œuvre sera ensuite réduite à une littérature "politique" ». Les louanges du *Parisien libéré* mettent clairement à jour ce quiproquo : « N'est-ce pas ainsi Laurent Daniel[a] au talent courageux et vrai, qui a reçu le prix Goncourt ? » Elsa Triolet sera donc cataloguée « écrivain de la Résistance ». On cherchera à lire dans ses textes des nouvelles à clef, et elle s'en défendra : « Mes héros sont des créations, ne les cherchez pas autour de moi. » Et, dans *Les Lettres françaises* : « Je n'ai fait le portrait de personne. J'ai pris des traits ici, des traits là. Je n'ai jamais écrit un roman à clef et rien ici n'est autobiographique, sauf les paysages. » Émile Henriot rendra à l'écri-

a. Pseudonyme sous lequel Elsa Triolet avait publié dans la clandestinité *Les Amants d'Avignon*.

vain, sur ce sujet, un bel hommage dans *Le Monde* du 4 juillet : « C'est à s'y méprendre, tant la chose vue, le caractère vraisemblable et l'anecdote à peine transposée dans ses récits donnent une impression de vérité atroce et de mémoires non supposées. Je ne sais pas d'éloge plus flatteur pour un romancier. »

La presse insistait aussi beaucoup sur la « conquête féminine », féministe même, qu'aurait représentée ce Goncourt. « Vote des femmes. Goncourt femmes, l'époque est féministe », va même jusqu'à écrire Jacques Carton dans *Fraternité*. Des articles soulignaient à l'envi les « grâces bien féminines », les « trouvailles primesautières », les « belles histoires d'amour », évoquaient « la sensibilité frémissante »... D'autres revenaient sur le manque de maîtrise du style, manque féminin lui aussi ! « Elsa Triolet [...] parle [...] en femme, sur un mode mineur, en un style volontairement incorrect et alourdi d'une abondance de détails souvent fastidieux » (*Marie-France*). Pourtant, à l'avance, Roland Dorgelès, juré du Goncourt, avait pris ces critiques – louangeuses ou non – de revers : « Nous avons fait place parmi nous à Colette parce que nous aimons son talent, nous avons aujourd'hui couronné Elsa Triolet parce que nous avons aimé son livre. »

Dès ce moment-là aussi commence à jouer ce que Marie-Thérèse Eychart propose de nommer l'effet de mythification des *Yeux d'Elsa*. Le poète Aragon avait porté si haut la célébration de sa compagne que l'on entrait, à propos d'Elsa, dans cette seconde négation des femmes qui accompagne si souvent la première, plus commune : après avoir considéré l'infériorité du « deuxième sexe », la femme est portée sur un piédestal qui évite de la considérer simplement comme personne humaine. L'esclave devient déesse, quand elle aurait voulu être une femme, l'égale de l'homme (en droit et en raison...) tout simplement !

Jacqueline Piatier, dans l'article qu'elle consacra à Elsa dans *Le Monde* du 18 juin 1970, à la mort de cette dernière, parlera d'un « curieux renversement des renommées », avec une éclipse de quinze années qui suivit ce prix. Et Claude Mauriac écrira, au même moment, à peu près les mêmes choses dans *Le Figaro* : « Il l'a chantée comme jamais poète ne célébra son aimée. Et cela aussi nous agaçait, tant notre frivolité est incurable [...] Et nous pensons à elle, en nous demandant soudain si nous n'avons pas été injustes à son égard. »

Injustes à son égard... Elsa Triolet, malgré la satisfaction d'avoir reçu le prix si envié, souffrit profondément, ces années-là, de ces injustices insinuées ou affichées[2]. Dans la préface à la republication du roman *Anne-Marie*, dont elle avait commencé le travail dans l'immédiat après-guerre, Elsa se demandait ce qui lui avait donné « cette écriture raide comme s'il s'agissait de mieux me taire, couvrant de mots rigides, abrupts, une nudité avec ses plaies ». Bien sûr, pour eux comme pour tous, était venue la retombée normale d'un moment fantastique d'espoir et d'enthousiasme ; mais il ne s'agissait pas seulement d'une humeur collective, Aragon et Elsa étaient pris dans une figure singulière : ils étaient, dit-elle, « les pestiférés les plus fêtés de Paris ».

Le comité national des écrivains dans ses meubles

Pourtant, Elsa cite à l'appui de ce qui aurait dû la détourner de cette atmosphère difficile, le travail réalisé autour du Comité national des écrivains. En 1944-1945, dit-elle, les « nôtres » semblaient avoir gagné. « Je commençais à m'occuper du Comité national des écrivains et je rencontrais pour ce faire beaucoup de bonne volonté et même d'enthousiasme. Je devais ensuite consacrer au CNE beaucoup de mon temps, j'y étais attachée comme à un enfant qu'on a vu naître[3]. »

Elle décrit les péripéties de la création du CNE : comment l'idée en était venue à un tout petit groupe, en 1941, au moment du séjour à Paris chez le sculpteur Lipchitz où ils s'étaient cachés, lors d'une rencontre avec Danièle Casanova, Georges et Maïe Politzer. Ils en parlent à Jean Paulhan, décident de s'en ouvrir à Georges Duhamel. Elle note au passage un rendez-vous manqué, dans l'atmosphère de peur de l'époque, elle signale le refus d'adhésion de Georges Duhamel « à cause de l'Union soviétique », puis un « déjeuner découragé » avec Germaine et Jean Paulhan. Pourtant, des signes d'accord arrivent : de François Mauriac, de Blanzat, du R.P. Maydieu, de Guéhenno. Elle rappelle qu'Aragon et elle créent dans le Midi un CNE de la Zone Sud. Les réunions clandestines ont lieu à Montchat, dans la banlieue de Lyon, dans la maison de René Tavernier. Y viennent Jean Prévost, Martin-Chauffier, Henri Malherbe, le père Bruckberger, Stanislas Fumet, Auguste Anglès… Les adhérents de zone Sud et de zone Nord se retrouvent de temps en temps à Paris. Elle s'étonne de l'intransigeance de ceux de la zone Nord, et elle ajoute, ironique : « Que dire alors des adhésions lors de la Libération ! Tout le monde voulait en être, du CNE, tout le monde jusqu'à André Gide, jusqu'aux frères Tharaud et Paul Valéry, de l'Académie française… » Avec amertume, elle souligne que le premier manifeste publié dans *Les Lettres françaises* du 9 septembre 1944 commence par le nom de Georges Duhamel mais oublie le sien. Quand ils rentrent à Paris en octobre, de nombreuses réunions ont déjà eu lieu. Une commission a été élue, comprenant notamment Éluard, Debû-Bridel, André Rousseau, Raymond Queneau, pour constituer la « liste noire » des écrivains de la collaboration. Elle se défend – et défend Aragon – d'avoir été partie prenante dans la constitution de cette liste et dans le désir d'épuration.

Il faut chercher bien sûr dans l'état d'esprit et les modes d'organisation de la Résistance l'idée – jamais vraiment explicitée, parce que trop évidente pour ceux qui y participèrent – d'une organisation des écrivains qui n'était pas un syndicat (ils se préoccupèrent fort peu de la défense immédiate de leurs intérêts), qui n'était pas un parti politique (ils s'efforçaient, au contraire, en partageant des principes essentiels inspirés par l'opposition au nazisme, de regrouper des hommes et des femmes d'appartenances politiques et religieuses différentes) mais qui ressemblait comme une sœur aux réseaux inventés sous l'Occupation. Nous savons qu'Aragon, pour la zone Sud, s'était chargé de regrouper entre eux les enseignants, les juristes, les médecins, etc. Nous savons aussi que toute l'action des militants communistes s'inspirait de cette idée qu'ils devaient toucher des milieux dans lesquels ils avaient une présence quotidienne pour travailler « au cœur des masses ». Pour les partis de gauche de l'après-guerre, il s'agit là d'un axiome : les militants ne doivent pas vivre entre eux, mais animer des associations dont ils représentent les meilleurs éléments, qui leur permettent de n'être pas isolés et de pouvoir toucher, pour les batailles politiques, des réseaux de sympathisants. Comme des « poissons dans l'eau »... Leurs adversaires, eux, parlent de « noyautage »...

Dès après la guerre, Elsa fait du Comité national des écrivains, lieu de cet engagement, sa chose presque personnelle. Il faut d'abord chercher des locaux. Après la Libération, *Les Lettres françaises* étaient devenues l'organe du CNE et l'hébergeaient à leur siège, rue de Courcelles. Puis ce fut un vaste grenier aménagé rue de la Paix. Enfin le CNE fut délogé de ce local fin 1946 et vint atterrir dans ce qui allait devenir la Maison de la pensée : un hôtel particulier, 2 rue de l'Elysée, occupé d'abord par les Allemands puis revendiqué par les Anglais. « Il y eut à l'hôtel Rothschild la première vente de livres dédicacés du CNE, vente qui n'était due ni à mon initiative ni à mes soins ; je ne me suis occupée des ventes que plus tard, à partir de l'installation du CNE à la Maison de la pensée, 2 rue de l'Elysée, en 1947[4]. » Elle racontera dans le même texte toutes ces recherches et une fête dans les jardins du Palais-Royal « où la troupe de la Comédie-Française a joué pour nous, sur des tréteaux, en plein air, *Le Médecin malgré lui*... » Elle résume l'atmosphère des liens entre les écrivains de cette époque : « Tout nous venait comme un don de la nature, comme la tiédeur d'une belle nuit d'été... »

Pourtant, quand elle écrit à Lili, le 25 février 1946, elle insiste plutôt sur les tracas. Il est clair qu'elle ne se contente pas de venir au CNE simplement pour discuter des textes, débattre des motions, décider de quelques objectifs. Elle se « démène » dit-elle, presque en ménagère, pour trouver des locaux, les rendre fonctionnels et accueillants : « Il n'y a pas d'argent et il faut faire des travaux, il faut des chaises, le téléphone, une machine à écrire... Un vrai malheur et de terribles tracas. J'ai trouvé un appartement rue de la Paix, cela fait chic ? mais c'est un grenier, un immense et merveilleux grenier avec terrasse, bientôt on y sera bien, une vue merveilleuse, mais voilà, il n'y a pas de quoi s'asseoir ! » Pendant ce temps, Aragon voyage beaucoup : il « a des obligations internationales. Maintenant il est entré en gloire en Amérique », écrit-elle, mi-figue, mi-raisin, en signalant qu'on a publié là-bas un livre sur lui : « Le livre se termine sur un article du journal clandestin que nous publiions tous deux, l'article n'est pas signé, il est de moi ! mais a passé comme étant d'Aragocha ! C'est touchant ! » Et elle regrette qu'on croie leur vie trop facile, « pour les gens de l'extérieur notre chemin est semé de fleurs ».

Elsa se sent de plus en plus appartenir à une double famille : d'une part celle des écrivains qui partagent ses idées, qui militent comme elle au CNE, d'autre part celle des communistes et des « compagnons de route », comme on disait alors. C'est avec des mots affectueux qu'elle recommande à Lili, en avril 1946, la délégation de l'Union des femmes françaises qui doit venir en URSS : « Tu verras nos amies, les déléguées des Femmes françaises. Ce sont des femmes remarquables, qui ont fait ici un travail immense avec un dévouement et une intelligence de la meilleure qualité féminine. Édith Thomas, si tu la vois, est un écrivain connu. » Et Lili, dans la bonne tradition des relations entre

« camarades », accueillera Édith Thomas avec des fleurs, invitera la délégation chez elle. Ainsi, de Paris à Moscou et retour, les liens « politiques » prennent-ils de plus en plus l'allure, lorsqu'ils passent entre les deux sœurs, de relations familières, quotidiennes, où l'on ne discute pas de questions de fond, puisqu'il existe une sorte d'accord tacite. À tel point qu'on ne s'étonne qu'à moitié de voir figurer dans les lettres de Lili, à côté d'une demande d'expédition d'un livre de Pierre Courtade, celle d'un flacon de « Jicky » de Guerlain…

Dans l'immédiat après-guerre aussi, Elsa, confortée par le prix reçu, va écrire avec abondance ; en 1946 sort *Personne ne m'aime*, en 1947 *Les Fantômes armés* et *Dessins animés*, en 1948 *L'Inspecteur des ruines* et *L'Écrivain et le livre ou la suite dans les idées*. Trois romans majeurs, un livre illustré, un petit recueil de conférences et d'articles. La militante du livre qu'elle est devenue peut ainsi, chaque année, aborder les fameuses ventes du CNE sans angoisse : elle pourra présenter une « nouveauté », comme on dit dans l'édition. Mais, plus encore, elle a choisi maintenant sa vie : la création littéraire est devenue son monde.

La conversation reprise avec Lili

De Russie lui arrivent les échos des livres parus en France. Le 23 juillet 1945, Lili annonce que la revue *Znamia* a l'intention de publier *Les Amants d'Avignon*, dans une traduction de Rita Raït et que la même Rita Raït se propose de traduire aussi *Le premier accroc…* en entier. Lili note également : « Nous avons vécu en évacuation exactement comme chez Mme Loiseau. C'est comme si tu nous avais vus là-bas ! Un vrai miracle ! Une même petite maison, une même maîtresse de maison […] De la même façon, des trains passaient nuit et jour à côté de notre maison. Le bourg était semblable. Et semblable aussi notre moral. Bref, c'est tout simplement stupéfiant ! » Et, pour rester en contact avec la

Elsa entourée de sa famille
vers 1906.

Lili à Moscou,
dans ses jeunes années.

Le cercle des amis,
à Moscou, en 1924.
Dans l'ordre : Pasternak,
Eisenstein, Maïakovski
et Lili.

© CNRS-Paris.

Lili et Elsa en 1923.

© CNRS-Paris.

Elsa et André Triolet
sur la véranda de leur villa
à Tahiti en 1920.

Elsa à Berlin
dans les années 1923-1924.

Portrait d'Elsa
par Henri Cartier-Bresson
en 1939.

Elsa au moment
du prix Goncourt, en 1945.

La militante Elsa
à la tribune.

Manifestation
du Front National.
Madeleine Braun
est à côté d'Elsa et
Yves Farge près
d'Aragon.

Salle Pleyel, à Paris, Pablo Picasso, Elsa, Pablo Neruda et Vercors en 1951.

Elsa et Jean Cocteau lors d'une vente du CNE dans les années 1950.

Elsa et Guy Béart lors de l'émission de télévision « Bienvenue chez Guy Béart » en 1966. Au second plan, on aperçoit Dominique Tron, jeune poète.

© Photo Jean-Pierre Guillaume / CNRS-Paris.

Elsa et Aragon à Prague en 1962. Le 6 septembre, Aragon y recevait le titre de docteur *honoris causa*.

© Photo Miroslav Peterka / CNRS-Paris.

Elsa et Aragon au Moulin de Saint-Arnoult, dans les années 1960.

L'éditeur remercie le fonds ElsaTriolet-Aragon du CNRS-Paris
pour avoir aimablement mis à sa disposition la majorité des photos présentées ici.

France de sa sœur, Lili demande qu'on lui envoie le plus possible de livres «caractéristiques de Sartre et Camus», «la musique de Poulenc sur les paroles d'Aragon», un abonnement à *Ce soir* et, dans le mélange de futilités et de sérieux qui caractérise cette correspondance, du ruban, des colliers, et des caractères russes pour une machine à écrire.

C'est en décembre de cette année 1945 qu'Elsa parle pour la première fois à sa sœur du nouveau roman qu'elle prépare sous le titre – combien significatif – de *Personne ne m'aime*. Elle se plaint d'un même mouvement de ce qu'elle nomme «l'agitation de sa vie», et de quelques ennuis de santé : «J'ai toujours un rhume, un refroidissement et je n'ai pas le temps de rester chez moi le temps de guérir avec de l'aspirine et du thé. Et puis, j'aurais par la même occasion fini *Personne ne m'aime*. J'ai déjà ajouté beaucoup de choses, mais il en faut encore et je n'ai jamais le temps, il y a tout le temps de petites choses bêtes à faire et des coups de téléphone.» Et Elsa la mécontente pointe du doigt les servitudes du métier d'écrivain : «Nos livre sont réédités et traduits. Nous recevons des droits, le fisc nous dépouille, plus on gagne et moins on a d'argent.»

Par ailleurs le milieu des lettres lui paraît détestable : «Parmi les écrivains, il y a beaucoup de querelles. *Personne ne m'aime* correspond de plus en plus à la réalité, on pourrait y ajouter chaque jour une page. Mais nous ne nous laissons pas abattre, c'est ce qu'on appelle la lutte, n'est-ce pas ?» Lili demandera des explications sur cette expression d'une «lutte» dans la littérature : «Contre qui avez-vous une lutte littéraire ?» Plus tard, elle réitérera ses questions sans jamais obtenir vraiment de réponse précise : «Quels sont ces désagréments littéraires que vous avez eus, comment concluez-vous vos contrats d'édition ?»

Elsa avait signalé pourtant quelques bonheurs : Matisse avait bien voulu exécuter la couverture et le frontispice pour une édition suisse du *Mythe de la baronne Mélanie* (pour ma «baronnesse», dit-elle). Et elle ajoutait, évoquant la fleur qu'elle a toujours préférée : « Voici venir la saison des jacinthes », glissant aussi au passage cette notation : « J'ai pris un chat, c'est un enfant trouvé et je n'avais pas le cœur de le chasser. »

À la fin de 1945 encore, comme Lili a interrogé sa sœur sur les pièces de théâtre qui se jouaient à Paris, Elsa lui répond assez sèchement : « Nous n'allons pas au théâtre, nous t'en demandons pardon. Nous n'en avons pas, mais pas du tout, la force. » Elsa sera d'ailleurs aussi brève pour évoquer leurs conditions d'existence durant cet hiver où le charbon manque, où Lili s'inquiète (« Comment faites-vous pour vivre et travailler avec une seule pièce chauffée ? Vous vous disputez ? ») et où s'amorce, de Moscou à Paris, un transit inattendu de nourritures de toutes sortes que la grande sœur procure à sa cadette. Nourritures si nombreuses qu'Elsa, devenue difficile, écrira à son tour : « Nous nous nourrissons de tes friandises. Si tu nous envoies encore des gâteaux secs, envoies-en d'autres, ceux-là, on en a assez. » Ces envois laissent à penser sur la très inégale répartition des biens au pays du communisme, en ces temps difficiles d'après-guerre...

C'est de ces années-là que date la formule de Lili pour ouvrir ses lettres : « Mon soleil Elsa ! » « Mes soleillots » « Mon petit soleil-Elsa, ma petite lune-Aragocha ». Et tout le courrier des deux sœurs est plein de gâteries réciproques, comme pour réparer l'absence obligée des longues années silencieuses de la guerre. Lili envoie par exemple à Elsa « une broderie russe ancienne que (lui) avait autrefois offerte Lamanova », célèbre modéliste russe, une des couturières les plus renommées de vêtements de soirée pour la cour de Russie.

Le lecteur d'aujourd'hui s'amuse à découvrir l'engouement de Lili pour tous les « appareils » qui apparaissent sur le marché : le moulin à café électrique sera annoncé en grande pompe, autant que le premier téléviseur ; il faut entendre la sœur aînée décrire les délices des soirées devant l'étrange lucarne où la télévision russe donne des films et des pièces de théâtre. «Pour le moment, les émissions n'ont lieu que deux ou trois fois par semaine, mais bientôt elles seront plus fréquentes. C'est merveilleux! Nous sommes affalés dans nos fauteuils; nous grignotons des pommes et regardons à la file, en une soirée, deux films et un spectacle de variétés.» Puis ce sera le magnétophone : «Nous avons un nouveau jouet» [...] «Le magnétophone est une chose merveilleuse, mais absolument inaccessible ici aux simples mortels», dit-elle en faisant allusion à ses nombreux privilèges. Elle raconte aussi les tribulations pour acquérir un rasoir électrique au Mostorg pour Vassia[5], ajoutant en post-scriptum : «Hélas! tous les rasoirs ont été vendus à l'approche des fêtes!» et elle s'enquiert avec gravité auprès d'Elsa sur l'existence en France de «rasoirs qui se remontent, sans courant électrique, pour le voyage».

Écriture de l'après-guerre

Elsa entre beaucoup moins dans ces jeux-là et entretient bien plus sa sœur de projets littéraires. Elle prépare une nouvelle édition de son *Maïakovski* chez Seghers, elle s'est attaquée à la rédaction de *Personne ne m'aime*, et à la préparation d'une pièce de théâtre tirée de ce roman, pièce que lui a demandée Louis Jouvet.

L'écrivain s'amuse de l'impatience du comédien qui voudrait recevoir la pièce avant même qu'elle soit écrite. Puis elle se réjouit des approbations de son commanditaire : «Il m'a fait des éloges frénétiques», mais elle s'en étonne : «Si l'on tient compte du fait que je ne vais jamais au théâtre et ne l'aime pas beaucoup, cela est pour le moins étrange.» Et elle a alors un jugement curieux sur l'écriture théâtrale qu'elle caractérise ainsi : n'écrire «que pour la conversation». Cependant, si elle juge cette occupation futile, elle n'en nie pas l'intérêt : «Tu ne peux te figurer à quel point c'est intéressant d'écrire une pièce... Jouvet affirme que je n'écrirai plus jamais de romans, mais seulement des pièces, mais ce sont bien sûr des fadaises, parce que la chose ne me paraît 1) pas sérieuse et 2) publique, et moi j'aime la solitude. » Près de vingt ans plus tard[6], elle évoquera cette pièce avortée, en reprenant les raisons qui poussaient Jouvet à la demander, et les circonstances de l'abandon du projet. Et elle s'en consolera avec une lucidité brutale : « Je suis contre les nouvelles pièces qui n'ont rien de neuf. » Cette évocation lui sera cependant l'occasion de revenir sur la technique des « citations » ou des « collages » qu'elle avait déjà défendue contre son éditeur Denoël au moment du *Cheval blanc* : « les acteurs vivants dans un décor peint. [...] en même temps, l'approche de la réalité et un faux-semblant ». Dans la pièce, en effet, comme dans le roman, elle avait introduit Cocteau, Christian Bérard et Francis Carco. Christian Bérard et Cocteau acceptaient même de jouer leur rôle pour la générale et Christian Bérard préparait déjà ses projets de décor.

Mais le roman, lui, va son chemin. *Personne ne m'aime* est écrit à la fin de 1944 et en 1945. Ce devait être une nouvelle qui s'allongea... Une deuxième héroïne prit place à côté de Jenny Borghèse : Anne-Marie, qui devint le personnage principal de la longue nouvelle suivante : *Les Fantômes armés*. L'ensemble des deux romans prendra le nom d'*Anne-Marie*. Quant aux *Fantômes armés*, ils sont, dit Elsa, « le développement des *Dessins animés*[7] ». *Les Fantômes armés* traite des mêmes thèmes que plusieurs romans à venir, y compris *L'Inspecteur des ruines* (qui ne paraîtra qu'en 1948), *Le Cheval roux* (publié en 1953) et même – souligne Elsa – *Le Grand Jamais* écrit vingt ans plus tard. On y rencontre des morts-vivants, des prés fleuris transformés en tombes, la jolie héroïne se retrouve en pauvresse vêtue de loques, elle apprend qu'en réalité l'Allemagne a gagné la guerre... Cauchemars sur le mode : si tout avait tourné autrement qu'on ne croit...

Les visions fantastiques d'Elsa se nourrissent d'ailleurs d'événements réels. Chargée par *Les Lettres françaises* d'un reportage sur le procès de Nuremberg – où devaient être jugés, entre le 20 novembre 1945 et le 1er octobre 1946, devant un tribunal militaire international, vingt-quatre dignitaires du parti nazi et huit organisations accusés de crimes de guerre – Elsa écrira un long texte intitulé *La Valse des juges*. Ce texte, où l'auteur mêle les descriptions précises, les notations dramatiques et des détails presque burlesques, deviendra une source d'inspiration pour *Les Fantômes armés*, écrit en 1946. Elle évoquera dans ce roman le procès de Nuremberg « dressé sur des ruines, morne, interminable, incertain, décevant… »

Dans *Le Cheval blanc*, Elsa Triolet suivait le souffle d'une inspiration qui l'entraînait dans le sillage d'un héros ; dans les nouvelles du temps de guerre, elle se livrait à une description kaléidoscopique de la France occupée, de ses lâches et de ses résistants ; avec ces nouveaux livres, Elsa Triolet travaille de manière très consciente et volontaire à réaliser une œuvre de fiction, mais qui puisse témoigner de l'époque vécue. Elle écrira que l'ensemble composé par *Personne ne m'aime* et *Les Fantômes armés* se veut l'œuvre d'un « romancier témoin de son temps ou témoin de ce que son temps a fait de lui, romancier ». Dans la préface à *La Mort dans l'âme,* elle dira encore à propos de cet ensemble de romans : « Rien n'est moins littéraire qu'*Anne-Marie*. *Anne-Marie* était moins écrit que lutté sur le pont d'un navire qui tanguait et roulait, et j'essayais de me retenir à mes réalités, à ce qui m'unissait à une foule d'hommes et de femmes. »

Dans cette période où Elsa Triolet se mobilisait pour ce qu'elle appelait « la lutte » dans le domaine littéraire, ces écrits relèvent d'une posture où toutes les actions, y compris la création artistique, participent d'un seul et même engagement : donner à voir la réalité d'un monde dont le sens échappe à la plupart, et dont il est urgent de dénoncer les catastrophes qu'il recèle.

Personne ne m'aime

Elle entreprend l'écriture de *Personne ne m'aime*, dit-elle, « dans des conditions politiques particulièrement aiguës ». Et elle ajoute : « Le bonheur commençait à se retirer de nous comme la mer. » Pour évoquer ce qu'elle nomme « la drôle de libération » après la « drôle de guerre », elle trouve ces mots : « dans mon île déserte habitée d'une foule dense »...

Il faut pouvoir lire *Personne ne m'aime*, dans le volume 9 des *Œuvres romanesques croisées*, qui s'ouvre sur le superbe portrait photographique d'Elsa réalisé par le studio Sven en 1947 ; regard clair et triste à la fois, comme lassé, sous le front haut couronné d'une lourde tresse blonde d'allure très slave.

Le roman, comme *Camouflage* au début des essais romanesques d'Elsa Triolet, tourne autour de deux femmes, la mondaine et l'effacée, Jenny et Anne-Marie. La seconde, d'abord timorée et fascinée par son amie, deviendra une héroïne comme en rêvent les idéologies du partage. Comme si l'écrivain, dédoublée en deux personnages, se retrouvait une personnalité soudée, une humanité pacifiée par la grâce des solidarités combattantes. Comme si l'auteur avait accepté le fait que l'Histoire tenait le premier rôle dans le destin des individus.

Dans la première partie, consacrée à l'actrice-vedette Jenny Borghèze, Elsa s'attarde sur la description de l'existence luxueuse de la comédienne, ses réceptions, son immense appartement, l'accumulation du mobilier somptueux, des œuvres d'art, la capacité de s'y protéger de la foule malgré l'envahissement des salons, les fleurs à profusion déposées par les amoureux de Jenny, etc. Une description qui n'est en rien critique : est-ce s'égarer que de penser qu'au-delà de la dénonciation des inégalités, l'envie tenaillait très fort Elsa de connaître et de partager ce monde-là ? Jenny, en tout cas, manifeste une étrange attitude face à la richesse : « Quand je vois des gens pauvres, j'ai honte et j'aimerais être comme eux ; quand je vois les riches, je les déteste, j'ai envie d'être plus riche qu'eux, et j'ai tout aussi honte… » Son amie Anne-Marie sera également sévère, qui égratignera au passage avec férocité : « Les femmes du monde sont d'habitude si mal élevées, elles ne comprennent pas la moitié des choses, de là leur manque de tact, leur grossièreté. Elles savent se tenir à table, c'est bien tout, et encore, c'est parce qu'elles n'ont pas faim. »

À la veille de la guerre, l'actrice est très mal vue de la droite bien-pensante qui la traite de « rouge », mais elle ne perçoit pas de contradiction entre son mode de vie et ses convictions égalitaires. Comme si ce personnage, répétant à l'envi que « personne ne l'aime », était de ces déclassés venus de milieu modeste qui, éblouis par leur nouvelle situation, en voient pourtant le revers : ils sont entourés de profiteurs, d'admirateurs faussement attachés qui n'attendent que le bénéfice – en gloriole, en renommée – de la cour assidue qu'ils font à l'artiste. En Anne-Marie, la narratrice, Jenny sait qu'elle a sa meilleure amie, et elles se protègent mutuellement : Jenny abreuve Anne-Marie de ses prodigalités, la loge près d'elle, et reçoit en retour attention et dévouement total. L'une des expressions de Jenny, comme de la petite Fraise-des-Bois d'autrefois, est « je m'en vais vivre chez le gardien », chaque fois qu'elle sent, autour d'elle, l'indifférence sous les flatteries et les caresses. En ce sens, bien sûr, Jenny est Elsa.

Mais Elsa est aussi Anne-Marie, l'amie fidèle, qui a, comme elle, connu la vie dans une île du Pacifique « une grande baraque en bois, le bruit de la pluie tropicale sur le toit, les indigènes tenant leurs souliers à la main pour ne pas les mouiller, l'odeur forcenée des fleurs ». Anne-Marie compare la sauvagerie de la vie dans les îles, avec leurs « légendes monstrueuses », leur « folklore fait d'obscénité, de crapulerie, de crime » à la vie apparemment plus policée de la faune parisienne, où la calomnie ruine les réputations, où personne n'aime personne. Thème fréquent chez Elsa, quand elle rentrait de Tahiti au début des années vingt, et qu'elle disait ne pas se sentir davantage chez elle chez les sauvages du Limousin ou les sauvages de Paris, que chez les Polynésiens.

En tout cas, c'est Jenny qui a des idées politiques, et Anne-Marie se dit innocente sur ce terrain : « Je n'y comprends rien, je ne pense jamais à la politique. Ce n'est pas fait pour les femmes. » Dès le début du roman, Elsa prépare la mutation d'Anne-Marie, qui deviendra résistante, et héroïque, par le jeu des rencontres, alors que rien ne semblait la prédisposer à ce rôle ; la morale de l'histoire n'est pas loin : le Destin, la situation politique nous façonnent, peuvent faire des plus simples gens des héros, alors que les personnalités que tout semblait prédisposer à des carrières plus nobles sombreront peut-être dans la trahison ou la médiocrité par appât du gain, avidité, lâcheté.

Si peu habituée au monde de l'argent et du pouvoir, la sage Anne-Marie (« Tu es sage comme… je ne sais pas… comme le feu qu'on allume dans cette cheminée… comme les meubles en série… comme le meilleur pot-au-feu fait avec celui qui reste de la veille… comme une mère… comme un paysan en face de la terre et de la mort… ») ne peut supporter le flot de calomnies qui atteint Jenny : « Cette boue me donne la nausée, et toute cette marée d'ignominies, de mensonges, de calomnie… » Pendant que Jenny se fait attaquer de toute part, Anne-Marie commente : « la vie était devenue glaireuse, cette expression est laide, mais la vie aussi était laide. […] Je ne savais plus ce que les gens pensaient, il y avait une distance entre ce qu'ils pensaient et ce qu'ils disaient, une distance désobligeante. »

Un soir de 14 juillet, les deux amies restent seules dans l'appartement de Jenny pendant la fête, et Jenny déclare « d'une voix de crépuscule » : « C'est la meilleure image que l'on puisse donner de ma vie […] le 14 juillet qui traverse les quatre murs, et il n'y a personne pour vous emmener danser quand toute la ville danse. » Et comme Anne-Marie lui répond qu'elle trouverait très facilement beaucoup de personnes désireuses de l'emmener danser, l'actrice renvoie encore à son amie sa conviction que « personne ne l'aime » : « Connais-tu ces jours où on ne voit rien d'autre que des dos... Il n'est même pas sûr qu'il ait jamais existé des sourires, des regards... Il n'y a que des dos, des dos, des dos... » Quand Anne-Marie insiste sur le nombre des soupirants de Jenny, cette dernière lui rappelle la philosophie d'Elsa sur les relations amoureuses : « ces amoureux dont on ne veut pas, ils vous sont nécessaires comme les quatre murs autour de vous, comme le toit au-dessus de la tête, comme le pain quotidien... », mais, elle en est sûre, tout ce beau monde la quittera en même temps que la gloire... : « je crèverai à l'hôpital ».

Le suicide de Jenny clôt cette première partie. Et la deuxième s'ouvre donc pour Anne-Marie, après ce coup de revolver, comme « une course au malheur ». Malheur redoublé, puisque les événements de septembre 1939 viennent s'ajouter au drame personnel. Anne-Marie contemple le Paris de début 1940 : « Je ne bougeais pas. Je regardais Paris se vider, puis se couvrir de cette moisissure triomphante sous laquelle (il) a croupi pendant quatre ans. » Elle parle de ces « forces raisonnables qui m'habitent et qui m'ont toujours aidée à accepter un état de choses inévitable, qui m'ont aidée à porter ma croix sans grimacer, avec un sourirc d'acrobatc pendant un tour de force et d'adresse. » Elle va décrire avec une précision sans pitié les appartements provinciaux sordides où le hasard fait qu'elle se réfugie, une chambre miteuse chez deux vieilles femmes, avec les « petits coussins pour épingles, les vasillons, les statuettes ». Toute une petite ville sous l'Occupation, sa médiocrité, la rapacité de ses habitants, les vieilles femmes avides transformées en clochardes (personnage-clé des romans à venir d'Elsa !) jusqu'à ce que l'Histoire vienne bousculer cette réalité sordide : un personnage de résistant qui se cache, Anne-Marie entraînée, simplement par solidarité, dans une bataille qui la dépasse, etc

Anne-Marie découvrira, dans la guerre et la Résistance, la fraternité ; à Fresnes, par exemple : « La force immense de ceux qui étaient enfermés filtrait à travers ces murs, à travers ces portes, vers Paris, vers la France, et j'étais des leurs. Personne n'aime personne ? Pauvre Jenny, elle n'a pas connu l'union à la vie, à la mort, avec des êtres inconnus et proches comme votre propre cœur. » Plus loin, elle s'écriera : « Oh, fraternité des années héroïques de la Résistance ! Elle existait, elle était la plus forte. » Et, en revanche : « Il n'y a que cette idée, l'idée que personne n'aime personne, qui puisse engendrer le désespoir final. »

Mais ce qui est né de la guerre pourra-t-il survivre à la paix ? « La guerre n'était qu'une parenthèse. Nous sommes déjà les anciens combattants. » Et seule l'amertume surnage : « Les cœurs sont rentrés dans leur carapace, mes mains tâtonnent dans le vide sans rencontrer une main amie. Aimons-nous les uns les autres ! Mais puisqu'on s'est aimé en face de l'ennemi, c'est donc que c'est possible de s'aimer, faut-il vraiment que l'on s'aime *contre* quelque chose ? Ne pourrait-on pas s'aimer *pour* ? Je ne sais pas, mais je n'ai jamais eu aussi peur. »

Le 11 juin 1946, après avoir reçu *Personne ne m'aime*, Lili écrira à Elsa : « Mon or, ma petite chatte, pourquoi es-tu triste ? Quelqu'un t'a-t-il fait du mal ? Quelqu'un a-t-il écrit une saloperie sur toi ?

Tu écris si remarquablement ! *Personne ne m'aime* est un livre superbe, simplement il ne frappe pas, comme m'a frappée une fois pour toutes ainsi que tous ceux qui l'ont lu dans l'original ou en traduction “Alexis Slavsky”. C'est mon livre préféré de toute la prose que j'ai lue de toute ma vie. Je t'aurais aimée encore davantage grâce à lui si c'était possible… »

Ainsi, à propos d'un nouveau livre, Lili parlait-elle d'un plus ancien, ce qui est bien le pire des compliments à faire à un auteur… Lili n'aimait que modérément *Personne ne m'aime*. La boucle était bouclée…

Les fantômes armés

Avec *Les Fantômes armés*, le tome 2 d'*Anne-Marie*, Elsa s'efforçait de décrire « la drôle de paix que nous vivions, et comment un homme avait pu survivre à tous les dangers sauf à la paix ». L'ouvrage voulait constituer un témoignage sur « la vie quotidienne de l'époque, coupures d'électricité et marché noir ». Bien plus tard, Elsa, paraphrasant un poème fameux d'Aragon, dira du livre : « Ce roman devrait me rappeler, me mettre en tête une fois pour toutes que *rien n'est jamais gagné ni tout à fait ni pour toujours.* » Quant au cadre dans lequel une partie du livre se situait, il s'inspirait fortement d'un voyage avec Aragon, l'été 1945, à l'invitation du général de Lattre de Tassigny dans son QG du lac de Constance, « somptueuse Mercédès... aide de camp très jeune et très blond ». Là, Elsa avait découvert l'Allemagne de l'après-guerre « avec son peuple tapi dans un malheur stupéfiant [...] un pays amer, affamé, estropié, plein à ras bord de rage et de désespoir rentrés ».

L'ouvrage commence par une sorte de cri, sur le thème de *Personne ne m'aime* : « Je ne peux pas parler d'autre chose, je ne peux pas écrire autre chose, je ne peux penser à rien d'autre. Je ne me fais pas entendre, puisque personne ne me répond ; je fais de grands signes que personne ne semble voir. Il n'y a de l'épouvante sur le visage de personne, c'est donc que personne ne voit ni n'entend. Il s'agit de l'absence de tout le monde. Personne. » Anne-Marie est venue constater, après cinq ans de guerre, le désastre de sa famille, de son mari et de ses deux enfants comme abandonnés par elle. Là encore, le destin personnel est traversé par la politique : le mari, François, a été collaborateur ; elle, qui a fait de la Résistance, est plus séparée de lui par cette prise de position divergente, que par la maîtresse et l'alcoolisme de François.

Bien sûr, rappelle-t-elle au passage, l'écrivain de roman écrit d'abord des « histoires » : « Je n'imagine pas que le roman puisse cesser d'exister. C'est un remède contre l'ennui, comme l'alcool ou le chewing-gum. Et comme les hommes s'ennuieront toujours, il faudra toujours leur raconter des histoires, des romans… Le roman, c'est une histoire qu'on vous raconte, n'est-ce pas ? Ce n'est pas autre chose que des mille et une nuits. Vous n'avez jamais habité la campagne ? Vous n'avez pas entendu les histoires qu'on raconte pendant les veillées ? » Pourtant, que de savantes constructions dans *Les Fantômes armés* ! Deux types de paysages apparaissent comme en contrepoint l'un de l'autre : l'Allemagne et l'Autriche, d'une part hérissées de châteaux gothiques, avec leurs armures et leur mobilier moyenâgeux. Dans l'édition des *Œuvres romanesques croisées*, le roman sera illustré d'armures, figures en taille douce, tirées d'un ouvrage, *Il torneo di Bonaventura Pistofilo,* publié à Bologne en 1626, et gardées à la Bibliothèque nationale, à Paris, et chez Elsa et Aragon eux-mêmes. À l'opposé de cette Allemagne où, tapis dans l'ombre, attendent les monstrueux revenants des idéologies meurtrières, la garrigue méditerranéenne est l'autre décor où s'incrustent les humbles combattants du respect de l'homme et de la liberté. Le personnage d'Anne-Marie apparaît sur ce fond de garrigue, et l'homme qui en est amoureux pense alors : « le paysage n'existait que pour lui servir de fond, – l'amandier, le puits et l'horizon. Il manquait l'enfant sur ses genoux… » Quand elle fuira le pays des fantômes armés, ce sera pour retrouver Avignon, Villeneuve, et les villages où Elsa fut en résistance. De ce pays elle dit : « Ici, j'ai fait ma Rome, mon Athènes, ma patrie… » et au langage de la haine et des armes, elle oppose celui des troubadours : « La langue d'oc […] était la langue de l'amour […] pour l'apprendre, il fallait y vivre… Apprendre l'amour avec le ciel, les siècles abandonnés dans la pierre, le vent dans les arbres échevelés, dans le désert de la garrigue, le soleil, les ronces, la lavande et l'air… »

Entre ces deux « champs » extrêmes, circulent des personnages qui sont le pur produit des ébranlements de ce temps. La narratrice elle-même, dont la petite histoire a été bousculée par la grande : « La guerre, l'Occupation, m'ont jetée dans une vie pour laquelle j'étais probablement plus faite que je n'en avais l'air. [...] Il doit y avoir beaucoup d'hommes et de femmes qui ne vivent pas leur destin. La famille, le milieu, les ont mis sur des rails, et, si un accident ne provoque pas le déraillement, ils continuent à rouler devant eux, sans se douter qu'on peut vivre à travers champs. [...] vint la guerre, l'Occupation, j'ai déraillé. »

Yves Fonterolles représente une autre de ces transformations accomplies par la guerre : un de ces jeunes qui ne trouvent aucun sens à la paix : « On était mieux pendant la guerre [...] tout a un goût fade, la vie, les femmes. » Le combat dans l'un ou dans l'autre camp les a complètement dévoyés. « À vingt ans, on ne croit pas à la mort, c'est un jeu formidable que de risquer sa vie sans croire à la mort... Ils n'avaient pas de peine à être héroïques, et tout leur était permis pour la bonne cause. Maintenant la cause n'est plus, et ils continuent à croire que tout leur est permis ! » Et Elsa ajoutera à son propos vers la fin du roman : « C'est tragique, la révélation que certains ont eue d'eux-mêmes... Maintenant, ils s'imaginent être des croisés, et il leur faut une croisade coûte que coûte, pour ne pas périr d'ennui, pour donner leur mesure... Le prétexte de la croisade, on en parlera une autre fois... »

Les femmes, quant à elles, vivent d'autres sortes de mal-être : Colette vient se plaindre à Anne-Marie de sa solitude, de l'absence d'appel d'un homme au téléphone, de « la longue journée... Des devoirs qu'on peut toujours déplacer... La terrible liberté, la tête libre, le temps libre, même quand il est pris ! » À quoi s'oppose encore le souvenir des aventures de la guerre : « Il était bien question d'un coup de téléphone... » Où l'on voit alors Elsa-Anne-Marie répondre à Colette : « Aujourd'hui, pour ne pas attendre un coup de téléphone, il faut avoir avec un homme d'autres liens que l'amour. Alors il vous téléphonera. » Le texte comporte d'ailleurs de curieux passages où Elsa Triolet fait adopter par son héroïne une vision très pessimiste de l'univers masculin :

« Je vais prendre un amant [...] comme on met des poches à une robe. Mes lieux communs sur les hommes sont : vaniteux comme un homme, intéressé comme un homme, illusionniste comme un homme, traître comme un homme...

Qu'est-ce qu'ils vous ont fait ?

À moi ? Rien. Ils ont fait tout le mal qui est sur terre, et ils s'en vantent. »

Au fil du livre, on découvre le dessein d'Elsa : montrer cette France qui tourne mal, les anciens collaborateurs qui redressent la tête et se prévalent d'actions dans la Résistance ou entreprennent de longs discours de justifications anticommunistes. Le colonel Jacquot, ancien FTP, dit à Anne-Marie : « tous les collaborateurs vont sortir, tous, vous m'entendez ! », et le communiste Rolland : « Nous avons à défendre l'avenir du monde, la France, que le monde porte comme une étoile au front... » Pur épurateur, il ajoute : « l'épuration est un acte de guerre ». Il se complaît à raconter une histoire sinistre d'exécution et conclut : « Il faut avoir de la suite dans les idées pour pouvoir supporter des choses insupportables. » Ces temps d'après-guerre sont tout de noirceur : « Le grand Paris bougeait autour de la maison comme une pieuvre lâchant une encre noire. » Anne-Marie pense : « ces nouveaux Boches... » Et l'on assiste à un étonnant défilé de « fascistes » de toutes sortes, tenant des propos anticommunistes, souhaitant la guerre au Vietnam, etc. « Nous perdrons la colonie, c'est couru, la plus belle des colonies françaises ! »

Anne-Marie va se répétant : « Où sont mes amis ? Où sont ceux qui étaient ma famille ? [...] il y aura la guerre ! » Cependant, cette famille-là, elle la retrouvera chez les gens simples du village où elle avait pris le maquis. « Elle venait [...] retrouver [...] des gens clairs, sans arrière-pensées, avec lesquels on est d'accord sur l'essentiel. C'était vague, mais l'esprit de la Résistance existe. »

La fin de l'ouvrage sera une histoire de complot monté contre les anciens FTP par les réseaux de droite fascistes. Dieu reconnaîtra les siens : Jacquot d'un côté, avec les hommes simples du village qui ont été arrêtés et vont payer pour les autres, Célestin, Laurent... Yves Fonterolles – l'aristocrate dévoyé – de l'autre. Anne-Marie aura pris son parti. Le PC organise des manifestations pour faire relâcher les anciens FTP condamnés : « C'est mes copains, finit par dire Robert, souriant aux anges. Nous sommes une bande de plus d'un million dans le pays. » L'adhésion ainsi manifestée au Parti communiste et à ses idées est quelque peu tempérée par des réflexions prudentes ; sur la volonté d'imposer le bonheur par la force par exemple : « Est-ce utile de verser aux gens le bonheur de force ? Pourquoi ne veulent-ils pas de ce bonheur ? Ça serait si simple s'ils le voulaient, l'ordure serait balayée rapidement, proprement. Mais le ménage du monde est comme celui d'un logement : il faut recommencer tous les jours... »

Notons aussi que, malgré la fraternité découverte, Anne-Marie ne peut se déprendre de la solitude qui fait corps avec elle. Elsa fait foisonner les notations : « Il y avait autour d'Anne-Marie beaucoup de monde, mais elle n'avait tout de même pas de milieu. » « Si Célestin croit que la solitude est un état romanesque, ou une pose dans laquelle on se drape... La solitude est une infirmité, voilà ce que c'est, on devient seule comme on devient impotente. » Quand elle se demande à quoi bon se donner des obligations, elle se répond à elle-même : « Un sens du devoir, devant qui, devant quoi ? » Jenny est morte « parce qu'elle n'avait pas de groupe ». Pour Anne-Marie, il n'y a pas de groupe non plus : « Elle savait ce qui l'attendrait à une réunion de femmes, par exemple... On dirait d'elle "notre amie", on serait très gentil, et elle serait plus seule que seule... »

Autre peinture de ce temps : le Paris de 1945, éclaboussé de sa beauté, est tout de même repoussant dans le climat de corruption qui règne alors. Tout s'achète : « appartements, livres, bijoux, jambon, vin, tissus, cigarettes, savon, bas... » Et Elsa ajoute : « Paris bruissait, ronflait, ronronnait, gueulait, chuchotait, une mauvaise rougeur aux joues. » L'héroïne arrive à se procurer des provisions au marché noir : « C'était très cher, et Anne-Marie en éprouva une honte, comme d'un vice caché. » Et la pénurie est la règle : « Le chauffage était un mythe comme les taxis, comme les magasins où il y avait de la marchandise, comme les cafés où l'on rentre quand il fait froid, pour prendre un café crème bien chaud avec un croissant ou un sandwich au jambon, comme les restaurants accessibles à toutes les bourses. Il n'y avait toujours ni jambon, ni charbon… »

En somme, semble conclure Elsa, la victoire était un leurre de victoire, la paix est une illusion de paix : « Il n'y a pas de victoire. […] Que va-t-on faire de cette énorme baleine échouée au milieu de l'Europe et qui pourrit, et empeste, et empoisonne tout autour d'elle ? […] La grande déception pesait lourdement sur le monde. »

Le 22 décembre 1947, une lettre d'Elsa à Lili portera ce post-scriptum d'Aragon : « pour que 1948 ne nous sépare pas à cause de tous les salauds du monde ». Et, le 28 septembre 1948, Elsa ajoutera : « Si seulement on pouvait éviter la guerre… Nous autres sommes des vieux, peu importe, mais exterminer les jeunes gens, comme c'est insupportable. Elle sera pleine d'ennui, la terre sans les hommes. » Consciente de son état d'esprit, elle ajoute d'ailleurs : « ma petite Lili, je me suis assez plainte ».

L'inspecteur des ruines

Lorsqu'elle écrira son histoire en même temps que celle de ses ouvrages, dans l'enchaînement des préfaces aux *Œuvres romanesques croisées*, Elsa dira combien elle eut envie, après *Les Fantômes armés*, d'écrire quelque chose de totalement différent. « Toujours je me détourne d'un roman terminé, publié, discuté, comme de ma propre image dans une glace. Je souhaite ardemment avoir une autre tête, oui, je souhaite non seulement changer de coiffure, mais de tête. Ce qui est, bien entendu, impossible et, quoi que je fasse, ce qui est écrit par moi est reconnaissable comme ma tête, même si elle change d'expression et d'âge. »

Voilà donc Elsa partie vers l'écriture de « quelque chose d'autre »... Mais l'envie de changer est si forte, qu'elle songe à s'inventer une autre signature. Avec une raison supplémentaire : elle pourrait jouer un bon tour à ses détracteurs systématiques : « J'en ai assez de me faire injurier avant d'avoir ouvert la bouche, pour tout ! Pas moyen d'être tranquille ! Ces saligauds ne peuvent pas se pardonner de m'avoir donné le prix et s'efforcent de m'enterrer le plus profond possible. Je ne sais si nous allons guerroyer encore, ou si je dois me rendre sans combat. C'est que me voilà bien vieille. » Le 15 octobre 1948, elle avouera à Lili la supercherie souhaitée de présenter *L'Inspecteur des ruines* sous pseudonyme pour tenter d'obtenir un deuxième Goncourt qu'on ne pourrait, cette fois, lui contester.

Dans la *Préface à la mort dans l'âme*[8], elle exposera longuement l'idée qui était à l'origine de ce stratagème : « La fatigue de l'*a priori* attaché à mon nom... et comme j'en avais assez des tombereaux de balayures qu'on déversait sur mon chemin. En ce qui concerne la littérature, une envie irrésistible me tenait de recommencer à zéro. Si seulement ce que j'écris pouvait être jugé directement, pas sur mon nom, ma personne... Je m'ennuyais d'avance, avec colère, à l'idée des insanités qu'on allait écrire sur *L'Inspecteur des ruines*, sur cet Antonin Blond, de tout ce qu'on allait trouver dans ce roman, parce que j'en étais l'auteur. Si je signais du nom inconnu d'Antonin Blond... » Elle parla du projet à Carco. Il ne s'étonna ni ne s'indigna mais demanda à lire le manuscrit, et assura Elsa que son livre était très bon et qu'il pouvait obtenir le prix à l'unanimité. « Bien entendu, précise Elsa dans cette préface, j'allais ensuite dévoiler la supercherie et le jury donnerait le prix à un autre roman. » Elle apercevait pourtant les désagréments possibles si le prix allait à un autre ouvrage et que son roman lui échappe définitivement... Le risque fut évité puisque le délai de dépôt pour le prix fut avancé : *L'Inspecteur des ruines* n'était pas dans les temps pour le « coup littéraire » prévu. Elsa se résigna : « Tant pis : Elsa Triolet je suis, Elsa Triolet je resterai. »

Mais le goût de « changer de tête » avait inspiré à l'écrivain l'idée de faire tenir la vedette de son nouveau roman par un homme : « Je voulais que, dans le nouveau roman, tout fût différent, l'écrire autrement et à la première personne, par exemple, et que cette personne fût un homme... Et puisque mon univers était en ruines, j'allais m'attacher à un de ces hommes démolis qui se cachent dans la foule ; essayer de le tirer d'entre ces Saints-Anonymes, le singulariser, le tirer du pluriel. » *L'Inspecteur des ruines* sera donc un roman moins attaché à décrire la réalité qu'à faire naître la vérité d'un univers fantastique. Antonin Blond va raconter son histoire « pour que le fantastique devienne le développement logique du hasard ».

Le 28 septembre 1948, Elsa annonce à sa sœur : « J'ai fini mon roman. Je ne sais pas s'il est bon, mais je ne m'étais jamais autant attachée à un de mes livres comme à un être vivant, je parle avec lui, j'y suis liée d'amitié. Il s'appelle *L'Inspecteur des ruines*. Je ne sais pas quand il va sortir, et personne ne le lira, de toute façon. Et d'ailleurs, peu importe. On dira toujours dans les congrès que Chamson est un "écrivain de la Résistance" avec admiration, et sur moi on ne dira mot "étant donné que". Chamson a résisté principalement à la Résistance et son livre a été écrit *après la guerre*. Chez nous, on n'appelle pas ça de la résistance. »

Le manuscrit fut refusé par Mme Jean Voilier chez Denoël, « la seule fois qu'on m'aura refusé un manuscrit de toute ma carrière littéraire », notait Elsa. Elle raconte aussi que certains critiques et lecteurs (on devine que ceux-là étaient plutôt du côté des amis politiques d'Elsa) furent sans pitié pour ce « traîneur de savates » d'Antonin Blond : pour eux, « l'apolitisme, le pessimisme sont autant de crimes ». Elsa, elle, voit d'autres saluts possibles que le militantisme.

«C'est un précieux matériel humain, l'un de ceux-là qui, un jour, s'en vont tracer la route de la lune, chercher un coquillage au fond de l'océan, violer des cimes. Quel criminel gâchis que de les abandonner à la fourrière ! Antonin Blond est un homme de bien. Ni un faible ni un lâche. Une ruine de guerre.»

La plume d'Elsa Triolet s'était faite plus provocatrice, plus libre, comme si ce narrateur si différent d'elle la libérait des réminiscences autobiographiques et des conventions du genre romanesque. Ainsi Antonin Blond s'adresse-t-il souvent directement au lecteur en le prenant à témoin. Comme dans ce passage : «Ne criez pas au romanesque, au fantastique [...] vous êtes tout de suite incrédule, c'est bien pourquoi je n'ai jamais rien voulu raconter sur la vie en Allemagne pendant la guerre, sur les camps, sur les chefs nazis, sur leurs femmes, sur mes évasions : c'est trop fantastique. Et je ne pourrai jamais souffrir qu'on n'y croie pas.»

Avec ce héros de pure fiction, Elsa Triolet entretiendra des rapports étranges ; elle l'a «fait» le plus différent d'elle possible, il va devenir cet être protéiforme dans lequel elle s'incarnera le mieux : «Parmi les personnages par moi inventés, Antonin Blond reste mon préféré ; j'aurais souhaité avoir ses qualités, je les lui enviais timidement. Et si on peut considérer que le romancier n'est aucun de ses personnages, mais joue le rôle de chacun, celui d'Antonin Blond me convenait si bien, je m'identifiais à lui si complètement qu'un jour je me suis dit : je vais signer mes écrits *Antonin Blond.*»

Dans la *Préface à la mort dans l'âme,* Elsa s'efforce de rappeler, vingt ans après, le climat de ce qu'elle nomme «la drôle de paix». La *Préface au désenchantement* montrait les dégâts de la guerre sur le microcosme français, dans l'âme des anciens résistants, chez les écrivains qui cherchaient leur place hors des propos héroïques. Ici, elle décrit l'Europe de cette même après-guerre, le chaos de ses villes détruites, et l'errance du couple Aragon-Elsa, de capitale en capitale, à la recherche de l'Histoire dans les ruines accumulées. «Nous

nous mîmes à voyager beaucoup. Enfermés depuis 1939, la possibilité d'aller ailleurs, librement, nous grisait. » Elle rappelle le premier voyage au lac de Constance. Puis sa présence, seule, au procès de Nuremberg, et les voyages à deux en Allemagne, à Berlin, puis à Moscou, Varsovie, Prague... En 1946, ils accomplissent un périple à travers les démocraties populaires – Yougoslavie, Hongrie, Bulgarie, Roumanie, Tchécoslovaquie, Pologne – plus l'URSS. Elle décrit l'étonnant climat de ces voyages, mélange de désespérance quant aux désastres causés par la guerre, et de liesse devant l'accueil fait au couple : « On nous recevait mieux qu'un couple royal avec, ici et là, des accidents bizarres, des déchirures fantastiques dans la toile de fond, à travers lesquelles apparaissaient des coulisses ou l'horizon immense. » Elle ajoute même « un voyage de grandes vedettes » où elle avoue rester « étrangère à cette fête difficile » en continuant son « itinéraire intérieur » : « Je n'en étais pas encore à la reconstruction, mon rythme de l'Histoire me maintenait dans les ruines. »

Elle rappelle son voyage à Berlin, déjà relaté dans *Les Lettres françaises* du 3 novembre 1945 : occasion pour elle de fustiger la civilisation moderne qui organisa rationnellement les camps de concentration, de se demander s'il n'aurait pas fallu raser Berlin avec la bombe atomique, et de dire sa tendresse pour les vieilles pierres de Paris qu'elle aimerait caresser. L'oubli des ruines n'allait pas, pour elle, plus vite que la reconstruction. Mais « plus terrible que les paysages brisés était la démolition des hommes ». Cette démolition humaine la « fascine » : « les hommes-ruines vivent parmi nous », des hommes qui portent en eux « le cadavre de leur âme ». Le malheur de ces hommes n'est pas seulement que personne ne les aime, mais aussi qu'ils n'aient plus « personne à aimer ». « C'est d'un tel homme, conclut-elle, que j'ai fait le héros de *L'Inspecteur des ruines*. »

Qu'on l'entende bien, son héros est un anti-héros : « C'est Antonin Blond qui a écrit ce qui suit, et c'est moi, Antonin Blond. Un pauvre type. Je ne suis qu'un pauvre type. » « Je n'ai aucun signe particulier, distinctif [...] dans mes habits couleur de souci. » « Être quelqu'un qui n'a pas de nom... Et quand on en a un, que ce soit donc un nom qui ne dit rien à personne : Antonin Blond. » Le voici qui répond à une question sur son identité : « Moi, Monsieur ? Je suis déchet. Ma vie a été employée, je suis le déchet, ce qui en reste, l'inutilisable. La bonne chair, l'énergie que j'avais, l'amour, le courage, on me les a pris... J'ai tout donné. Ce qui reste, ce sont les épluchures... »

Quand il devient inspecteur des ruines, au début de la deuxième partie, il dit de lui : « J'essaye de ne pas voir plus loin que le bout de mon nez. Pas de vue d'ensemble, surtout pas de vue d'ensemble ! Je ne m'intéresse qu'aux détails, à la vie des individus. » [...] « Je m'intéresse aux détails de l'abîme, aux hommes ordinaires, aux moyens. »

Plus loin encore, Antonin Blond dira de lui-même : « Je suis l'Homme Inconnu. » Puis : « Je suis sorti dans la rue. Voici mes passants, mes chers passants. Les anonymes, les moyens, avec leurs particularités qui restent secrètes. Et moi parmi eux... [...] Je me suis mêlé à la foule pour y disparaître comme un arbre dans une forêt, j'allais à la foule pour m'isoler. La foule formait autour de moi le mur le plus épais pour m'isoler des hommes, elle m'offrait l'abri le plus sûr contre l'intrusion des hommes dans mon intimité, l'asile le plus inatteignable. »

Mais la société dans laquelle il vit ne peut se satisfaire d'un univers cassé. Il adhère donc au grand désir de nettoyage : « Nous avons besoin de l'ordre, de la propreté, du neuf, du bien lavé, nettoyé, astiqué, ratissé. [...] Nous voulons sortir de notre solitude monstrueuse, sauvage, nous faire adopter, chacun, par l'humanité entière comme des orphelins que nous sommes tous. [...] moi, le "criblé", je sens quelque chose se libérer sous mon crâne, et j'ai envie de vivre. » Il arrive à cet homme-déchet de rêver : « Aujourd'hui le malheur est la règle, le bonheur l'exception – demain le bonheur serait la règle, le malheur l'exception... Si l'homme heureux devenait l'homme-type. » Il évoque la fraternité : sans doute les espèces se détruisent-elles les unes les autres, mais il y a une fraternité à l'intérieur de l'espèce elle-même : « Le loup ne mange pas le loup, tous les loups sont frères, tous les lapins sont frères, tous les choux sont frères. » Et viendra une bien belle page où affleurent les réminiscences de la littérature communiste de l'époque : « Tremblant d'impatience, j'attends l'agent de liaison que les hommes, mes frères, vont m'envoyer [...] Il viendra, il me verra, il dira : "C'est toi, Antonin ? Il y a longtemps que je te cherche. Donne-moi ta main..." Et je le suivrai dans la maison de ma famille, de mes frères : les hommes. Ils me verront arriver, ils me diront : "Bonjour, Antonin ! Enfin ! Te voilà, on t'attendait, on avait besoin de toi, on est heureux de te voir... Dépêche-toi ! Tu es en retard !..." Et ils me montreront ce qu'il y a à faire pour que, de fil en aiguille, le rêve devienne réalité. »

Antonin Blond va devenir, pour un commanditaire suisse, inspecteur des ruines, il les détroussera, comme il ferait d'un cadavre de guerre. « Nous allons, très méthodiquement, détrousser toutes les ruines de guerre en Europe. » Tout le centre de l'Europe est un amas de pierres : « Ce sont des villes prostrées, effondrées dans leur misère, une génuflexion inutile devant l'impuissance de là-haut. » « Nous voici jolis, nous les amateurs de cosy-corners, d'armoires à glace et de buffets Henri II ! La dynamite a passé par le cosy-corner... On lui a secoué les puces, à l'intimité, elle a été bel et bien éventrée, la vie privée !... » Quant au régime fou qui a causé les ruines, Elsa écrit : « Les camps d'après-guerre, c'est encore à eux que nous les devons, ce sont eux qui ont tant sali le monde qu'on n'en finit pas de nettoyer derrière eux... » Et le pire, c'est que la mémoire même de tout cela se perd : « J'ai pris le sentier, je me suis enfoncé dans la forêt et j'ai pleuré. Je n'ai pas pleuré devant les ruines de ma maison et de ma vie, j'ai pleuré dans cette forêt allemande : ils avaient tout escamoté des morts, jusqu'au charnier. Mis de la terre dessus, passé un rouleau dessus, ils ont tout égalisé. Pour qu'on ne se souvienne pas. Pour qu'on n'en tire pas argument. Pour que cela ne soit pas une preuve, une démonstration. Il n'y a jamais eu de charnier. Des gens sont morts pour rien. Tout le monde est d'accord, qu'il n'y a jamais eu crime… »

Cependant, Elsa ne peut s'empêcher de revenir à certains de ses thèmes favoris, elle dit son optimisme, son amour pour son pays d'adoption : Antonin Blond revient à Paris au printemps et crie son éblouissement de ce double retour : « Je regardais Paris, ébloui. Je plongeais, je m'ébattais dans ses rues, je me chauffais à son soleil [...] Voilà que je suis à Paris. Heureux, heureux... Je suis en réparation. [...] Nom de Dieu, quel pays que la France ! »

Elsa Triolet recueille avec soin des échantillons de parler populaire : « On est gros-Jean comme devant [...] Et les prix montent, montent, montent... Dès qu'*ils* annoncent un "train de baisse", on est sûr que les prix vont faire un bond en hauteur ! Comment voulez-vous qu'il y arrive, l'ouvrier ? On se met en grève, une chose entraîne l'autre et, au bout du compte, c'est encore l'ouvrier qui trinque. » Son héros, Antonin Blond, magnifie la colère des petites gens : « Les plaintes, dans mon pays, n'ont pas la couleur des plaintes de là-bas. Là-bas, c'est la haine, couleur du pus, ici c'est la colère que je devine derrière les calmes paroles de Mme Pinchet, la colère, couleur de feu. Une haine qui veut se venger, exterminer, piétiner, humilier, ne m'inspire ni admiration ni respect. La colère qui exige la justice, son dû, sa part de bonheur, embrase la conscience. » L'auteur ne se prive pas non plus de développer quelques thèmes qui lui sont chers : sur la vieillesse des femmes par exemple à propos du personnage d'Emma : « Mon mal est simple et toutes les femmes, et peut-être bien les hommes aussi, le connaissent : je souffre de vieillir.

La vieillesse est une maladie incurable comme la lèpre. Ses progrès sont plus ou moins rapides, mais l'issue en est toujours fatale. Ce n'est pas la mort qui m'effraye, c'est le cours de la maladie. [...] Notre Seigneur [...] a admis une erreur dans sa création – c'est cette histoire du vieillissement» ; sur la solitude : «On quitte la vie à l'anglaise. L'horrible, l'abominable, la sauvage solitude, que j'avais eu la folie d'appeler – liberté !...» ; sur la misère : quand son patron pharmacien refuse de le payer, Antonin Blond lui crie «Donnez-moi mes douze mille balles par mois. Donnez-moi de quoi crever de faim...»

Pourtant, le charme du roman n'est pas uniquement dans ces morceaux de bravoure, il réside dans son réalisme fantastique. Voici la description d'une pharmacie de nuit, avec ses étranges vendeurs, ses étranges clients ; voici le personnage de la clocharde : «La pharmacie de nuit est un lieu de passage pour ennuis anonymes. On n'a jamais que le temps de s'apercevoir du secret, et jamais de le pénétrer. Je reste toujours à fleur de peau de leur vie intime», dit le pharmacien ; voici, incarnation du type de la clocharde tellement aimée par Elsa, la jeune fille au pair oubliée dans la maison explosée de ses maîtres ; voici le Café des Épaves où Antonin Blond échange avec ses amis des propos de somnambule ; voici la chambre étonnante dont une paroi ouvre sur un théâtre où s'exhibe une troupe ambulante ; voici la loge de concierge où demeure Antonin Blond à Paris, comme dans un placard transformé en tour de guet ; on n'en finirait pas de noter tous les passages oniriques qui élèvent ce roman bien au-dessus d'un documentaire sur les ruines de la guerre.

Lorsque le livre sortira à la Bibliothèque française, le 3 décembre 1948, Elsa se dira «en plein désarroi», ajoutant : «Il me paraît semblable à un sac bourré, et écrit ni sur ce qu'il faut, ni comme il faut... J'en pleure presque.» Pourtant, la critique sera bonne. «Ici, on affirme d'une seule voix, oralement et par écrit, que c'est mon meilleur livre.» Mais les comptes-rendus sur l'ouvrage se ressentiront du jugement que l'on porte maintenant sur l'auteur en tant qu'écrivain classé «communiste» : «Bien sûr, écrit-elle à sa sœur, on dit beaucoup que c'est un "roman noir" et que nous autres ne devrions pas en écrire de pareils, alors que la sortie du tunnel est manifestement si visible que j'ai reçu dès maintenant des dizaines de lettres qui disent : merci d'écrire sur nous et d'indiquer l'issue. C'est que la solitude et la perplexité sont dans notre vie sans joie si typiques qu'Antonin Blond ressemble au premier venu. » À l'inverse de ce qu'elle avait pensé de *Personne ne m'aime*, Lili félicite sa cadette sans retenue : « Le livre est magnifique. Aucun écrivain ne m'est aussi parfaitement perceptible. »

Comme elle avait reçu, en même temps que *L'Inspecteur des ruines*, *Les Voyageurs de l'impériale* d'Aragon, elle va même établir une comparaison qui tourne en faveur d'Elsa : « Je ne connais pas un seul écrivain qui décrive les sentiments humains avec une aussi absolue exactitude, et les sensations, les pensées, leurs plus fines nuances. Tu fais cela aussi magnifiquement que tu décris les paysages. Tout le labyrinthe des rues, des ruelles et des impasses de l'intérieur de l'homme. Et tout cela sans nous mettre le nez dessus. On lit, et on voit la ville, un square, un mur écaillé, les gens. On ressent le printemps, on en hume les odeurs. J'aurais, c'est sûr, reconnu les gens si je les avais rencontrés quelque part. Aragocha décrit. Il décrit génialement. Mais toi, tu as été dans la peau de chacun de tes héros. » Les livres d'Aragon vivront, dit-elle, des milliards d'année comme livres classiques, comme « œuvres d'art ». « Tandis que tes livres sont de la sorcellerie. Il me semble que quand on les lira dans trois cents ans, ce sera un voyage à travers notre vie actuelle. Les lecteurs vont parcourir nos villes. » Lili termine sa lettre en citant Maïakovski : « Les gens sur lesquels tu as écrit vont converser avec eux "comme un vivant avec des vivants". »

Peur de la guerre et bataille du livre

L'échange des lettres entre les deux sœurs, en 1948, a manifesté une certaine angoisse quant à la situation française, angoisse qui traduit sans doute la lecture que font des événements politiques en France les communistes d'ici et d'ailleurs, en réponse à la lecture que font les Occidentaux des événements dans les pays communistes. L'Internationale de Moscou a été reconstituée sous le titre du Kominform, le Parti communiste français reprend une attitude révolutionnaire marquée par des grèves insurrectionnelles en 1947 et le mouvement syndical éclate avec la constitution de Force ouvrière en rupture avec la CGT. En France, le général de Gaulle a entrepris, depuis la fondation du RPF en avril 1947, une offensive contre « le régime des partis », et la coalition MRP (démocrates chrétiens), socialiste, communiste, qui avait exercé le pouvoir en France depuis la Libération, a éclaté ; les ministres communistes sont écartés du gouvernement en mai 1947 après la condamnation par l'URSS du plan Marshall (plan d'aide économique des États-Unis à l'Europe) ; cette crise gouvernementale s'est d'ailleurs amplifiée à propos de la guerre d'Indochine, les ministres communistes du gouvernement acceptant de voter les crédits pour l'intervention militaire, alors que les députés communistes votaient contre.

Le 25 février 1948, ce sera le « coup de Prague » : le Parti communiste tchécoslovaque prenait, avec la seule présence de quelques ministres socialistes de gauche, la totalité du pouvoir dans l'un des pays les plus avancés industriellement de l'Europe centrale, pays qui devenait à son tour une « démocratie populaire ». Ce qui fut nommé alors un « coup d'État légal », préparé par le noyautage de l'administration et de la police par le Parti communiste, devint l'argument majeur pour éliminer les communistes des gouvernements occidentaux. La guerre froide qui opposait les deux grandes puissances mondiales s'insinuait dans la politique intérieure d'un pays comme la France. De plus en plus, malgré la réhabilitation des communistes français au nom du patriotisme dont ils avaient fait preuve dans la Résistance, le PCF sera qualifié de « parti de l'étranger ». Quand on se souvient qu'un « bon mot » courra les rédactions de journaux : « Le Parti communiste n'est ni à droite ni à gauche, il est à l'Est », on comprend comment les communistes en général, Elsa Triolet en particulier, pouvaient ressentir les attaques dont ils étaient l'objet.

Le 15 janvier 1948, Lili écrit : « Nous sommes constamment dans les anxiétés pour vous. Dès le matin, je me jette dans les journaux. » Le 3 février, Elsa répond sur un ton détaché, comme si les ennuis ne pouvaient être que matériels : « La vie est ennuyeuse, comme tu comprends bien toi-même, mais à la maison il fait chaud et il n'y a pas de courants d'air, on n'a pas à se plaindre. » Le 5 février, Lili en rajoute dans l'inquiétude : « C'est avec épouvante que je lis dans les journaux ce qui concerne la France... » Réponse d'Elsa le 13 février : « La vie ici n'est pas bien fameuse. Les prix montent, les salaires baissent, les ennuis propres à toute l'humanité ne manquent pas, les joies, on n'en voit guère, l'énergie décroît, les obstacles augmentent. Et ma tête blanchie fonctionne mal. » Le 24 février, parlant de ses grands rideaux nouvellement posés, elle ajoute : « ils serviront pour le prochain black-out », le 22 novembre 1948 encore, Lili dira être angoissée par ce qu'elle lit sur la France dans les journaux.

Quant à Elsa, une chose est claire : sa manière de militer dans cette période difficile, c'est l'écriture. Elle va s'enthousiasmer pour un objectif, indissoluble pour elle des combats qui se mènent sur le plan politique à l'échelle planétaire : défendre la culture française dans ce qu'elle estime être la menace d'impérialisme américain sous toutes ses formes. Et, pour défendre cette culture, il lui faut veiller, par tous les moyens, au véhicule écrit si fort menacé par une civilisation des ondes et de l'image. La bataille pour son camp sera donc une bataille pour le livre, le livre français, et si possible le livre qui défend les mêmes idéaux qu'elle. Cette bataille se mènera, plus encore en ces débuts de guerre froide qu'au moment de la Libération, par l'intermédiaire de l'institution que les écrivains se sont donnée : le CNE. Elle tentera aussi de développer tous les liens possibles entre écrivains français et écrivains des pays communistes, en multipliant les occasions de rencontres, de congrès, en favorisant les traductions réciproques, etc. Enfin, elle encouragera la production littéraire chez les jeunes en imaginant les cercles de « Jeunes poètes », et la lecture en milieu populaire, avec les Bibliothèques de la Bataille du livre.

Sur presque tous ces points, la lecture du petit livre paru le 15 octobre 1948 aux Éditions sociales, *L'Écrivain et le livre ou la suite dans les idées,* est pleine d'enseignements. Il contient le texte d'une conférence prononcée par Elsa Triolet au théâtre de l'Athénée en février 1947 : « Maïakovski et nous », et d'une autre au CNE en mars 1948 : « Prenez exemple sur nos ennemis », d'articles publiés dans *Les Lettres françaises*, « L'écrivain public » le 23 mai 1947, « Les libraires ne sont pas des marchands de soupe » le 27 mai 1948, une enquête sur la « crise du livre » : « Ce que disent de la crise du livre les gens connus et les gens inconnus », enquête parue, toujours dans *Les Lettres françaises,* le 6 mai 1948, enfin des textes fondateurs du « Comité du livre français », du « Comité du livre parisien », etc.

Les séquelles de la lutte contre la collaboration et l'antiaméricanisme étaient les deux données politiques dominantes de cet ensemble. Venait aussi – et sans doute cet aspect a-t-il gardé pour les professionnels du livre toute son actualité – l'analyse économique des difficultés rencontrées par l'édition française, la profession de la librairie. Ces difficultés étaient d'autant plus grandes dans les années qui suivirent la guerre que la fourniture de papier était étroitement contingentée.

Pour qui s'étonne aujourd'hui de l'agressivité, de l'âpreté de ton du débat, il ne sera pas sans intérêt, en dépassant les aspects vieillis et outranciers de ces libelles, de découvrir certains traits peu différents des problèmes d'aujourd'hui. Le débat sur la collaboration est bien ancien, mais, plus de cinquante ans plus tard, que de polémiques semblables qui tournent toutes autour de la contestation de textes « politiquement incorrects » et de la suspicion portée sur des auteurs au nom de leurs engagements antérieurs… L'anti-américanisme lié à la guerre froide a été relayé par le débat, quelquefois aussi peu nuancé, sur la «mondialisation»… L'analyse de l'économie du livre est malheureusement actualisable…

Le sentiment d'étrangeté vient d'ailleurs : de cette sorte de non-questionnement sur l'alliance entre objectifs culturels et objectifs de partis. Car Elsa aura beau proclamer de plus en plus qu'elle n'a jamais appartenu au Parti communiste français, ce qui n'est que pure vérité, elle passera ces années-là, sans transition, d'un domaine à l'autre, comme s'il ne pouvait y avoir l'épaisseur d'une feuille de papier entre les positions du Parti communiste et celles des écrivains qu'elle représente avec une belle ardeur et un grand dévouement. Très vite d'ailleurs, la confusion sera totale, dans les textes d'Elsa comme dans ses lettres, entre bataille pour la culture et bataille pour la paix, comme s'il était certain que la culture, comme la politique pacifique, étaient l'apanage d'un camp, et d'un seul.

Elsa Triolet résumera ces démarches et cet état d'esprit dans *Préface au désenchantement* : «La défense du livre français me semblait concerner directement le CNE. J'entraînais Sartre et Vercors chez Louis Joxe[9], avec l'espoir de toucher aussi l'Unesco naissant. Un Comité du livre fut formé… Je vous fais grâce du récit de la grande agitation autour de ce Comité et de mes déboires personnels. La bagarre après la Libération, dans tous les domaines, était autrement sournoise que le danger mortel de la guerre.»

Les champs de la lutte

D'aucuns pourront s'étonner aujourd'hui que des activités purement littéraires puissent être mises au rang des actions militantes. Pourtant, en mars 1948, Elsa multiplie les efforts en mêlant joyeusement les deux domaines. Pour Lili, elle énumère dans des lettres essoufflées – entre deux nouvelles sur ses problèmes dentaires et « une robe noire à trois volants avec un col rond de dentelle noire tressée sur fond de baptiste blanche » – les séances de poésie qu'elle a instaurées au Comité national des écrivains : il y vient beaucoup de monde, et certaines séances sont retransmises par la radio. On prépare une émission intitulée l'« Anthologie parlée » : « Ce sont des poètes célèbres qui lisent des poèmes, non pas les leurs, mais ceux qu'ils aiment. Aragocha a lu de manière si éblouissante que les gens disent qu'il a un second métier, celui d'acteur. » Puis elle vient à une conférence sur « l'organisation du "succès" et de la gloire littéraires, organisation dont sont capables les ennemis… et nous, non ! », où l'on reconnaît le texte reproduit dans la brochure dont nous avons parlé, sous le titre « Prenez exemple sur nos ennemis ». Le 5 juillet 1948 a lieu l'Assemblée constituante du comité du livre parisien et Elsa Triolet intervient à cette assemblée, avant de donner un communiqué à la presse de manière tout à fait officielle.

En tant que militante attachée à la défense des plus humbles, elle s'émerveille de la popularité qu'Aragon et elle ont acquise : un employé des PTT l'a appelée « Notre Elsa » et la dame des télégrammes, à la poste, demande « Aragon, comme l'écrivain ? »

LES JEUNES POÈTES

Dans cette activité, une place spéciale doit être faite à la création des « Samedi des jeunes poètes ». Ces réunions furent lancées par Elsa Triolet en avril 1948, toujours au CNE. Des jeunes gens venaient lire leurs poèmes, au cours de séances qui alternaient avec d'autres lectures de poètes chevronnés. Très vite, évidemment, Elsa fut submergée par les courriers de tous ceux qui désiraient se faire connaître, faire publier un de leurs textes dans les colonnes que *Les Lettres françaises* réservèrent à l'époque aux jeunes poètes dans une page spéciale, ou trouver un parrainage prestigieux pour l'édition d'un recueil. La page des *Lettres françaises* où un poète reconnu présentait un débutant devint vite une rubrique intitulée « La poésie des inconnus ». Plus tard, le 14 janvier 1950, Elsa prononça au CNE une conférence pour le lancement du Groupe des jeunes poètes qui devait donner naissance à son tour à l'anthologie *La Belle Jeunesse* publiée par *Les Lettres françaises*.

Lors du colloque réuni pour célébrer le centenaire de la naissance d'Elsa Triolet en 1996, deux « anciens » de ce groupe des jeunes poètes, Charles Dobzynski et André Mathieu, rendirent un bel hommage à Elsa Triolet pour l'ensemble de ces actions, en tentant d'analyser ce qu'avaient pu être ses raisons de se lancer dans une aventure aussi coûteuse en énergie. Pour Elsa, il était clair qu'il fallait donner de la force au mouvement littéraire français face à la montée des best-sellers américains. Il fallait que les poètes de la Résistance (Dobzynski cite aux côtés des anciens surréalistes – Aragon, Desnos, René Char, Éluard, Tristan Tzara, Francis Ponge – les Pierre Emmanuel, Jean Cayrol, Jean Tardieu, Guillevic, Claude Roy, Pierre Seghers, non sans avoir soin d'ajouter un prudent « etc. ») soient relayés dans leur effort poétique par des jeunes qui n'avaient guère les moyens de se faire entendre ni de passer le cap de la publication. Elsa est une organisatrice, elle souhaite réunir des troupes vives, elle n'aura de cesse de faire émerger des talents nouveaux.

Elle rencontrera bien sûr des handicaps nombreux : en premier lieu celui que trouve, dès qu'il ouvre sa porte, tout éditeur ; elle se plaint auprès de sa sœur du nombre trop grand des candidats à la publication, en regrettant que ce soient souvent « des gens compliqués », vaniteux et susceptibles, et elle ajoute avec entrain : « heureusement, comme tu sais, je suis une chipie et ils ont un peu peur de moi ».

En second lieu, le mélange des genres entre politique et littérature lui joue de mauvais tours. Des jeunes gens réclament d'être reconnus pour d'autres raisons que leur talent :

ils sont les meilleurs militants du monde, pourquoi les journaux du parti – ou si proches ! – refuseraient-ils de les publier. À l'un d'eúx qui se plaignait qu'on ait choisi les textes d'un camarade plus tiède en lançant : « ce n'est pas démocratique », Elsa Triolet répliquera un jour : « Il n'y a pas de démocratie dans le talent ! »

Elsa tentera aussi, auprès de ces aspirants-poètes, de développer quelques analyses des grandes tendances manifestées par les œuvres reçues, et de prodiguer des conseils. Ce lui sera l'occasion de développer des thèmes qui lui sont chers : l'importance du travail, même en poésie, où elle stigmatise la confusion chez certains entre l'écriture automatique héritée du surréalisme et l'invocation d'une inspiration qui pousse trop de débutants à écrire « comme ça vient »... Elle répète inlassablement que rien ne remplace le travail sur les textes, la constitution de « réserves » comme le conseillait Maïakovski, « bref, le métier. » Travailler un poème, c'est juger chaque mot, chaque vers, chaque strophe... : « Voici le la et voici le couac. »

Elle demande que l'on se méfie tout autant du « prosaïsme » : « Paul Éluard est un des grands responsables involontaires de cette mode. Lui, avec toute sa magie, sait annexer à la poésie les mots et les expressions de tous les jours. Mais les mots de tous les jours, sans la magie de l'art, ne sont que des mots de tous les jours. » Sans doute les jeunes très politisés qui se regroupaient dans ce cercle voulaient-ils faire coïncider expérience sociale et activité littéraire : Elsa leur répétera donc qu'on ne fait pas forcément de la bonne poésie avec de bons sentiments, mais elle choisira cependant de citer, dans sa préface à l'*Anthologie*, deux vers de Charles Dobzynski qui anticipent sur tant et tant de déclarations de son futur roman *Le Cheval roux* :

> Les jeunes de ce temps n'ont pas le mal du siècle
> Le mal de l'avenir leur tient lieu de secret...

On sait que quelques-uns de ces « jeunes poètes » devinrent des poètes... tout court ! Pour ne citer que les plus connus, René Depestre, Jacques Roubaud...

Elsa Triolet, critique dramatique

Autre activité littéraire d'Elsa Triolet : le 15 septembre 1948, elle annonce à Lili qu'elle entre comme « critique dramatique » (c'est elle qui met les guillemets) aux *Lettres françaises* : « Il faut avoir des revenus fixes, sinon on ne se sent pas tranquille. » Au début, s'estimant novice en la matière, elle se croit obligée de voir beaucoup de choses, « c'est fatiguant de se distraire tous les jours », écrit-elle drôlement. Elle se promet donc d'apprendre à sélectionner davantage les spectacles auxquels elle se rend, et elle entame ce nouveau métier avec le sérieux qui la caractérise. Sans avoir lu en leur temps les pages de ce « feuilleton théâtral » des *Lettres françaises*, nous pouvons aujourd'hui, grâce à l'édition qu'en a réalisée Monique Lebre-Peytard chez Gallimard, en 1981, nous offrir le plaisir tout à la fois de découvrir l'étonnante critique que fut Elsa Triolet, et – pour les années 1948 à 1951 que couvre le livre – une véritable histoire du théâtre français et des spectacles parisiens de cette époque. Michel Apel-Muller a donné à cet ensemble un avant-propos qui met le doigt sur l'essentiel : la nature de la critique d'Elsa Triolet d'abord. Critique chaleureuse : « celle de l'encouragement, c'est-à-dire du respect par principe du travail d'autrui, de la disponibilité à aimer », critique pertinente qui démasque les truquages et perçoit d'emblée les talents en promesse, comme dans l'appréciation qu'elle fit des premiers pas de Gérard Philipe, critique éclectique qui pouvait s'intéresser à un récital de Maurice Chevalier ou à un show de Johnny Hallyday comme à des mises en scène de Sophocle ou d'Aristophane, critique « pédagogique » enfin, comme le souligne Michel Apel-Muller, « en ce sens (qu'elle) exprime la même estime pour la scène et pour la salle, pour les gens du métier et pour le public».

Nous l'avons vu, la prestation régulière d'Elsa Triolet pour *Les Lettres françaises* avait commencé en octobre 1948. En décembre 1951, elle interrompra, par fatigue, cette collaboration régulière – elle devait se rendre souvent quatre fois par semaine au théâtre, et pour cela «paraître», s'habiller, etc. – mais elle continuera, de temps à autre, à envoyer un papier sur un spectacle auquel elle a pu assister ou qui lui tient particulièrement à cœur. La correspondance avec Lili sera pleine des échos de ce travail; avec, en particulier, ce beau texte sur la critique en général : «C'est une drôle de chose que la critique, on reste chez soi et on juge sans sanction et le plus souvent à la légère le long travail d'un auteur sans défense. On me loue pour mon absence de méchanceté, même quand je fais des critiques, cela vient de ce que ma vraie place est de l'autre côté de la barricade, je suis avec ceux que l'on juge, non avec ceux qui jugent. La meilleure critique, la critique créatrice n'est qu'au service de l'art, mais les critiques, eux, se comportent comme des patrons… et par conséquent je m'efforce, moi, de me tenir en main, et de n'aboyer qu'avec respect pour l'auteur, sans me laisser entraîner par mon pouvoir.»

Avec des échos qui se prolongent loin du côté de Moscou, où Lili se demande quel morceau du répertoire français pourrait convenir au public soviétique en s'interrogeant sur la possibilité de traductions : il en sera ainsi, entre autres, pour la pièce d'Emmanuel Roblès, *Montserrat;* «Que représente du point de vue politique l'auteur de *Montserrat*? Ceci pour le cas où je traduirais la pièce.» En revanche, tout *a priori* idéologique semble avoir été écarté des choix d'Elsa. Simplement, elle hésite à rendre compte d'un spectacle qu'elle apprécie peu mais dont l'auteur partage ses opinions politiques : au retour d'une première de Salacrou elle a ce jugement : «il y avait tous les amis et connaissances. Je suis mal à l'aise quand la pièce n'est pas fameuse et l'auteur l'un des nôtres.»

Ce monde du théâtre l'intéressera si fort qu'elle fera, à cette époque, deux tentatives d'écriture dramatique : la première à la demande de Louis Jouvet qui aurait voulu voir monter *Personne ne m'aime*; ce projet, nous l'avons vu, devait être sans lendemain; la seconde trouva un début de réalisation. Elsa avait écrit le «livret» d'un ballet : *D'amour et d'eau fraîche*, qui prendra ensuite le titre *Le Réparateur.* Christian Bérard, l'illustrateur de *Mille Regrets,* devait en assurer la mise en scène et les décors. Mais Christian Bérard meurt au début de 1949; Elsa écrit à ce propos deux articles dans *Les Lettres françaises* : «J'ai eu beaucoup de chagrin. Pour le théâtre, c'est une perte irréparable (pour la France). Ce gros rouquin mal lavé, vêtu de loques, était le législateur de la mode, le souverain absolu en matière de goût. Nous nous aimions beaucoup, cet été il devait monter un ballet sur mon livret intitulé *D'amour et d'eau fraîche.*»

Le 18 novembre 1949, Elsa racontera à sa sœur avec humour le fiasco de cet essai : elle a été complètement «empêtrée» par ce ballet. Histoire «intéressante et tumultueuse», ajoute-t-elle : «Ce qu'il y a d'intéressant, c'est la naissance théâtrale, la distance entre, disons, ce qu'on a rêvé et la réalisation : les coulisses, la vie de la troupe, l'orchestre, les décors...» Mais les journaux «sont pleins de sottises» sur ce spectacle, et elle évoque les péripéties des répétitions, de la mise en scène : «dans tout ce tohu-bohu, je me suis révélée avoir un caractère d'ange, imperturbable!» Elle raconte les sifflets et les vivats, puis elle conclut : «En réalité les coups de sifflet étaient dus à mon nom. Il y avait dans la salle ce qu'on appelle "le tout-Fresnes", comme on dit «le tout-Paris» et elle précise pour sa sœur : «Fresnes est une prison parisienne où étaient détenus après la Libération les "collaborateurs" des Allemands [...] ils sont convulsés dès qu'ils entendent mon nom.» Elle pense aussi que l'insuccès vient de ce qu'à l'inverse des rôles académiques, le ballet mettait en scène un «jeune gars» et une «jeune fille» en «vêtements ordinaires». Elsa n'y va pas par quatre chemins : «les coups de sifflet dans la salle sont le résultat de la lutte des classes», un journaliste a remarqué «une allégresse inhabituelle sur le visage du garde municipal de service : pour la première fois de sa vie, il comprenait ce qui se passait sur scène». En annonçant que le ballet doit être présenté plus tard en Égypte, elle a cette formule finale : «Je ne suis pas le moins du monde contrariée, C'est la lutte..., comme disent les camarades.»

Les BBL : bibliothèques de la Bataille du livre

La lutte... La Bataille du livre... Elsa n'en finit pas d'accumuler les termes militants, dans cet après-guerre où elle se sent emportée sans cesse par de nouveaux combats. En 1951, elle sera la créatrice des Bibliothèques de la Bataille du livre. Dans une circulaire de mai 1952 où elle annonçait que vingt-sept volumes nouveaux allaient s'ajouter aux soixante-dix-sept déjà présents dans les catalogues constitués, Elsa Triolet rappelait les objectifs poursuivis par les BBL : elles permettent de «diriger la lecture, puisque c'est le Centre des BBL qui choisit les titres», elles combattent ainsi la «littérature pourrie» qu'il ne s'agit pas de remplacer par du vide, mais «par une littérature de qualité», elles suscitent parmi les lecteurs le sentiment d'appartenir à une collectivité de pensée en «organisant la masse des lecteurs» puisque toutes les BBL adhèrent au même centre, enfin, elles facilitent les échanges entre manuels et intellectuels, car elles veulent être aussi un lieu d'échange entre tous les abonnés.

Le projet était ambitieux; en un temps où tout manquait, et singulièrement, dans l'édition, les capitaux et le papier, Elsa voulait mettre sur pied, avec de simples moyens militants, une organisation du type de celle que nous avons vu s'installer durant toute la deuxième moitié du XXe siècle grâce au réseau des bibliothèques départementales, des bibliobus, des crédits affectés aux bibliothèques par le ministère de la Culture et les collectivités locales...

S'inspirant des réseaux sur lesquels s'appuyaient les résistants, Elsa imaginait une vaste toile d'araignée qui aurait pu couvrir tous les milieux populaires que n'atteignaient pas les entreprises de l'édition et de la librairie. Elle proposait aux militants culturels de travailler avec l'aide de quatre « réseaux » : ceux du parti, ceux de la CGT, ceux des « cercles de masse » et enfin ceux des « mordus » du livre. Le fait que soient ainsi placés sur le même plan un parti politique, un syndicat, les associations relevant du même courant politique et de simples amateurs de lectures ne paraissait pas lui faire problème…

Ce faisant, Elsa s'inspirait aussi d'une autre expérience, dans le domaine propre du marché du livre cette fois : le système commercial des Guildes du livre qui, en vendant des ouvrages sur abonnement à des clients appâtés par une première offre alléchante, permettait de constituer une clientèle captive pour des maisons d'édition devenues capables de fabriquer des livres avec l'assurance qu'ils seraient vendus.

Mais, bien sûr, il ne s'agissait pas de vendre n'importe quel livre. Elsa Triolet se battait, nous l'avons vu, contre l'envahissement des librairies par une littérature américaine de romans à gros tirages (le roman *Ambre*, souvent cité par Elsa était, si l'on peut dire, le modèle de ce type d'ouvrages racoleur véhiculant des valeurs de la société capitaliste…) et pour la promotion de la « bonne » littérature, qui ne pouvait être que la littérature « progressiste ». Pierre Daix envoya à Elsa le 17 janvier 1952[10] une lettre qui en dit plus long que toutes les circulaires et tracts qui servirent d'instruments de lancement aux bibliothèques. Il s'agit d'une mise en garde très sévère sur certains errements qui menaçaient l'esprit des BBL. Elsa avait été absente lors d'une réunion des animateurs des bibliothèques de la région parisienne. Or, le public avait émis nombre de propositions qui avaient effrayé Pierre Daix, d'autant qu'il avait été à peu près le seul à réclamer le retour à l'orthodoxie. Qu'on en juge : une étudiante avait demandé que l'on joigne des livres de psychologie au catalogue existant pour la commodité de son travail... une autre participante avait proposé qu'on élargisse le catalogue à des livres qui seraient choisis par des ambassades, au nombre desquelles celles du Canada et... des États-Unis ! Pierre Daix laissait entendre qu'Elsa devait être plus vigilante, et que le mouvement des BBL courait de grands dangers : « J'ai dû rappeler ce qu'était la Bataille du livre, ses buts tels que vous les aviez définis et le rôle en particulier qu'ont à jouer les BBL », accusant au passage les animateurs de la réunion d'être trop « coulants » sur le contenu des bibliothèques et précisant : « nous n'entendons pas y diffuser les livres de l'ennemi »...

Dans la pratique, les bibliothèques commencèrent en proposant de petits modules de vingt-cinq, puis de cinquante, de soixante-quinze et enfin d'un peu plus de cent livres. Figuraient au catalogue ce qu'on pouvait estimer être les classiques du livre progressiste. À côté des auteurs français incontestés – Balzac, Maupassant, Hugo, Zola, Flaubert, Stendhal, A. France, J. Vallès –, des romans contemporains (sur une liste de trente-sept romans français figuraient quatre ouvrages d'Aragon, cinq d'Elsa Triolet...), des recueils de poèmes : trois d'Aragon, un d'Éluard; quant aux textes étrangers, les écrivains russes se taillaient la part du lion : quatorze ouvrages russes contre trois traduits de l'anglais, un du flamand (Till Ulenspiegel), un du portugais.

Le lancement de la Bataille du livre et de ses bibliothèques avait eu lieu, avec l'aide du secteur culturel du Parti communiste (et en particulier de François Billoux) au cours de réunions publiques dont certaines avaient la taille de véritables meetings. On retrouve aujourd'hui, dans les papiers d'Elsa Triolet, les textes d'allocution qu'elle préparait soigneusement, en les écrivant en gros caractères pour s'en servir avec facilité à la tribune... Lancement de la première bibliothèque chez les mineurs stéphanois du Puits Couriot, grande réunion publique à Marseille où Aragon et Elsa arrivent en pleine effervescence d'une grève des dockers.

Elsa racontera aussi le voyage en Corse, où elle a voulu organiser, en même temps que les cérémonies en l'honneur de Danielle Casanova, une Bataille du livre. Elle a été émue par la beauté du paysage, en particulier dans le cimetière… «Naître ici et mourir à Auschwitz…» soupire-t-elle. Elle participera à une manifestation interdite à Ajaccio, où elle décrira l'encerclement par les forces de police. Elle a quand même pris la parole, tandis qu'Aragon disait des poèmes. Au passage elle note qu'elle parle maintenant en public sans papier, «j'y vais comme ça, carrément… si j'avais commencé plus jeune j'aurais pu faire un orateur». Quant à Aragon, qui lisait autrefois «son antisèche, et mal», il est devenu un véritable tribun, «le public lui fait un triomphe». Pour les réunions de la Bataille du livre dans l'île, dit-elle, «on venait nous écouter de partout, des villages perdus, des gens qui pour la première fois de leur vie achetaient des livres. Tout cela est passionnant, extraordinaire et extrêmement fatigant.» (Même s'ils sont aussi fatigués par l'abus de langoustes, de vins, et l'hospitalité des «aborigènes»…)

Symptomatiques encore de cette activité, les feuillets où Elsa a noté des projets de circuits en comptant avec soin les kilomètres entre les étapes où elle devait lancer de nouvelles bibliothèques… Et cette confidence faite à Lili le 28 décembre 1951 : «Je me passionne actuellement pour l'organisation des bibliothèques à travers toute la France. Si cela marche, cette entreprise aura une grande importance et de grandes conséquences pour l'avenir. Mais chaque fois, à chaque nouvelle initiative, j'ai le sentiment d'avoir dans les mains un plateau chargé de vaisselle : j'ai peur et envie de le lâcher… Il faut bien le porter.»

C'est en ces moments épuisants de militantisme qu'elle a cette formule amère dans une lettre à Lili : «Le “célèbre Aragon” est maigre, furieux et épuisé. Moi, je ne suis pas maigre, mais furieuse, épuisée, et pas du tout célèbre ! Complètement reléguée. Tous ceux qui veulent attaquer Aragon, les communistes, la France, la Russie, les femmes, s'en prennent à moi…»

Militer sur tous les fronts

La participation des intellectuels à la politique progressiste doit se traduire par l'organisation de grandes réunions internationales. En avril 1949, Elsa est toute à la fièvre de la préparation d'un congrès. Elle écrit à Lili : « Toute ma vie est dévorée par le congrès de la paix. Tout se passe dans notre maison, je veux dire dans le bâtiment où est logé le CNE, le Comité des écrivains (dont je suis le secrétaire général !). » Dans la *Préface à la guerre ou à la paix*, écrite en mai 1966[11], elle évoquera ce souvenir du Congrès de Pleyel en 1949, « premier Congrès pour la paix », et elle racontera que Picasso, présent à côté d'elle, exultait, car il venait d'être le père d'une petite Paloma. Paloma, le nom même de la colombe qui était devenue, avec l'affiche de ce Congrès, le symbole fétiche du Mouvement de la paix, même si le fameux oiseau n'avait été, avant qu'Aragon le déniche dans les cartons de Picasso, qu'une étude de pigeon…

Le 29 avril, elle commentera pour Lili encore la réalisation de la réunion : « bousculade », « fièvre », « le succès du Congrès a dépassé tout ce qu'on pouvait attendre ». En juin, les célébrations continueront : congrès des femmes à Marseille, concentrations des caravanes de la paix de tout le pays à Oradour-sur-Glane. « Aragon et moi, comme une sorte d'estafette, ouvrions la marche en voiture, d'ici à Marseille, et avons chemin faisant préparé la réception de nos intellectuels, ils étaient ensuite accueillis avec des cadeaux et des discours. » Plus tard, ce sera la réunion du Comité des écrivains pour l'Espagne : « L'Espagne au cœur. » « Comme toujours à présent, note Elsa, il y avait foule ! À la tribune, Picasso, Aragon, Éluard, Louise Wurmser et moi. Picasso nous avait prêté son tableau *Pour les Espagnols morts pour la France*. »

Dans *Préface à la guerre ou à la paix,* Elsa Triolet rappelle une autre réunion internationale d'écrivains : « Au Congrès de Vienne, en 1952, où j'avais proposé un congrès international d'écrivains, j'ai été aussi chargée de l'organiser. En attendant ce grand rassemblement, il y eut la rencontre de quelques écrivains à Knock-le-Zoute, en Belgique, dont l'organisation sur place a été assumée par les forces locales (*sic*). De France vinrent Sartre, Vercors, moi-même ; Renaud de Jouvenel avait bien voulu m'y accompagner en voiture. Bertolt Brecht, pour l'Allemagne ; Franz Hellens pour la Belgique ; Fédine pour l'URSS... » C'est au cours de ce voyage que Bertolt Brecht refusa de participer à une visite à la reine mère Elisabeth, « reine progressiste » pourtant, souligne Elsa.

De son côté, Aragon a été élu en mai 1950 au Comité central du Parti communiste, et ses occupations redoublent : ses soirées se passent en réunions du CC ou de cellules. Pour accomplir leur tâche politique et culturelle, ils lisent chaque matin, explique Elsa à Lili, quinze à vingt journaux français. Enfin revient chaque année à l'automne la fameuse Vente du livre du CNE dont Elsa se sent responsable. Le 27 novembre 1950, elle racontera l'événement à sa sœur. Il y avait foule, Aragon et Elsa ont fait des ventes miraculeuses : « nous avons encore une fois été les vainqueurs que l'on aime et que pour cette raison on déteste ».

Le couple « officiel »

Ces années d'après-guerre, Elsa se rendra plusieurs fois, avec Aragon, vers ce qu'on nomme désormais les « démocraties populaires » ou « les pays de l'Est ». En général, ces voyages durent plusieurs mois, car le couple profite de ces déplacements pour retrouver en URSS la « famille » d'Elsa. En juin 1947, ils entreprennent un long périple par la Suisse, l'Italie, vers la Yougoslavie, la Bulgarie, la Hongrie, la Roumanie, l'URSS enfin. En se souvenant de cette expérience et de la fatigue de l'entreprise, Elsa décrètera qu'à l'avenir ils ne visiteront plus qu'un pays à la fois. En 1949,

Lili préparera pour eux un voyage en URSS – un peu plus d'un mois en septembre et octobre – en leur demandant avec malice : « Comment désirez-vous arriver ? sans être remarqués ou avec pompe ? » En mars et avril 1951, Elsa se dira particulièrement heureuse que ses bagages n'aient pas été fouillés, et elle décrira avec plaisir leur réception à leur retour en France, réception que les « camarades » rendront vite rituelle : « On nous attendait avec des fleurs. »

À Paris, Elsa et Aragon sont fêtés comme si leur vie privée appartenait maintenant au collectif communiste. L'anniversaire de leur rencontre de 1928 sera bientôt inscrit sur les agendas... Le 11 novembre 1948, Elsa raconte à Lili la petite fête qu'ils ont organisée pour « le vingtième anniversaire de notre vie commune ». « À la maison, avec Picasso et sa charmante femme, et un jeune couple. » Le menu est entièrement composé de plats préparés à partir des colis de Lili : bélouga, sprats, caviar, vodka, jusqu'aux ingrédients du dessert. Elle ajoute : « L'appartement est plein de fleurs envoyées par *Ce soir* et les *Lettres*, il y a une énorme corbeille de fruits de la part des camarades. »

Ces années-là sont difficiles pour tous, car les « restrictions » de la guerre sont loin d'être terminées. Elsa se plaint d'avoir « de moins en moins d'argent », il lui faut se contenter, dit-elle, d'« une couturière à domicile », mais elle doit cependant beaucoup sortir : « je vais tout le temps dans le monde ». Au fil des lettres, elle raconte à Lili ses acquisitions en matière de vêtements : des robes et manteaux de soirée, un « solde » de haute couture, etc. Et puis, « la femme du chauffeur » coud aussi pour elle.

De Russie arrivent toujours les colis fastueux envoyés par Lili, et le caviar devient une spécialité des repas offerts par Elsa à ses amis. Ainsi, le couple Aragon peut-il recevoir des invités trois fois par semaine sans aller au restaurant, dont les prix sont « monstrueux », précise Elsa. Picasso tient à leur offrir en retour un déjeuner « avec caviar », ce qu'il appelle un repas « spécial », parce que, rapporte drôlement Elsa,

« chez moi on mange de manière spéciale ». Picasso a ajouté aux mets russes un plat cubain d'allure roborative !

Le 1er mai 1949, Elsa suggèrera même à Lili de réduire les colis : « Nous avons à présent du pain en abondance et de toute sorte. » C'est par sottise que certains continuent à faire des provisions : « Ils se défendent de la bombe atomique avec des nouilles ! » Elle ajoutera, plus trivialement, « j'ai un vrai dépôt de bouffe ». D'ailleurs, bonne raison pour en finir avec ces colis alimentaires trop consistants, Elsa dit avoir grossi à en avoir peur de se montrer en public, et, pour cette raison en particulier, ne plus vouloir assumer les sorties au théâtre.

Elsa était-elle consciente de ce que ce mode de vie pouvait susciter d'envie et d'incompréhension même dans les milieux de ses proches ? Elle se plaint longuement auprès de sa sœur de l'hostilité qui les entoure. On raconte qu'elle ne s'habille que de vison, qu'au théâtre, les gens s'écartent pour ne pas les saluer, ou que, si on les salue, ils apprennent que la radio vient de diffuser quelque chose sur une victoire des Coréens… « Quelle finesse extraordinaire dans les relations ! »…

On ne se donne plus de peine…

Marie-Thérèse Eychart a publié, dans *Faites entrer l'infini*[12], un texte étrange découvert dans les cahiers d'écoliers dont Elsa se servait pour des brouillons de lettres, d'articles, pour les « réserves » aussi des livres à venir, un texte qu'elle dit avec justesse « bouleversant d'intimité ». Texte évidemment écrit pour Aragon et qui ne fut sans doute jamais envoyé, jamais peut-être même accepté par son propre auteur. Il commence par ces mots : « Quand on sait sans y penser qu'on tient quelqu'un, de toute façon on ne se donne plus de peine. Ni fleurs ni cadeaux. » Ce texte est un constat, un refus et un cri. Un constat : depuis vingt et un ans – cette précision autorisant à dater ce texte de 1949 – écrit Elsa, « tu gémis tous les jours, toutes les nuits que le bon Dieu a faits, jamais heureux, revendicatif, blessé, plein de rage». Aragon serait donc cet homme profondément égoïste, accablant sa compagne de son malheur, et se refusant à voir près de lui cette femme qu'il envahit de son mal-être : «Pour toi, la pluie ne tombe jamais que sur toi», et les termes deviennent définitifs «tout ton amour est par rapport à toi. Et si je meurs, cela sera par rapport à toi.»

Elle démonte de manière impitoyable le mécanisme qui s'est peu à peu monté entre eux : un écart trop grand entre la place faite à l'un et à l'autre, «injuste, monstrueux», et toutes les insuffisances, les torts, de son côté à elle; elle n'est pas «Française de naissance», elle a des rides, elle est toujours «en marge», voilà pour les insuffisances, elle est orgueilleuse, «Mme Orgueilleuse», écrit-elle, elle n'est «jamais contente [...] vaniteuse, ambitieuse, ses aspirations dépassant ses possibilités»... Et voici qu'elle théorise : si on la tient pour inférieure, si Aragon lui-même fait aussi peu cas d'elle, c'est au nom d'un préjugé social qu'elle connaît bien : «Allez, vous n'êtes tous que des fascistes, il faut être d'une terre, d'un village, d'un nom authentique pour avoir droit à l'amour et à sa fidélité propre. Il est aujourd'hui indispensable pour l'avenir meilleur du monde de passer sur le corps des juifs et des déracinés. Je suis sous les roues et tu me passes sur le corps avec tous les autres, ça fait du poids.» Le refus est fondé sur un bizarre retournement; Elsa vieillit – elle a alors cinquante-trois ans – elle a quelques problèmes comme en ont tous les cinquantenaires, les dents, les cheveux... Et elle prête à Aragon le dégoût d'elle-même qu'elle éprouve si souvent, et dont font foi nombre de lettres à Lili : «J'ai une vision trop nette de ta vision de moi pour la supporter. J'ai perdu mes cheveux, mes dents et comme il se doit, mon amour.» Et elle en vient à rêver qu'Aragon se rende vraiment coupable à son égard : «Je rêve parfois que j'ouvrirais la porte et que je te trouverais avec (une jeune femme). Alors je pourrais en toute tranquillité prendre la porte de sortie, celle sur laquelle il est écrit *exit.*» Elle reproche à Aragon son refus de dialogue, et la violence de son cri est telle qu'elle tente d'employer, elle qui y parvenait si mal, les mots choquants qui pourraient dire son dégoût : «Je n'ai qu'à me taire, me taire, même pas la soupape d'une conversation, d'une plainte, me taire, me taire, me taire, me taire, me taire, me taire, me taire, me taire jusqu'à ce que j'aie la bouche pleine en plus de fausses dents, de vers, de terre, de racines, d'eau.»

Dans les lettres à Lili de cette époque, les attaques à l'égard d'Aragon et de la confrontation permanente à laquelle les soumettait leur vie de «couple officiel» sont souvent présentes, mais toujours allusives, toujours compensées aussi par quelque trait de tendresse. La lettre du 1er mai 1949 est très caractéristique à cet égard : «Aragocha est allé à la manifestation du 1er mai, et moi pour la première fois je "ne suis pas de la fête", je suis fatiguée, il faut que j'écrive ma chronique, ma conférence, et j'ai de la purée de pois dans la tête... Il m'est difficile de me concentrer, et j'éprouve un constant désir de solitude, ça doit être une raisonnable autodéfense de l'organisme.» Elle écrira un peu plus loin : «Je n'ai personne avec qui partager ma déception, mon dégoût, mon chagrin, j'ai pitié d'Aragon et je le console plus que je ne me plains. Et ce n'est pas tant par bonté d'âme, mais parce qu'il m'en coûte davantage, si je le secoue, après je m'en mords les doigts.» Et, comme dans un mouvement de ce que les psychologues appellent une «régression», elle tente de retrouver la chaleur du lien d'enfance avec sa sœur : «Il n'existe ni temps ni espace, et quel que soit le moment où nous nous rencontrons, c'est comme si nous ne nous étions pas séparées, nous aimons et détestons les mêmes gens et les mêmes choses et reprenons la conversation commencée dans notre chambre d'enfants [...] Et ainsi jusqu'à la tombe.» Elle soupire alors que la tombe n'est pas bien loin, qu'elles ont accompli toutes deux le plus long de leur vie, et qu'elle n'a pas eu assez de bonheur pour trop s'accrocher à l'existence. « Je vis, comme j'attends la fin du spectacle au théâtre, par conscience professionnelle, par sentiment du devoir, comme nous ont appris à le faire nos hurluberlus, maman et papa. »

La recherche de la maison…

Dans le texte des cahiers dont nous venons de parler, Elsa citait, parmi les griefs dont Aragon la tiendrait pour coupable, les hésitations qu'elle aurait eues à cette époque sur le mode de vie à choisir pour sortir de l'encombrement de sa vie parisienne : elle serait « une femme jamais contente qui tantôt veut un jardin autour d'une maison de campagne, tantôt se fâche contre… ». Il semble bien qu'à partir de 1949 l'espoir que nourrit souvent Elsa de vivre autrement, de pouvoir trouver un peu de calme, de respirer, se fixe sur cette maison de campagne qu'ils vont commencer à rêver avant de se décider à l'acheter.

Quelques bonnes raisons à cela : Elsa se plaint de plus en plus de sa santé, et, même si l'on fait la part des fantasmes, il reste qu'elle se sent atteinte par l'« anémie » et la « graisse ». On lui prête, ces années-là, des résidences secondaires (celle des Moussinac en particulier), dont elle apprécie à la fois le silence et le confort : « C'est une complète, admirable solitude, le repos. » D'un appartement loué à Nice, l'hiver 1949, elle regrettera de ne pouvoir y quitter tous ses soucis et son humeur morose : « Je ne me suis pas du tout reposée à Nice, je n'ai fait que m'attrister un peu plus. Dès que j'ai le temps de jeter un regard sur moi et autour de moi, je tombe dans l'abattement […] J'ai terriblement envie, par exemple, de ne voir personne, sans même parler de la terreur, littéralement, avec laquelle je pense au théâtre, au Comité des écrivains et à tout le reste. Dans ce roman […] un rôle sera dévolu à l'ennui, c'est-à-dire à l'absence de passion pour quoi que ce soit. »

Alors qu'elle met en place aux Editeurs français réunis une collection intitulée « Au pays de Staline », (« sous la direction d'Aragon », souligne-t-elle pour indiquer qu'il lui a encore volé la vedette alors que l'idée était d'elle), qu'elle poursuit ses tribulations avec les jeunes poètes, certains qu'elle cherche à tirer d'affaire, d'autres dont elle doit se défendre, elle en vient, pour Lili, à cette confidence : « Une ou deux fois par semaine, je pars pour la journée, sans Aragocha, à cinquante-soixante kilomètres de Paris et je visite des "propriétés" ! Ou bien c'est cher et plaisant, ou bien c'est bon marché et pourri. » Le temps passé à cet exercice fait qu'elle laisse les livres s'accumuler, les lettres se perdre, etc. Elle dira, en juillet 1950, que la quête de cette maison tourne à l'obsession, et c'est encore d'une maison de campagne qu'on lui a prêtée aux environs de Paris qu'elle écrit en août : « La fatigue s'écoule de nous comme de l'eau sale. Cela sent les prunes qui pourrissent (je m'en goberge !) et les roses qui défleurissent. » « Je me prépare à écrire quelque chose, mais je n'écris pas ! J'aurais besoin de partir non quelques semaines mais de longs mois, rassembler mes idées, reprendre mes esprits. Sinon, cela ne va pas… » Elle ajoute : « Je considère avec effroi la nouvelle "saison" qui nous arrive dessus. » Elle cite le CNE, la vente des livres, les théâtres, les déplacements pour la Bataille du livre, les jeunes poètes, etc. Et, comme elle aime trouver des raisons à tout, elle a cette phrase : « Je m'ennuie beaucoup de vous. C'est loin. J'en ai un peu assez de la vie. L'atmosphère ici rappelle celle du temps de l'occupation allemande. Il y a vraiment beaucoup de pleutres. Seule la modestie me préserve de les mépriser : je pourrais bien moi-même un moment avoir la frousse ! »

L'année 1951 qui vient sera celle du moulin de Saint-Arnoult…

CHAPITRE 8

ENTRE RETRAITE ET CAMARADES

> *« J'ai connu toutes les variétés de la solitude : la solitude choisie et la solitude forcée, celle d'entre les quatre murs et celle dans la foule, celle de l'abandon et celle de la fuite. Et ce n'est pas tout : solitude de la pensée, de la foi, par cécité et par surdité des autres, ou de moi-même. La solitude de la clairvoyance, de l'exception, la solitude de l'amour.*
> *Seule j'ai vécu, seule je suis ici, me mélangeant péniblement avec une terre qui n'est pas ma terre. »*
>
> Elsa TRIOLET, *Le Cheval roux.*

LE MOULIN DE SAINT-ARNOULT

Les grands événements d'une vie ne sont pas obligatoirement ceux qui vous font apparaître devant des milliers de personnes, sur une tribune exposée. Les « pierres blanches » marquent peut-être davantage les changements intimes dans le cours de l'existence : l'acquisition du moulin de Saint-Arnoult fut sans doute, pour Elsa, une de ces pierres blanches. Aragon avait dit qu'il voulait pour Elsa « un petit coin de France », et la propriété fut achetée à son nom ; installé sur le cours de la Rémarde, un ruisseau qui gonfle dans les crues et rejoint, avant la Seine, la rivière Orge, le moulin se tient en bordure d'un superbe parc, qui se fond lui-même dans les forêts environnantes. Tout proche de Dourdan, de Rambouillet, le Moulin faisait partie d'une longue chaîne qui permit, dès les XIIe et XIIIe siècles, au Paris de Philippe-Auguste de recevoir les farines de la Beauce toute proche, « le grenier de la France ». Après avoir appartenu à la famille des Rohan, le Moulin avait connu à la Révolution un sort plus « terre à terre », puisqu'il devint, mis aux enchères en tant que bien national, la propriété d'un agriculteur avant de changer plusieurs fois de mains au XIXe puis au XXe siècle [1].

Depuis des mois, la quête de cette maison était devenue pour le couple – pour Elsa sans doute encore plus que pour Aragon – une préoccupation importante, presque une obsession. Il n'est que de lire la lettre du 25 juillet 1951 d'Elsa à Lili pour s'en convaincre. Elle commence par un triomphal : « La maison est achetée », suivi de douze points d'exclamation. « Ces temps derniers, nous ne nous occupions que de ça, nous écumions les environs de Paris, nous ne quittions pas la voiture, nous étions à bout de nerfs. » Ils annoncent qu'ils emménagent le 20 août. Aragon est parti déposer des livres là-bas et, avoue Elsa à sa sœur, ils se sont beaucoup endettés. Elle précisera plus tard qu'ils ont contracté un emprunt sur douze ans, qu'elle a besoin de faire rentrer l'argent de traductions possibles en russe des livres d'Aragon (« Pour l'honneur, l'intérêt et l'argent. Je suis devenue cupide : voilà où ça conduit, d'être propriétaire ! »).

Cependant, Aragon supplie sa compagne d'acheter tout le nécessaire pour son « cabinet de travail » : Elsa, très fatiguée, ne cesse de pester qu'elle se disperse pour ses traductions, pour ses chroniques théâtrales, pour les « jeunes poètes ». Le travail continue sur les pistes lancées : les jeunes poètes (en août, elle préface la publication de quelques-uns de leurs textes : «La Belle jeunesse», dans *Les Lettres françaises*, sous forme de cahier qui paraîtra dans cinq numéros consécutifs), pour les activités militantes à proprement parler : le Comité national des écrivains, les bibliothèques de la Bataille du livre... Le «livre sur l'avenir», dont elle a parlé si souvent depuis l'année précédente et qui prendra corps sous le titre du *Cheval roux*, a du mal à voir le jour. «Aragon espère qu'un beau bureau m'incitera à recommencer à écrire.»

Pour Lili encore, Elsa accompagne sa description d'un croquis; description qui précède tout ce que les lettres des années à venir vont tenter de dire, avant que Lili puisse faire connaissance de la maison : «C'est un moulin... En parfait état, avec tout le mobilier nécessaire. Quatre hectares et demi de terrain, de bois.» Bien sûr, sans être situé très loin de Paris (49 kilomètres) il leur sera difficile de le rejoindre par des transports en commun, et, même en voiture, le trajet sera un peu long, mais à toute médaille...

Ils profitent du transport de la plupart de leurs livres au Moulin pour réaménager complètement leur appartement parisien, en courant les «puces» et les antiquaires. Entre Paris et Saint-Arnoult, ils s'arrêtent pour choisir et acheter : «nous faisons arrêter la voiture», écrit Elsa à qui, visiblement, la voiture avec chauffeur attribuée à Aragon ne déplaît pas. Et elle constate : «Sur mes vieux jours, je monte mon ménage.» Pourtant, l'inquiétude ne la quittant jamais complètement, elle a ce mot à l'égard de sa sœur : «Maintenant, je vais rêver qu'il n'y aura pas de guerre et que vous viendrez me rendre visite, nous rendre visite dans notre maison de campagne.» La même angoisse s'exprimera lorsqu'elle évoquera une embellie possible, à l'automne, pour les bibliothèques, «si, d'ici là, les événements n'ont pas pris une tournure si abominable qu'on ne se souciera guère des bibliothèques».

Dans les réponses de Lili à ce sujet, c'est un autre souci qui perce, moins politique et – si j'osais – plus bourgeois : «On se demandait, écrit-elle, qui allait vous servir, vous donner à manger et à boire...» Le 8 octobre, elle réitérera sa question : «Qui avez-vous à votre service ?» Elsa la tranquillisera en lui annonçant qu'ils ont embauché un couple, pour lequel ils aménagent l'ancien logement de la gardienne. Suivra, dans toutes les lettres à venir, la chronique des travaux entrepris, et des nouvelles de la petite chienne, Fifi, «un caniche noir, le poil en bataille», que l'ancienne gardienne n'avait pu garder. Durant les années qui vont suivre, ce chien d'abord, puis sa descendance, tiendront une grande place dans la vie d'Elsa, toujours heureuse de les retrouver après un voyage, toujours inquiète de les abandonner à d'autres soins que les siens.

Pourtant, malgré la joie de s'installer dans ce moulin, malgré le plaisir de réaménager en simple pied-à-terre l'appartement de la rue de la Sourdière, la tonalité des lettres au début des années cinquante n'est pas gaie. Elles disent toutes une terrible lassitude, l'envie d'abandonner les obligations qu'Elsa s'en veut à elle-même d'avoir contractées : «J'ai terriblement envie de vivre dans le calme et la solitude. [...] Je suis devenue une vraie sauvage, j'évite les gens.» Elle dit ne pas être allée à la fête de l'Humanité à Vincennes, où il pleuvait beaucoup, et pour les organisateurs de la fête, «tout est perdu : le travail, l'argent, l'espoir». Plus que jamais auparavant elle dit ne pas s'aimer, car l'amertume de vieillir s'ajoute à son pessimisme ordinaire : «Je n'ai pas eu le courage de montrer ma vieille trogne aux gens que je connais et à ceux que je ne connais pas, et puis mes dents me mettent à plat.» À sa sœur, dont un visiteur lui a rapporté qu'elle était éblouissante, elle lance : «Sois-en remerciée ! Vis en faisant peur à tes ennemis et ne vieillis pas !»

Aragon – qui, lui, ne manque pas à ses obligations, mais manifeste surabondamment qu'il est toujours amoureux – l'a comblée de présents pour son cinquante-cinquième anniversaire : «Un nécessaire ancien en cristal de baccarat pour ma coiffeuse, bleu vif; une thermos avec un gobelet comme la tienne pour que je ne sois plus obligée de courir en bas chercher du thé à la cuisine ; la boîte à thé chinoise avec l'intérieur en étain dont je rêvais (le thé s'éventait) ; et un énorme cœur oriental, un bijou en cristal, dont on ne sait pas si la monture est en or, sertie de petites pierres. Bref, il m'a couverte de cadeaux de la tête aux pieds. »

Le nécessaire en cristal bleu vif est toujours sur la coiffeuse d'Elsa, dans la chambre magnifiquement conservée du Moulin, à côté d'objets qui parlent mieux d'elle que de longs discours : vase bleu lui aussi, pelotes à épingle en forme de petits chevaux, tout droits venus de la Russie natale. L'abondance d'objets de qualité – sinon toujours de valeur marchande excessive – dit combien cette maison fut soignée avec amour, combien la culture de ses hôtes apparaissait de toutes manières : culture d'Elsa, qui se souvenait de ses études d'architecture, et savait utiliser les compétences des connaisseurs en meubles anciens, comme l'antiquaire Delbée, culture liée au pays de l'enfance, dont viendront les sièges, les corbeilles et autres objets de vannerie, et le curieux fauteuil dont les pieds, les angles de tête et d'accoudoirs, sont faits de cornes de bœuf. Culture d'Aragon et du couple dont les amis – Léger, Picasso, Jean Effel, Hans Erni, pour n'en citer que quelques-uns – vinrent décorer les murs. Elsa avait gardé pour son bureau un dessin de Peynet avec lequel elle avait réalisé *Dessins animés*, des souvenirs de Tahiti, le plan ancien d'Avignon que nous avons évoqué, des bois gravés, icônes de la Russie ancienne, des photos de jeunesse, sur lesquelles apparaissent l'amie d'enfance Nadia, Maïakovski…

C'est durant l'automne où Elsa s'installe au Moulin, en 1951, que Lili, à Moscou, commence à ressentir les attaques d'une maladie de cœur très invalidante. Elsa n'aura de cesse de lui prodiguer conseils et mots affectueux : « penser que tu es si faible, que tout est si fragile, aussi fragile qu'un objet qu'on vient de recoller, quand la colle n'a pas encore séché ». Mais elle ne peut s'empêcher d'évoquer son propre surmenage : le théâtre où pendant la saison elle doit se rendre tous les soirs pour produire ses chroniques, un discours pour l'anniversaire d'Eugénie Cotton[2], un article à remettre à *L'Humanité* sur la vente du livre du CNE, etc.

Pour cette vente, en 1951, Elsa a bien envie de prétexter une maladie «je n'avais pas envie de vendre mes vieux livres»... (ce qui, dans le jargon des auteurs, veut dire que l'on n'a pas publié de nouvel ouvrage depuis l'année précédente : le «dernier sorti» était en effet *L'Inspecteur des ruines*, en 1948) et elle souffrit réellement d'un bizarre malaise ! Son appartement de Paris étant en travaux, elle passa une journée soignée chez des religieuses, une sorte de parenthèse «comme un rêve»... C'est vers ce moment-là qu'elle se décide à abandonner quelques activités, dont les chroniques théâtrales : «J'en suis saturée jusqu'à l'hébétement», écrivait-elle, espérant, grâce à son «travail littéraire», trouver d'autres revenus, «je n'ai pas envie d'être immergée chaque soir dans toutes sortes de cochonneries». Et cela malgré quelques coups de foudre pour des pièces ou des acteurs : le dernier en date étant Gérard Philipe dont elle vient de voir l'interprétation du *Cid* : «Un spectacle absolument génial avec un acteur prodigieux [...] Mais c'est la première fois en deux ans.»

Les travaux au Moulin ne sont pas non plus de tout repos. Elsa décrit l'arrivée d'une bibliothèque, les travaux pour l'installer, le pire étant, pour Elsa la sauvage, la présence d'ouvriers de différents corps de métiers en permanence, avec une seule femme de ménage : «Nous prenons nos repas tous ensemble, c'est une vraie table d'hôtes, l'horreur.»

Le parc est resté longtemps à l'abandon, et le couple s'ingénie, en ce qui concerne les abords de la maison, à le transformer en véritable jardin. Dès le printemps 1952, ils se lancent dans un vaste programme de plantations ; aujourd'hui, sur la table de travail d'Elsa au Moulin, que l'on a gardée telle qu'elle se trouvait au moment de sa mort, est resté ouvert un livre sur la flore des terrains et des milieux humides ; en mai 1952 déjà, elle dit découvrir de manière studieuse la «science complexe» du jardinage. Et l'inventaire de leurs plantations est stupéfiant : lilas, jasmin, forsythia, prunus, plus de trois cents pieds de lavande, cinquante-deux rosiers, cinquante lys blancs, des asters, des dahlias… En 1953, elle aura ce mot : « J'écris mon roman et je m'occupe du jardin, mais mon activité est paisible – sarcler les plates-bandes, semer et planter les fleurs, arroser. Je regrette d'avoir raté la nature, pour ainsi dire. C'est une révélation, sur mes vieux jours. »

Le Moulin, c'est aussi la rivière : elle est présente à l'intérieur même du séjour, où une baie vitrée ronde permet de voir s'écouler l'eau, et d'admirer la mécanique des rouages ; elle sillonne et anime le parc, avec ses ruisselets – les pleurs – nourrissant la Rémarde, filant sous les petits ponts, laissant glisser les colverts entre les nénuphars. Dès l'installation du couple, il lui faut penser drainage, franchissement de certains bras par de nouvelles passerelles, protection contre les crues menaçantes, acquisition d'une barque à fond plat pour naviguer sur les parties larges…

La vie au Moulin sera donc active, et Elsa écrit à Lili en 1953 : « Notre Moulin est une usine. » La principale activité de cette usine-là est sans doute l'écriture, mais, rappelle-t-elle, il y a aussi le jardinage, le soin des chiens ; Aragon et Elsa prennent le thé avec des confitures juste confectionnées, ils ont acheté un pressoir pour leurs pommes, pour faire du cidre, puis de « l'alcool de pommes ».

En 1954, la grande affaire sera la préparation d'une chambre pour l'arrivée de Lili et de son compagnon Vassia. Elsa veillera surtout à ce que le cœur fatigué de Lili ne souffre pas trop des pentes un peu raides des escaliers existants. En 1955, elle célébrera l'arrivée d'un « frigidaire » qui « ne fait pas de bruit comme l'ancien ». Cette année-là, Elsa se réjouira, après un retour de Russie, de trouver un Moulin où « tout est propre, tout brille, on a tracé tout plein de chemins à travers le pré, planté cinq arbres fruitiers » ; elle parlera avec tendresse de la naissance de petits chiots, et d'une couvée d'oisillons pour lesquels elle prépare un nid.

Quant aux visites, Elsa hésite toujours entre le plaisir d'en recevoir, avec la chaleur des repas pris dans la belle cuisine aux faïences blanches et bleues, et l'agacement de ne pouvoir maîtriser son temps face aux intrusions un peu trop insistantes. Elle se dérobe au lancement d'invitations mondaines pour privilégier les rencontres d'amitié ou de travail, comme un «couple de jeunes camarades» «agréables, gais, et pas ennuyeux. D'ailleurs, les gens viennent pour travailler : je ne les laisse pas venir, je ne suis pas hospitalière, je n'ai pas le temps et c'est du tracas».

En 1955, commence à percer dans les lettres une lassitude à l'égard de l'accumulation de soucis et d'encombrements que représente cette maison : «Tout ça ne finira que quand on n'aura plus d'argent [...] ça me pèse tellement de "monter notre ménage", d'entasser, quel ennui...» Les tracas avec les gardiens et les employés domestiques du Moulin deviennent quelquefois envahissants, et Elsa s'emporte contre certains d'entre eux; en 1957, elle note avec une dureté sans nuance que ses anciens gardiens, malades, ont abusé de leur situation : «Les vieux salauds ont acheté une maison et prospèrent.» Et comme sa sœur lui demande pourquoi les fleurs ont péri, elle raconte avec rancœur les mauvaises actions du jardinier, atteint d'un cancer : «Ce ne sont pas des voleurs, ce sont de méchantes gens. Leur communisme est fondé sur le dicton français : ôte-toi de là que je m'y mette, dégage la place que j'occupe.» Un nouveau couple de gardiens et leur fils viendra les remplacer et Elsa fera aménager une petite maison à l'écart pour éviter la promiscuité, «un soulagement pour nous et pour eux», précise-t-elle.

Pourtant, ils continueront à aménager, en se moquant un peu d'eux-mêmes : «La nouvelle clôture, il n'y a pas à dire, transforme la maison en résidence officielle! Elle court d'un ruisseau à l'autre, enjambe le pont, nous protégeant ainsi des curieux. Bref, nous sommes très comme il faut...» Ils continuent aussi d'acheter : en 1959, ce sera un piano «en noisetier» précise Elsa, et toute une ménagère, ce qui lui fait s'exclamer un jour : « Maintenant, j'ai une ménagère complète. »

Car, malgré tout, ce sont les petits bonheurs prodigués par cette maison qui l'emportent. Les lettres d'Elsa sont pleines d'exclamations qui lui échappent : « Tout est extraordinairement beau, les arbres sont jaunes, roux, et il fait très doux, nous dormons les fenêtres grandes ouvertes [...] Dieu merci, le Moulin existe. [...] il fait divinement bon, l'eau murmure et tout embaume. [...] Nous sommes au Moulin comme des saints au Paradis. » Entre l'explosion des fleurs du printemps – ses chères jacinthes, les roses, les arbustes parfumés – les rousseurs humides de l'automne, Elsa se réjouira, jusqu'aux derniers jours, de cette maison qu'ils ont voulue, qu'elle a aménagée, où Aragon dépense ses forces à tailler les jeunes pousses et à élaguer le bois mort.

Voyages de devoir et d'agrément

Entre les séjours à Saint-Arnoult, l'épuisante existence parisienne et internationale reprend ses droits : tantôt Elsa s'en plaindra, incapable pourtant de se détacher de tous les engagements pris, tantôt elle s'en réjouira, quand un voyage vers l'Europe centrale, par exemple, lui donnera l'occasion de retrouver, pour un temps, un peu plus à l'est, sa chère famille russe.

Voici, comme en un inventaire, le rappel de ces voyages pour les années cinquante : presque chaque hiver, Aragon et Elsa, Elsa seule plus rarement, se retrouvent dans les capitales des « démocraties populaires » pour quelque congrès ou autre manifestation internationale.

En janvier 1952, ils se sont rendus à Prague, où Aragon est intervenu « brillamment » dans une soirée en l'honneur de l'écrivain brésilien Jorge Amado. Leur retour à l'aéroport à Paris est une fête, selon le rituel qui semble s'être installé : délégation pour les accueillir, fleurs pour Elsa... Elle dit cependant à sa sœur son spleen de Moscou, où ils ont passé les fêtes de fin d'année, avant Prague. « J'ai le cafard. Moscou est terriblement loin, loin à faire peur. »

L'hiver suivant, du 12 au 19 décembre 1953, Elsa est déléguée à Vienne au Congrès des partisans de la paix, appelé alors Congrès des peuples pour la défense de la paix, où elle représente le CNE comme vice-présidente. Puis elle passe une partie de l'hiver à Moscou, s'arrête sur le chemin du retour à Varsovie, où elle participe avec Aragon à un dîner d'écrivains. Ils rentrent à Paris les derniers jours de janvier.

Le 10 juin 1953, Elsa se déplacera seule trois jours à Prague pour, dit-elle, « les problèmes de la Paix (en relation avec le projet de Congrès des écrivains). »

Le 12 novembre 1953, Lili annonce qu'elle a retenu des chambres pour eux à l'hôtel Moskva et ajoute : « on attend vos candidats », en souhaitant que ce soit Elsa qui soit distinguée pour le prix Staline international de la paix. Son livre (*Le Cheval roux*), dit-elle, « mérite de plein droit cette reconnaissance. » À son retour, pourtant Elsa notera pour sa sœur, le 6 janvier 1954 : « Je n'arrive pas à me remettre après notre voyage ». Les choses, en effet, ne s'étaient pas bien passées. L'URSS était en pleine affaire des « blouses blanches », le procès fait aux médecins – juifs pour la plupart – accusés d'avoir voulu assassiner Staline, et la campagne antisémite battait son plein… Aragon dut faire lui-même l'éloge d'Ilya Ehrenbourg à qui avait été décerné le prix espéré pour Elsa, et avaler beaucoup de couleuvres en célébrant en Staline « le plus grand philosophe de tous les temps », pour protéger Lili. Si l'on en croit Arcadi Vaksberg[3] le couple Aragon-Elsa prétexta de la fatigue pour ne pas assister à la soirée chez Ehrenbourg, et se rendit chez Lili. Après les éloges outranciers délivrés de la tribune à Staline par Aragon, après un malaise si grave qu'Elsa eut peur pour la vie de son compagnon, ce dernier aurait dit à Lili : « Maintenant, rien ne te menace plus. Personne ne te touchera. » Dans la lettre du 6 janvier, Elsa mettra l'échec de ce voyage au compte de la fatigue : « nous sommes trop vieux pour voyager », surtout en hiver.

Pourtant, Elsa continue : l'hiver 1954, elle est invitée avec Aragon au deuxième Congrès des écrivains soviétiques. Elle y prononce un discours qui paraît le même jour dans *Les Lettres françaises* et dans *Literatournaïa gazeta* sur « les lecteurs occidentaux et la littérature soviétique ». Elsa racontera à Lili, le 10 janvier 1955, qu'ils ont été bloqués à Prague sur le chemin du retour. Dans la même lettre, elle s'excusera du dérangement et du surmenage causés à sa sœur : « C'est que chez vous, tout est tellement... » Tellement quoi ? Accueillant ? Réussi ? Difficile ? Nous n'en saurons pas beaucoup plus sur ce qu'indiquent ces points de suspension. Peut-être Elsa avait-elle simplement usé de cette ponctuation pour dire ce que le langage familier d'aujourd'hui formule par « vous êtes trop ! ».

Il semble que depuis l'hiver 1955, les voyages de ce type se soient interrompus. L'état de santé d'Elsa lui permettait de moins en moins de tels périples, et sans doute les prises de position politiques du couple devenaient-elles de plus en plus suspectes dans les pays où le dégel célébré par Ehrenbourg après la mort de Staline avait très vite été oublié...

À partir de 1955, ce sont des voyages d'agrément qui paraissent ponctuer les saisons. Au printemps, Elsa voit resurgir un vieux rêve : trouver une maison dans la ville de son cœur, Avignon. Le 6 mars 1955, elle confie à Lili qu'ils ont découvert cette demeure possible. Il faudra des réparations, de l'argent... mais « la porte donne sur le jardin et sur le ciel. Je planterai des lys (ils poussent bien là-bas) et leur odeur nous fera défaillir ». Elle se rend seule sur le futur chantier pour discuter avec un entrepreneur, elle fait visiter la bâtisse à la veuve de Fernand Léger, Nadia, mais après un dernier séjour en décembre, elle déclarera, très déçue : « J'y suis attirée par une force inconnue. Comme c'est dommage qu'ils ne nous aient pas laissé la maison ! »

LES RENDEZ-VOUS DES ÉCRIVAINS

Au début des années cinquante, nous l'avons vu, Elsa Triolet s'était lancée à corps perdu dans ce qu'elle avait appelé la Bataille du livre. En mars 1951, elle devient vice-présidente du CNE[4]. Et, une fois encore, elle ne ménage pas sa peine : en octobre, elle prend en charge l'essentiel de l'organisation de la Vente annuelle des livres, et elle voit grand : ce sera le Vel d'hiv ou rien. Autour d'elle, on suppute les risques d'insuccès : comment « remplir » un tel espace ? En fait, le succès sera total. Nous devons en lire le rapport dans la lettre enthousiaste qu'elle écrivit à Lili le lendemain ; des chiffres d'abord : trente mille visiteurs, des ventes pour un montant total de 5,25 millions de francs. Et Elsa n'est pas peu fière : « Aragocha a vendu pour un montant de quatre cent mille francs, plus que tout le monde. Viennent ensuite, presque à égalité, Daix, Éluard, Effel et moi. » Pour une fois, Elsa s'est sentie populaire et… aimée ! Plus de deux heures avant la fin, elle n'avait plus aucun livre à vendre, et « le public attendait docilement devant mon stand le retour de la voiture qui devait en rapporter ». On l'aime, et ce sont des jeunes et des poètes qui le lui disent : « Mon "public" ne comptait que des gens de vingt ans : j'ai l'impression que tous les jeunes poètes de Paris sont passés devant moi en rangs serrés. » La lettre de réponse de Lili commencera par ces mots : « Ma petite Elsa en or, toute belle et toute jeune. »

Pourtant la « bataille » continue… La guerre était finie depuis sept ans déjà, mais les discussions littéraires se menaient toujours en termes d'exclusion, d'appartenance à un camp ou à un autre. C'est le moment, le 10 janvier 1952, que choisit Jean Paulhan pour publier sa *Lettre aux directeurs de la Résistance*. Elsa répond aussitôt, dans *Les Lettres françaises* du 7 février, par un article « Jean Paulhan successeur de Drieu La Rochelle ». Ainsi reprenait-elle, dans ce titre accusateur – Drieu La Rochelle étant le prototype même des écrivains « collabos » ayant mis leur plume au service du nazisme et s'étant donné la mort à la Libération – l'argumentation que Paulhan développait dans son libelle : le directeur de la *NRF* refusait que l'on soit à jamais classé sous une étiquette qui n'aurait dû être employée que pour des raisons politiques précises, dans un contexte politique donné. On pouvait avoir été « résistant » et ne plus se battre pour la liberté, mais – sous prétexte de combats antérieurs – poser à jamais en « directeur » ès conscience résistante ; selon Paulhan, des écrivains qui cédaient aux sirènes du fascisme de l'Est et ne comprenaient plus rien aux combats pour la liberté, s'étaient statufiés une fois pour toutes en gardiens de l'orthodoxie, en particulier à l'intérieur de ce qu'il nommait méchamment le « Céné » (CNE). À lire des phrases allègres et perfides comme celle-ci : « Ils se sont crus résistants une fois pour toutes : purs, sauvés [...] Aragon, Éluard ont laissé le panégyrique de l'avortement, du crime et du défaitisme : ils chantent d'une seule voix l'espoir, la joie de vivre et les familles nombreuses », on comprend que le sang d'Elsa n'ait fait qu'un tour. La réponse fut cinglante ; réponse *ad hominem* d'abord, Elsa Triolet soulignait que « la notoriété de Jean Paulhan ne (dépassait) pas les milieux littéraires français », qu'il jouait le rôle d'une « puissance occulte [...] sur la carte géographique du goût » et qu'il était un piètre écrivain : « personnellement, Jean Paulhan écrit peu et ses écrits sont épuisants pour le lecteur ». Ses principaux défauts – selon Elsa – lui venaient de sa perversité : « un faux ingénu, un sac à malices et à ruses, avec un sens pervers de la contradiction et des petits paradoxes perfides ». Puis venaient les réponses de fond qui répondaient aux accusations de Jean Paulhan par une autre : l'ancien directeur de la *NRF* agissait par anticommunisme. Le mot était lâché, qui caractérisa durant les années de l'après-guerre le repli final des communistes lorsqu'ils étaient attaqués : aucun argument de l'adversaire ne valait vraiment qu'on y réponde puisqu'il était dicté par un « réflexe primaire », un « anticommunisme viscéral », comme on disait alors. Il est étonnant de relever aujourd'hui, dans l'archéologie de la pensée militante, des arguments aussi sommaires sous la plume d'intellectuels de grande qualité.

Est-ce dans la bouffée d'enthousiasme de la vente du Vel'd'hiv qu'Elsa, quelques jours plus tard, au Congrès des peuples pour la défense de la paix à Vienne, lance en décembre 1952 l'idée d'un Comité mondial des écrivains pour la résistance à la guerre ? Elle en rédige l'appel qui paraîtra dans *Les Lettres françaises* du 18 décembre. Il reste que cette initiative n'aura pas de suite et que des jours plus difficiles attendent la militante Elsa.

Tandis qu'Elsa et Aragon prolongent leur voyage à Moscou, en effet, et à la suite des procès de Prague et de l'élimination de Slansky – accusé de menées antisoviétiques et surtout de sionisme après avoir été l'un des plus solides piliers du régime stalinien en Tchécoslovaquie – une crise éclate au CNE. *Le Figaro littéraire* titrera « Tempête sur le CNE » une série d'articles polémiques publiés du 21 février au 25 avril 1953. La question était alors la suivante : le CNE doit-il ou non prendre parti contre l'antisémitisme de plus en plus patent dans les pays de l'Est ? Peut-il ou non adopter, en matière de défense des libertés, des positions contraires à celles qu'exprime le Parti communiste[5] ? À son retour en février, Elsa Triolet tente de résoudre la crise en faisant voter un amendement aux statuts qui limite la compétence du CNE aux questions qui le concernent directement. Mais, à grands fracas ou sur la pointe des pieds, la plupart des écrivains non-adhérents au Parti communiste quittent alors le CNE.

Pour Aragon aussi, les difficultés s'accumulent. Le journal *Ce soir* a cessé de paraître et il doit s'occuper des reclassements nécessaires. Surtout, lorsque Staline meurt, le 5 mars 1953, une « affaire » éclate dans le microcosme communiste français : l'affaire du portrait de Staline par Picasso qu'Aragon, rédacteur en chef, décide de publier en une dans *L'Humanité*. Nous y reviendrons. Il reste que, pour Aragon et pour Elsa, l'atmosphère devint pendant quelques mois irrespirable parmi les « camarades » du parti et les « compagnons de route ».

C'est donc dans un climat de tension et d'anxiété qu'Elsa abordera la vente d'octobre 1953, « après-demain, c'est la Vente du livre, écrit-elle à Lili, et je suis exténuée. Je m'inquiète mortellement, j'ai peur de tout – que ce soit vide et que ce soit la cohue, que des voyous fassent un scandale, etc. » Pourtant, la Vente sera de nouveau un succès; comme les années suivantes où, le 16 novembre 1955, Elsa s'étonne : « Enfin, la Vente est passée, sans scandale ni meurtres, un succès ahurissant. Le matin, Aragocha s'était mis dans une colère... noire. J'ai dû me rendre avec lui à la Vente, alors que je n'en avais pas l'intention, puisque cette année, je n'y étais pas en tant qu'écrivain, sans moi, il avait peur... Il a vendu plus de mille exemplaires ! Plus qu'Yves Montand (huit cent trente exemplaires !), plus que tous les autres ! » Elle fait ensuite un bilan financier évidemment très positif : « Je regardais la longue file des gens – en tout quarante mille personnes –, et je pensais : est-ce vraiment moi qui ai manigancé tout ça ? » Et, toujours chroniqueuse, elle cite : « Il y a eu un moment terrible, quand Gérard Philipe est apparu : la foule a fait : oh ! et s'est ruée sur lui en criant. Mais bon, ça s'est bien passé... »

La crise redoublera au CNE, en 1956, avec le XXe Congrès du PCUS et la dénonciation des crimes de Staline par Khrouchtchev. Aragon et Elsa démissionnent, mais Vercors les convainc de revenir sur cette démission en se retirant lui-même de la présidence, assurée désormais par Francis Jourdain[6]. Elsa assumera encore l'organisation de la Vente, mais au lendemain de celle-ci, le 26 octobre 1956, elle dira ne plus pouvoir supporter ce genre de responsabilité : « J'ai peur de la foule, et j'ai peur qu'il n'y ait personne... Bref, cette douzième Vente sera pour moi la dernière; que pour les douze années à venir, l'organisation repose sur de plus jeunes épaules. »

Ce ne sera pourtant pas la défection d'Elsa, mais les événements politiques qui amèneront l'annulation de la Vente :

l'entrée des troupes soviétiques en Hongrie, en novembre 1956, a été plus forte que la volonté de cohésion du CNE.

En 1957, Elsa démissionne de ses responsabilités au sein du comité, et elle en est nommée présidente d'honneur. Elle écrira en 1965, dans *Préface au désenchantement* : « C'est en 1957 que j'ai donné ma démission du comité directeur du CNE. On m'en fit, pour mon travail passé, présidente d'honneur. La Maison de la pensée n'est plus, délogée de l'hôtel particulier après un interminable procès avec ses propriétaires. Le CNE est à nouveau, depuis 1962, hébergé par *Les Lettres françaises*. Mais ce n'est pas moi qui irai aujourd'hui me battre pour son existence, d'autres le feront bien à ma place. Quant à moi… Non, ce n'est pas à cause de l'âge : à cause de tant et tant de désenchantements. Si je m'amusais à dresser la liste des reproches, revendications, accusations… »

Désormais, alors que tant d'autres intellectuels s'éloignent progressivement du Parti communiste, les activités publiques d'Elsa, au contraire, vont se dérouler directement dans le seul cadre du parti ; comme si elle avait abandonné l'idée qu'elle doit être un trait d'union entre les intellectuels et le PC, pour se replier sur ce parti devenu sa famille. Le 28 février 1958, une soirée est organisée en l'honneur d'Elsa Triolet par la section du Parti communiste de Saint-Denis au Théâtre municipal, Aragon y prononce un discours. Le 21 février 1959, elle signale qu'ils préparent « leur » journée à Saint-Denis : « vente de nos livres, musique, lecture de poèmes ». Le 6 mars, elle dit que la journée à Saint-Denis s'est bien passée : « de trois heures à minuit, sans accroc ». Elle y reçoit aussi des roses, de Mme Pagnol et de rosiéristes, pour son dernier livre *Roses à crédit*. Et le 25 mars 1959, elle se propose de faire organiser une célébration de l'anniversaire de la mort de Maïakovski, en adoptant, à l'égard de la presse communiste, une formule très possessive : dans « tous nos journaux ».

Écrire et traduire

Et puis, plus que toute autre chose, Elsa écrit. Une lettre à Lili témoigne de cette atmosphère d'écriture permanente : « J'écris, j'écris, j'écris... Mais voilà qu'aujourd'hui quelque chose s'est enrayé. Ce qui sort de tout ça, ce qui va en sortir, je n'en sais rien. On verra plus tard. » Écriture « militante », liée aux activités du CNE, du Mouvement de la paix, des bibliothèques de la Bataille du livre, du Parti communiste ; écriture de traductions pour lesquelles la demande – la commande – des éditeurs se fait de plus en plus importante, écriture romanesque enfin, la seule à laquelle elle estime « devoir » se livrer vraiment, qui demande concentration et temps libre, et qui se refuse si souvent... Sans compter les articles pour lesquels on la sollicite de plus en plus, sur des sujets graves ou futiles.

Évoquons ce dernier ensemble : quelques articles sur le théâtre, pour lequel elle ne tient plus de chronique régulière dans *Les Lettres françaises*, un compte rendu de voyage en Russie pour *L'Humanité-Dimanche*, en 1952, des articles pour des revues soviétiques, comme *Temps nouveaux* qui a sollicité, pour le prix de la Paix en 1953, un papier sur Éluard, Effel, et Salandre.

Elle écrira aussi le texte, pour les éditions du Cercle d'art, en 1956, d'un album de photo de Robert Doisneau sur Paris : *Pour que Paris soit :* « C'est un merveilleux photographe, plein de gaieté », note-t-elle pour Lili.

Une revue moscovite, *Teatr,* lui propose même de devenir une collaboratrice permanente en lui demandant de tenir la rubrique « La vie théâtrale en France » ; elle accepte, mais elle désire présenter d'abord, pour le public russe, les théâtres eux-mêmes, en évoquant leur histoire, leur architecture, leur tradition culturelle respective, avant de parler des mises en scène d'actualité. Aussi envoie-t-elle plusieurs articles sur des directeurs et metteurs en scène comme Jean Vilar, Jean-Louis Barrault, en cherchant à faire le tour des grandes scènes de la capitale. La revue *Teatr* conteste ses choix, veut modifier ses textes… «Pour sûr, enrage-t-elle, si c'était Aragon qui avait écrit, ils n'auraient pas osé…, mais de moi, on peut tout exiger, et je ne donne jamais satisfaction.» Elle s'insurge qu'on veuille lui imposer des corrections : «Je n'ai aucune raison de penser que les réviseurs connaissent les choses mieux que moi et savent mieux que moi comment il faut écrire. Quant à travailler pour le cours préparatoire, cela m'ennuie.» La collaboration avec *Teatr* tournera donc court.

La demande de traductions ne faiblit pas : *Les Premiers Communards* de Maïakovski, puis, de Maïakovski encore, *Ne jubilez pas* pour la revue *Europe*. En mars 1952, c'est le *Portrait* de Gogol aux Éditeurs français réunis accompagné, selon ses dires, d'un «article-fleuve»; elle se rendra aux journées Gogol à la Sorbonne, où l'on aurait tenté de lui interdire l'entrée, et où elle put faire applaudir son intervention malgré les «professeurs pusillanimes». En juillet 1952, elle écrit sa *Biographie de Christo Botev*, introduction au recueil : *Poèmes de Christo Botev*, traduits du bulgare et adaptés par Paul Éluard, chez le même éditeur.

En août 1955, Elsa écrira à Lili à propos de ses traductions de Maïakovski : «Je traduis avec tant d'amour, je souffre tant pour chaque vers défiguré par la traduction que c'est comme si je marchais avec des chaussures trop petites qui me serreraient de façon insupportable. Personne ne fera mieux, mais vraiment, “quelle saloperie, la traduction”.» Elle peut faire rimer certains vers, d'autres, qui auraient besoin de cette musique, ne trouvent pas leur rime en français, etc. Elle se plaint aussi de ce que soulève de souvenirs cet effort de traduction : «Volodia verrait-il ce dur labeur comme un signe de *fidélité* à son égard, ou se moquerait-il de ces tentatives, qui finalement, ne valent pas un sou face à sa poésie. Ce que tu fais, toi, pour aider à sa compréhension et à son étude… La difficulté n'est pas seulement dans le travail, bien sûr, mais dans le retour forcé en arrière.»

Le 23 février 1955, Lili proposera de faire réaliser un disque pour le vingt-cinquième anniversaire de la mort de Maïakovski. Elle envoie une partition de Chtchedrine et propose – sur une idée de Jean Roire, journaliste à *Ce soir*, puis directeur de la maison de disques Le Chant du monde – que les poèmes soient lus par Gérard Philipe… Elsa protestera avec précautions quant au choix de Gérard Philipe : « Il a une voix de ténor, une voix pas très puissante et souvent privée du pathétique nécessaire. » Elle s'attaque cependant, pour cet anniversaire, à la traduction de *Ici naîtra la ville-jardin*. Enfin, elle travaille dès lors à la réalisation du *Vladimir Maïakovski. Vers et proses* « choisis, traduits et commentés par Elsa Triolet et précédés de ses *Souvenirs sur Maïakovski* » qui paraîtra en 1957 aux Éditeurs français réunis.

TCHEKHOV

La même maison d'édition, Les Éditeurs français réunis, avait entrepris, sous la direction de Jean Pérus, une traduction et une publication des *Œuvres* de Tchekhov. Le tome VI de cette collection devait entamer la présentation du théâtre. Elsa Triolet fut pressentie pour ce travail et accepta avec joie. En 1952, elle traduisit *La Cerisaie*. Le 15 novembre 1953, paraissait dans *L'Avant-scène théâtre* son adaptation de *L'Ours* et en 1954 le premier volume du *Théâtre* de Tchekhov devenait le tome VI des *Œuvres* de Tchekhov. En même temps, Elsa faisait paraître, chez le même éditeur, *Histoire d'Anton Tchekhov, sa vie, son œuvre*.

La correspondance avec Lili permet de suivre les étapes de ce travail. Tâche subtile de traduction sans doute, mais infiniment satisfaisante pour Elsa ; ainsi s'écrie-t-elle, en février 1954, après avoir fini le brouillon de la traduction : « Quelle pièce étonnante, *Les Trois Sœurs*, la meilleure de toutes. » En revanche, c'est surtout de l'encombrement qu'elle se plaint lorsqu'il lui faut aborder la biographie : abondance des documents, manque de matériaux de première main et donc nécessité de nombreuses vérifications. Elle doit étaler tous ces papiers sur de grandes tables dans le grenier du Moulin et ne peut (comme elle aime tant...) travailler allongée. Pourtant, elle se sent comme investie d'une mission à l'égard de l'écrivain russe : « Je veux écrire sur lui, pour les Français », confie-t-elle à Lili en juillet 1954. Au mois de janvier 1955, alors qu'elle rentre d'URSS, elle trouve une revue de presse impressionnante : dans la plupart des coupures de journaux, écrit-elle à Lili, « on m'éreinte tellement que ça m'a ébranlée ». Mais pour la biographie de Tchekhov, la presse fait exception : « Ce ne sont que louanges en long et en large ! » Elsa se plaindra pourtant que cette biographie soit aussitôt « pillée »...

Il est fort instructif, pour qui s'intéresse à Elsa Triolet elle-même, de lire avec attention L'*Histoire d'Anton Tchekhov*. D'abord parce que l'auteur, pour évoquer son modèle, brosse un tableau de la Russie tsariste au temps de la jeunesse de Tchekhov : Anton Pavlovitch était né en 1860, un an avant l'abolition du servage par le tzar Alexandre II. Son grand-père avait été serf d'un grand propriétaire terrien et il avait réussi à racheter sa liberté pour lui et sa famille. Le père d'Anton était donc parvenu à s'installer à son compte comme épicier. Mais les mœurs familiales étaient restées rudes, et l'éducation du futur écrivain fut plus prodigue en coups qu'en caresses. Elsa Triolet donne à voir la tristesse de l'existence dans la province russe que Gogol a dépeinte dans *Les Âmes mortes* et *Le Révizor*. Elle évoque au passage « le chauvinisme et le nationalisme grossiers », avec les pogromes de juifs de 1881, les persécutions contre les Polonais, les Finlandais, les Musulmans... Elle apprend au public français que le règne d'Alexandre III a été nommé « les jours mauvais » ou « le crépuscule », et que « pour sentir ce que furent ces "mauvais jours" entre chien et loup, à se faire mordre et dévorer par l'un et par l'autre, il fallait et il faut l'œuvre d'art». Ce faisant, bien sûr, elle n'écrit pas seulement une histoire littéraire, mais nous invite à entrer dans l'Histoire tout court.

Le personnage de Tchekhov lui-même est traité avec sympathie ; Elsa s'attarde sur «le sourire éblouissant» de l'écrivain, sourire «qui, soudain, apparaissait et, soudain, disparaissait, comme s'enlève d'un coup d'éponge un dessin à la craie». Plus intéressante pour le parallèle entre l'auteur ainsi décrit et Elsa elle-même, l'analyse des premiers travaux d'écriture du jeune Tchekhov : des contes, des nouvelles. Pour être publié dans les journaux humoristiques qui le payaient un peu, explique Elsa Triolet, Tchekhov devait écrire court et drôle : «Il s'astreignait à être bref, à dire l'essentiel en peu de mots, à faire rentrer dans le peu de lignes prescrit un commencement, un milieu, une fin, à construire un conte comme un roman.» Et l'on sent ici combien Elsa, auteur de tant d'exercices de jeunesse (ses cahiers, ses fragments d'autobiographie, ses billets pour la *NRF*, ses articles pour *Ce soir* et pour *Les Lettres françaises* comme ses recueils de nouvelles) se découvre en phase avec les débuts du grand écrivain : «L'auteur parlera modestement, d'une voix blanche de speaker, qui ne fait qu'indiquer les jeux de scène et décrire les lieux, pour s'effacer derrière les personnages du drame, de la comédie.» Elle admire cette manière d'atteindre à l'universel avec le plus banal : «Des lieux communs humains, flous comme les visages d'une mer humaine, taches pâles, multitude de lunes, Tchekhov faisait des hommes et des femmes inoubliables.» Lorsque vient la gloire pour Tchekhov, après la parution de *La Steppe* en 1888, après la réception du prix Pouchkine, «écrire, pour lui, cesse d'être simple», pense Elsa. Et d'évoquer «les responsabilités de l'écrivain», que Tchekhov aurait vécues avec angoisse (comme les vivait alors Elsa dans les débats, les affrontements, les actions militantes du CNE, de la Bataille du livre, du Parti communiste et de ses intellectuels). Elle retrouvera aussi chez l'auteur de *L'Île de Sakhaline* (récit sur le bagne que contenait cette île écrit en 1893) et dans *La Salle n° 6* (la salle des fous d'un hôpital dans une petite ville de Russie) le goût pour le malheur que la mort d'un frère de Tchekhov et sa propre tuberculose ne faisaient qu'accentuer. À la fin de sa vie (mais il mourut très jeune, en 1904, à quarante-quatre ans) Tchekhov, selon Elsa Triolet, aurait fait dans son théâtre – ses pièces ont été écrites entre 1896 et 1903 – le chemin à l'envers qui le conduit des coups de revolver d'Ivanov, dans *La Mouette*, à l'affirmation de l'avenir dans *Les Trois Sœurs* et *La Cerisaie*, après être passé par la résignation de Sonia, dans *Oncle Vania*. Pour sa biographe, «il avait reconnu la révolution à son pas et, tremblant d'impatience, il l'attendait». Alors il envoie sa démission à l'Académie lorsque Gorki est démissionné de celle-ci sur ordre du tzar Nicolas II, il héberge chez lui l'auteur des *Bas-Fonds* poursuivi pour professer des opinions marxistes.

Ainsi Elsa Triolet se trouve-t-elle largement justifiée, au nom de sa conscience politique, d'un amour de Tchekhov bien plus ancien que cette conscience-là. L'épilogue qu'elle écrit pour *L'Histoire d'Anton Tchekhov* est de la même plume tendre, nostalgique, que certains passages de *À Tahiti* évoquant le printemps à Moscou, que les pages les plus émouvantes de *Fraise-des-Bois*. Il est clair que, pour elle, Tchekhov est toute la Russie, toute son enfance où elle pouvait reconnaître de quelques mots les nouvelles de l'écrivain, il est clair aussi qu'elle se reconnaît disciple de sa manière d'écrire : «Ces récits, courts ou longs, dont la sentimentalité est absente comme l'humidité d'une feuille d'automne, ces pièces à conviction, nettes et précises, ces leçons de choses, d'une évidence lumineuse, où l'humour est une bouée de secours pour le cœur, ces récits vous pénètrent malgré vous, comme la chaleur ou le froid. Ils traversent la peau, vont chercher les points névralgiques, vous apprennent à sentir. Si je n'avais pas lu Tchekhov, les limites de mon univers auraient mis du temps à reculer, et cet univers n'aurait pas été le même.»

Que soit louée la capacité d'admiration…

QUAND VOTRE PAYS VOUS FAIT MAL

Elsa aime la littérature de son pays natal. Elsa aime la littérature tout court. Elsa voudrait être reconnue – aussi – comme un écrivain de ce pays-là. Pendant des années, elle bataillera et pour faire connaître en France la littérature russe (et soviétique !), et pour faire connaître en Russie la littérature française, pendant des années elle s'acharnera à faire apprécier l'œuvre de Maïakovski en France, celle d'Aragon en URSS, pendant des années elle attendra avec anxiété d'être reconnue elle-même comme écrivain, ici et là-bas. Du côté français, la gloire est venue : le Goncourt, la reconnaissance par certains de ses pairs au CNE, les Ventes du livre, les commandes de grands éditeurs. Du côté de son pays natal, elle comprend de plus en plus qu'elle ne recueillera qu'avanies : elle n'a jamais pu faire éditer correctement son troisième livre en russe, *Colliers*, ses traductions des premiers grands romans d'Aragon ont été défigurées (« salopées » dit-elle), elle découvre avec stupeur les modifications que fait subir à la poésie de Maïakovski une censure toujours prête à tordre au profit de la pensée officielle les plus indociles des œuvres d'art, on lui demande le scénario d'un film (*Normandie-Niemen*) et on ne respecte pas ses idées originales, et quand elle espère que des romans écrits par elle et mal reçus en France par une critique hostile trouveront leur public dans « la patrie du socialisme », on laisse traîner les traductions, des réviseurs caviardent ses textes... On n'en finirait pas de citer tous les conflits qui opposent Elsa Triolet à ses correspondants soviétiques.

Conflits purement littéraires, dira-t-on, mais où est ici la frontière entre littérature et politique : la littérature – Elsa en est de plus en plus consciente – est devenue là-bas le champ d'action de fonctionnaires bornés et de commissaires politiques incultes. La littérature – Elsa en est convaincue plus que tout autre – ne se meut pas dans un champ séparé de l'Histoire. Dans sa chère Russie, la littérature, ses amis écrivains de talent, elle-même, souffrent de la politique… Bien sûr, en dehors des conversations avec Aragon ou avec les très proches, en dehors des lettres à Lili, elle ne pourra jamais étaler ces difficultés ; pour les communistes du monde occidental, attaquer la patrie du communisme est une trahison intime. Dans la guerre froide qui sévit, c'est prendre le parti de l'adversaire. Alors on se tait. On garde pour soi ou pour des apartés avec les fidèles les déclarations d'hostilité. Simplement, quand la politique de l'URSS n'apparaîtra plus soutenable, quand il ne sera plus possible d'adhérer aux actions internationales commandées par l'Empire soviétique, à partir de l'invasion de la Hongrie en 1956, Elsa rassemblera en grandes bouffées de colère toutes les rancœurs accumulées : elle ne se contentera plus d'échanger des plaintes avec Lili, elle écrira le premier roman français anti-stalinien : ce sera *Le Monument,* publié en 1957.

En attendant, Elsa ronge son frein : en avril 1955, elle dit être « douloureusement choquée » par le choix de termes vulgaires dans la traduction réalisée par Rita Raït de certaines de ses nouvelles, mais le ton de cette lettre reste très amical, et elle va même jusqu'à s'accuser de ne pas être un bon auteur, puisqu'il est si difficile de transposer son texte dans une autre langue… C'est là qu'elle trouve cette formule pour donner une précision sur Paris à sa traductrice : « Les Deux Magots sont un café très connu sur le boulevard Saint-Germain. Sartre y siège. »

Le débat avec Rita Raït se poursuivra sur un ton beaucoup moins amène : « Si elle a un certain respect pour moi en tant qu'écrivain français, par contre elle se montre parfaitement indifférente à ma connaissance de la langue russe et à mon jugement sur sa traduction, ou alors c'est qu'elle en a peur. » Elle proteste contre les délais trop courts qui lui sont laissés pour corriger les épreuves des traductions : « On en a usé très mal et injustement avec moi. La seule chose que je demande, en suppliant et menaçant à la fois, c'est qu'on ne sabote pas ma préface ! » Rita Raït est « une femme incroyablement sûre d'elle» et «ce n'est pas une dent qu'ont les traducteurs moscovites contre Aragon et moi, c'est une défense d'éléphant!».

Elle-même travaille avec acharnement à la correction du livre d'Aragon, *Littératures soviétiques*, qui paraîtra chez Denoël le 7 novembre 1955. Elle se charge de vérifier toutes les citations. «C'est un livre inspiré, il éveille une passion de chercheur d'or, car par moments on tombe sur de véritables pépites, sur des filons inconnus et on a envie d'aller y voir de plus près, de regarder cette poésie et cette prose dans les yeux...» Elle n'en finit pas de louer son auteur : «Seul Aragon pouvait entreprendre ce travail de Titan, en venir à bout, avec son don pour la synthèse et sa capacité de se détacher du détail, de voir la vie "sous un autre angle"»... Mais, l'année suivante, elle s'emportera à plusieurs reprises contre l'attribution de ses propres traductions à... Aragon lui-même. Elle aura alors ces mots amers où elle rappellera une citation de Maïakovski : «Le temps viendra bientôt pour moi de mourir, et je n'arrive toujours pas à me faire reconnaître, et je passerai comme ça, comme "une vaine averse".»

En janvier 1956, Elsa s'irrite de constater que l'article de l'*Encyclopédie* soviétique la concernant comprend une liste d'œuvres truffée d'erreurs, avec des omissions incompréhensibles, comme celle du *Cheval blanc* et, surtout, toutes ses œuvres publiées en russe. «Pas un mot sur le fait que j'ai d'abord écrit en russe; qu'est-ce que ça veut dire, on a couvert "la nudité de Noé ivre"? [...] Je suis maintenant "présidente d'honneur" du Comité national des écrivains. Et pourquoi ne pas ajouter à ma biographie que j'ai fait des études supérieures d'architecture à Moscou? Et que je sois la femme d'Aragon, qu'en fait-on? Peut-être n'écrit-on pas ces choses-là?» Quand un de ses livres se vend mal en URSS, elle se plaint auprès de Lili : «Je n'arriverai donc jamais à percer! [...] Non, je n'arriverai jamais à me faire un nom en russe! C'est fichu.»

En 1959, éclatera un nouvel incident majeur, après des griefs plus modestes : Elsa avait écrit un article intitulé

Le Romantisme lunaire, qui devait paraître en même temps dans *Les Lettres françaises* et dans la *Litgazeta*. Lili, qui avait transmis le texte, avait promis que l'article serait publié sans aucune coupure. «Évidemment», ajoutait-elle... À la réception du texte russe, ce n'est pas seulement Elsa qui entrera en fureur, mais Aragon lui-même. Elsa écrit à Lili ce jour-là : «Aragocha en colère, c'est effrayant!» Et les mots viennent, définitifs et lourds de sens pour les deux écrivains que l'on croit encore, en France, dans la plupart des milieux, inconditionnels de l'Union soviétique : «Et dire qu'ici nous affirmons qu'on en a fini avec ces mœurs monstrueuses. Ce qui est bel et bien fini, c'est notre collaboration avec la presse soviétique...»

Le cheval roux

Cette incertitude sur l'avenir du communisme, l'incertitude sur l'avenir tout court, vont nourrir le projet du nouveau roman d'Elsa. À partir de mars 1952, elle y travaille chaque jour, particulièrement angoissée, au printemps 1953, par la manière de le conclure, mais espérant bien le terminer pour la sacro-sainte cérémonie de la Vente du livre de l'automne, devenue annuelle depuis 1951. Elle hésite longtemps sur le titre, mais comment mieux le dénommer que *Le Cheval roux*, comme le deuxième cheval de *L'Apocalypse*, celui qui apporte la guerre. Livre très long sur lequel elle a peiné «parfois littéralement jusqu'à la nausée». Dès qu'elle en aura terminé l'écriture, elle se posera des questions sur l'orientation politique (ou faut-il dire morale? philosophique?) de son ouvrage, comme si elle ne pouvait plus écrire sans délivrer de message : «Je ne sais pas si la conclusion est claire, et si la mort ne l'emporte pas sur la vie.» Signe de cette volonté, l'un des titres choisis par elle était *Les Intentions humaines*. Mais elle pense que tout le monde sera contre ce titre. Elle se propose de le faire relire, de le «réparer» aussi, «s'il n'y a pas, dans la structure même, quelque chose d'irréparable». Avant de le mettre à la frappe, elle songe à le «remanier» car, dit-elle, sur plusieurs points, il est «trop ressemblant». C'est finalement sous le titre *Le Cheval roux ou Les Intentions humaines* que le roman paraît le 14 octobre 1953 aux Éditeurs français réunis.

Les lettres entre les deux sœurs, à l'occasion de ce livre, sont assez caractéristiques de sa nature particulière. Lili avait demandé à Elsa, au moment où celle-ci bouclait son texte : «En es-tu contente, ô artiste exigeante?», puis, entrant dans la problématique de sa sœur, elle ajoutait, un peu plus tard : «Est-ce que chez toi l'avenir est bon, humain? Pour moi c'est aujourd'hui la grande, et même la seule question...» Elsa est inquiète quant à la réception que Lili va faire de l'ouvrage : «Quand tu liras mon livre, ne pleure pas trop [...] notre ami de Sotchi[a] l'a beaucoup apprécié», sa femme pleurait beaucoup en le lisant mais c'est là un point de vue «féminin». «Toi, c'est autre chose, il y a dans ce livre tant de nous, de ce que nous avons en commun...» Le 28 novembre, Lili répondra qu'elle trouve le livre «angoissant, insupportablement». Elle lui reproche de parler de l'âge «impitoyablement» mais, soucieuse de modérer ses critiques, elle ajoute : «Peut-être, quand j'aurai relu ton livre y trouverai-je une issue, quelque clémence.» Elsa, en retour, montrera à Lili les approbations suscitées par *Le Cheval roux* : après avoir écrit avec entrain «Le cheval hennit et aspire à la bataille», elle signale que Joliot-Curie a écrit «de sa propre initiative» un article «qui recommande le livre si chaleureusement et intelligemment que je n'en reviens pas d'étonnement ni d'espoir»; elle raconte qu'Aragon «se met en peine *uniquement* pour mon livre (il ne se soucie pas du tout des deux siens) et il en parle comme d'un croyant de l'Évangile».

Lorsque Elsa rappellera ses intentions pour l'écriture de ce livre[7], elle insistera encore sur le message politique : «La marche sur nous de la guerre atomique, de l'apocalypse, m'a fait écrire *Le Cheval roux*, autobiographie anti-

a. Maurice Thorez.

cipée, et qui donc ne craint cette guerre à venir, encore plus que les précédentes ? »

L'ouvrage s'ouvre, en effet, sur la boue d'un monde dévasté par une explosion gigantesque : la guerre atomique semble avoir tout détruit. L'héroïne – dont la suite du roman révèlera qu'il s'agit d'Elsa Triolet elle-même – est brûlée, défigurée, son visage n'a plus rien d'humain. L'image qu'elle donne d'elle-même a évidemment été inspirée à Elsa par celle des rescapés d'Hiroshima. Et voici qu'elle se trouve heureuse parce que, dans le paysage désolé, vient d'apparaître un autre rescapé, aussi monstrueux qu'elle, mais vivant, l'aviateur yankee Henry. La romancière de la solitude s'écrie alors : « J'ai senti un terrible bonheur m'envahir : je n'étais plus seule au monde ! Si on avait su ce que c'est que d'être seule au monde, personne n'aurait jamais osé se servir de cette expression poétique : *Seule au monde* ! » Tous deux vont errer de restes de continents en îlots épargnés, par sauts de puces du petit avion sauvé de la débâcle : ils découvriront ainsi, comme autant de « dépôts » de l'ancien monde, un village comme tous les autres qui porte le nom de Sainte-Normienne pour désigner sa banalité, une ville des pays nordiques environnée d'eau et transformée en pays totalitaire par une caricature de dictateur, un hôtel de luxe dans les Alpes suisses, avant que se reconstitue une petite communauté humaine solidaire, « Les robinsons de l'Apocalypse ».

Les lieux choisis sont autant de symboles et la fiction scientifique sert surtout de prétexte à explorer les errements malheureux de l'organisation humaine. Voyez ce village de Sainte-Normienne, la vie des femmes qui s'y déroule dans les cancans, l'envie, les mesquineries : « Les ménagères ne savaient que faire d'elles-mêmes, dans ce désert. Elles disaient du mal les unes des autres, indéfiniment, remontant à des aïeux lointains, à tous les parents de sang ou par alliance. Il n'y avait que moi pour leur échapper, puisqu'elles ne savaient rien de moi. Alors elles s'en prenaient à ce mystère. On n'a pas idée de ne pas être de vieille souche sainte-normienne.» Les habitants ont découvert un sachet de graines épargnées par la destruction génétique opérée par la bombe : las ! ce sont des géraniums géants qui sortent de la germination, donnant l'occasion à Elsa d'un beau couplet sur cette fleur qu'elle déteste, symbole qu'elle lui paraît être des prétentions petites-bourgeoises : « J'ai toujours détesté cette fleur des fenêtres de ville, cet ersatz décoratif de la nature, cette fleur souvent chétive, ces grappes miteuses, ainsi que son odeur déplaisante et le toucher de ses feuilles qui me fait grincer des dents [...] symbole de la modeste vie petite-bourgeoise, l'effort d'enjoliver la vie, de se donner des illusions. À nous qui avons besoin de manger (la nature) nous met sous les yeux le géranium des inconscients et des lâches, de ceux qui ont laissé faire.» Parce que les villageois de Sainte-Normienne ne sont plus qu'avidité (« Quand on n'a que peu de nourriture, on ne pense qu'à manger »), la haine, les crimes et l'horreur s'abattront sur le village.

Voici donc Henry et Elsa (dont on ne connaît pas encore l'identité et que chacun appelle Ève) atterrissant dans un îlot entouré par la mer d'un pays du nord de l'Europe. La menace est celle de l'eau qui monte, inexorable, autour de l'espace préservé. Ici sont demeurés quelques restes du monde bien agencé d'autrefois, une demeure confortable, la possibilité de s'isoler dans une chambre : « Le tapis dans l'escalier était insupportablement doux à la plante de nos pieds devenus tout terrains. Il était doux à pleurer. Au bruit de la clef dans la serrure, je me raidis pour ne pas avoir une crise de nerfs, et je dis : "La clef est une invention humaine." » Ève et Henry redécouvrent aussi des hommes plus humains : « Les gens, c'était de notre temps, c'étaient les hommes sans importance, tandis que, maintenant, les hommes, c'était grave, c'était ce qui rendait le monde *monde* » mais, toujours, les deux héros sont effarés, jusqu'au fou rire, par la distance entre la réalité de la catastrophe et la petitesse des préoccupations quotidiennes : « Déjà dans l'autre monde, notre monde d'avant sa fin, la disproportion entre les préoccupations des gens et “l’eau qui monte” était stupéfiante, mais chez les hommes engloutis, cette disproportion devenait comique. »

Pour fuir la terreur de ce microcosme transformé en pays totalitaire par un capitaine apprenti dictateur qui a pris pour principe : « La foule n’est pas raisonnable, il faut penser pour elle », Ève et Henry retrouvent du carburant pour leur coucou volant et atterrissent à la troisième étape de ce voyage d’après fin du monde, dans le décor alpestre d’un palace pour touristes fortunés : « Radeau suisse, confort moderne. » L’occasion pour Ève-Elsa de s’expliquer sur la fascination qu’exerce le luxe, fascination qui nous rappelle quelques pages du journal de l’adolescente qu’elle fut : « Le luxe, objet de musée. Avant d’y rêver, on rêve à une paire de chaussures, à un morceau de beurre. Et quand on y est, dans le luxe, on s’y habitue si vite, que ce “superflu” est à peine suffisant pour vous satisfaire. » Elle écrira aussi : « J’aimais le beau linge. J’étais une “femme à dessous”, comme en 1900, je me privais plutôt d’une robe que de linge à dentelles véritables, de mousselines. Un luxe caché, éhonté. Je n’ai pas eu le temps d’adopter le nylon, froid et dur. »

Car, de plus en plus au fil du livre, la narration se replie du monde désolé vers la narratrice elle-même. Elle découvre que cette mort qui envahit le monde n’est après tout que la généralisation de la mort qui envahit toute vie, sa vie. Surtout, la laideur qui s’est emparée de son visage, dans cette apocalypse, n’est pas si différente des ravages que le temps laisse sur les traits d’une femme qui vieillit ; une femme : Ève, Elsa. Quand elle cherche à oublier le malheur qui s’est abattu sur elle, elle se dit : « Cette gymnastique d’illusions, je l’avais déjà pratiquée autrefois, devant la vieillesse envahissante : la nuit, je feignais de croire que ce n’était pas vrai, que j’étais toujours jeune, et belle de jeunesse. En vérité, l’horreur d’aujourd’hui, j’en ai eu l’avant-goût, j’ai déjà passé par le désespoir de me trouver graduellement transformée en épouvantail. [...] La vieillesse d’une femme n’est pas moins solitaire que la solitude dans un monde vidé d’êtres humains. » Jamais sans doute Elsa ne parlera avec autant de rudesse de la vieillesse, la vieillesse des femmes surtout, sa vieillesse en particulier : « Je n'avais déjà rien à craindre des hommes avant d'être transformée en épouvantail : j'étais vieille, et ne souhaitais pas la poursuite des hommes [...] Il valait mieux périr avec le monde que d'y vivre en y promenant la face hideuse de la vieillesse et sa hideuse solitude. » Ève, dont le visage brûlé n'a plus d'âge, et dont le corps peut faire illusion, ne veut pas avouer son âge à Henry : « Coquetterie sinistre [...] Ce mensonge, cette illusion, était tout ce qui me restait de vie. Je sais que même dans la tombe, même pourris et pleins de vers, le squelette et le crâne d'une jeune femme peuvent encore faire rêver ; les restes d'une vieille n'éveillent qu'horreur et répulsion. Le jour où cela me sera indifférent qu'Henry sache mon âge, je tomberai en poussière. »

Se succèdent alors réflexions et confidences que le lecteur de romans trouvera peut-être un peu longues, mais dont le biographe fera son miel : « Lorsque j'étais normale, j'avais peur du noir, des ombres, des rues solitaires, des ivrognes, des fous ; j'avais peur des coups de téléphone tardifs, des télégrammes, des accidents, j'avais peur de la prison et j'avais peur de la guerre ; j'avais peur des êtres grossiers, des mots qui blessent, j'avais peur du miroir et de la balance ; j'avais peur de déranger et d'être de trop, j'avais peur de m'imposer et de ne pas en faire assez. Je vivais dans les transes, dans l'appréhension d'avoir mal au contact avec les humains. Je souhaitais une île déserte. Seule ! Avec le ciel et la terre, les arbres et l'herbe, les fleurs et les pierres, le sable et l'eau, les cascades et les lacs, les parfums et le bruit des feuilles secouées par le vent. Seule avec ma vie, telle que je suis, puisqu'on n'y peut rien, que le temps est le maître et qu'on n'a rien à dire, qu'il faut subir. » Et revoilà la mal-aimée : « Tout de moi a péri, mais pas ce don que j'ai de susciter la haine. On ne s'en débarrasse donc pas ? Ni l'eau, ni le feu... Tous les parfums de l'Arabie... Rien ne saurait la supprimer. » Elle plaide sa cause, rappelant un peu ces personnages de Dostoïevski criant leur abjection pour provoquer au moins, chez le spectateur, colère ou pitié : « Quel est ce besoin d'affection, sans laquelle la vie nous semble dure comme une couche de pierre. Mais je suis peut-être d'une espèce qui en a plus besoin qu'une autre. » Elle a remarqué que les caniches qui ne sont pas aimés deviennent tristes et mélancoliques. « C'est dur d'avoir une âme de caniche et un physique de dogue. Personne n'ose vous aimer, ni n'en a l'envie. »

Alors que le livre s'était ouvert sur des déclarations nouvelles quant à la solidarité des « rescapés », les déclarations habituelles d'Elsa sur sa propre solitude se multiplient : « J'ai connu toutes les variétés de la solitude : la solitude choisie et la solitude forcée, celle d'entre les quatre murs et celle dans la foule, celle de l'abandon et celle de la fuite. Et ce n'est pas tout : solitude de la pensée, de la foi, par cécité et par surdité des autres, ou de moi-même. La solitude de la clairvoyance, de l'exception, la solitude de l'amour. »

« Seule j'ai vécu, seule je suis ici, me mélangeant péniblement avec une terre qui n'est pas ma terre. »

La technique de « collage » qu'Elsa avait mise en œuvre, en justifiant l'apparition sur la scène de ses premiers romans de personnages contemporains connus, s'applique ici à l'auteur elle-même, dont l'identité est dévoilée aux « camarades » les plus proches. Du coup, nous voici non avec un dédoublement de l'auteur en personnage, simplement, comme dans tous les textes autobiographiques, mais, si l'on peut se permettre le terme, un détriplement : Elsa Triolet l'auteur, Ève le personnage rescapé de la bombe atomique, Elsa Triolet dont Ève, devenant narratrice, parle à son tour. Ève est bien cet écrivain français, catalogué communiste (alors qu'elle répète ne pas appartenir au parti) et elle évoque sans ambages son compagnon : « Il ressemblait à un lézard, long, sec, d'une vivacité insaisissable. Il avait à tous les âges le feu de l'adolescence et la sagesse de la vieillesse. » Elle racontera aussi les retards de «Louis» qui lui ont fait vivre mille morts : «Une nuit, toute seule avec ma chienne Fifi, dans la cour pavée du Moulin [...] Je n'ai pas besoin de lumière pour voir se dérouler en moi un film qui s'arrête sur une image, toujours la même : la route, la voiture renversée, et lui, tantôt sur le dos, tantôt sur le côté, en chien de fusil... mort, mort !» Et quand elle se fait reconnaître de ses compagnons d'errance, en Suisse, elle écrit : «"Elsa" dirent-ils tous les trois, dès que nous fûmes seuls, et mon nom me fut comme un baiser.»

Apparaît alors dans les conversations, comme une évidence, la défense du Parti communiste. «Je me rappelle, on disait : "Mesdames, messieurs, camarades..." Camarades ! si je me dis encore une fois ce mot, des larmes vont couler sur mes joues à peau de cicatrice.» Plus loin elle fera dire à un de ses amis : «Nous étions ceux qui avaient le rêve en commun.»

Alors Ève-Elsa, retrouvant son personnage d'intellectuelle du courant communiste, va entreprendre de longues conversations, en rapportant des débats qu'elle avait effectivement tenus, lors de la préparation du roman, en particulier avec des journalistes, des écrivains, des scientifiques, sous l'égide de la *Gazette littéraire* de Moscou, sur la vision que peuvent avoir les hommes d'aujourd'hui de l'homme de demain. Je voudrais écrire «un *Jules Verne de l'homme* [...] c'était les transformations dans *l'homme* que je leur demandais de rêver». Mais le travail littéraire se prête-t-il à la réflexion collective ? Un «camarade» remarque que le travail en commun est rare en ce domaine «et c'est peut-être malheureux. Peut-être est-ce la raison pour laquelle il n'existe pas d'œuvre qui éclairerait notre époque comme elle en serait digne. Il me semble que nos écrivains font encore du travail artisanal, qu'ils n'ont pas encore vaincu leur solitude». Alors, Elsa se rebiffe ; bien sûr, il faut réfléchir ensemble, discuter, mais la création est solitaire : «L'art, c'est comme l'amour, il ne se pratique pas collectivement.» Plus loin, elle s'opposera à l'idée d'un «rédacteur» qui délesterait le travail de l'écrivain : « Imaginez-vous, dis-je, que quelqu'un ait "rédigé" Tolstoï [...] un écrivain authentique tremble sur chaque virgule [...] les petits rédacteurs quelconques qu'on vous met sur le dos sont un moyen de niveler langage et pensée, de les mettre au niveau de la presse quotidienne, par exemple. »

Le chapitre intitulé « Ce qu'on voit du haut de la montagne » avec son sous-titre « Où l'on parle de l'avenir » rend compte de ces discussions. Il ne me paraît pas que ces considérations – quelles que soient leurs qualités – aient vraiment trouvé la place qu'Elsa voulait leur faire dans *Le Cheval roux*. Leur intérêt est ailleurs : elles restent pour nous, au-delà des idées débattues, un témoignage de plus des efforts tentés par l'écrivain pour sortir des cadres traditionnels du roman narratif. En ce domaine, qu'elle joue avec la longueur sans tenir compte des habitudes qui différencient roman et nouvelle, qu'elle transgresse les limites ordinaires entre fiction et réalité par l'irruption qu'elle favorise des personnages historiques au côté des créatures imaginaires, qu'elle introduise des vers, des chansons, dans le cours de la prose comme elle le fera dans *Le Rendez-vous des étrangers*, qu'elle tente d'inventer une lecture du texte romanesque indissociable des images qu'elle y joint comme dans *Écoutez-voir* et *La Mise en mots*, qu'elle demande à son éditeur que la couleur des encres typographiques permette la distinction entre la narration et le récit de rêves, comme dans *Le rossignol se tait à l'aube*... tout cela relève d'une attitude de recherche à l'égard des techniques d'écriture, et du roman en particulier. D'ailleurs, à l'issue d'une séance où elle se fait conteuse pour ses camarades, les « robinsons de l'apocalypse », elle constate, heureuse – et peut-être polémique à l'égard des débuts du « nouveau roman » et des thèses sur la « mort du roman » – le goût manifesté pour le genre romanesque : « J'ai pu voir comment mon récit "tenait" l'assistance, comment on m'écoutait, et j'ai pensé, pour moi toute seule, que le roman renaîtrait un jour ou l'autre. Nous avons besoin d'*histoires*, ne serait-ce que pour alimenter notre monde intérieur. Nous nous intéressons à la vie d'autres hommes, d'autres femmes, pour de bonnes et de mauvaises raisons : curiosité, goût des potins, aliments du rêve, connaissance d'autrui, voyages dans un monde inconnu, "évasion"...»

Le roman fut accueilli dans les rangs du Parti communiste et chez ceux qu'on nommait alors des «compagnons de route» comme un livre de débat politique. Le 21 février 1954, commença dans *L'Humanité-Dimanche* une enquête de plusieurs semaines, menée par Francis Crémieux, à propos du *Cheval roux* : «Que sera l'homme de l'avenir ?» qui se poursuivit jusqu'en mars. Avec cet ouvrage, Elsa échappait aux accusations de pessimisme, elle entrait dans le cercle des intellectuels chargés de définir les horizons idéologiques.

Le rendez-vous des étrangers

Dans la foulée, *Le Rendez-vous des étrangers* sera conçu dans la plus grande incertitude et verra le jour dans l'allégresse. Elsa commencera à parler de ce projet en février 1955 ; «mon roman ne fait que s'ébaucher [...] Il faut que je rencontre des gens, que je me déplace (un roman commc ça, ça nc s'improvisc pas), ct moi, j'ai tout bonncment la flemme». En mars, elle continuera sur le même registre : «je commence à traînasser sur mon roman». Et elle répétera sa difficulté à concilier des réflexions théoriques et la forme romanesque : «Plus j'y réfléchis, plus le thème prend de l'ampleur, plus la nécessité de voir des gens, de me déplacer s'impose. Plus il sera difficile de faire entrer ce thème non dans un ouvrage de réflexion, mais dans un roman, avec des personnages, une intrigue.» Début 1956, le travail n'est guère plus avancé ; apparaît alors dans les lettres l'idée que son futur roman n'a d'importance que pour elle et lui permet de se raccrocher à quelque chose : «Si je devais ne rien faire, le temps s'arrêterait, et ce serait encore pire.»

L'irritation se manifeste à l'égard de sa propre fatigue, des interruptions dans sa tâche que cause Aragon : « J'écris un roman quand Aragocha ne m'empêche pas de m'occuper de mes affaires » (25 avril 1956).

C'est en été, durant le séjour que le couple effectue chez Nadia Léger, que les difficultés se débloquent : leur amie les a gavés de nourriture, ils n'ont pas fait assez d'exercice, mais Elsa a écrit deux cent vingt-cinq pages du *Rendez-vous des étrangers*. Le 9 août, dans une lettre envoyée du mas Saint-André, à Biot, lettre qui vante d'abord la beauté et la tranquillité du lieu, Elsa a le triomphe sous la plume pour annoncer : « J'ai fini mon roman », même s'il reste à le dactylographier. Il lui manquait les mois précédents le calme, sans doute, mais peut-être aussi de la confiance en soi : le succès connu en URSS par *L'Inspecteur des ruines* l'a rassurée : « Pour parvenir à l'équilibre intérieur, il faut toujours connaître le succès dans un domaine ou dans un autre… »

Fin août, Elsa se réjouit des réactions des premiers lecteurs à qui elle a confié son manuscrit : Fréville, écrivain lui-même et ancien secrétaire littéraire de Maurice Thorez, et Pierre Seghers l'ont « couverte de compliments… C'est bien agréable ». Sans doute fait-elle mine de s'inquiéter de la précipitation que met son éditeur à sortir l'ouvrage sans avis de critique préalable. « Le contrat, à ma convenance. Des fous. Ce n'est pas une maison d'édition, c'est un grand magasin. » Un doute lui vient : peut-être Gallimard veut-il seulement son nom dans le catalogue ? mais après tout : « Si j'avais subitement écrit un bon livre ? »

Et puis, pour la sacro-sainte Vente, elle pourra signer deux ouvrages : *Le Rendez-vous des étrangers*, et *Pour que Paris soit*.

Le roman paraît donc le 8 novembre 1956 ; au printemps suivant un jury composé de personnalités diverses et de quelques intellectuels – François Mauriac, André Maurois, Charles Vildrac, Georges Sadoul, Jacques Madaule, Marcelle Auclair, le professeur Paul Rivet, Claude Roy (querelle de frères ennemis, Elsa signale que ce dernier a «rageusement voté contre») – attribue au *Rendez-vous des étrangers* le prix de la Fraternité décerné par le MRAP. Pour une fois, Elsa se sentira reconnue : «En gros dix-huit personnes, avec une majorité de non-écrivains, qui ont été d'accord pour accomplir ce pas si dangereux : récompenser un livre *de moi* !» Mais, selon elle, ce prix a mis les médias dans l'embarras : la télévision en a fait mention, elle qui ne cite jamais son nom, et «dans la presse, pas un mot, en dehors de nos journaux».

En 1966, dans *Le Mal du pays*[8], Elsa Triolet redira combien l'histoire de ces exilés est aussi la sienne. Roman d'époque où, comme toujours, Elsa revendique d'avoir «quelque chose à dire» : «J'ai essayé de parler de la différence qu'il y a entre le patriotisme et le chauvinisme ; entre l'internationalisme et le cosmopolitisme.» Les héros sont des hommes, réfugiés politiques, combattants vaincus de la guerre d'Espagne, mais ils parlent d'une femme, une exilée russe, Olga, qui ressemble comme une sœur à l'Elsa que nous connaissons. Aussi le roman n'est-il pas simplement chronique d'un temps, échange sur des idées, il est aussi un moment de l'histoire intime de l'auteur. «C'est la lassitude que j'avais de l'atmosphère de haine, de méfiance, de soupçons, séquelles de la guerre, qui me l'a fait écrire.»

Elsa dira donc ici, une fois de plus, la souffrance de l'exilé, de l'immigré, de l'étranger en somme, et, dans la préface de 1966, elle définira de nouveau la difficulté de ne pas naître et mourir dans le même lieu : «Privé de sa patrie, l'homme éprouve un inconfort constant du corps et de l'âme toujours en peine. Comme un malade dans son lit, il ne peut trouver une position confortable, souffrant d'un mal terrible : le mal du pays.»

Autrefois, elle en parlait comme d'une expérience solitaire, au moment où, écrivant son premier livre en français, elle avait tenté de forcer «les frontières de la langue». Ici, les exilés de différents pays vibrent à l'unisson. Car il est deux manières de vivre «le mal du pays» : à la manière cosmopolite du Montparnasse d'autrefois ou à la manière combattante des brigades internationales. Elsa Triolet se souvenait avec attendrissement de sa solitude à Montparnasse, ce « milieu des sans-milieu [...] parisien comme Notre-Dame et la tour Eiffel ». Les Brigades internationales, elles, avaient été liées par un commun amour de l'humanité. C'est un de ces « brigadistes » qui chantera pour ses amis le poème de *La Grenade* de Svetlov qu'Elsa avait traduit pour en faire l'axe central de ce roman. « Je vous prie d'apprécier cette chanson – dit Fernando à ses camarades – les paroles sont d'un Russe, la musique d'un Hongrois, elle est chantée, en français, par un Espagnol, qui la chante pour un petit Italien... » Et le poème de Svetlov :

Grenade, mes amours
Grenade, ma Grenade

rythmera tout au long ce beau livre sur la fraternité...

LE MONUMENT

Est-ce le succès du *Rendez-vous des étrangers*, Elsa, sitôt fini ce livre, se lance dans l'écriture d'un autre roman. Qu'on en juge : la publication du *Rendez-vous...* avait eu lieu en novembre 1956. En février 1957, elle commence à évoquer *Le Monument* en des termes très rares chez elle pour annoncer une nouvelle œuvre : « J'écris comme prise d'ivresse. La moitié est déjà tapée. Je ne peux penser à rien d'autre et rien d'autre ne m'intéresse. Il faut bien que l'enfant s'amuse... Toute cette histoire m'a été dictée comme intérieurement, elle s'est écrite avec une absolue facilité (deux cents pages en une semaine !), le jour, la nuit, jusqu'à en être ahurie. Maintenant je recopie, je fignole... et la laisserai dans mon tiroir. » Le livre paraîtra en feuilleton dans *Les Lettres françaises* à partir du 4 avril 1957, et chez Gallimard le même mois.

La lettre de février qui annonce le roman évoque aussi la « gloire démentielle » d'Aragon : « La boue dont on le couvre se transforme à son contact en brocart et velours ! » Comment ne pas être tenté d'opérer un rapprochement entre ces deux passages : Elsa écrit un livre sur le rapport de la politique et de la création artistique, et sa plume, au passage, esquisse une allusion à Aragon... Comme si elle connaissait intimement cette histoire de l'artiste qui s'efforce, contre tout ce qu'il est, de se conformer à ce qu'il prend pour une demande sociale qui n'est qu'une commande sociale.

On connaît l'histoire : celle d'un jeune sculpteur, attiré par toutes les formes de l'art contemporain (il s'est passionné en France où il avait émigré, pour le cubisme, pour l'art abstrait), et qui participe avec enthousiasme à la transformation révolutionnaire de son pays. Comme il a participé à la Résistance dans le maquis avec le vieux chef admirable dont son pays va faire son chef d'État, il se voit confier, après un concours, la réalisation d'un monument qui doit orner la vieille ville. Avec toutes les hésitations du monde, après s'être fait rappeler à l'ordre par les intellectuels et les artistes qui se gavent de mots sur le rôle de l'art engagé, il essaie d'entrer dans le moule de ce qu'il pense être l'idéal d'une société nouvelle. Circonstance aggravante : avec l'art du « collage » qu'elle cultive toujours dans ses textes romanesques, Elsa décide que le monument sera dédié à la gloire de Staline. Le jeune Lewka va donc réaliser une œuvre « énorme » : un groupe d'ouvriers entourant un Staline géant planté comme à la proue d'un navire, émergeant de la foule. Quand l'œuvre sera terminée et installée à la pointe de l'île sur laquelle est édifiée la vieille ville, pointe dont il a fallu raser les arbres et transformer le sol en dalle de béton pour « supporter » le monument, Lewka n'en pourra plus de honte d'avoir réalisé, contre ses propres conceptions artistiques, une telle horreur. Horreur « consacrée » encore par l'attribution du prix Staline. Il décidera d'accepter le prix, et de distribuer l'argent qu'il représente à un Institut de jeunes aveugles : eux, au moins, ne verront jamais le Monument ! Puis Lewka se donne la mort.

Écrit, nous l'avons vu, comme dans une sorte d'allégresse, ce roman à thèse aurait pu avoir la même lourdeur que son sujet : au contraire, il s'agit d'une sorte de longue nouvelle alerte, où la ville de Prague est reconnaissable à chaque page, dans sa douceur et sa splendeur mêlées, où Lewka, le sculpteur inspiré devenu un moment ministre sans y croire, Torsch, le vieux militant mal à l'aise dans sa peau de président, conscient que, dans sa bonne volonté même, il a trahi l'idéal auquel il voulait se soumettre et qu'il pense être celui d'une société nouvelle, deviennent des personnages solides et vrais, où sont moqués avec humour les institutions et les bavardages du monde communiste. Se débattant pourtant dans cette fable, Elsa Triolet s'efforce de laver le régime politique des erreurs de ses intellectuels : ce n'est pas l'idéologie qui est mise en cause, c'est la mauvaise, l'incomplète compréhension qu'en ont les artistes. Lewka se suicide parce qu'il sent qu'il n'a pu porter son œuvre à la hauteur de son idéal politique. Mais peut-être, suggère l'auteur, est-il impossible de faire travailler l'un au service de l'autre, idéal artistique et idéal politique. Peut-être l'artiste sera-t-il toujours impuissant à jouer le rôle social auquel il aspire parfois. Grand roman pessimiste, dans une situation qu'Elsa, entre la mémoire de Maïakovski trahi, de Fadéev suicidé, et l'observation d'Aragon glorifié et déchiré, connaît trop bien.

Quant aux circonstances de son écriture, Elsa confiera le 6 mars 1957 à Lili que de ce livre de cent quatre-vingt-cinq pages, « récit, ou nouvelle, ou roman » elle s'est délivrée « sans interruption, sans ratures, à la suite » « avec une rapidité, une facilité, une assurance, comme si tout le roman m'avait été dicté de l'intérieur ». Et elle ajoute : « c'était pour moi indispensable, comme une soupape de sûreté ». Le XXe Congrès et le rapport Khrouchtchev avaient libéré bien des inhibitions…

Elle racontera plus tard[9] que deux « histoires » en fait, furent à l'origine de ce roman : celle de « ce sculpteur pragois qui avait mis fin à ses jours parce que son immense monument à Staline, fait sur une commande d'État, s'était révélé hideux. Il aurait légué l'argent reçu pour ce travail aux aveugles qui, eux, ne verraient jamais leur ville déshonorée par cette statue », et celle, un peu moins tragique mais si parlante, du portrait de Staline par Picasso.

L'histoire de ce portrait mérite qu'on la rappelle : lorsque Staline mourut, le 5 mars 1953, Aragon et Pierre Daix décidèrent la sortie d'un numéro spécial des *Lettres françaises*. La une en était illustrée par un portrait de Staline par Picasso. Un portrait en traits larges et fermes, tout en rondeurs, du cou pilier à la moustache tombante et à l'auréole des cheveux, qui évoquait un homme jeune, fort, réaliste et simple... Immédiatement, les rédacteurs des autres journaux communistes, *L'Humanité* et *France Nouvelle,* crièrent au scandale. Dans l'opinion française, Picasso n'était pas encore devenu un artiste incontesté, et cette image de bon jeune homme solide parut iconoclaste à la plupart des militants communistes qui tous – quelle que fût leur formation – avaient leur idée sur ce que devait être l'art populaire, ce que le peuple attendait et ce qu'il ne pouvait accepter... Elsa, semble-t-il, fut la première à voir venir l'orage. « C'était au mieux, écrit-elle dans *La Lutte avec l'ange*, comme si l'on avait, à l'occasion de sa mort, publié une photo de Staline en culotte courte. » Le talent de Picasso n'est pas en cause dans cette vague de réprobation, ni une méconnaissance de la ressemblance... Ce qui est insupportable pour les communistes français d'alors, c'est de traiter Staline comme un homme : Dieu le père n'est jamais apparu dans l'imagerie religieuse autrement qu'en vieillard barbu, et les religions les plus pures se sont toujours gardées de le représenter.

Pierre Daix a rapporté les formules qu'aurait employées Elsa alors pour prévenir les deux rédacteurs de leur bévue : « Personne ne va [...] réfléchir à ce que signifie ce dessin de Picasso. Il n'a pas déformé le visage de Staline. Il l'a même respecté. Mais il a osé y toucher. Il a osé [...], est-ce que vous comprenez[10] ? » Les membres du secrétariat du PCF présents ce jour-là publient un communiqué de désapprobation à l'égard de la publication du portrait, Aragon doit faire paraître ce communiqué dans *Les Lettres françaises*, ainsi que les protestations arrivées au journal, il doit écrire sa propre « autocritique ». Elsa le voit devenir fou, prêt à se jeter sous les roues des voitures...

Trois semaines plus tard, Elsa et Aragon apprendront que Maurice Thorez, d'URSS, avait demandé que l'on annule le communiqué incriminant Aragon... Quelque temps plus tard encore, Aragon se ferait à nouveau réprimander, par Thorez cette fois, d'avoir cédé aux injonctions du secrétariat du parti... Ce genre de réalité-là pouvait bien inspirer quelques fictions !

Quatre ans plus tard, *Le Monument* fera sans doute couler de l'encre, mais les choses ont déjà bien changé. En juin 1957, un débat est lancé dans *Les Lettres françaises* : « *Le Monument* est-il un livre optimiste ? » Elsa y répond en septembre par un texte intitulé *La Lutte avec l'ange*.

Le 29 mars 1958, lors de ses Journées internationales, l'Union des étudiants communistes organise au café Zimmer, à Paris, un débat sur l'avant-garde en art et *Le Monument*. Les interventions, rédigées par les débatteurs, paraissent en mai dans *La Nouvelle Critique* sous le titre « Entretiens sur l'avant-garde en art et *Le Monument* d'Elsa Triolet ». Elsa s'efforcera toujours, quant à elle, d'éviter de traiter son roman comme une attaque du seul stalinisme, en montrant qu'il s'agit, plus généralement, des problèmes de l'individu face au pouvoir politique[11] : « ce petit livre où les questions de l'Art dans la cité parlaient aussi bien du désarroi et du désespoir du citoyen pris dans la toile d'araignée d'une situation politique donnée ».

DU *MONUMENT* À *L'ÂGE DE NYLON*

Voici venu le temps d'une de ces « peaux neuves » de l'écriture qu'affectionne Elsa, comme son Michel Vigaud aimait changer de décor. « C'est après le remue-ménage autour de ce *Monument* paru en 1957, que, soudain, j'en ai eu assez. Assez de ma personne, clairement pas de tout repos, assez de mes sentiments personnels qui, partagés par les uns, ne le sont point par d'autres, assez de la bagarre. J'en avais assez de chercher moi-même la couleur et le sens des choses. J'allais me laisser tomber comme une jupe, en rond autour des pieds et que l'on enjambe[12]. » Cette mue souhaitée la prépare à un roman – à un cycle romanesque plutôt – qui portera le titre de *L'Âge de nylon* : « Ah, le repos d'écrire totalement en dehors de soi ! [...] j'allais maintenant raconter ce que je savais *des autres*. J'allais sortir de moi-même, comme qui dirait en claquant les portes ! »

Elle venait d'écrire, dans l'après-guerre tourmenté, ses grands romans politiques : elle avait dit la tristesse des ruines, la peur de conflits à venir, l'angoisse du cataclysme atomique, la difficulté de l'exil, l'absurdité des pays totalitaires, elle avait en somme « mis en roman » tout ce que la conscience de militants politiques pouvait observer et imaginer. D'un énergique coup de pied au plus profond, elle allait remonter à la surface des eaux contemporaines, tenter de dire comment « les gens », ceux qui n'étaient ni communistes ni anticommunistes, ni résistants ni « collabos », ni artistes ni géniaux, voyaient ce temps-là.

Elle donnera pour titre à la fresque qu'elle entreprend le nom qu'ont inventé, pour le premier textile artificiel devenu vraiment populaire, les amateurs de modernité clinquante : ce sera *L'Âge de nylon*... « De nylon, pour ne pas dire de plastique ou d'atome, de nylon, transparent, solide et inflammable. » Le titre du premier volume de la trilogie entreprise unira en un couple bizarre la fleur la plus poétique et la plus ancienne, et le moyen le plus trivial pour que fonctionne la société de pacotille qu'elle voit se développer : ce sera *Roses à crédit*. Martine, le personnage principal, échappée à une sorte de Moyen Âge où elle vivait dans la misère, découvre avec éblouissement le luxe des salles de bains carrelées, des cuisines en Formica, des cosy-corners et des matelas à ressorts ! Elle joue sa vie contre les traites d'accès au monde de la consommation.

Le 4 août 1958, Elsa écrit à sa sœur qu'elle « jubile » de ce nouveau jeu qu'elle s'est inventé. Dans la postface que nous venons de citer, elle évoquera ainsi sa non-héroïne Martine : « son premier idéal de pseudo-civilisée sera électroménager ». Le désir de changement pour Elsa sera si fort qu'elle définira encore le sujet du deuxième livre en contraste avec le premier. *Luna-Park* sera, pour « le contenu et la forme », « contraire à *Roses à crédit* : j'ai de tout temps écrit contre mon roman précédent, comme si cela me donnait honte d'écrire d'une seule manière, et sur des sujets qui se ressemblent ». Blanche Hauteville, pilote d'essai, est « un personnage sur le point de verser dans l'Âge suivant » écrit sa créatrice, en multipliant les explications sur les correspondants qu'elle prête à son héroïne et sur leur rapport avec des personnages réels. Quoi qu'elle en dise – « Non, je ne suis pas retournée, en écrivant *Luna-Park*, à moi-même, à mes sentiments personnels. Ceci est un tout autre moi, un cadeau fait au roman » – et bien qu'elle ait annoncé que ce cycle romanesque l'entraînerait loin d'elle-même, *Luna-Park* revient à l'allure des romans autobiographiques et, cette fois, le couple Aragon-Elsa s'y donne à voir… Aragon, d'ailleurs, la poussa beaucoup à écrire et terminer ce roman – *Roses à crédit* était sorti chez Gallimard le 18 février 1959, *Luna-Park* paraîtra le 7 août de la même année chez le même éditeur – et Elsa écrivait à sa sœur, quelques semaines seulement après la publication du premier volume : « Si je me permets seulement de glisser que, peut-être, je n'en aurai pas le temps, il entre dans une telle fureur que je suis prête à écrire jour et nuit pourvu qu'il se calme. »

Avec des ouvrages qui se succèdent ainsi de six mois en six mois, Elsa finit par passer le plus clair de son temps à ce qu'on nomme, dans les milieux de l'édition, la promotion de ses livres. Les interviews pour la radio, la télévision, la presse écrite se succèdent, et l'écrivain soupire : « Tout cela est parfait parce que les livres s'écrivent pour être lus, et il faut les aider à leur naissance, sinon personne ne saurait même qu'ils sont nés ; c'est parfait, mais épuisant. »

Le troisième volume de *L'Âge de nylon* sera mis aussitôt en préparation, avec des recherches sur les mécaniques, les robots, etc. Mais, nous le verrons, son accouchement sera plus difficile, et il ne verra le jour que quatre ans plus tard, sous le titre *L'Âme*, en 1963.

NORMANDIE-NIEMEN

Durant cette période, en effet, Elsa Triolet ne se contente pas d'écrire des romans. Elle participe aussi à d'autres projets, dont la mise sur pied du film *Normandie-Niemen*, pour l'écriture du scénario duquel elle a été sollicitée. Le film, mis en scène par Jean Dréville, sera écrit par Elsa Triolet en collaboration avec Charles Spaak et Constantin Simonov, et sortira en première mondiale le 23 février 1960.

Le nom de Normandie-Niémen avait été donné à une formation aérienne de chasse de la France libre, qui fut, pendant la Seconde Guerre mondiale, engagée sur le front germano-russe, de 1942 à 1945. L'épopée de cette escadrille qui remporta deux cent dix victoires, perdit quarante-deux pilotes sur quatre-vingt-dix-sept et reçut sept citations à l'ordre de l'armée soviétique, était bien faite pour passionner Elsa Triolet ; elle décrivait en effet une collaboration exceptionnelle entre Français et Soviétiques au moment le plus difficile de l'engagement de la Russie dans la guerre. Un temps symboles malheureux des relations entre les deux pays, les survivants français restés en URSS allaient être accusés de désertion par les tribunaux militaires, avant d'être accueillis triomphalement en France à leur retour.

C'est deux ans après ce retour, en 1947, qu'Elsa commence l'écriture du scénario ; le film ne sera tourné qu'à la fin des années cinquante. Dès les premiers traits de plumes, les discussions et les disputes commencent : le projet d'Elsa ne satisfait ni un camp, ni l'autre, mais Elsa s'engage totalement et fait œuvre de véritable diplomate. Pour elle, en effet, le scénario représente un sérieux enjeu politique : aider à l'amitié entre les deux pays au-delà de l'opposition politique de leurs dirigeants et de leur système d'organisation. Elle écrit donc aux responsables gouvernementaux de l'industrie cinématographique soviétique : «Les pilotes français partageaient avec les combattants russes la haine, le danger, l'espoir, les difficultés de tous les jours, ils vivaient et mouraient les uns aux côtés des autres. Je voudrais le démontrer, révéler quelque chose qui rende la politique impuissante et avec quoi chacun sera d'accord[13].»

Un travail collectif important accompagnait ces démarches diplomatiques : Elsa dut ferrailler contre des militaires qui estimaient certaines séquences trop sentimentales (un soldat qui pleure sur la mort d'un autre) ou difficiles à admettre (la mort de Nina, la secrétaire du régiment, tuée par une balle perdue)... Les Français se méfiaient aussi des opinions politiques d'Elsa et firent signer cet accord : «Je soussigné, commandant Matras, représentant du ministère des Armées, accepte que le scénario du film *Normandie-Niemen* soit fait par Madame Elsa Triolet sous réserve que le scénario définitif soit accepté par les anciens du groupe et présente une stricte neutralité politique. Paris, le 24 janvier 1947.» Elsa refusa. La société de production Azur interrompit le contrat. Alors que ces difficultés avaient été levées, au moment du tournage, à la fin des années cinquante, le scénario sera rejeté une fois de plus, cette fois du côté russe, par les studios Mosfilm, et le film sera finalement tourné d'après le scénario de Charles Spaak.

Dans la version d'Elsa, «la Russie et son peuple occupaient beaucoup plus de place», détails de vie quotidienne, précisions sur les lieux de tournage en URSS, utilisation des rapports des journaux soviétiques, des comptes rendus militaires de l'armée soviétique, etc. Elsa déplorait bien sûr que ces détails n'aient pas été abordés par Spaak : « Monsieur Spaak, ignorant tout de la Russie, ne peut rien dire de ce pays. Dès le premier atterrissage, où le soldat verse du thé, ce n'est plus le cadre russe. » Elle regrette que la Russie soit trop souvent représentée selon le stéréotype occidental de vaste plaine enneigée. Elle voudrait que les paysages caractéristiques de son pays natal soient plus présents : « la célèbre boue russe qui a tant fait pour la victoire », et aussi, les forêts de pins, les champs en fleurs, la poussière de la route, les balades en quête de champignons et de fraises des bois, etc. Le scénario choisi lui paraissait être avant tout un scénario de guerre masculin et universel, celui qu'elle avait imaginé était un scénario de « types » français et russes, de paysages russes, un scénario plus féminin et plus russe à la fois. Le scénario d'Elsa insistait aussi davantage sur l'horreur des crimes nazis, la souffrance des populations. Or, à partir de 1950, les Français tentaient de ne pas en rajouter sur les horreurs de la guerre. Elsa s'insurgeait : « Ce n'est pas que je veux montrer les horreurs animales des Allemands, mais il faut révéler la dureté de la guerre qui est absente dans ce scénario[14]. » Enfin, chacun avait du mal à croire à l'objectivité de l'autre : les Soviétiques avaient tendance à se représenter comme exemplaires aux yeux des Français et… réciproquement ! Il arriva donc que Spaak ignore purement et simplement les objections et les contributions d'Elsa Triolet, et elle concluait avec amertume : « On continue à me traiter comme un supplément gratuit. » Lorsque le tournage fut commencé, Elsa écrivait à Simonov : « On ne me prend pas en considération, vous ne pouvez pas vous imaginer ce mépris absolu que ces canailles me démontrent quotidiennement, le mépris envers moi, envers vous, envers les studios Mosfilm[15]. »

Lorsque le film sortit sur les écrans, Elsa écrivit à sa sœur, le 27 février 1960 : « La réaction qu'il entraîne, c'est, rappelle-toi, celle de Stepanida quand Maman lui disait : “Tu as encore trop salé la soupe !” et elle : “Mais vous l'avez bien mangée !" Et cet art-là, c'est comme cette soupe : le spectateur a tout avalé, en faisant la grimace de temps en temps, mais il a avalé, alors rendons grâce à Dieu.

Tout cela est odieux, et tient très nettement du mélo. »

De son côté, Lili annonçait que le film avait reçu un accueil triomphal à Moscou, à la Maison du cinéma. Charles Spaak, qui présenta le film au festival de Cannes, put écrire à Elsa, le 10 mai 1960 : « Hier je me suis rendu à Cannes... Le film obtient beaucoup de succès... L'amitié franco-russe, ça fait recette. » En 1961, le film reçut une médaille spéciale à Bruxelles comme « préconisant l'action pour la paix ».

Mais ce travail avait épuisé Elsa. Désespérée d'être entendue, elle avait écrit à Simonov, le 4 avril 1958 : « J'en ai assez. Je me sens tout le temps malade. Deux récits m'ont échappé : l'un a été écrit à moitié. Cette mouche me cache l'horizon. Pour vos représentants je ne suis qu'une commère, méchante et hystérique... Je déploie tous mes efforts, comme il y a dix ans, pour faire un film bien, honnête, inspirant... Et personne ne m'écoute, on me ment sans aucun respect pour mon travail, ni pour mes cheveux blancs [...] Pour moi toute cette longue histoire avec ce film a pris depuis longtemps un caractère symbolique : c'est ma situation géographique sur la carte de l'écriture et de la vie. Le climat est mortel. Impossible de survivre. »

La douleur de vieillir

Le ton des lettres à Lili, au fur et à mesure que viennent les années, se fait de plus en plus triste. Le 22 mai 1952, tout en évoquant la beauté du Moulin, Elsa parle à sa sœur des deux hêtres sous lesquels elle veut être enterrée auprès d'Aragon. Le 6 octobre, elle a ces mots : « Je suis incroyablement vieille. Et le pire, c'est que je vieillisse si mal, d'une manière si répugnante : il y a de vieilles femmes jolies, séduisantes, justement parce qu'elles sont vieilles. J'ai le visage fripé, tourmenté, dur, comme si tous les soucis, les nuits d'insomnie et les chagrins passés étaient remontés de ma jeunesse. J'ai honte de me montrer aux gens. » Puis viennent les doléances habituelles sur le surmenage : les épreuves d'imprimerie, le théâtre « j'ai vu d'élégantes nullités, dans la salle comme sur scène… »

En 1953, la campagne « anticosmopolite » qui sévit à Moscou la bouleverse, comme elle bouleverse Aragon. Puis la mort de Staline est annoncée le 5 mars, mort à propos de laquelle elle écrit : « quelle affreuse peine »… Vient alors, nous l'avons vu, l'affaire du portrait de Staline par Picasso qui déstabilise Aragon. Plus profondément sans doute, cet épisode marque le début d'une crise de confiance d'Elsa à l'égard du PCF. Elle parlera plus tard d'un « festival de haine délivrée », « tous les voiles arrachés, toutes les arrière-pensées au grand jour ». À Lili, elle confiera, le 2 juillet 1953 : « Ceci ne peut s'oublier, au sens du paysage qui s'est découvert à nous. »

À peu près au même moment, Elsa participe activement, avec le Parti communiste, et plus précisément *Les Lettres françaises,* à la campagne pour sauver les époux Rosenberg : l'échec que représente pour les communistes leur exécution, le 19 juin 1953, sera douloureusement ressenti dans leurs rangs.

Alors, Elsa se plaint… Sans doute dit-elle trouver quelque consolation auprès de « notre ami chez qui nous sommes allés à Sotchi mais nous le voyons tous les trente-six du mois, nous en avons peu d'aide réelle ». La Vente du livre qui l'avait tant enthousiasmée, aujourd'hui lui « pend au nez et ce tracas m'est d'avance insupportable ». La saison théâtrale qui arrive n'est que fatigue supplémentaire : « il va falloir de nouveau s'occuper de choses qui ne m'intéressent plus ». Il lui faudra s'habiller et ses cheveux sont devenus châtain foncé et grisonnants. C'est donc en femme résignée qu'elle confie : « Je préfère inspirer du respect plutôt que des sourires ! et une vieille dame agréable est plus agréable qu'une coquette qui veut rester “jeune” à tout prix ! Il est vrai que la vieille dame que je suis devenue n’est pas très agréable, mais je n’y peux rien. »

Les lettres de 1956, après la dure vague de froid de février, paraissent proches de la dépression : « Je suis vidée, édentée, au moral comme au physique, et dans tous les sens qu’il te plaira… J’ai les nerfs détraqués, je fuis la compagnie et ne trouve un équilibre, encore bien fragile, que dans une complète solitude. S’il existait un couvent laïque, j’y courrais pour y tirer ma flemme [...] En attendant le moment de cet enfermement volontaire, j’essaie de ne pas dérailler définitivement et j’écris mon roman comme beaucoup d’autres passent leur temps à boire. S’il vaut quelque chose ou non ? du moment que l’enfant s’amuse… » Et puis, ajoute-t-elle, si elle n’achève pas son roman, elle ouvrira le robinet à gaz.

En 1956, au moment des événements de Hongrie, Aragon s’opposera aux partisans de la ligne soviétique du parti. Elsa vivra très mal cette atmosphère de conflit : « Après tout ce que j’ai vécu, il est difficile personnellement de m’émouvoir. Mais Aragocha est un enragé que rien n’apaise ; il me semble cependant que tout se passera sans drame. Les adversaires à l’intérieur du parti, c’est toujours pénible, et on a beau avoir reçu plein de coups, c’est difficile de s’y faire. »

En mars 1957, elle pense remettre le voyage à Moscou qu’elle avait projeté et elle écrit à Lili : « Je n’aurais pas voulu te causer cette peine à toi qui es malade, ni cette émotion, mais vraiment je ne peux pas te le cacher, je ne viendrai pas ! C’est que je n’en ai pas la force. Je me reconnais vaincue, je dépose les armes. » Elle ajoute que le malheur n’est pas une chose relative, qu’elle se sait moins malheureuse que d’autres, mais qu’elle n’en peut plus. Elle achèvera donc tout ce qu’elle a entrepris, mais ne veut rien attaquer de nouveau.

En juin 1958 encore, un incident avec André Barsacq et la Société des auteurs lui inspire des termes définitifs : « Ce mouvement de recul que les gens ont en ma présence, comme si je puais, me rendra folle. Je n’invente rien, les faits sont là ! Pensez donc : on s'adresse à une organisation officielle pour être préservé de mon intervention. On m'a fait là-bas une telle réputation que j'ai honte de m'y montrer !... » Elle va jusqu'à écrire qu'elle a fait du tort à Maïakovski en le traduisant et conclut : « C'est difficile de vivre sans le soutien de qui que ce soit. » Lili lui répondra avec tendresse : « C'est vrai que la vie, c'est difficile, mais si tu savais combien je t'aime, combien nous t'aimons, peut-être que les choses deviendraient plus faciles pour toi. »

Mais c'est de beaucoup d'autres qu'Elsa se sent mal aimée. En premier lieu, des fonctionnaires de la culture de son pays natal qui la tiennent pour suspecte de peu d'orthodoxie communiste. Tamara Balachova[16] a relevé, dans des rapports secrets rédigés pour le Comité central du Parti communiste de l'Union soviétique (pas moins...) une note du 16 octobre 1954 au sujet des livres russes d'Elsa Triolet : « Ils ne témoignent pas d'opinions progressistes, ils sont plutôt le tribut tardif aux sentiments décadents. »

Autre sujet de plainte encore : la comparaison permanente avec Aragon que suscite leur couple. Pour l'essentiel, l'écriture. Pour des détails de la vie quotidienne aussi. Lors d'un retour de vacances, en été, elle apprécie peu l'accueil différent réservé à Aragon et à elle : « Personne ne me fait de compliments à moi. Je vieillis à toute allure, mais moi aussi j'ai bronzé et je me fais belle. Mais personne ne m'aime... »

Signe encore de ce mal-être permanent : lorsque, en 1958, elle se blesse à une jambe avec des conséquences douloureuses et durables, elle n'en parle pas seulement à Lili comme d'un banal accident : elle dit s'être fait « une entorse à l'âme. Mon moral ne contribue guère à ma guérison ». Inquiète à propos de cette blessure qui ne veut pas guérir, elle cède aux suggestions de Lili et consulte un cardiologue. Elle sera rassurée sur l'état de son cœur, et conclura que c'est tout l'organisme qui va mal. À partir de cette année 1958, tout en refusant la plupart des médicaments et régimes qui lui sont proposés, elle évoquera souvent les cures et le repos dont elle aurait surtout besoin. Ses lettres à Lili seront de plus en plus truffées de déclarations du genre de celle-ci : « Je me sens très mal… Les sœurs sont de véritables ruines. » Elle dit même penser à la mort en permanence avec, d'ailleurs, un sentiment d'apaisement.

Les difficultés de plus en plus grandes d'Elsa à marcher, à monter les escaliers jusqu'au deuxième étage de leur appartement de la rue de la Sourdière, l'encombrement de ce logis exigu, vont inciter le couple à trouver un autre appartement à Paris. Cette recherche donnera un moment un peu de gaieté à Elsa ; en témoigne ce joli passage de la lettre à Lili du 28 novembre 1958 : « À dire vrai, ça m'intéresse de regarder Paris de l'intérieur : il y a tant de gens, de maisons et même d'histoires surprenantes dans les vieux hôtels particuliers, et brusquement on touche du doigt les liens que les siècles n'ont pas rompus entre les hommes et la pierre […] Bref, s'il n'y avait pas cette pensée que nous n'avons nulle part où vivre puisque les livres ont pris toute la place, je chercherais une nouvelle demeure avec plaisir. »

CHAPITRE 9

LE GRAND INVENTAIRE

« Je te rappelle seulement l'heure : nous en sommes à moins cinq. Ne me dis pas à moins six et demi, parce que c'est la même chose. »

Elsa TRIOLET, *Lettre à Aragon (vers 1965).*

D'UNE MAISON L'AUTRE...

« Je m'imagine Aragocha en train de faire les antiquaires, d'acheter des meubles pour toutes ces pièces... » Ainsi parle Lili, le 27 février 1960, en félicitant le couple Aragon-Elsa pour son installation au 56 rue de Varenne. Elsa lui décrira bien vite l'appartement qu'ils viennent de louer dans le VIIe arrondissement de Paris, dans ce quartier aristocratique et austère de ministères, d'administrations, d'antiquaires et de gens rangés. Situé au deuxième étage sur entresol (au troisième à la russe, écrit Elsa), dans un ancien hôtel particulier, c'était l'étage des chambres dans la première destination de l'immeuble ; celui-ci date de 1719, et il est classé monument historique. Les fenêtres, s'émerveille Elsa, ont de larges embrasures, les plafonds ne sont pas trop hauts, les murs sont lambrissés et munis de placards profonds. L'appartement possède deux salles de bains. L'ennui, c'est que les anciens locataires l'ont occupé pendant trente ans sans faire aucune réparation, et que les travaux seront lourds ! D'autant que, placé moins haut que l'appartement de la rue de la Sourdière, il faut cependant monter l'escalier, sans espoir d'installer rapidement un ascenseur. Le couple finira par opter pour un siège électrique, pour Elsa surtout qui souffre de plus en plus de ses jambes. Mais elle rêve surtout aux belles salles de bains qu'elle va aménager, à l'appartement quasiment indépendant qu'elle prévoit pour accueillir Lili et Vassia quand ils viendront séjourner à Paris.

Aragon est ravi : « Si vous voyiez Aragocha nager dans le bonheur, rêver à la manière dont il s'installera là, à cet endroit, près de la fenêtre, dans l'embrasure, tandis que dehors, il y a les arbres, le ciel... » Elsa, toujours plus pratique, à moins qu'il ne s'agisse chez elle d'une défense toute prête contre les critiques qui pourraient s'élever devant le choix de ce quartier et devant les aménagements dispendieux auxquels ils se préparent, modère l'enthousiasme : « Je crains que cet appartement ne nous mette sur la paille et qu'une fois les travaux achevés, nous n'allions coucher sous les ponts. Il n'y a plus qu'à se laisser glisser au fil de l'eau, sans essayer de deviner l'avenir, et à croire à un miracle d'ordre financier ! » L'appartement, en tout cas, a un incontestable avantage sur le deux pièces de la rue de la Sourdière qu'ils ont habité en couple pendant plus de vingt-cinq ans : ils ne se gênent plus l'un l'autre, Aragon peut recevoir à sa guise, Elsa se replier à son aise. « Toute la journée des gens rendent visite à Aragocha ; ce qui est merveilleux, c'est que je ne vois ni n'entends ces gens ; si c'était rue de la Sourdière on m'aurait déjà emmenée à l'asile ! Je ne vois personne, tout me pèse horriblement, je reste allongée... »

Pendant quelques mois pourtant, ceux de la durée des travaux, sa véritable place à elle sera au Moulin, car elle ne peut travailler dans le grand bouleversement qu'ils ont entrepris. Bonne ou mauvaise raison ? Elsa en est alors à tenter d'écrire le troisième volet de *L'Âge de nylon* : *L'Âme*. « Naturellement, écrit-elle, ce n'était qu'un prétexte pour ne pas écrire ; la cause est en moi, parce que j'ai usé mon sujet sans l'avoir jamais vraiment utilisé. Chaque fois que je m'y mettais, quelque chose me tombait dessus et maintenant j'en ai plus qu'assez de tout cela. D'ailleurs j'en ai assez des romans ; je n'arrive plus à les lire, pas seulement à cause de mes yeux, c'est mon âme tout entière qui les refuse. »

Dès l'automne 1960, Elsa investit cet appartement, qu'ils ont voulu tous deux beau et confortable : elle s'émerveille sur les bibliothèques qu'ils ont fait installer, sur son bureau « vraiment splendide », « tapissé de soie rose sombre et presque brune » ; elle y a fait installer « deux fauteuils rouges en cuir, et un tabouret assorti pour les pieds »... Jusqu'au passe-plat entre cuisine et salle à manger : « C'est devenu tout simple de déjeuner à Paris ; c'est pratique, le petit guichet, pour servir et pour desservir. » Bref, « Notre appartement est un paradis ! »

Pourtant, c'est au Moulin qu'ils fêteront à deux le 31 décembre : « Nous mettrons la table devant la cheminée, près du sapin [...] en plus, sur le mur avec la petite fenêtre qui donne sur la chute d'eau et le couvrant entièrement, il y a des branchages avec de petites lumières, une forêt enchantée, et nous fêterons l'année 61 comme si nous étions contents de la voir arriver, pleins de confiance. » Mais Elsa ne peut se retrouver en posture de jeunesse. Aussi ajoute-t-elle, après avoir parlé de confiance : « et pourtant qui peut savoir... »

Désormais, l'appartement de la rue de Varenne sera le havre parisien, quand les sorties au théâtre, les réunions de toutes sortes, obligeront à des rentrées tardives. Elsa l'appréciera aussi tout particulièrement en été lorsque, les congés venus, la rive gauche parisienne se vide de la plupart de ses habitants. Alors, écrit-elle, « tout est si calme que nos nerfs se défroissent, comme sous l'action d'un fer à repasser ».

Le 31 août 1961, elle a quelques jolies trouvailles pour parler de Paris déserté : « Paris est vide, la canicule a chassé les derniers habitants. Personne n'est encore rentré. C'est mon Paris préféré, transparent, avec ses fenêtres ouvertes, ses terrasses de café, ses chaises sur le trottoir, devant les portes : on voit comment les gens vivent, ce qu'ils font entre eux, comme s'ils étaient chez eux... Bientôt la foule va déferler, et tout va se refermer, hermétiquement. Chez nous, le silence est si profond qu'on en a les oreilles qui tintent... »

Un autre été, plus sarcastique, elle écrira : « Paris est comme une coquille vide. Nous sommes partis au Moulin [...] les gens sont tous dans le Midi, ils occupent déjà les lieux, se bousculent sur les plages et se tuent sur les routes. » En août 1966, ils mettront à profit la vacuité parisienne pour voir beaucoup de films (*Zorba le Grec...*) et passer de longues heures au Louvre : « Paris est magnifiquement vide. Seul le Louvre est plein à craquer, un vrai métro ! Il n'y a que des étrangers – impossible de passer. Mais nous, nous y sommes allés car nous raffolons de peinture ! »

Ils n'auront de cesse de rendre cet appartement plus confortable ; avant l'hiver 1966, ce sera le grand chantier d'installation du chauffage au gaz rue de Varenne : Elsa a eu trop peur, pendant les absences de la femme de ménage, d'être obligée elle-même de charrier le charbon. « Qu'on le veuille ou non : j'ai soixante-dix ans ! »

Le Moulin, lui, n'est pas toujours aussi propice au silence. Tout au long de ces années, Aragon et Elsa vont continuer à l'aménager et à l'embellir : en 1961, ce sont des bancs supplémentaires, des allées plus larges, des arbres et des fleurs supplémentaires, en 1963 il faudra refaire des planchers et des plafonds, et cela coûte très cher ; Elsa soupire : « Nous nous comportons comme des gens qui auraient encore un siècle à vivre ! » Deux mois plus tard, elle rêve pourtant à des aménagements nouveaux : « une salle de bains, une véranda, une seconde chambre, un escalier et, également, un pont... »

En 1964, tout en reprenant, en termes à peu près identiques, le thème de la vieillesse qui ne devrait pas se mêler de bâtir («c'est de la folie de s'agiter comme ça au seuil de la tombe») elle caresse à nouveau ses projets : le pont, la véranda, la salle de bains. En 1965, il faudra réparer le toit, ouvrir une nouvelle vanne, faire des coupes dans le bois pour supprimer les arbres pourris. Elle s'exclame : «Que d'embêtements en perspective !»

Et la campagne n'est pas ce qu'on croit : alors qu'elle est arrivée pour travailler, en mars 1964, avec deux valises pleines de livres, un tracteur, toutes lumières dehors, l'abrutit de vacarme : «Le dimanche de Pâques (voyez-vous ça !), le fermier laboure, et il continue le soir à la lumière des phares !» Avec les gardiens, ce sont des difficultés toujours nouvelles ; en 1962, elle aura des mots très durs à leur égard : «Nous en avons par-dessus la tête de la famille des gardiens.» Le 2 février 1966, le Moulin sera carrément inondé, il faudra tout «nettoyer et laver».

Malgré tout, le Moulin ce sont les plaisirs intimes d'un cadre réalisé à sa mesure. Aragon, dans son bureau du rez-de-chaussée, ou sur le coin de la grande table de la cuisine, aligne fiévreusement les vers d'un nouveau poème ou les paragraphes d'un article que le chauffeur attend pour les rotatives d'un journal du parti. Elsa, une belle tasse bleue posée près d'elle dans la pièce qui lui ressemble tant, a délaissé pour un moment les piles entassées des travaux en cours ; elle se penche sur les feuillets couverts de sa grande écriture : la lettre pour Lili partira aussi avec le chauffeur, avec la chronique des grands et des petits événements de Paris et de Saint-Arnoult : «Aragocha est rivé à sa chaise, il écrit son poème à toute allure. Je pourrais croire que c'est l'anniversaire de Maman : l'air embaume les jacinthes. Et le café. C'est merveilleux ! Je sais que tu es sensible aux bonnes odeurs, ma petite Lili !»

DE VOYAGES ET DE CURES...

Chronique des voyages, longuement préparés, et dont elle pèse à l'avance les plaisirs et les peines, brièvement racontés ensuite, avec la recherche du mot qui décrit précisément, du trait qui caractérise. Plus de ces voyages « militants » vers l'est de l'Europe, qui avaient rythmé les années précédentes, mais des « voyages d'agrément » et des cures. En 1960, ils rejoindront Nadia Léger et son mari, pour l'inauguration du musée Fernand Léger à Biot, le 13 mai, pendant le festival de Cannes. Mais la compagnie de Nadia, à qui ils ont revendu leur appartement de la rue de la Sourdière, lui devient de plus en plus pesante : « Notre amitié va mal, écrit-elle à Lili le 18 septembre. Ils n'en ont rien à faire de nous, et avec mon caractère, si l'amitié présente une fêlure, il ne faut pas compter sur moi pour recoller les morceaux. » Et, employant une expression russe : « Ce cheval est incontestablement terminé. » Elsa reproche à Nadia de ne savoir que raconter ses malheurs quand on veut lui confier les siens et, elle ajoutera même : « Je ne la supporte plus du tout, elle fait partie des fous en liberté... Elle ne vit que sur le mode de la compétition, elle cherche tout le temps à prouver quelque chose à quelqu'un, et d'abord qu'elle a toujours raison. » En précisant drôlement : « Je préfère les gens dont je partage le point de vue sur tout ou, du moins, sur l'essentiel. »

En août 1963, c'est un départ d'un mois en Hollande au lieu de la Suisse qui était prévue : « Comme j'ai peur des gens, le simple fait de ne rencontrer personne de connaissance me reposera déjà. » Ils passeront par Bruxelles, Anvers et Amsterdam, et Elsa se dit que ce sera au moins « intéressant ». Puis viendront des impressions mitigées : bien sûr, côté positif, ils sont là-bas : « sans nouvelles de Paris, coupés de notre propre vie ». Mais la Hollande n'est pas si propre que cela, à l'intérieur des habitations au moins, la nourriture riche en crème, etc. « Je regarde les vaches avec agacement. Comment peut-il y en avoir autant ? On ne voit jamais de taureaux, c'est à croire qu'ils sont tous en Espagne... » Elle s'enchante avec Aragon du musée Kröller-Müller, de son architecture moderne et sobre, de son parc avec les sculptures en plein air (Zadkine, Lipchitz...), de ses collections de Van Gogh, Léger, Picasso... Elle est enchantée de ce tourisme-là, et ils ajoutent à leur programme Rotterdam, La Haye, Leyde, etc.

Mais ce pays est pour elle trop voué « au commerce et à la finance ». Il étale en devanture les superbes maisons de campagne des « banquiers, des assureurs, des négociants ». Même les maisons des ouvriers sont jolies et « des fleurs, des pelouses, des pelouses et des fleurs. C'est d'une mortelle trivialité : plutôt mourir que de baigner dans la crème d'ici ! » Côté positif à nouveau : elle admire la discipline de ce pays : « Comme la circulation est réglée de façon très stricte, il y a moins d'accidents qu'en France, où les gens se font écraser comme des cafards. » Et, côté négatif, elle n'aura guère réussi à travailler durant ce voyage : elle a terminé la traduction de *À Tahiti :* mais « Je n'écris pas de lettres, je ne lis pas de livres. [...] C'est dû à cette paresse, ma petite Lili, dont tu ne peux pas avoir idée parce que tu n'es pas paresseuse. » Mais que la grande sœur se rappelle : Elsa s'accuse d'avoir toujours été ainsi, en classe en particulier où elle obtenait de bonnes notes mais sans travailler.

En décembre 1963, voyage express à Marseille où ils vont rencontrer Antoine Vitez dans son petit théâtre. Ils ont vécu durant ce séjour une existence de nababs, servis par un cuisinier et deux femmes de chambre, dans une drôle de maison encombrée d'objets. Elsa fera cependant son miel de cet univers : « J'étais épuisée et j'avais envie d'être dans une maison vide, où j'aurais pu gesticuler à mon aise et me nourrir de pain sec. En fait, ce monde à part, où nous sommes tombés par hasard, est tout à fait passionnant du point de vue du romancier. »

L'été 1964, ce sera l'Allemagne ; ce voyage fort confortable, où ils sont conduits par un nouveau chauffeur qu'Elsa qualifie de «nouveau permanent» («le nouveau chauffeur est d'une bêtise rare, inouïe, mais il conduit très bien et nous respecte») va combiner soins et tourisme : une «maison de repos» d'abord, à Baden-Baden, qu'elle qualifie d'«asile pour vieillards millionnaires». C'est une énorme bâtisse de pierre rose, au milieu d'une pinède, à plus de huit cents mètres d'altitude, où ils jouissent d'un «silence absolu». «Et pourtant, je ne dors pas, regrette Elsa, même quand je prends un somnifère, peut-être parce que tout à l'intérieur de moi est fatigué.» Pendant cette première partie du séjour, le 13 juillet, ils apprennent la mort de Maurice Thorez. Ils sont tous deux très émus par la disparition de celui qu'ils appelaient «notre ami de Sotchi». Elsa craint que cette mort n'ait des suites capitales sur l'évolution du communisme français : «On ne peut manquer de s'interroger sur les conséquences intérieures que va avoir la mort de cet homme», s'inquiète-t-elle. Pourtant, ils ne se rendront pas à l'enterrement : l'état d'angoisse d'Elsa à l'égard de la santé d'Aragon est tel qu'elle imagine que son compagnon pourrait être emporté par une crise cardiaque ou une congestion cérébrale, s'ils coupaient leur cure de repos pour affronter un voyage trop rapide à Paris. Faute d'avoir assisté aux obsèques, Aragon écrira un long article sur Maurice Thorez : «Écrire un article comme celui-là, déclarera Elsa, c'est encore pire pour le cœur que de couper du bois.»

Dans le calme du séjour, (même pas d'oiseaux pour rompre ce calme !) Elsa lit des ouvrages sur Louis II, des romans policiers, et quelques livres de philosophie qu'elle pense nécessaire d'explorer, sur la question du temps en particulier, pour la préparation du *Grand Jamais*. «Nous ne nous ennuyons pas, bien que, fidèles à notre habitude, nous ne fréquentions personne.» C'est comme apaisée qu'elle évoque leur âge : «Notre séjour ici ne nous empêche pas de penser à la mort : nous sommes vieux et invalides. Dieu merci, l'humanité est constituée partout de vieux, de jeunes et d'enfants; et rien que des vieillards est un phénomène contre nature. Mais des vieillards isolés, c'est même bien sympathique et il n'y a rien là de mauvais... »

À la fin de cette cure de repos qu'ils ont quittée en bonne forme – « le monde nous semble libre et beau », s'enthousiasme Elsa – ils entament un voyage en Bavière, en passant par Augsbourg, puis Oberammergau, puis la *Romantische Strasse* où se trouve le premier château de Louis II. Elle aimerait ensuite se rendre à Feldafing, sur le Starnberger See, où, rappelle-t-elle à sa sœur, elle a commencé autrefois à penser à Louis II avec curiosité. Mais les châteaux sont comme « camelote sans prix, mauvais goût d'une ampleur grandiose ». Le jugement sur les Allemands n'est guère plus indulgent : « Ils sont toujours pareils... Bien nourris, gros et gras, contents, on n'arrive pas à croire qu'ils aient perdu la guerre. [...] Ils ne nous aiment pas, nous, les Français, mais font tout ce qu'ils peuvent pour dissimuler leurs sentiments. »

À leur retour, en août, Elsa retrouvera de l'aide domestique : « Je vais pouvoir recommencer à vivre comme une princesse. Mais, bien qu'il y ait la cuisine et la vaisselle à faire, ce n'est pas déplaisant de tenir chez soi le rôle de femme de ménage. » Bien sûr, elle voudrait revoir vite sa chère famille moscovite : « Je voudrais, avant de mourir, vous voir encore une petite fois à Moscou... » mais elle est enchaînée en France par de multiples projets. Alors, rue de Varenne ou au Moulin, elle goûte des petits bonheurs, comme ces fêtes « où venaient – écrit Nourissier[1] – des Dutourd à Guy Béart, tant d'amis parfois inattendus » comme de boire du bon café dans de belles tasses... et dans son lit si possible, ce lit où elle savoure ses lectures, où elle peut même écrire des heures durant... « un lit français est une œuvre d'art » !

Images d'ambiance : « Nous sommes au Moulin, nous avons un temps superbe, il fait doux, la vigne vierge qui couvre la maison commence à rougir... Je me laisse vivre, j'ai perdu l'habitude qu'on me serve, que tout soit prêt. Nous avons mangé un de nos faisans. » De Russie arrivent encore des colis de caviar, et elle se récrie : « Le caviar de la dernière fois était sublime ! Je vous *ordonne* de ne pas dépenser votre argent en nous gâtant comme ça et de cesser de donner du caviar pour nous à tous ceux qui viennent ici ! *C'est de la folie pure...* »

Le voyage de l'été suivant en Tchécoslovaquie sera tout entier consacré à une cure avec Lili et Vassia. L'impression de bien-être qu'elle en retire n'est que fugitive : « Je croyais m'être reposée, mais je recommence à prendre des somnifères et j'ai l'impression de ne pas avoir eu de vacances. »

En 1966, après quelques semaines d'inquiétude où leur appartement parisien leur paraissait devenu étranger, puisque le propriétaire y organisait des visites pour le vendre, où des changements de femme de ménage provoquaient autant de petits drames personnels (« bref, durant deux jours, les gens et les éléments furent contre nous »), Nadia Léger réussit à les entraîner dans un périple italien : ils s'arrêtent un moment dans la maison de Nadia, dans le Midi, puis suivent le bord de mer vers Gênes, pour arriver à Bologne et à Florence. Et là, Elsa, malgré ses soixante-dix ans, retrouve l'enthousiasme : « La beauté commence après Florence. Là où il y a des collines à perte de vue, des horizons gigantesques, des cyprès, des oliviers, de la vigne par-ci par-là – la nature prolonge la peinture, ou bien la peinture prolonge la nature, et les gens ressemblent à des saints, ou bien ce sont les saints qui ressemblent aux Italiens d'aujourd'hui (gentils, gais, bavards et friands de pourboires). » Ils visitent Sienne, s'habillent et vont dans les musées. Les lettres à Lili traduisent son enthousiasme, témoignent de sa profonde connaissance des œuvres d'art enfin rencontrées après avoir été tellement admirées et recherchées à l'occasion de son travail iconographique.

En 1966, alors que les problèmes domestiques dans ses deux résidences lui paraissent de plus en plus insurmontables (« pas de femme de ménage. Un supplice »), ils ne partiront que quinze jours, en voiture, chez Nadia, dans le sud de la France : « J'ai encore un peu beaucoup vieilli et tout me devient encore un peu plus difficile. [...] Paris s'est vidé [...] C'est le Paris que je préfère. » Ils y jouiront d'une « chambre merveilleuse. Paix et quiétude ». Pourtant, la nourriture ne lui convient guère : « trop de nourriture délicieuse » et elle souffre de la « présence dérangeante des petits-enfants ».

Pour l'été 1967, ils loueront une petite maison à Gordes pour le mois de juillet, bien décidés à passer le mois d'août à Paris. Le 12 juillet, Elsa écrit de Gordes : « Des pierres, des pierres d'un gris lumineux dans le ciel d'un bleu sombre [...] pour moi, après la datcha près de Moscou, il n'y a rien de mieux que la Provence. »

Elle s'émerveille que sa sœur puisse avoir la datcha pour l'été mais elle répond négativement à son invitation : « quant à notre venue, je ne me décide à aller nulle part, je suis déjà bien trop patraque. Tantôt ceci tantôt cela qui ne va pas ». Et quand, le 1er avril 1968, elle évoque la présence de petites filles auprès d'eux, c'est pour ajouter : « Malheureusement, nous ne sommes pas une compagnie pour elles, j'oublie toujours notre tare impardonnable : la vieillesse ! Nous, les vieux, personne n'a besoin de nous. Et nous n'avons besoin de personne non plus. Si ce n'est du printemps, des jacinthes et de l'herbe... »

De plus en plus, elle ne parle de voyages qu'en termes de soins possibles ou de difficultés de santé supplémentaires : « Je compte beaucoup sur l'été en Suisse, peut-être que nous reviendrons un peu à nous. Nous sommes des gens nerveux. Deux semaines en maison de repos, deux semaines à l'hôtel. » Elle se souvient alors qu'autrefois, quand elle était petite fille, elle aurait été guérie d'une malaria par un séjour dans ces montagnes. Ils partiront bien pour la Suisse le 1er août. C'est là-bas qu'ils apprendront les événements de Prague...

« Et vous, comment vous portez-vous mal ? »

Le 29 septembre 1966, le jour des soixante-dix ans d'Elsa, Vassia, pour lui souhaiter bon anniversaire, emploiera gaiement l'expression russe : « Grandis jusqu'à cent ans ! » S'il avait eu présentes en tête les lettres écrites par Elsa à sa sœur, Vania se serait abstenu… Pour qui les lit aujourd'hui d'affilée, elles confirment, pour les années soixante, l'impression d'une longue plainte sur l'inévitable vieillesse et sur les maux qui l'accompagnent.

Elsa garde toujours présente l'image de Lili qui a ressenti, depuis octobre 1951, les premières atteintes d'une maladie coronarienne. Elle lui écrivait alors : « C'est vraiment terrible de penser que tu es si faible, que tout est si fragile, aussi fragile qu'un objet qu'on vient de recoller, quand la colle n'a pas encore séché. » Depuis, Lili ne se déplace qu'à grand-peine, surtout quand il lui faut monter des escaliers. Elsa s'est blessée à une jambe, nous l'avons vu, en 1958 ; elle en souffrira longtemps, et il va vite s'avérer qu'elle présente des signes d'artérite. Elle sera opérée en 1961, mais cette opération sera un échec. Par ailleurs, Elsa s'est toujours pensée trop « ronde », et dès qu'elle dépasse de quelques centaines de grammes le poids qu'elle s'est fixé, elle s'en veut de sa gourmandise, de ce qu'elle nomme son laisser-aller, et cherche à s'inventer des régimes. Et comme ses jambes la font de plus en plus souffrir, elle est tentée d'expliquer ceci par cela.

Nous disions que les voyages de cure remplaçaient de plus en plus ce qu'avaient été pour le couple Aragon les déplacements en congrès de toutes sortes, et même les voyages d'agrément. Dès 1960, Elsa propose à Lili de partager la cure qu'elle doit suivre pour ses jambes à Royat vers la mi-juin. Le 19 avril, elle s'attarde longuement sur la description de ses maux de jambes et tiendra, pour sa sœur aînée, qui présente les mêmes troubles, une chronique fidèle du traitement et de ses résultats. Mais ces cures thermales, où les personnes âgées figurent l'essentiel de la clientèle, ont le don de la déprimer. Elle envoie des cartes « pour que vous ayez l'idée de ce que nous voyons, qui nous donne joie et étonnement. [...] Ici, il n'y a que des vieux, et ce n'est pas bon pour le moral. Quand les personnes âgées sont mélangées avec les jeunes, elles sont même agréables, mais à l'état pur, c'est-à-dire sans ce mélange, cela donne un paysage assez triste. » Heureusement, le transistor offert par Vassia l'aide à vivre reliée au monde.

En septembre, ses yeux commencent à lui jouer de mauvais tours ; ils se dessèchent, et il faut humidifier la cornée : « Après le "cœur parallèle", les "larmes artificielles", ce ne sont plus des traitements mais des poèmes lyriques. » En octobre, elle se plaint d'un rhume permanent soigné à la cortisone, et ajoute : « J'en ai vraiment assez de moi. Je voudrais vivre comme avant, mais à peine je me lance que la vieillesse m'attrape par les jambes, m'obscurcit les yeux, et me fait toucher terre des deux épaules. » Elle se sent, dit-elle, comme un vieux vêtement sur lequel les pièces ne tiennent plus. Le mois suivant, elle établira une liste en sept points de ses problèmes de santé : il est vrai que l'aînée suppliait la cadette de la tenir exactement informée, redemandait des précisions, et sollicitait donc ce genre de réponse ! N'empêche : Elsa se dit alors « fatiguée à vie »...

L'année suivante, en 1961, la cure aura lieu à Plombières, dans les Vosges ; cette fois, Elsa doit « soigner son ventre », souvenir sans doute de la péritonite de 1937. Ils ont un chauffeur pour eux, un jeune homme libéré du service militaire. Et, grâce au fameux transistor, ils peuvent suivre les exploits spatiaux des Soviétiques : « Toutes nos félicitations pour cette nouvelle promenade dans le cosmos », écrit-elle à Lili et Vassia.

Ce sont toujours ses jambes qui l'inquiètent : « J'ai moins mal au dos. Je sors, je me promène. Mes jambes sont aussi frêles que des pattes d'oiseau. » François Nourissier, dans son ouvrage autobiographique *À défaut de génie,* introduit ainsi la relation d'une rencontre avec le couple rue du Bac : «1961. Elsa et Louis s'approchent dans le rétroviseur. Quand ils sont à une dizaine de mètres derrière la voiture je vois qu'Elsa porte des charentaises et marche à petits pas douloureux. Les chaussons la rapetissent, ce qui fait grandir Louis : il dresse loin au-dessus d'elle son grand air gris, tendre et penché.» Toujours prête à privilégier le mal à l'âme par rapport aux difficultés physiques, Elsa explique ses douleurs par des spasmes nerveux «à cause de *Normandie-Niémen*», le film pour lequel on lui a demandé un scénario, car, ajoute-t-elle : «chez moi les nerfs jouent un rôle primordial».

Et puis il y a les dents : problèmes de prothèses, comme en ont tous les gens de son âge, mais elle a entrepris des traitements très onéreux : «c'est la grande affaire de ma vie», déclare-t-elle, ajoutant que cela lui coûte l'équivalent de «trois manteaux de fourrure et une petite propriété».

Entre les deux sœurs, on échange des messages sur des médicaments miracles. On parle beaucoup ces années-là du fameux sérum Bogomoletz qui devait assurer longue vie et résistance aux maladies. Mais Elsa est sans illusions sur la capacité de la médecine à lutter contre le vieillissement : «On peut bien continuer à me piquer. De toute façon, les tissus élimés ne se rapiècent pas.»

En 1962, elle se décide à faire d'une pierre deux coups : sa cure pourrait avoir lieu en Tchécoslovaquie, et ce serait l'occasion de retrouver Lili et Vassia. Bien sûr, elle les prévient : «Nous sommes devenus de vrais sauvages et nous redoutons les rencontres, les conversations, etc.» mais, si elle ne croit pas beaucoup aux bénéfices de la station thermale, elle sait que la rencontre, au moins, sera bonne : «on soigne mieux son cœur en se faisant plaisir qu'en prenant les eaux». D'ailleurs, Aragon doit se rendre à Prague où il doit être fait docteur *honoris causa* de l'Université; ce n'est pas ce qui enthousiasme le plus Elsa : «Je voudrais me cacher dans un coin pendant qu'on fêtera Aragocha : on doit ou, plutôt, on veut le nommer docteur *honoris causa* de l'Université de Prague [...] Je suis devenue si sauvage que j'évite même mon ombre : c'est difficile, mais moins que de se débarrasser des gens inutiles. »

La cure aura lieu finalement à Franzensbad, « un endroit plat, très vert, très beau, où on s'ennuyait à mourir ». À leur retour, elle devra subir une interview de *Vogue* sur les villes d'eaux tchèques...

L'hiver suivant, elle contractera une bronchite et transformera encore en voyage thérapeutique les trois semaines passées dans le Midi.

Au fil des années, de plus en plus, perce le désespoir aiguisé par les ennuis de santé, devant le naufrage de la vieillesse. Le 15 janvier 1963, elle écrit à Lili : « Au fond de moi-même j'ai fait mes adieux à tous ceux, chez vous, qui me sont chers. » Elle se plaint de pertes de mémoire : « Il me semble que je vais oublier mon propre nom [...] pour moi le temps est venu de me consumer doucement. »

Tout autour d'eux, bien sûr, des amis meurent : le 22 octobre voit la mort de Cocteau et d'Edith Piaf : « Cocteau, couché, semblait aussi léger qu'une coquille d'œuf ou un coquillage, qu'un souffle peut emporter. Edith Piaf est morte le matin du même jour, et Cocteau a réussi à dire quelques mots sur elle, qui ont été retransmis à la radio : "C'est le bateau qui coule..." » Elsa conclut : « Et c'est vrai, notre bateau coule. » Et quand on leur propose, à peu près à la même date, de réaliser une double émission de télévision sur elle-même et sur Aragon, elle aura ce mot cruel : « Ma gueule d'antiquité est souvent passée à l'écran (la dernière fois, j'ai cru recevoir un coup de massue en me voyant si vieille) et, de ce point de vue-là, je n'ai plus rien à perdre. »

Devant la plupart des obligations, Elsa, qui fut autrefois si vaillante, cherche des échappatoires, et elle s'en veut de l'image « impossible » qu'elle donne d'elle-même : un post-scriptum d'une lettre d'avril 1964 porte la mention suivante : « Je suis très peu aimable, voire impolie, c'est pour ça que personne ne m'aime... Quand j'étais jeune, je n'oubliais rien, j'étais affable, attentive, serviable : rappelle-toi ! Et maintenant je n'arrive à rien faire, je vis en dépit du bon sens et il m'arrive même d'oublier de respirer, faute de temps. » Et quand elle va mieux, elle se laisse de nouveau happer par de nouvelles sollicitations, entraînant de nouvelles fatigues, de nouvelles marches arrière…

Quand elle parlera de la cure à Baden-Baden que nous avons évoquée plus haut, elle ne cherchera même plus de prétexte médical : « Nous n'avons pas l'intention de faire une cure. Nous voulons simplement échapper aux soucis, aux coups de téléphone, à la disparition incessante des lettres dont on a le plus besoin, aux choses qui remontent à la surface avant de redisparaître sous des monceaux de papiers ; ne plus avoir mauvaise conscience en pensant à tout ce qui n'a pas été fait, au courrier en attente, à ce qu'il faut encore lire et écrire… Nous sentons nos nerfs s'agiter comme le vent par une nuit de tempête… »

Les jambages bleus du malheur…

Ainsi Aragon et Elsa ne se quittent pas : ils habitent ensemble, voyagent ensemble, se soignent ensemble. Les années de vieillesse d'Elsa donnent à voir le couple qu'ils composent comme une entité indissociable. Aragon, depuis trente ans, n'a cessé de proclamer son adoration pour celle qui est devenue son épouse. En 1934, il s'était contenté de dédicacer *Les Cloches de Bâle* à Elsa « sans qui je me serais tu », tandis qu'il écrivait « À Elsa, chaque battement de mon cœur » en exergue au *Crève-cœur*. Avec *Les Yeux d'Elsa*, elle est passée du statut d'épouse à qui, prosaïquement, le mari dédie ses ouvrages, à celui de muse et de symbole : ne dit-on pas, malgré les dénégations du couple, qu'Elsa n'est qu'un autre nom pour désigner la France ? Et le poète continue de la célébrer : *Les Yeux et la mémoire* en 1954, *Elsa* en 1959…

Qu'il est loin le temps où Aragon promenait chez les couturiers la petite valise pleine des colliers fabriqués par Elsa, le temps où la jeune Russe devait se battre pour le garder face à une héritière américaine, une danseuse allemande, le temps où Elsa provoquait le poète par de brèves flambées pour d'autres hommes. Elsa et Aragon sont devenus, contre les appels antimoralisateurs du surréalisme et du communisme des premiers temps, l'exemple vivant de révolutions assagies : les extrêmes se sont rangés, «l'amour fou» existe réconcilié avec le mariage que les fous d'autrefois qualifiaient de bourgeois !

Or voici qu'en juillet 1960, Elsa avertit Lili : «En plus de son travail, Aragocha compose une “anthologie” de mes œuvres… Il ne fait que perdre son temps.» Modestie ? Contentement ? Agacement ? Il reste qu'Elsa semble approuver sans réticence : «J'ai la sensation d'être en train d'acquérir la troisième dimension et d'ombre que j'étais, je me transforme en une créature bien vivante.» La formule est étonnante : Elsa croit-elle si peu en elle-même qu'elle ait besoin d'être republiée par Aragon pour atteindre la réalité ? Ou faut-il entendre la formule comme l'expression d'une ironie mordante et souffrante à la fois ? En tout cas, l'anthologie *Elsa Triolet choisie par Aragon* sort le 22 novembre 1960 chez Gallimard. Elle contient, rangés par ordre chronologique, outre des nouvelles de *Bonsoir, Thérèse* et du *Premier accroc*, *Le Mythe de la baronne Mélanie*, des extraits de romans, des articles parus dans la *NRF* rassemblés sous le titre de *Souvenirs de la guerre de 1939*. Aragon s'expliquait, dans une longue préface, sur les raisons de son choix : permettre de voir se dérouler «l'histoire d'une écriture», et de faire apparaître ce qu'il nommait (après Elsa qui avait employé elle-même cette expression au moment de *Luna-Park*), le «romantisme lunaire» d'Elsa Triolet, «une nouvelle sorte d'enthousiasme, ce *romantisme lunaire*, expression paradoxale du réalisme historique, ou comme on dit *socialiste*, c'est-à-dire un art à la hauteur des possibilités nouvelles de l'homme, qu'il fasse des révolutions ou qu'il annexe des soleils. »

Sans doute est-il assez banal de voir un auteur composer une anthologie d'un autre auteur, connu ou non. Sans doute Elsa elle-même s'était-elle livrée à cet exercice avec ses *Vers et Prose* de Maïakovski publiés en 1957 aux Éditeurs français réunis. Mais il est peu courant qu'un auteur vivant soit ainsi « choisi » (et donc forcément statufié et limité à la fois) de son vivant. Passe encore l'aspect « nécrologie »... Qu'Aragon et Elsa le veuillent ou non, la situation de « femme d'Aragon » tourne sans cesse au détriment d'Elsa.

Il s'est beaucoup dit, depuis le Goncourt, qu'elle ne devait sa gloire qu'à son compagnonnage avec le grand poète, le grand romancier. Lorsque Aragon veut lui rendre justice, en publiant d'elle les morceaux qu'il juge les meilleurs, le soupçon s'accuse au lieu de s'effacer : plus encore qu'auparavant, elle lui devra sa reconnaissance littéraire. La boucle est bouclée. En prenant l'initiative de l'anthologie, Aragon prend le risque de renforcer la comparaison primaire et stupide entre les deux écrivains. Ils s'aiment ; ils sont époux, amis, amants. Mais pourquoi voudrait-on que l'écriture de l'un soit comparable à l'écriture de l'autre, que la gloire de l'un se mesure à l'aune de l'autre ? Aragon connaît bien sûr ce risque, et les dernières phrases de sa préface en portent témoignage : « Il arrive que cet écrivain-ci est une femme, et sans doute ne sommes-nous pas encore au temps où cela est pleinement pardonnable pour un écrivain, et que ma vie a été ce qu'elle est, parce que je l'ai rencontrée, et cela rend alors tout à fait impardonnable que j'ose publiquement en parler. » Mais il acceptait ce défi (et évidemment Elsa l'avait accepté aussi) : « Tant pis, je l'ai fait. » Puis par une pirouette ironique en clin d'œil à Alexandre Vialatte : « La vie est courte et l'art est grand. »

De temps en temps, l'amertume perce dans les lettres. En février 1956, Elsa répondait, très lucide, à une question de Lili sur la valeur du roman qu'elle était en train d'écrire :

« S'il plaît à Aragocha ? *Tout* ce que j'écris lui plaît, mais, étant mon mari, il ne peut prendre fait et cause pour moi. » Elle compare de plus en plus souvent le traitement que l'on réserve à Aragon en URSS, au silence qui entoure ses œuvres à elle, dans son pays natal. En octobre 1962, elle se plaint : « Mon anniversaire n'a pas fait grand bruit... Plus Aragon est célèbre, moins j'ai d'amis personnels. [...] En revanche, Aragon croulait sous les télégrammes, les cadeaux, les fleurs. » Un jour, elle ajoute en post-scriptum à une lettre : « Si ma lettre est un torchon, c'est qu'Aragon est sans cesse en train de me demander ceci, et cela... » Mais ces ressentiments, ces agacements, n'apparaissent guère que dans la correspondance avec Lili ; ailleurs, tout paraît lisse. Pourtant...

Dans *Blanche ou l'oubli* (publié en 1967) Aragon a évoqué une lettre écrite par Blanche, qui pouvait bien être une lettre d'Elsa. En s'en défendant aussitôt par la négation des aspects autobiographiques de l'ouvrage. Michel Apel-Muller, qui retrouva après la mort d'Aragon, en 1985, cette fameuse lettre dans une « cassette de fer avec des frottis dans le métal », comme Aragon qualifie le coffret à bijoux où elle était enfermée rue de Varenne, a publié lui-même en 1994 et la lettre originale, et son analyse[2]. Il s'agit de six pages de la grande écriture d'Elsa sur trois feuillets. Aragon en dira : « J'ai une lettre de toi. Je l'ai gardée. Je la lis de temps en temps. C'est l'acte d'accusation le plus terrible qu'un homme puisse entendre du banc des criminels. » Et, dans sa prose magnifique, il évoque les « grands caractères bleus, ces jambages du malheur ».

Cette lettre d'Elsa à Aragon débute par une remarque sur le temps qui passe. Aragon, dont la vie si remplie ne semble pas pouvoir faire place à une quelconque attention à autrui, ne paraît pas conscient de l'aspect précieux de ces moments qui pourraient être partagés. « Tu sembles oublier que nous vivons l'épilogue de notre vie, qu'ensuite il n'y aura plus rien à dire et que l'index lui-même d'autres le liront – pas nous. » C'est d'ailleurs sur ce même rappel que se clora la lettre, par une « chute » qui paraît très calculée : « Je te rappelle seulement l'heure : nous en sommes à moins cinq. Ne me dis pas à moins six et demi, parce que c'est la même chose. »

Elle lui reproche de l'abandonner à sa solitude : « Il ne faut pas s'aviser de faire quoi que ce soit avec toi, *ensemble.* » Il est avec elle comme avec les autres, toujours trop pressé, toujours inquiet des initiatives qu'elle pourrait prendre, comme sans confiance en elle. « Toute une vie comme dans la voiture où je ne peux jamais te dire "regarde !" puisque toujours tu lis ou tu écris, et qu'il ne faut pas te déranger. »

Vient alors le fameux passage sur la solitude que l'on voudrait citer en exergue de toutes les œuvres d'Elsa : « La solitude n'est pas le grand thème de mes livres, elle l'est – de ma vie. » Et voici l'accusation portée à Aragon d'envahir son existence, comme s'il lui volait sa vie : « Même ma mort, c'est à toi que cela arriverait. » L'accusation est claire ici : il l'a mise sur un piédestal, il la glorifie et la chante sans cesse, il en fait un être irréel, qu'il s'est attribué à lui-même, et dont elle n'est jamais sûre de correspondre à l'image idéalisée. Elle voudrait, elle préférerait simplement être considérée dans sa pauvreté à elle, et pouvoir parler avec lui : une femme, pas une déesse.

Au-delà des inévitables frictions propres aux couples, l'alliage étonnant formé par les deux écrivains souffre d'un double malentendu, qui tient à leur métier d'écrivain à tous deux : en premier lieu, ils n'ont pas grand-chose de comparable – lui l'homme de l'inspiration, de la surabondance, qui peut couvrir des pages et des pages de mots superbes sans aucune rature, elle, la femme au regard sensible, l'écorchée vive impitoyable dans sa lucidité, qui travaille encore et toujours pour produire des textes arrachés à une langue qui n'est pas la sienne – et l'on s'acharne à les comparer ; en second lieu, parce que cet homme aime cette femme, il tente à tout prix de l'imposer, et, d'un même mouvement, il nie l'autonomie qu'il prétend défendre pour elle.

Nul mieux que François Nourissier n'a parlé avec respect et compréhension de la violence et de l'amour qui coexistèrent dans le couple formé par Aragon et Elsa Triolet. « Dans tous les couples, observe-t-il, l'un tient l'autre. Parfois, au long du temps, ce pouvoir secret change de mains. » Qu'imaginer, à l'origine de cette prise de pouvoir ? Sans doute la connaissance de la « faille cachée » de l'autre, connaissance qui permet d'avoir barre sur lui, et, en même temps de « mieux l'aimer ». « Il n'est pas absurde d'imaginer qu'Elsa avait pénétré au cœur de plusieurs secrets de Louis. On peut imaginer ce qu'on veut, du sexe à la politique, de la bâtardise à la gloire. » Sans doute, François Nourissier cherche-t-il ainsi à proposer – avec une vertu bien peu prisée. que l'on nomme délicatesse – une explication à l'étonnante ambiguïté dont fit preuve Aragon, à la nature un peu mystérieuse des liens de sensualité qu'il entretint avec Elsa Triolet, au pouvoir obscur qu'elle exerçait sur lui au nom de cette difficulté d'être. Mais l'auteur de *À défaut de génie* enchaîne aussitôt : « Elle paraissait, parfois, régner sur lui, mais cette sensation, fugitive, m'a semblé moins importante que la réalité physique, évidente, du lien qui les rattachait l'un à l'autre. Les regards, les gestes, les silences, [...] tout disait entre ces deux-là le pathétique, la profondeur et la permanence du conflit et de l'attachement. »

ÉCRIRE, TRADUIRE, CORRIGER...

Peu de romans d'Elsa auront été écrits avec autant de peine que *L'Âme*, le troisième récit de *L'Âge de nylon. Roses à crédit* datait du début 1959, *Luna-Park* du mois d'août de la même année, *L'Âme* ne paraît qu'en 1963. Il va donc s'écouler quatre ans entre le second et le dernier volume. Ces années-là, quand elle parle de son travail, elle dit s'exercer à de « petits récits sans intérêt, [...] écrits juste pour moi ». En mai 1961, elle s'écriera cependant, comme reprise d'espoir sur le sort de ce livre : « Je me suis remise aux Automates[3] ! J'ai écrit cent pages ! Je me dépêche de peur de tomber en panne… » Et elle reste bien en panne, sur ce travail au moins, puisqu'elle indique, en novembre : « Quant au troisième tome de *L'Âge de nylon*, il reste là à se morfondre. » Il lui faudra le calme et le confort d'une maison de rêve, dans le Midi, avec femme de ménage, cuisinier, voiture et chauffeur, pour qu'elle en termine une première écriture dont elle n'est que peu satisfaite : « Seul Aragocha a lu le manuscrit. Je suis triste comme si j'avais accouché d'une souris. Il reste peu de choses du projet initial. » Et puis, elle ne sait comment le terminer : en novembre 1962, elle ignore encore le sort qu'elle réservera à son héroïne… Au moment de le donner à la frappe, en janvier 1963, elle en parlera comme d'un enfant mal venu : « *L'Âme*, torturée, martyrisée, va être dactylographiée. Je suis d'humeur très sombre en ce moment à cause de ça. Le fait que le livre ait été écrit par petits bouts l'a beaucoup desservi et, plus je le reprends, plus je l'abîme. » Autre notation sur le malaise concernant cette sortie : « Je travaille à mon roman, je le termine. Je m'agite, je tourne en rond, j'oublie tout, je perds tout, je dors peu, je grossis… » En guise d'épigraphe, au moment de la parution, elle notera sèchement : « J'ai écrit un mauvais roman. »

Pour couronner le tout, beaucoup plus tard, quand la traduction de *L'Âme* paraîtra en URSS en 1967, elle s'apercevra que le livre ne recueille là-bas aucun écho : « Quant à *L'Âme*, pas un mot, de personne. C'est clair. » L'année suivante, elle aura encore quelques remarques amères à ce sujet : « C'est étonnant à quel point mon *Âme* a fait un four chez vous Personne n'a rien compris, même le fameux Chklovski qui l'avait lue à Paris… » Dans un post-scriptum de lettre à Lili, elle raconte qu'elle a entendu ce qui n'est peut-être qu'un ragot, qu'un critique aurait « reçu un savon » pour avoir écrit un récit élogieux sur *L'Âme*.

L'Âme est un livre étrange : deux personnages y tiennent les rôles essentiels : Nathalie, une femme devenue obèse et gardant une étonnante agilité d'esprit et de mouvements, une femme d'une immense bonté, prête à accueillir et aimer tous les enfants perdus ; et un adolescent génial, Christo, qui se passionne pour les mécaniques de l'avenir que confectionne l'as de la cybernétique qu'est Luigi, le mari de Nathalie. Comment « marchent » les machines, se demande Christo, d'où vient la vie dont elles paraissent avoir hérité quelques parcelles ? Le monde des rouages intelligents qui le passionne est cependant bien peu de chose face à l'infini que paraît incarner la tendresse inépuisable de Nathalie. À Luigi, l'inventeur si doué qui conseille à l'enfant : « Occupe-toi de ce qui est dans les limites. C'est assez grand, il y a de quoi s'occuper », Christo a déjà donné la réponse : « Ce qui me dérange constamment, c'est l'infini. »

Les difficultés à mener à bout l'écriture de *L'Âme* ne sont sans doute pas étrangères à « l'encombrement » dont se plaint sans cesse Elsa. Certes, elle a abandonné la plupart de ses activités publiques, mais son travail littéraire est surabondant. Car Elsa Triolet traduit tout autant qu'elle écrit. Et, non contente de produire des traductions toujours plus nombreuses, elle veille à la manière dont ses livres – et ceux d'Aragon – sont traduits en Russie.

« Je gratte, je gratte, écrit-elle en 1960, je traduis *Platonov*. » Elle découvre dans une ancienne traduction une autre pièce de Tchekhov intitulée *Sur la grand-route* et demande aussitôt qu'on lui procure le texte russe : « C'est dans la manière des *Bas-Fonds* de Gorki, une petite pièce difficile à traduire ; mais on devrait pouvoir faire quelque chose de ce style russe ! » Elle sait d'ailleurs quelles sont ses qualités de traductrice et trouve son travail « génial par rapport aux traductions existantes ». Dans une lettre à Lili de 1968, elle notera : « Pour moi la traduction est une forme particulière de création, pleine de responsabilité et d'abnégation, qui n'apporte au traducteur ni gloire ni argent (s'il n'est pas un bousilleur). »

Dans le livre de réflexion sur l'écriture que sera *La Mise en mots*, elle consacrera un chapitre entier à ce sujet, chapitre qu'elle intitulera « Vos pas dans ceux du créateur ». Elle connaît le risque de trahison que comporte toute traduction, et la bilingue qu'elle est note d'ailleurs dans le même ouvrage : « Être bilingue, c'est un peu comme d'être bigame : mais quel est celui que je trompe ? », et toute son expérience lui démontre que l'art de traduire tient plus de l'aptitude à entrer dans le jeu, dans la peau même de l'auteur traduit, qu'à faire coller exactement le mot d'une langue sur le mot de l'autre ; c'est pourquoi de grands écrivains peuvent être de mauvais traducteurs. Il faut savoir se faire « copiste, copier la pâte, la patine, la couleur, le rythme d'un texte ». Elle a cette phrase pour résumer le tout : « La traduction devrait être l'imitation d'un texte écrit dans une autre langue ; il faut y apporter le soin du faux-monnayeur à imiter un billet de banque. »

Mais il ne s'agit pas seulement de traduire, le travail sur les notes est important et elle le « déteste ». Le tome I du théâtre de Tchekhov était sorti en 1954 chez les Éditeurs français réunis, le tome II paraîtra en 1962, d'abord pour une maison d'édition suisse puis pour les Éditeurs français réunis, et enfin pour Gallimard. Note d'ambiance, un jour de septembre 1962, Elsa avoue ne s'être levée qu'à deux heures de l'après-midi : elle avait travaillé toute la matinée au lit sur Tchekhov !

Autres traductions entreprises : celle des poèmes de Marina Tsvétaeva qui sera publiée en 1968 sous le titre : *Marina Tsvétaeva. Poèmes*, chez Gallimard, celle des *Bains* de Maïakovski, qui paraîtra la même année dans la revue *L'Avant-Scène Théâtre*, ainsi que *Capitaine Fédotov* de Chklovski, chez Gallimard.

Pourtant, l'un des travaux les plus importants qu'elle va être amenée à assumer est l'*Anthologie des poètes russes* que lui a demandée Pierre Seghers en avril 1961. L'éditeur ne lésine pas sur les moyens, puisqu'il mettra à sa disposition une équipe de traducteurs qu'elle sera chargée de superviser. « L'Anthologie aura de cinq cents à sept cents pages et couvrira une période allant du XVIIIe siècle à nos jours » écrit-elle à Lili, avec laquelle elle va entrer en discussion sur le choix de certains textes et surtout sur l'auteur de la préface : Claude Frioux, comme le propose l'éditeur ? « (il) n'a aucun prestige, personne n'en a entendu parler : il est trop jeune ! » ; Roman Jakobson ? Lili le récuse. En tout cas, Elsa s'enthousiasme : sélection des poètes, des œuvres, difficultés de traductions, « c'est un travail de Titan », mais tout cela est « passionnant » et, à la fin de l'année 1961, elle dit s'être remise après une courte interruption aux traductions pour l'anthologie : « C'est le travail qui convient le mieux au silence des fêtes, un peu comme les mots croisés. [...] J'ai traduit deux poèmes de Pasternak, Aragon dit que c'est bien. » [...] En mars : « J'ai tout lu, tout débroussaillé. J'ai été ravie d'avoir des nouvelles de nos amis poètes. » De réunions en réunions, le livre est long à bâtir, mais en octobre 1963, Pierre Seghers dira son enthousiasme : « il veut un livre ». L'*Anthologie* ne paraîtra qu'en octobre 1965 sous le titre *La Poésie russe*. Elsa la fera précéder d'un texte sur « L'art de traduire » qui commence par ces mots : « Les conditions idéales d'une traduction de la poésie seraient qu'un grand poète traduise un autre grand poète qu'il aurait lu dans l'original et pour lequel il se serait pris de passion. » Dans la lettre qui en annoncera la sortie, Elsa soulignera la bonne nouvelle, pour indiquer sans doute combien elle est soulagée d'avoir mené à bien une tâche aussi colossale. Elle a souvent pesté contre les traductions qu'on lui transmettait où « il n'y a pas l'ombre d'un vers » et elle parlait à leur propos de « désinvolture ». Un jour d'avril 1964, elle avait écrit : « Traduire des vers ou aller chez le dentiste, ça revient au même : on a mal, on s'embête, et le résultat c'est quand même toujours des chaussettes reprisées. »

Elsa Triolet sera encore plus irritée par le passage au russe de ses propres textes. Elle tient à les relire, et, avec des décalages de temps quelquefois très longs, à en revoir les épreuves. L'époque est loin où elle se scandalisait de ce que sa mère voulait traduire *Bonsoir, Thérèse* : Elsa revendiquait alors pour elle seule la traduction de ses premiers textes en français. Elle est devenue un écrivain trop occupé pour assumer elle-même cette tâche supplémentaire. En lisant au début des années soixante la version russe de *Personne ne m'aime,* elle se plaint de sa « médiocrité », de sa « trivialité » : « j'en ai eu des palpitations ». Et elle redoute de recevoir le même type de traduction, en 1962, pour *Les Fantômes armés.* Les épreuves tardent à venir : « je ne veux pas, dit-elle, que ce soit un livre posthume », et elle promet de le revoir « en deux temps, trois mouvements ». Se laisse deviner aussi la rancœur contre le traitement que son pays natal semble faire de ses œuvres : « J'attends la traduction des *Fantômes.* J'imagine que l'actualité, ne serait-ce que du titre, aurait fait grand bruit si ce n'était pas moi l'auteur de ce roman. Nous vivons perpétuellement dans l'humiliation et le sentiment de notre inutilité. » En février 1963, à propos d'*Anne-Marie* qui n'arrive pas à paraître en URSS sous prétexte de manque de papier, et se souvenant d'ailleurs, à travers le sort fait à *Colliers* autrefois, que les Russes peuvent imprimer un livre sans le publier, elle s'insurge : « Nous voilà encore en disgrâce. »

Un peu d'écriture-plaisir pourtant : en 1960 et 1961, alors que l'écriture de *L'Âme* semble se refuser à son auteur, Elsa Triolet éprouve quelques satisfactions à composer des textes plus courts qui donneront naissance, successivement, à une nouvelle, *Les petits cadeaux entretiennent l'amitié* qui paraîtra dans *Vogue* (Elsa tient cette nouvelle pour autobiographique puisqu'elle indique, en annonçant son envoi à Lili, que ses correspondants russes connaîtront en la lisant « tout de sa vie ») ; elle évoque aussi le sujet d'un possible roman, *Le Jeune Homme et la honte* ; enfin, en novembre 1961, elle annonce avoir écrit « une nouvelle d'une taille incongrue au titre intraduisible, *Les Manigances* ». Elle cherche à expliquer le sens de ce titre à sa sœur : « Intrigues, manœuvres, machinations. Les manigances – ici – ont quelque chose à voir avec le sort, le destin. » C'est l'automne, « il fait humide, il y a du brouillard », elle ne s'est pas levée de la journée, elle écrit dans son lit : la fin des *Manigances*, un article sur la dernière pièce de Sagan : *Les Violons parfois*.

Au printemps 1962, elle signalera : « *Les Manigances* commencent à être lues : j'avais peur, malgré l'enthousiasme d'Aragocha ; j'ai brusquement trouvé le livre ennuyeux et sans intérêt. Mais on m'en fait force compliments. » À Paris, les contrecoups de la guerre d'Algérie se font sentir : « Mon roman va sortir en des temps agités, il passera inaperçu... Tel est son destin. Les manigances du sort ! J'ai regardé pour vous dans une encyclopédie : "petite manœuvre secrète, mystérieuse". » Le livre s'est vu affecter un sous-titre *Journal d'une égoïste*. « Je me désintéresse un peu de son sort », avoue Elsa. « Je me dis : "tiens, il va sortir, bon, soit". Pourtant, je l'aime, je l'ai écrit pour moi, pour me faire plaisir... Mais il paraît en des temps trop agités. Et j'écrirais volontiers dans les mêmes conditions un livre où je parlerais d'autre chose. *La vie comme elle va...* »

Pourtant le livre sera un succès : le 1er avril, son éditeur – Gallimard – lui fait dédicacer trois cent cinquante exemplaires de presse ! et le 26 mai, elle écrit : « *Les Manigances* font grand bruit. J'ai vu Gallimard hier : "C'est le livre dont on parle !" *Le Cheval blanc* n'avait pas eu autant de succès... Et ça se vend bien... »

Suprême consécration, le 8 juin elle annoncera que « Aragocha aime *Les Manigances* à la folie » en prenant soin de rappeler « qu'il est impartial dans le domaine littéraire ». Elle signale aussi, avec un plaisir évident, que Maurice Thorez et Jeannette ont beaucoup aimé le livre.

Autre source de plaisir : en décembre 1960 la Comédie-Française lui a demandé sa traduction d'*Oncle Vania* pour la porter à la scène, Daniel Ivernel tenant le rôle titre. Comme dans sa première expérience avec Jouvet, elle apprécie cette collaboration avec les hommes de théâtre qu'elle qualifie de « distraction » : elle assiste aux répétitions, à la couturière, assure une partie de la promotion à la radio. Le 27 février 1961, elle notera que la pièce se joue à guichets fermés, appréciant à leur juste prix ces multiples satisfactions. Au lendemain de la première, elle organise un dîner de vingt-cinq personnes, où figurent en bonne place le caviar et les blinis envoyés par Lili. « On m'a prêté un cuisinier », avoue-t-elle.

Pourtant, quand ce coup de feu sera passé (la Vente, le disque et la première de Léo Ferré « qui nous intéressait surtout pour *L'Affiche rouge* », les débuts d'*Oncle Vania*, « tout a eu un succès fou »), elle connaît à nouveau, comme en un rythme cyclothymique auquel elle ne peut échapper, un passage à vide qu'elle décrit, avec des termes qui évoquent une véritable dépression, dans une lettre du 8 mars : « Il y a bien longtemps que je n'ai plus la force de m'occuper de tout cela, je ne finis rien à temps, je m'angoisse, je me ronge les sangs, il m'arrive même de pleurer (sans larmes, comme chacun sait !) ; il suffit que je mène un projet à bien pour nous faire tant d'ennemis, à Aragon et à moi, que les bras m'en tombent... Je n'ai ni téléphoné, ni écrit, ni lu, je suis une vraie saleté ! Je mériterais qu'on me raye du nombre des vivants. »

La capacité d'enthousiasme

C'est pourtant la même Elsa Triolet qui peut prendre feu et flamme pour des auteurs, des livres, des films qu'elle admire, quand ils ne sont pas toujours de ce qu'elle nomme quelquefois « son camp ». Le 28 janvier 1960, elle publie, dans *Les Lettres françaises*, un long article : « Allez voir *Le Rhinocéros* » pour défendre la pièce de Ionesco attaquée par la critique de gauche.

Le 10 janvier 1961, elle se dit éblouie par la pièce *Cher menteur*, adaptée de la correspondance entre Shaw et l'actrice Pat Campbell : « tous les dialogues sont tirés de leurs lettres, dont on a repris le texte». Elle propose à Lili de la traduire en russe si cela pouvait intéresser deux acteurs russes célèbres, puisque la pièce ne met en scène que deux personnes. Quelques jours plus tard, elle annoncera avoir réalisé cette traduction «en trois coups de cuiller à pot». Mais qu'on ne croie pas qu'elle sollicite quelque chose : «Si je ne tire pas plus de satisfaction de cette pièce que du lait d'un bouc, je me demande pourquoi je me donnerais tant de mal... Ce n'est tout de même pas du Shakespeare !»

Autre engouement pour la lecture de *L'Attrape-cœur* de Salinger : «Nous, les adultes, nous sommes tous un peu des Holden, "nous sommes tous un peu des chevaux", mais nous laissons mourir ce qu'il y a de merveilleux en nous : le champ des "possibles" ce qui fait les hommes dignes de ce nom. Comme Salinger montre bien le mal que nous avons à nous adapter au monde immense, incompréhensible et écrasant, qui nous tombe dessus dès notre enfance !...»

Elle vantera aussi beaucoup Simenon. Quand on visite le Moulin, on peut voir, près de la chambre d'Elsa, une petite bibliothèque consacrée aux romans policiers. De ces lectures de détente, Elsa ne parle jamais dans ses lettres, mais, en 1961, elle a pourtant un bel éloge pour le père de Maigret et de tant de romans d'atmosphère : elle le compare à Dostoïevski, mais la comparaison n'est pas à l'avantage du romancier russe : «Au début, le cœur et l'esprit se laissent prendre, et puis on sent le procédé.» Au contraire, en un compliment qui en dit long sur ses propres recherches, elle vante la capacité de Simenon à prendre des distances à l'égard de ses personnages : «Ce qu'il pense, nul ne le sait, il est absent de ses romans.»

En 1962, elle consacre une lecture très attentive au roman de Soljenitsyne *Une journée dans la vie d'Ivan Denissovitch*. Ici, la réflexion est d'ordre personnel et politique à la fois : «Nous sommes coupables devant Ivan Denissovitch de nous être montrés trop confiants; ce n'est pas nous les faux-monnayeurs, mais nous avons tout de même mis les fausses pièces en circulation, par ignorance. Nous avons été bien naïfs, nous aussi… Ainsi donc, on a relevé la barrière, on a donné le feu vert, et tout le monde va foncer. » Mais elle veut oublier combien elle a participé au mouvement qui a produit le goulag, pour se contenter d'admirer chez l'auteur la qualité de la pensée et de la création littéraire ; aussi ne sait-on pas très bien ce qu'elle qualifie de « dur » dans ses textes, la hauteur du point de vue et du style ou la sévérité de la critique à l'égard de l'histoire soviétique : « Les récits de Soljenitsyne sont bons, mais très durs, j'ai du mal à les lire. C'est un grand, un remarquable écrivain. » Le 1er février 1963, elle relatera une conférence sur ce livre prononcée devant un public où les étudiants étaient nombreux : « Il y avait une centaine de personnes (des gens de notre bord et seulement sur invitation). L'exposé a été suivi d'une discussion. On a écrit une lettre à Soljenitsyne. »

Elle suit avec attention les évolutions du genre qu'elle affectionne, le roman, et envoie à Lili deux « romans de l'objet : un Butor et un Nathalie Sarraute ».

Souvent, aussi, elle célèbre Kafka, traite Fedine « qui se vante de *ne pas* avoir lu Kafka » de « dernier des derniers », et signale que la première de *L'Amérique,* la pièce tirée de l'œuvre de l'auteur du *Procès*, aura lieu, chez Barrault, le 11 mars 1965, dans une mise en scène de Bourseiller.

Elle qui n'est plus astreinte aux corvées de théâtre échange cependant des courriers élogieux avec Madeleine Renaud à propos de *Oh! Les beaux jours* de Beckett.

Sensible à l'air du temps, elle assistera avec plaisir au spectacle de Johnny Halliday à l'Olympia, et publiera à ce sujet un article admiratif dans les *Lettres françaises* du 13 janvier 1964.

Au cinéma, elle a vu, entre autres, *West Side Story* et le vante beaucoup : « Comme les personnages sont bien campés ! Ils dansent et chantent à ravir ! Et la “morale”, antiraciste, qui pose le problème de la jeunesse aux franges de la délinquance, en fait un film plus qu'acceptable pour nous. »

Elle n'aimera pas du tout *Huit et demi* mais répétera son admiration pour *La Dolce Vita* et *La Strada* et son désir de voir *Le Guépard*.

Inventaire bariolé sans doute, et probablement très incomplet, puisqu'il ne tient compte que de ce qui donnait lieu à commentaire écrit de la part d'Elsa. Cet éclectisme apparaît cependant comme un contrepoids aux affirmations répétées de lassitude et de désintérêt dont elle entrecoupait ses déclarations.

Mais ce dont Elsa Triolet est lasse par-dessus tout, ce sont les obligations répétitives de la vie militante, les ventes de livres et les signatures en particulier. En février 1964, elle écrit, à propos d'une de ces ventes : « Je n'ai plus le goût à rien… […] Je n'irai pas à la Vente du livre, ce n'est pas la peine quand on n'a rien de nouveau à présenter. Et puis je déteste ce genre d'occupation. » Et, plus loin : « La Vente du livre aura lieu samedi. Je n'irai pas, je n'en ai pas la force, mais je ne suis pas du tout malade : si donc vous lisez quelque part que je suis grippée, n'en croyez rien ! » Et, quelques jours plus tard : « Hier, la Vente du livre a eu beaucoup de succès. J'étais inquiète, comme toujours : c'est une trop lourde responsabilité. Je crois que c'est la dernière fois, je n'ai plus la force, il faut que quelqu'un reprenne le flambeau. »

MAÏAKOVSKI, TOUJOURS…

Des forces, Elsa en retrouvera pour défendre Maïakovski, lorsque sa mémoire est attaquée en pays communiste par des incapables ou des malintentionnés, et pour mieux faire apprécier le poète lorsqu'elle se rend compte que les Français n'en ont qu'une connaissance approximative.

Le 30 juillet 1961, elle évoque la visite d'un acteur allemand, Huppert, qui, dit-elle, déclame si bien les vers de Volodia. « Il m'a raconté qu'on avait interdit *Les Bains*.

Quand ils ont demandé pourquoi, il leur a été répondu que, cette pièce dénonçant la bureaucratie, elle n'avait pas de raison d'être en Allemagne de l'Est où il n'y a pas de bureaucratie… C'est affreux.»

En France, en 1963, elle parle longuement de Volodia dans une émission de télévision intitulée *La Voix des poètes*. À la projection anticipée de cette émission, elle n'aura qu'un regret : «On montre mon museau en gros plan, il occupe l'écran à lui seul pendant toute l'émission. C'est épouvantable. On voit la moindre tache, la moindre ride, la moindre ridule, aussi nettement qu'au microscope. Je suis vieille, laide comme les sept péchés capitaux. Impossible de me débarrasser de cette apparition-vision qui se dresse devant moi d'un air accusateur.»

C'est en 1966 qu'elle va se lancer dans un nouveau projet. À la demande d'une «importante bibliothèque de la région parisienne» – Montreuil – qui travaillera ensuite en réseau avec les bibliothèques de «nos» municipalités, dit Elsa, elle va réaliser une exposition mobile sur Maïakovski. Bien sûr, elle présente immédiatement le projet à Lili, en lui demandant son aide. L'exposition doit «faire le tour de toutes *nos* municipalités, en France, avec conférences, lecture de poésie pour l'ouverture.» L'aspect pédagogique doit jouer un grand rôle puisque l'exposition «sera destinée à *des Français qui ne savent rien.*» Tout de suite, Elsa lie projet politique et projet littéraire : «Je rêve de montrer Maïakovski dans son contexte – celui de ses amis, de ses compagnons de lutte, de la vie du pays, bref, pour de bon.» Mais elle redoute les démarches du côté moscovite : «Avoir affaire au musée[4] c'est aussi avoir affaire à leur point de vue.»

Elsa se demande donc quel procédé employer pour faire mieux comprendre qui fut Maïakovski : «Comment faire pour des gens qui n'ont pas la moindre idée de quoi que ce soit ? Peut-être un genre *bande dessinée*, autrement dit “un récit en images”, avec des légendes – peut-être des citations tirées de l'*Autobiographie.*» Pendant plus d'un an, les lettres vont circuler entre Paris et Moscou : demandes de photographies, recherches sur des précisions biographiques, allusions aux difficultés du financement, etc. Malgré sa volonté didactique, Elsa n'est pas sans douter un peu de la validité des supports imagés pour rendre compte de l'essentiel : « Gallimard sort deux livres faits selon le même procédé. Tout ce que j'ai vu jusqu'ici est affreux et pour moi parfaitement ennuyeux. À mon avis, c'est bien plus compliqué de lire ça que de lire un livre ordinaire, ce n'est que du cinéma et de la télévision appauvris, pour moi, personnellement, une horreur. Mais pour le cas qui nous occupe, pour l'exposition, avec ces *mots*-**là**, avec ces *illustrations*-là, ça peut marcher : Maïakovski simplifié pour les imbéciles et les ignorants. Une sorte d'*abécédaire* de Maïakovski. »

Le 3 février 1967, elle annonce que le film lié à l'exposition est « sublime », et la manifestation comportera donc trois aspects : visite proprement dite, film, lectures de poèmes. L'ouverture aura lieu le 20 avril. La veille, Elsa écrivait à Lili : « je vous écris en pleine fièvre de l'exposition » [...] cinquante mille exemplaires d'un matériel, trois mille invitations pour l'ouverture. L'exposition ira à Marseille, Bordeaux, Lyon. » En octobre, elle sera même présentée à la cinémathèque de Paris. Durant des mois, Elsa Triolet aura donc vécu entre les joies de la réalisation, des joies dont elle ne se croyait plus capable, et les inévitables tracas de l'organisation. D'un côté les problèmes de négociations avec les villes d'accueil, les mésententes avec les collaborateurs. De l'autre, les retombées de l'exposition : réactions enthousiastes du public, échos dans les médias avec la télévision française qui demande à passer quatre minutes du film, la télévision italienne qui se déplace pour une émission sur la manifestation..

En janvier 1968, Lili annoncera que le rédacteur en chef de la télévision soviétique veut faire préparer un film sur le poète avec un épisode sur *Le Paris de Maïakovski.*

Elsa a beaucoup travaillé à la traduction de la pièce *Les Bains* et Antoine Vitez montera le spectacle à Marseille en 1968. Le 6 février, elle notera qu'ils ont un succès grandissant : signes de ce succès, l'enregistrement de la pièce pour la télévision et sa publication dans *L'Avant-scène* le 15 avril 1968.

L'HISTOIRE FRAPPE À LA PORTE

Le 14 février 1962 Elsa est en train d'écrire à Lili ; elle énumère ses travaux en cours, l'anthologie des poètes russes, son roman, et la lettre s'interrompt : « J'en étais là, notera-t-elle en reprenant sa missive, quand Maurice Thorez, sa femme et son fils sont arrivés à l'improviste. J'étais particulièrement heureuse de les voir en des temps si troublés. J'irai mardi à l'enterrement avec Maurice, puisque nous ne marchons ni l'un ni l'autre. » Ce qui « tombe » ainsi sur la quiétude d'une journée ordinaire, ce sont les événements du métro Charonne, et avec eux les soubresauts français concernant la guerre d'Algérie, la montée de l'OAS en France... Peu auparavant, elle a tenté de rassurer Lili quant à leur sort particulier, pour Aragon et elle-même, sur les dangers de coups de mains et d'attentats à la bombe qui visaient, à Paris, des personnalités de gauche : nous habitons, rappelle-t-elle, un quartier de ministère, sommes « protégés par des mitraillettes (!) et il serait difficile d'arriver jusqu'à nous. Ce qui ne viendrait d'ailleurs à l'idée de personne ».

Mais si elle ne joue pas à se faire peur, elle est très pessimiste sur l'évolution de la situation en France. *Les Manigances* sont sur le point de sortir mais : « Qui se soucie des romans actuellement. Les magasins, les cinémas, les théâtre ne sont jamais pleins, même s'ils ne sont pas déserts. On sent les gens révoltés et amers, à droite comme à gauche. Ce sont de tout jeunes gens qui mènent les opérations : des bandits de bonne famille ! » Elle dit regretter de ne pas avoir écrit le troisième volume de *L'Âge de nylon*, « où il est question de ces adolescents-là ».

« Pardonnez-moi de me vanter de ma clairvoyance, mais je reste perplexe en relisant *Les Fantômes armés* et en me rappelant que mes amis me reprochaient mon pessimisme tandis que, dans le sud de la France, les fascistes promettaient de me pendre parce que je les avais trop bien dépeints ! »

Elle racontera ensuite la manifestation à laquelle elle a participé aux côtés de Maurice Thorez : « Effectivement, j'étais en voiture, avec Maurice, à cause de mes jambes, tandis qu'Aragocha suivait le cortège... La manifestation était grandiose jusqu'à l'insoutenable... Mais j'étais la veille avec Aragocha à une autre manifestation, et j'ai dû faire un bon kilomètre, ce qui équivaut pour moi à escalader le Mont-Blanc... La foule immense avançait doucement, en silence, on n'entendait que le bruit des pieds. »

En avril, à propos des attentats terroristes, elle parlera des « feux d'artifice » de Paris, et l'un des jeunes gens du roman *L'Âme* représentera la jeunesse dévoyée qui se livre à ces coups de mains, comme d'autres jeunes gens des *Fantômes armés* avaient représenté les jeunes tentés par le fascisme à la fin de la guerre de 1939-1945. Mais Elsa est devenue une vieille dame qu'on emmène manifester en voiture, une vieille dame qui a bien conscience de pouvoir travailler davantage par l'écrit que par l'action militante à proprement parler.

Les Œuvres romanesques croisées : l'inventaire

Un grand projet va aussi occuper Elsa, projet auquel elle commence à faire allusion dans une lettre à Lili du 24 juillet 1963 : celui d'une édition commune aux œuvres romanesques d'Aragon et d'elle-même, qui serait richement illustrée et proposée par souscription. Il est entendu que chacun des deux écrivains préfacera ses propres œuvres. La proposition semble être venue de Robert Laffont. Les ouvrages, quarante-deux volumes au total, paraîtront de 1964 à 1974.

Dès le début du travail, une relation bizarre paraît s'établir entre Elsa Triolet et ses éditeurs. Ceux-ci ne semblent pas ménager leur peine : ils viennent, généralement à plusieurs, travailler avec Elsa et Aragon sur le projet, ils revoient ensemble les maquettes, ils déploient des moyens coûteux pour se plier aux exigences du couple. Or, chaque fois qu'elle les évoque dans ses lettres, Elsa les qualifie d'« aigrefins », même lorsque les discussions avec eux se passent avec bonheur. Elsa n'était sans doute pas toujours facile avec ses éditeurs : on se souvient d'âpres discussions avec Jean Paulhan sur la qualité des traductions de Robin pour la première édition de son Maïakovski, des palabres pour la préparation de l'anthologie chez Seghers. Mais il s'agissait alors de qualités intrinsèques des textes à publier. Ici, tout se passe comme si l'éditeur (Robert Laffont, qui s'adjoindra plus tard l'aide de Jaspard, Polus et Cie, maison d'édition sise à Monaco) était immédiatement suspecté de vouloir « profiter » de l'œuvre des deux écrivains, comme si le contrat de départ se faisait aux dépens d'Aragon et Elsa.

Et pourtant ! Quels qu'aient été les termes de ce contrat, combien précieuse fut la réalisation ! Dans deux domaines surtout : les préfaces et postfaces auxquelles a donné lieu cette publication, la recherche d'illustrations qui, en dehors même de sa qualité, a entraîné Elsa vers d'autres recherches sur l'accompagnement entre le texte et l'image, donnant elles-mêmes naissance aux deux ouvrages *Écoutez-voir* et *La Mise en mots*.

Les préfaces d'abord : le choix du mot juste auquel Elsa s'est exercée toute sa vie va permettre à Elsa de choisir des titres qui sont autant de petites merveilles de précision, qui synthétisent et suggèrent avec bonheur, *Ouverture, Préface à la clandestinité, Préface à la contrebande, Préface au désenchantement, Préface à la mort dans l'âme, La Lutte avec l'ange, Préface au mal du pays, Une goutte d'eau de la mer reproduit la mer*, etc. Elsa se permettra quelques libertés quant à l'ordre chronologique des œuvres, regroupant par exemple *Les Manigances* avec les romans de *L'Âge de nylon* pour indiquer une unité de genre.

Mais les préfaces telles qu'elle les a conçues – mélange d'autobiographie et de réflexions sur l'œuvre – sont surtout l'occasion, pour l'écrivain, de se livrer à un travail de mémoire et à un inventaire précieux sans doute pour le biographe, précieux tout autant pour le critique littéraire. En octobre 1963, elle plonge dans son journal des années 1938-1939, dont elle livre ainsi, pour la première fois, de longs passages. Elle se moque en passant de ses naïvetés d'autrefois : « J'ai fouillé dans mes vieux papiers. Il est dangereux de vivre en ce monde, comme dit l'écrivain Elsa Triolet. Quels imbéciles heureux, sûrs d'eux, nous étions autrefois ! » En juin 1964, elle sera très émue, en redécouvrant, dans un vieux cahier de toile cirée, des annotations pour *Fraise-des-Bois* de la main de Volodia. En 1965, en écrivant les préfaces pour *L'Inspecteur des ruines*, et pour *Le Monument* elle doit relire « les articles et les débats de l'époque, mes écrits aussi bien que ceux des autres ». Et elle ajoute : « Il est parfaitement exact qu'on ne peut pas se fier à sa mémoire. »

Le travail entrepris lui permet aussi de s'étonner de curieuses rencontres, comme des prémonitions, entre tel de ses textes anciens et le message de la radio de Londres qui a donné le titre à son livre *Le premier accroc coûte deux cents francs*, entre un autre texte et les mots gravés sur les murs du fort Saint-André à Avignon, ces recoupements alimentant, bien sûr, le thème des coïncidences étranges que développe le roman *Les Manigances*. L'écriture des préfaces est aussi l'occasion de constater des phénomènes de ressemblance entre l'écriture d'Aragon et la sienne : « Ce que nous écrivons, Aragocha et moi, se croise de plus en plus souvent : il faut parfois supprimer des phrases entières parce qu'elle se ressemblent trop ou qu'elles disent exactement la même chose. »

De surcroît, pour l'ancienne étudiante des Beaux-Arts, pour l'amateur de toutes les formes d'art graphique qu'elle demeure, la préparation d'une aussi impressionnante collection de volumes illustrés est une expérience passionnante. Elle fustige tous les essais qu'elle juge de mauvais goût : le premier projet de reliure qui « nous fait penser à une boîte de bonbons », ce qu'elle pense être de la surabondance d'illustrations quand – dans un premier temps – la collection ne doit comprendre « que » trente-deux volumes. Mais elle tiendra à tout surveiller : les couvertures reproduiront un dessin et un graphisme de leur ami Matisse. Elle se charge d'intervenir elle-même auprès de Max Ernst pour l'illustration de *Bonsoir, Thérèse* : « les aigrefins » la harcèlent, dit-elle, pour les illustrations de Max Ernst, et elle harcèle Max Ernst. Elle charge Lili de proposer un marché à Alexandre Tychler, qui serait bien rémunéré. Elle se rendra à Lyon avec Aragon pour retrouver des documents sur les endroits où ils ont vécu pendant l'Occupation, ils exploreront les agences de photos, etc.

Le grand jamais

L'écriture continue pendant les travaux… Le 28 décembre 1963, Elsa vient d'apprendre la mort de Tristan Tzara et elle enchaîne : « À propos de mort : je travaille d'arrache-pied à mon roman, j'écris, j'écris. » Le sujet de départ est « la falsification de l'image d'un homme qui est mort : un individu particulier devient le symbole du mensonge historique en général ». Un thème, mais aussi de nouvelles explorations d'écriture ; elle a soixante-sept ans, et elle note : « écrire un roman, c'est avant tout un apprentissage pour l'auteur ». Plus loin encore : « Quand j'écris, je n'ai pas le temps de penser à l'éternité ou à l'infini. »

Puis viennent les doutes ; le 30 mars 1964 : « J'écris mon roman dans une sorte d'ivresse. J'en vois déjà le bout. Grâce, comme toujours, au silence – relatif ! – du Moulin. Mais ce roman ne touchera qu'un petit nombre de lecteurs… Que faire ? Je ne pouvais pas ne pas l'écrire » ; le 6 avril, elle trouve son roman froid, cérébral », et pourtant elle « y travaille avec intérêt.» Le 13 avril : «Mon roman est au point mort : je n'ai pas assez de temps. C'est rageant, il m'échappe encore. Et, pourtant, j'ai envie d'écrire.» Le 2 août, elle est prise d'un nouvel accès de colère contre des déformations à l'égard de la mémoire de Maïakovski et elle précise alors «je traite aussi de cela dans mon roman».

Pour ce roman, elle s'est efforcée de lire des textes de philosophes sur le temps; elle avoue à sa sœur la peur de ses insuffisances : «je me suis aperçue que j'avais enfoncé des portes ouvertes».

Dans la préface aux *Œuvres romanesques croisées* intitulée *Une goutte d'eau de la mer reproduit la mer*, où elle analyse à la fois son parcours d'écrivain et les thèmes du livre, elle soulignera que c'est dans *Le Grand Jamais* que le personnage de l'auteur s'introduit pour la première fois dans le roman au même titre que ses personnages romanesques. Cette introduction fut faite, dit-elle, sans y penser, «naturellement», mais «la mécanique de cette manière de faire» lui apparut plus tard : «Ici était en jeu ma liberté de création.» L'invention des personnages et de l'intrigue enferme l'auteur dans une prison qu'il a construite lui-même. Il reprend ses droits en s'introduisant en tant que tel dans le roman, «sans masque ni fards, avec son visage blême et ses vêtements de ville». La préface précise aussi que le thème principal du roman reste les falsifications de l'Histoire, et que ce thème sera développé ensuite dans *Écoutez-voir*; Elsa Triolet tient à redire là que cette recherche lui a été inspirée par les falsifications de sa propre histoire liée à celle d'Aragon – elle a tellement entendu le bruit, insoutenable pour elle, que faisaient les chuchotements quant à son influence politique sur le poète, depuis le temps des premiers conflits de 1930 avec les surréalistes après le congrès de Kharkov – et par l'histoire de Maïakovski en URSS : «Tout y est inventé, d'un bout à l'autre, mais l'histoire de Maïakovski a été la goutte qui a fait déborder tout ce qui s'était accumulé en moi devant les falsifications de l'Histoire.»

La trame du roman est simple : un historien, Régis Lalande, vient de mourir. Sa femme Madeleine l'a-t-elle aidé dans ce passage ? Et que va-t-elle devenir, elle si « vivante », si éloignée du monde des spéculations intellectuelles – elle est décoratrice et vend des papiers peints – parmi les admirateurs posthumes de son mari ? Elle s'apercevra vite de l'entreprise de récupération qui se monte autour de la mémoire du défunt, chacun cherchant à en dresser une statue conforme à l'idéologie qu'il défend. La veuve comprendra que Régis Lalande avait été de son vivant un redoutable mystificateur lui aussi, dans ses travaux historiques apparemment sérieux, et dans l'écriture sous un faux nom de romans policiers imités de la littérature américaine. Les thèmes sur le mensonge de l'art et le mensonge politique s'entremêlent sans cesse. Alors, après tout, mieux vaut le mensonge des papiers peints, ces parangons du faux-semblant : « c'est la même chose (que les gens) et ça ne parle pas » ! D'ailleurs, seule sa veuve possèdera quelques parcelles de vérité sur la vie de Régis Lalande, par la grâce du couple amoureux qu'ils avaient fondé : non qu'ils aient vraiment dialogué, dira Madeleine, mais parce qu'elle avait appris, chez « cet homme qui semblait si ouvert, si fraternel », et en réalité « secret et renfermé » à saisir par bribes les soliloques qu'il tenait avec lui-même… Au fait, qui est donc Madeleine ? Qui est donc Régis Lalande ? Quel est ce couple dont nous est contée l'histoire ?

Le livre paraîtra le 22 janvier 1965 chez Gallimard. Il sera salué favorablement pas la critique, mais Elsa restera sceptique quant à cet accueil : « Mon livre a pris un bon départ. Dix articles en dix jours, tous extrêmement favorables ! Mais, maintenant qu'il a donné satisfaction à mes fidèles admirateurs, il est bien capable de s'arrêter net. Il est vrai que la presse n'avait pas réagi aussi favorablement ni aussi vite depuis fort longtemps. Mais il peut se passer encore bien des choses : un nouveau livre, on ne sait jamais ce que ça va donner. » Elle doit reconnaître pourtant que « la sortie du *Grand*

Jamais donne lieu à beaucoup d'articles et d'interviews. Je vais souvent parler à la radio et, demain, on viendra me filmer pour la télévision». Un mois et demi plus tard, elle trouve qu'on s'agite moins autour du *Grand Jamais* : «La télévision est venue hier, et la maison est sens dessus dessous ! L'émission passera samedi prochain; mardi, il y aura encore une interview à la radio et je crois que c'est tout. Ces moments de tension m'épuisent, je ne vois pas le bout du tunnel. Quant au "succès" commercial de mon livre, on ne pourra s'en faire une idée que d'ici un mois ou deux» et elle ajoute : «le plus dur est passé, mon roman a cessé de faire du bruit»

CHAPITRE 10

LE CHEMIN DE LA NUIT EN LARMES...

> *« Elle se surprenait cette nuit, comme toutes les nuits et tous les jours, à regarder l'heure de plus en plus souvent bien que l'heure et la date du rendez-vous n'aient pas été fixées. »*
>
> Elsa TRIOLET, *Le rossignol se tait à l'aube.*

« Le chemin de la nuit en larmes... » Cette formule de Khlebnikov qu'Elsa Triolet place au tout début de son livre *La Mise en mots* pourrait bien traduire l'état d'esprit dans lequel se trouve l'écrivain, les deux années qui précèdent sa mort.

Peu d'individus, me semble-t-il, ont vu venir, attendu, appelé leur mort avec une telle intensité qu'Elsa Triolet. À quelque âge qu'ait lieu le terme, chacun, passé un certain nombre d'années, doit vivre avec la perspective que la partition sera bientôt jouée. Certains tentent de reculer l'échéance en pratiquant les surabondantes techniques de mise en forme, d'autres se refusent à y penser et bannissent la mort de leur vocabulaire, quelques-uns s'ingénient à en parler comme d'un terme banal, afin de la tenir à distance. Elsa Triolet, dès 1968, dit et répète qu'elle est lasse de vivre. Cette lassitude, cette envie de mourir, deviennent alors le leitmotiv des lettres à Lili.

Un si absurde fardeau

Le 22 juillet 1968, elle se contentait de noter, à propos des occupations quotidiennes : « Il y a toujours quelque chose qu'il faut faire. Le devoir, comme on dit. » Le 28, elle reprend : « Il faut vivre normalement, payer ses impôts, acheter des bas, déplacer les meubles de votre chambre » et elle ajoute : « Comme ce serait bien de pouvoir se débarrasser de tout, il y a tant de choses qui collent à vous, objets, gens, mer... un si absurde fardeau. »

Pourtant, ce n'est pas seulement la vieillesse qui est en cause, le mal de vivre a d'autres sources ; en URSS l'affaire du magazine *Ogoniok* fait grand bruit dans les milieux intellectuels : c'est Maïakovski et Lili tout ensemble qu'on attaque, pendant que les campagnes antisémites font rage. Nous y reviendrons, mais cette affaire explique le cri de rage d'Elsa : « Bien sûr, personne ne réhabilitera les youpins. Camarades ! Camarades ! Je ne comprends rien, dans l'ensemble et au total. Nous sommes assis sur un baril de poudre et nous fumons. Pour au moins sauter ensemble. »

N'est-ce pas encore à l'origine (la famille juive de Courlande, de tradition germanique, acceptée comme à contrecœur dans la Russie, puis dans l'Union soviétique revenue aux vieux démons de l'antisémitisme) que fait allusion Elsa lorsqu'elle écrit, à propos de l'âge où se retourner vers le passé est devenu la posture normale : « À présent, quand le destin de la plupart des gens de notre âge a déjà accompli un cercle complet ou bien est en train de l'achever, qu'il va vers sa fin, toutes ces biographies terminées me frappent. Par la logique de leur développement, parfois par le caractère inattendu de leur cours, par je ne sais quelle erreur que l'on voudrait corriger. »

Au premier plan des préoccupations, pourtant, cette vie physique qui flageole, cette vieillesse qu'Elsa traîne comme une honte inavouable : le 12 septembre, elle vient de « subir » deux interviews à la télévision à propos d'*Écoutez-voir*. La dureté des images l'accable : « Ils filment mes rides comme à travers une loupe. Horrible. Près de deux mois de supplices intenses : et je ne dors pas ! » Et ce corps devient souffrant, comme si chacune de ses composantes jouait sa partition de douleurs en solo : les dents, toujours, écrit-elle à Lili, les jambes qui ne sont plus que des baguettes fragiles et se refusent à la porter ! Elle n'est plus que fatigue : elle sait que la Vente ne s'est pas tenue pendant deux ans parce qu'elle ne voulait plus s'en occuper, mais elle ne peut se résoudre à remettre la main à la pâte, et elle répète sous toutes les formes : « J'ai énormément vieilli. Brutalement. Énormément. Je suis restée dans une oisiveté totale le dimanche et le lundi[1]. » Cette souffrance permanente connaît aussi ses crises : elle relève d'une attaque intestinale, en février 1969, quand elle relate une flambée de colère contre Aragon : la traduction des lettres de Maïakovski à Lili Brik pose sans cesse des problèmes nouveaux, mais, surtout, le compagnon de vie l'épuise par son activité débordante et exclusive « Aragocha se lève à cinq heures du matin, ne s'habille ni ne se lave, et travaille toute la journée *uniquement* à Matisse. De temps en temps je l'entends crier et alors, que dieu me garde de rentrer dans son bureau ! Un vrai fou ! » Vient alors une plainte d'un autre ordre, banale chez toutes les femmes, dans tous les couples, « Moi, je suis obligée d'être toujours libre, à la disposition de tous et de recevoir tout ce qui nous tombe dessus. Mais je n'en ai pas la force !

Bon, voilà. Je me suis soulagé le cœur. »

Quelques jours plus tard, c'est de l'appartement de la rue de Varenne, toujours empli d'amis et connaissances, qu'elle adresse la même plainte, les mêmes reproches : « Et moi, comme si j'étais la femme de ménage, je dois donc faire le ménage derrière chacun comme si je n'avais pas assez de mes propres choses à faire. »

Plus rien ne va : l'exposition sur Maïakovski ne tourne plus, Elsa craint des malversations à ses dépens, se dit persuadée qu'il est inutile de proposer cette exposition aux Russes qui n'accepteraient pas de l'accueillir. Et, dans le refuge du Moulin tout va mal : une intoxication d'Aragon, les rosiers qui ne prennent pas, une horrible odeur de partout, le dragage du bief : « Dans le jardin, un monceau de terre, dans la maison un monceau de livres ! On ne peut plus passer… Un désordre extraordinaire. »

En avril, elle annonce vouloir en finir avec *La Mise en mots*. « Je la donnerai telle qu'elle est à taper demain : j'en ai assez ! J'en ai assez de tout », et elle réitère ses réticences à l'égard de la suite des *Œuvres romanesques croisées* : « ils paient des clopinettes ». Mais une envie lui est venue pourtant : celle d'un nouveau livre. Sur fond d'amertume, elle commence à penser à ce qui pourrait être *Les Nuits des rossignols*.

C'est le 1er juin 1969 qu'arrive la terrible nouvelle ; depuis longtemps Lili souffrait de malaises cardiaques qui l'avaient condamnée à des ménagements extrêmes. Aujourd'hui, c'est Elsa qui se trouve frappée du même mal. Bien sûr, elle a près de soixante-treize ans, bien sûr tout lui semble depuis longtemps déréglé dans sa machine corporelle, mais la menace était loin d'être aussi précise, aussi proche : « c'est seulement ces jours-ci que j'ai appris que j'avais le cœur malade », avoue-t-elle, et elle a des mots presque apaisés pour dire, comme si ce diagnostic la rassurait sur la nature du terme, comme s'il la dispensait aussi de s'excuser de vouloir rompre les ponts avec les obligations de toutes sortes : « je vis prudemment pour ne pas alarmer mon cœur ». Toutes les lettres disent ses exaspérations à l'égard du monde extérieur : « Je ne supporte plus du tout le bruit, comme après une opération, une anesthésie, quand tous les bruits sont amplifiés », écrit-elle en juillet, et les mots sont encore plus forts un mois plus tard : « Je ne laisse personne venir nous voir, je ne supporte la présence de personne. » Dans ce climat, les ennuis de la fidèle Maria, leur domestique pour l'appartement de Paris, prennent l'allure de catastrophe et Elsa craint plus que tout de devoir affronter les visites, les rencontres : « J'ai développé une véritable phobie des gens, comme la phobie de l'eau chez les chiens enragés. » De cette phobie, elle décrit des symptômes vraiment physiques pour conclure : « En gros, j'ai décidé de ne plus avoir affaire aux vivants et si je songe encore à traduire, ce ne sera que des défunts ! [...] Une expression très ressemblante : ça me fait mal au cœur. »

Pour Lili, sans doute pour elle seulement dont les questions se font insistantes, elle s'explique longuement sur sa maladie, sur les traitements subis. Les crises cardiaques se répètent, et elle est soignée par l'ancien médecin de Thorez. Elle ne doit pas faire d'efforts et Aragon fait installer pour elle un siège-ascenseur pour le petit escalier trop raide qui monte à leur étage, rue de Varenne. Comme lors de chaque aménagement coûteux, elle soupire : « Après quoi nous irons vivre quelque part sous les ponts, sans escaliers ! » Les médicaments ? en voici pour le cœur, en voici d'autres pour dormir, et le Valium qui tranquillise. Toutes ces drogues la rendent triste : « tout le monde sait qu'ils n'aident pas à vivre mais à exister » et elle se sent humiliée de la dépendance à leur égard : « Ce qui m'offense dans cette mélancolie chimique c'est qu'elle soit plus forte que la volonté raisonnée. »

Lili, qui se trouve dans le même état qu'elle depuis longtemps déjà, traduit bien leur commune morosité en écrivant en exergue à son courrier du 13 octobre 1969 un vers tiré des *Chambres* d'Aragon : « Comme c'est long de mourir une vie entière. » Elsa, de son côté, s'amusera à des plaisanteries sinistres : « Je suis absolument hébétée, écrit-elle dans une lettre du début de 1970 [...] je ne sais pas si c'est bon pour les juifs, ça ! » Et, comme la télévision entreprend de tourner plusieurs émissions sur le couple qu'elle forme avec Aragon, elle a quelques sarcasmes sur leur aspect « effrayant » à tous deux, en se demandant si les réalisateurs ne gardent pas ces images pour les archives, pour « faire sensation » dans leur future nécrologie ! « Je ne me sens pas bien, je tiens sur les nerfs, qui chez moi doivent sans doute être comme des câbles, sinon il y a longtemps qu'ils auraient cédé. Chaque jour quelque chose d'indescriptible. Je rêve et je rêve que vers le printemps, en mars, par exemple, Aragon et moi irons en Bretagne, au sud, où notre adresse sera "inconnue", et tout se terminera avec les journalistes et la radio, et les amis, que nous sommes si heureux de voir, et pourtant, eux aussi, font que j'ai la tête qui éclate. »

Envie de vivre encore, envie d'en finir tout aussi forte : « Les interviews m'embêtent. Jusqu'à l'écœurement. D'ailleurs tout m'embête. Comme dans *Le Rossignol.* Il est temps de "mettre un terme aux plaisirs". Je quitterai ce monde avec soulagement. » Quand arrive la promotion du dernier livre, ce *Rossignol se tait à l'aube*, elle n'en peut plus, en janvier, en février 1970, de la pression des journalistes : « Voici par exemple un jour de la semaine » (suit une énumération de rendez-vous, dont radio et télévision, et, le soir, un dîner de six personnes) «...d'où viendraient les forces ? Justement elles ne viennent pas, elles s'en vont ! » En mars, elle songe à tout quitter de ce monde dans lequel elle ne se reconnaît plus : « Comme j'en ai assez des objets, des lettres, des papiers, des livres. La radio ne crache que des horreurs ou du sport. Avec les gens, c'est le comble de l'ennui. Le téléphone est une torture. Et rien qui vous réjouisse. » À sa sœur aînée avec qui, depuis Maïakovski, depuis Fadéev et tant d'autres, elles ont si souvent parlé du suicide en termes de porte de sortie choisie et honorable, elle répète son désir et ses réticences à la fois : « Tu vois, ma petite Lili, à quel point nous sommes pareilles, toutes les deux. Et moi non plus je ne peux pas mettre fin à mes jours, pour ne pas faire de la peine. » Mais au moins ne sera-t-elle pas dupe ; sans cesse elle va répétant et se moquant de toutes les petites joies de cette vieillesse douloureuse : « Nous vivons comme si nous avions l'éternité en réserve. »

Ils sont partis, Aragocha et elle, accueillir le printemps à Quiberon. Dans sa chambre du Sofitel elle relève des avis de décès dans la presse, puis elle a ces deux phrases en contraste : « Le temps est au soleil, le ciel est bleu, et dans la chambre voisine des petits enfants joyeux gazouillent dès le matin. La main me fait mal, les jambes, le cœur, et je voudrais mourir au plus vite pour ne pas voir les autres mourir, les siens, ceux que l'on aime... [...] S'il faut malgré tout vivre encore un peu, alors j'écrirai peut-être quelque chose intitulé *Nature morte*. Comme si j'étais sortie de la vie vivante et somme toute, toute mon œuvre pourrait se limiter à ce titre. » Même ses chères traductions (celle de Pasternak à laquelle elle travaille) ne l'intéressent plus : « mon goût pour lui a disparu. Comme tout a l'air différent. » Et cette plainte encore : « J'ai envie de me séparer de moi-même, de me dire : fiche-moi la paix, à la fin ! »

VOYAGER ENCORE

Trois voyages, trois seulement, interrompront le rythme régulier de ces dernières années : l'un en Suisse, l'été 1968, où le couple partira se reposer à la clinique-hôtel Valmont, à Glion, près de Montreux, sur les rives du Lac Leman. Le 6 août, le paysage est si beau qu'Elsa s'écrie : « Lilivassia ! Nous vivons au-dessus de tout cela. Merveilleux. » Elle décrit la vie « parfaite » de l'hôtel, et le temps qui leur convient « poliment, la pluie ne tombe que la nuit ; dès le matin brouillard et gros nuages montent exactement comme au théâtre, tulle après tulle, le lac apparaît, puis les montagnes et la ville ». La bonne humeur est revenue. Le couple se promène à Zurich, va visiter la maison où vécut Lénine et où habitent maintenant des gens « en général », dit drôlement Elsa, le café où est né le mouvement Dada, la maison du poète Buchner, etc. L'état d'esprit d'Elsa s'est fait si léger qu'elle se lance pour Lili dans une longue énumération de potins sur des amis et connaissances, à l'occasion d'une rencontre de vacances inattendue. La chronique se poursuivra durant les semaines qui suivent, avec l'apparition dans leur hôtel de Chagall et sa femme Vava. De quoi parlent ces compatriotes entre eux ? De l'affaire de l'Ogoniok, bien sûr, de Maïakovski, encore et toujours, de Tatiana Iakovleva et de quelques autres... Et Elsa de rapporter les jugements désagréables de Vava sur Tatiana : sur ce thème, elle était sûre de trouver avec les deux sœurs un public favorable ! Sur le ton de la plaisanterie, Elsa, parlant des paysages et de l'hébergement suisses résumera : « Crème fouettée au-dessus de la tête et dans les assiettes. »

Pourtant la fin du voyage sera angoissante : le 20 août, on le sait, six cent cinquante mille Soviétiques et alliés du pacte de Varsovie envahissent la Tchécoslovaquie. Au moment du retour, le 2 septembre, Elsa écrira à sa sœur : « Nous n'avons vécu que de "dernières nouvelles", de sonneries de téléphone et de battements de cœur. » François Nourissier, qui logeait dans un chalet proche, a noté à ce propos : « Louis se méfiait-il d'une probable surveillance ? Toujours est-il qu'il vint donner du chalet ses coups de téléphone importants [...] Aragon se battait pour que le PC français prît position contre l'invasion soviétique. Je puis porter témoignage de la violence avec laquelle il mena ce combat-là[2]. » Aragon et Elsa seront à Paris le 5 septembre, après un arrêt au musée de Bâle pour qu'Aragon puisse voir de près des Matisse pour son livre, « et pour le plaisir », ajoute Elsa.

En avril 1969, un court voyage en Hollande fait éprouver à Elsa une bizarre sensation : « l'impression de répéter quelque chose qui s'était déjà passé [...] Villes et moulins se mélangeaient, et brusquement, comme en rêve, ou plutôt comme s'il s'agissait de la réalisation d'un rêve, nous nous rendions tout droit là où nous étions déjà allés, sans chercher notre route ».

Le dernier voyage sera pour la Bretagne, avec un séjour de soins à l'établissement de cure près de leur résidence, le Sofitel de Quiberon, à la veille du printemps 1970. Elle s'émerveille du « style scandinave » de l'hôtel, des grandes baies vitrées qui laissent entrer à flots le soleil : « tout est d'une beauté éblouissante, sur cette presqu'île étroite, le climat a sa vie à lui ». Le voyage lui-même, en revanche, ne remplissait pas ses espérances : « La route est parsemée de beautés à n'en plus finir, mais je ne sais si je saurai les apprécier, je regarde et ne vois pas. » Durant tout le séjour, Aragon, qui ne sait pas cacher à Elsa qu'il est « fou d'inquiétude », sera « aux petits soins » pour elle.

DES MOTS ET DES LIVRES, *ÉCOUTEZ-VOIR*

Entre octobre 1968 et janvier 1970, trois livres d'Elsa Triolet vont paraître : *Écoutez-voir*, sorti en octobre 1968 chez Gallimard, *La Mise en mots* en novembre 1969 chez Skira, *Le rossignol se tait à l'aube*, enfin, en janvier 1970 chez Gallimard.

Écoutez-voir, « locution populaire, entrée en matière, demande d'attention, proposition de dire et de montrer », se présente comme une suite au *Grand Jamais*. L'originalité du livre tient dans la tentative risquée par Elsa Triolet de mettre en place une étroite correspondance entre les illustrations et le texte. Le goût de cette recherche est venu à Elsa de son travail sur les *Œuvres romanesques croisées* pour lesquelles elle a entrepris un important travail iconographique ; mais ici, l'image ne se contente pas d'accompagner après coup, elle devrait participer au sens du texte lui-même : « telles que je me représente les choses, l'œil doit *en même temps* lire le texte et l'illustration, sans que le regard s'arrête sur l'un ou sur l'autre séparément », et elle avertit le lecteur en expliquant le titre de l'ouvrage : « Ce roman est né imagé. Je dis bien imagé et non illustré. » Elle explique ces correspondances par le long compagnonnage qu'elle entretient avec les œuvres d'art : « Les œuvres des grands maîtres m'accompagnent dans la vie pas à pas comme une autre réalité. »

Le personnage de Madeleine, la veuve de Régis Lalande, qui a tenté de rétablir la vérité sur le grand homme contre les déformations de l'Histoire, en est le personnage central. Une femme qui – de toute belle, toute jeune, toute désirable qu'elle était – prend peu à peu une allure de clocharde. L'intérêt du roman s'est déplacé depuis *Le Grand Jamais* et Elsa Triolet accomplit un véritable exercice d'équilibriste (comme son héroïne, trapéziste à ses heures) : dans le roman précédent, l'auteur intervenait de temps en temps, comme elle en avait coutume dans nombre de ses romans, en lieu et place du personnage de Madeleine. Ici, Madeleine elle-même ouvre ainsi le premier chapitre : « J'ai déjà existé sur les pages d'un roman », comme personnage intermédiaire, précise-t-elle, entre le personnage principal, le mari défunt, Régis Lalande, et le lecteur. Encore heureux, précise Madeleine, « que l'auteur ne m'ait pas fait endosser ses idées et les exprimait lui-même, à la première personne, dans des digressions que je suivais avec un certain intérêt et qui finissaient par déteindre sur moi ». Ne perdons pas le fil : Madeleine, personnage de roman, parle maintenant de son auteur comme d'un personnage lui-même. Personnage qui juge des procédés de l'auteur, ou procédé estimant le procédé… Et Madeleine de déclarer qu'un tiers (« une autre veuve d'un autre homme célèbre ») lui aurait soufflé que le véritable sujet du livre précédent n'était pas – comme le croit le lecteur sage – les falsifications de l'Histoire, que le véritable héros n'en n'était pas Régis Lalande, le mari défunt, mais que *Le Grand Jamais* avait été avant tout « l'histoire d'un amour posthume », et son héroïne la veuve de Régis Lalande, Madeleine elle-même.

La veuve sauvée de la médiocrité d'une vie à vendre des papiers peints (à ce propos l'exergue au livre d'un poème de Khlebnikov « Si triste, si gris / Est le papier peint d'une vie humaine » donne la clef du choix de cette profession…) non par la gloire de son époux mort, mais par la singularité de sa propre existence à elle.

Même si elle n'a rien pour devenir une « héroïne », ce qui fournit l'occasion à Elsa Triolet de revendiquer, par une de ces énumérations échevelées dont elle a le secret, le privilège d'être justement un anti-héros : « En vérité, rien dans ma vie pour justifier un *post-scriptum* au roman. Honte à moi ! On ne m'a jamais torturée. Ni jetée dans les oubliettes. Je n'ai pas fait une guerre ou l'autre. Je ne suis pas à la tête d'une famille nombreuse. Qui n'a rien à manger. Je ne vis pas dans un bidonville. Je n'ai pas été enterrée vivante dans la mine par un coup de grisou. Je n'ai pas eu le bras arraché à l'usine. Je n'ai pas le cancer, la lèpre. Je ne suis pas de race noire. Je ne suis pas typique. Je suis une exception, je n'existe que pour confirmer une règle »...

Ou Madeleine, personnage du roman, autorisant son auteur à mettre en scène sa banalité, à ironiser sur les grands thèmes du roman historique, du roman social, du roman populaire... On n'en finirait pas d'analyser la distanciation permanente dans la technique de ce roman : prise de distance par le jeu de l'image qui exige que l'on ne plonge pas exclusivement dans le texte, prise de distance à l'égard des personnages qui ne sont jamais ce qu'ils sont, perpétuellement déplacés (décalés dirait-on aujourd'hui), prise de distance à l'égard de la normalité : comme dans *Le Cheval blanc* de sa jeunesse, Elsa Triolet fera de Madeleine une errante qui toujours s'en va, panache en moins, sens aigu de la mort proche et tristesse en plus.

Roman de la détérioration, *Écoutez-voir* est aussi un exercice sans cesse recommencé de la destruction (ou de la déstructuration ?) du roman. On sait combien Elsa Triolet s'intéressait à toutes les recherches du « nouveau roman ». Mais pendant que se développait, avec Nathalie Sarraute en particulier, ce qu'Elsa appelait – dans sa correspondance avec Lili – le « roman de l'objet », Elsa s'appliquait, à chaque exercice nouveau, à faire table rase du genre précédemment exploité. Comme si chacun de ses livres devait, plus que tenter une expérience nouvelle, s'écrire contre le précédent. L'auteur était intervenu dans le cours du roman précédent par des remarques, comme des apartés. Elsa se fait rabrouer par Madeleine en début de second roman; ce sera bien le personnage qui restera en scène, mais, dès les premiers chapitres, mille détails autobiographiques apparaissent. C'est par exemple le fait que Madeleine soit pratiquement chassée de sa propre maison par le bruit de la scierie proche, un bruit qui s'impose d'abord de jour, puis envahit les nuits mêmes. On se souvient qu'en 1964, Elsa s'était plainte de manière véhémente du bruit des machines agricoles qui envahissaient la campagne, un tracteur ayant même travaillé toute la nuit au moment de Pâques ! Et tant d'autres menus faits, ou d'éléments plus importants, à l'avenant...

Lorsque, après de longues semaines de travail pour arriver à la plus parfaite correspondance entre ce texte difficile et ses images, Elsa verra enfin « sortir » l'ouvrage, elle s'écriera, le 27 octobre : « *Écoutez-voir* existe ! » en se réjouissant de l'aspect extérieur du livre; mais celui-ci a évidemment coûté cher à l'éditeur, et son prix de vente s'en ressentira, « alors que moi, ce que j'aime ce sont les livres abordables, et pour beaucoup de gens ». La fatigue étant plus forte encore que le plaisir, Elsa se plaindra une fois de plus des efforts que lui demande la « promotion » de l'ouvrage : Gallimard a obtenu en effet que le livre soit présenté en une sorte de « feuilleton radiophonique » avec lecture de 7 à 8 minutes par jour, et Elsa, quant à elle, doit courir télévision, radio et journaux. « Une vraie torture, confie-t-elle à sa sœur, je me sens comme une petite vieille dénuée de dons, et ce n'est pas sans fondements. »

La mise en mots

C'est en juillet 1968 qu'arrive à Elsa, pour la première fois de sa vie si l'on excepte les ouvrages de traduction, une commande d'éditeur – la maison de Genève Skira spécialisée dans les livres d'art et les «beaux livres» en général – accompagnée d'un à-valoir pour un livre non encore écrit : *La Mise en mots.* Albert Skira a l'intention de développer, avec la collaboration de Gaëtan Picon, une collection, «Les sentiers de la création», où doivent paraître, dès le début, quatre ouvrages : *La Mise en mots* d'Elsa Triolet et *Je n'ai jamais appris à écrire* d'Aragon seront les deux premiers volumes, puis viendront un ouvrage d'Eugène Ionesco, *Découvertes,* un de Michel Butor, *Les Mots dans la peinture.* En outre, l'éditeur annonce des livraisons de Roland Barthes, de Roger Caillois, de Jacques Prévert, de Jean Starobinski, de Gaëtan Picon lui-même.

De cet ouvrage assez inclassable et qu'Elsa Triolet appelle «une chose» («Je passe mes jours et mes nuits à écrire *une chose* !» écrit-elle à la fin de 1968) elle dit ses incertitudes : «Je ne sais pas à quoi ça ressemble, c'est peut-être du délire.» Et elle s'en veut d'avoir cédé à la demande d'un éditeur : «Moi qui venais tout juste d'en avoir fini avec les *Œuvres croisées*, les dates de remise de manuscrit, et il fallait encore... triple idiote, que j'aille m'atteler à ça...» Mais il est certain qu'elle éprouve un vrai plaisir à continuer le travail de mise en regard d'illustrations et de textes qui se poursuit depuis les *Œuvres romanesques croisées* et *Écoutez-voir.* Et, début mars 1969, elle se plaint d'avoir dû abandonner un moment cette tâche pour travailler à la traduction des lettres entre Maïakovski et Lili Brik et pour répondre aux multiples obligations qui concernent ce qu'on nomme le «service après-vente» des ouvrages déjà produits : «J'espère revenir à *La Mise en mots* [...] J'ai envie de terminer, de ne pas gâcher, et constamment quelque chose m'en détourne... [...] les livres déjà écrits exigent des soins, il ne suffit pas de les mettre au monde, il faut encore les élever.»

Les travaux annexes liés aux livres, ces années-là, se sont multipliés avec la nomination d'Aragon au jury du prix Goncourt en 1968. Elsa entend partager la tâche de lecture

(« il faut bien aider ce pauvre Aragocha ! »), et ils reçoivent une avalanche de romans. La lectrice qu'elle est a la dent assez dure... On sait qu'en 1968 Aragon ne put imposer son choix, celui du *Maître de maison* de François Nourissier, et qu'à la suite des polémiques autour du prix – et sans doute aussi par lassitude à l'égard du trop grand nombre de livres à examiner – il démissionna de la Société littéraire des Goncourt. Bien avant les batailles de séances, Elsa avait prédit : « Aragon ne restera pas longtemps dans le jury. »

Elsa continue par ailleurs à suivre la carrière de quelques-uns des « jeunes poètes » qu'elle a encouragés. Elle s'intéresse aussi à la transposition de certaines œuvres en musique : un disque de Jeanne Moreau, tiré de *Manigances,* est sorti et elle en est heureuse, elle caresse un autre projet avec Serge Reggiani qui pourrait adapter les *Chansons d'Antonin Blond* tirées de *L'Inspecteur des ruines* par Guillevic.

Dans son étrangeté, *La Mise en mots* aura été l'occasion pour Elsa d'exposer, en face de superbes reproductions d'art contemporain (Paul Klee, Nicolas de Staël, Francis Bacon, Matisse...) de peintures, de sculptures et de gravures anciennes, quelques petites choses qu'elle sait du roman et de ses personnages, du lecteur, des rapports entre textes et images, de la prose et de la poésie, de la traduction considérée comme création, du bilinguisme, etc.

L'occasion aussi de régler leur compte à quelques ennuyeux comme « l'interlocuteur valable » du romancier, encore nommé « lecteur spécialisé ». De lui elle écrit tout de go qu'elle ne l'aime pas, et s'écrie « laissez-moi rire pour ne pas sangloter » ! Elle s'explique sur sa volonté, à plusieurs reprises dans son œuvre, de casser les règles bien établies de ce qu'on nomme le roman : introduction de l'auteur comme un personnage face au narrateur, pratique des « collages », usage de la digression qu'elle nommait dans ses débuts les « considérations »... «Je me trouve avoir enfreint les règles de bienséance qui régissent le roman, alors que j'ai simplement suivi le sentier de ma création, sans penser à mal. » Elsa l'astucieuse, qui joue à la naïve, faisant mine de croire qu'elle transgresse par ignorance des lois, ou des habitudes, dont elle a jugé depuis longtemps les insuffisances. Elsa qui feint l'extrême simplicité : «celui que j'aime, pour qui j'écris, je l'appelle lecteur tout court», qui demande à ce lecteur de devenir un «personnage actant» du roman, sans préventions à l'égard de l'auteur.

C'est là qu'Elsa produit sa tirade à la Cyrano sur les rumeurs qui courent à son égard – son goût pour le luxe insupportable pour certains chez une communiste, son influence supposée sur Aragon qu'elle aurait conduit à la servilité à l'égard des autorités soviétiques – et qu'elle prie son lecteur d'oublier un moment; il faut citer cette tirade : «Les écrits sont précédés de leur propre légende et de la légende de l'auteur. J'ai des yeux qui sont ceux d'Elsa. J'ai un mari qui est communiste. Communiste par ma faute. Je suis un outil des Soviets. Je suis une femme à bijoux. Je suis une grande dame et une souillon. Je suis soumise au réalisme socialiste. Je suis une moraliste et un être frivole qui fait du tricot, qui brode des histoires. Je suis Schéhérazade, la grande romancière. Je suis la muse et la malédiction du poète. Je suis belle et je suis repoussante. On me bourre de pensées et de sentiments comme une poupée de son, sans que j'y sois pour quelque chose.» Mais, comme aurait dit la créature d'Edmond Rostand, je ne permets pas qu'un autre me les serve…

Elsa dira aussi son humilité devant les mots et leur science secrète, tout ce qu'ils contiennent de connaissances enfouies, d'évocations; elle qui n'est pas poète, dont Aragon disait que ses romans étaient «le mystère en plein jour», fait confiance aux mots simples de la vie quotidienne : «Je suis là à compter mes petits sous, mes pauvres mots […] seuls véhicules pour mener l'homme d'ici à là… Vous êtes tout ce que j'ai à me mettre sous la dent pour mes mille et une nuits.»

Le livre se termine par une sorte de nouvelle surajoutée, un morceau de bravoure sur les parkings souterrains qui commencent à fleurir dans Paris à la fin des années soixante, comme une démonstration que tout, même ce qui paraît l'innommable, peut être « mis en mots », parce que ce pouvoir d'écrire, de lire, d'interpréter, reste la grande force des humains, face à la mort, face au silence ; rien d'étonnant à ce que le livre se conclue sur cette phrase : « J'entends les cris de détresse des animaux sans paroles. »

Le rossignol se tait à l'aube

Mais, à partir du début juillet 1969, c'est au livre qu'elle intitule d'abord *La Nuit du rossignol* qu'elle se consacre, avec une sorte de rage d'écrire, comme si une nécessité inéluctable la poussait : « J'ai écrit nuit et jour, comme ivre, et c'est aussi épuisant que de couper du bois. » Son éditeur lui a fait savoir que le titre était déjà pris et elle le regrette : cette expression russe, pour désigner une nuit lourde, avec des éclairs de chaleur, une nuit où le chant des rossignols se fait plus fort, plus insistant, n'a pas d'équivalent exact en français. Voilà donc Elsa à la recherche d'un autre titre ; la formule que l'écrivain choisira d'adopter en dernier recours accentue l'aspect de livre-testament qu'Elsa soulignera : elle craint qu'à la traduction russe il puisse paraître « biscornu » mais, ajoute-t-elle, « comme il n'y a aucune chance pour qu'il soit traduit »... Aragon se dit aussitôt admiratif de ce « livre mince », comme le qualifie Elsa qui doute de la valeur de son texte : « J'avais, moi, besoin de l'écrire, mais quelqu'un d'autre a-t-il besoin de lire cette chose-là, j'en doute. »

Pour sa sœur, Elsa résumera ce livre avec simplicité : « De vieux amis, qui sont à présent des vieillards, se réunissent et vont passer ensemble toute la nuit, sans allumer la lumière, pour ne pas se voir les uns les autres, à la campagne, dans une pièce qui donne sur un parc. Ils sont une dizaine, une seule femme... Un rossignol chante, bribes de conversation... Elle dort à moitié, elle rêve au passé, au présent... »

Elle explique le choix imposé par elle à l'éditeur de publier l'ouvrage en deux couleurs d'encre, rouge et noir, l'une pour le récit, l'autre pour les rêves. Les rêves seront traités sous leur aspect créateur, en usant de tous les stratagèmes dont le surréalisme avait fait moisson. Elle précise aussi : « Ce sont tous des gens du milieu artistique, bien que la vie ait pris des voies différentes, tous ont en quelque sorte "percé"... ce qui me plaît à moi, dans cette chose, c'est "l'unité de temps et de lieu" et le fait que la nuit passe en quelque sorte naturellement. » Elsa clôt cette présentation par une phrase émouvante qui en dit long sur l'admiration qu'elle aura toujours porté au talent poétique d'Aragon, et sur la comparaison qu'elle fit, toute sa vie, entre la facilité d'écriture légendaire de son mari et ses difficultés à elle : « Ce qui ne me plaît pas, c'est qu'Aragon, disons, aurait écrit cent fois mieux. Et que moi-même, j'aurais peut-être pu écrire mieux. »

Elle note aussi pour Lili que *Les Chambres*, le texte d'Aragon cité souvent dans le roman, est une partie d'un grand poème sur « les chambres où nous avons vécu et ce qui leur est lié ». Et elle s'étonne elle-même, à propos de ce poème, des rencontres entre ce qu'ils ont écrit tous deux.

Plus que tout, ce livre est une songerie sur la mort, comme ne peuvent se passer d'en avoir les vieillards : « Ils entraient dans cette nuit inventée, à reculons, à la recherche de rêves incertains. » Sur la seule femme de l'assemblée de convives pèsent, avec les ans, la culpabilité des tâches non accomplies, l'encombrement des objets inutiles. « À la fin d'une longue vie, ce sont d'énormes champignons qui poussent sur le tronc déjà mort, avec des trous de pivert [...] Les tiroirs sont fermés à ne plus s'ouvrir, les placards à ne plus se fermer. » Et l'héroïne ressent les symptômes qu'Elsa connaît si bien : « Une douleur la prend aux épaules, les couvre d'une étole qui descend dans le dos jusqu'à la taille, les pans croisés sur la poitrine. Le cœur. Elle fouille dans son sac, elle tremble, un petit comprimé... le temps de le croquer et ça va s'arranger. »

Cette héroïne a un mari, un écrivain de génie… « Le génie, c'est invivable, un alcool qui tue avant même de griser. » Mais quand elle lui demande comment il juge ce qu'il écrit, elle l'entend répondre à la manière de ses réflexions à elle de *La Mise en mots*, que lorsqu'il rédige, il le fait de plus en plus vite comme pour ne pas être piégé par les mots qui s'alignent, mais à la relecture… « Seigneur ! La surprise que c'est ! Le tour que vous jouent les mots, la mise en mots. Des tours pendables ! C'est toi, écrivain, le pendu. Il s'agit de se dépendre. Ça s'appelle travailler ! Souvent, on meurt étranglé. »

Quant à elle, si coupable qu'elle s'estime, si décriée qu'elle soit – « Pour elle, l'antipathie froide ne se démentait pas, ne faiblissait jamais… » – elle lance à son mari en lui tendant les bras : « Dis, nous avons quand même essayé ? Nous avons quand même tout fait pour qu'on aime le meilleur ? Contre vents et marées… » Mais elle désespère de rendre ce monde plus habitable, « la tendre chair au piège de sa propre impuissance, face aux guerriers harnachés »… «Mais où est-il, le prophète qui saurait de nos jours allumer l'étoile à suivre ? Nous sortir du chaos… Des drapeaux rouges, drapeaux noirs… de vieux emblèmes… » Et, au passage, elle égratigne cette patrie du socialisme qui aurait dû donner l'exemple : « Que voulez-vous que je pense du chauvinisme soviétique, cultivé, tenu au chaud ? » Tous les espoirs sont donc perdus. Quand le jour se lèvera, « chacun retournera dans ce monde qui ne s'occupe pas des canards boiteux, tout y est fait pour les bien portants, en bon état de marche ». Mais elle se sera éclipsée : « Il leur arriva du parc un cri comme un long sifflet de locomotive. Une tasse lâchée, la porcelaine en miettes.

Quelqu'un l'avait trouvée. Dans l'herbe, dans la rosée, à la renverse. Ses yeux ouverts les englobaient tous dans un regard unique. En plein soleil. La nuit était bien finie. Ils la voyaient, ils voyaient tout, dans les plus petits détails. »

À la sortie du livre, le 10 janvier 1970, elle se plaindra comme toujours des inévitables signatures de presse, de la promotion pour les médias, mais pour défendre ce livre-là, elle a tout à coup des accents qu'elle avait rarement trouvés pour ses autres ouvrages : « De tous mes livres, c'est *Le Rossignol* auquel je tiens le plus... » écrit-elle, et elle peut donc affronter les journalistes avec « indifférence » en même temps que dans « un état de sensibilité extrême ». Elle va jusqu'à écrire, ce qui ne peut qu'étonner le lecteur de tant d'ouvrages où elle s'est mise directement ou indirectement en scène : « C'est la première fois que j'écris sur moi-même, si l'on excepte *Fraise-des-Bois*, là c'est l'unique livre à reflet dans le miroir, certes flou et déformant, mais malgré tout personnel. » Livre-miroir, livre-testament aussi dont elle dit qu'après un livre comme celui-ci on peut encore en écrire vingt autres, « il restera un testament ». Elle sera donc très émue par quelques témoignages de jeunes lecteurs, elle qui avait pensé n'écrire que « pour ceux qui ont le sentiment d'avoir leur vie derrière eux ».

La patrie non reconnaissante

Une affaire, pourtant, va assombrir les dernières années, affaire que nous avons évoquée pour souligner l'impression de rejet éprouvée par Elsa. Le 13 avril 1968, une revue culturelle soviétique, *Ogoniok*, publie, à l'occasion de l'anniversaire de la mort de Maïakovski, un article signé de Vorontzov[3] et Koloskov[4] consacré tout entier aux amours du poète : des amours heureuses, comme celles qui l'avaient lié avec une certaine Maria, au temps du *Nuage en pantalon,* avec Tatiana Iakovleva surtout qui, selon les auteurs de l'article, aurait été le seul grand amour de Maïakovski. Lili ? Son influence sur l'écrivain aurait été pernicieuse ainsi que celle d'Elsa. Les accusations se font même plus précises, dénonçant en Lili la responsable d'une machination politique à l'origine du refus de visa pour Paris qu'avait demandé Maïakovski pour rejoindre Tatiana. On sait que l'annonce du mariage de cette dernière avec le vicomte du Plessis avait sans doute fait partie des multiples déceptions du poète, mais cette fin d'aventure malheureuse n'était évidemment pas la seule cause du suicide, et surtout la responsabilité n'en incombait pas à Lili ! En tout cas, dans l'atmosphère de suspicion fortement teintée d'antisémitisme qui entoure la réputation des deux sœurs, l'article d'*Ogoniok* porte à Elsa l'effet d'un coup sévère. Et il ne fait aucun doute pour elle que le choix d'encenser Tatiana Iakovleva au lieu de Lili vient de ce que l'une était juive quand l'autre était une « Russe blanche » bon teint[5].

À peu près en même temps, le 15 avril, le numéro de *L'Avant-scène* consacré aux *Bains* de Maïakovski, dans la traduction d'Elsa Triolet, vient de paraître en France. Il comporte, outre un texte d'Elsa Triolet extrait de *Maïakovski, vers et proses*, un avant-propos de la direction du théâtre de la Maison de la culture de Caen, illustré d'une superbe photo du couple Lili-Maïakovski de 1915. Cet avant-propos note que, « loin d'avoir été une sorte d'écrivain officiel, Maïakovski fut le poète de la contestation permanente. Face à la médiocrité bureaucratique et petite bourgeoise, il fut – et demeure – le poète de la révolution à venir. D'où sa solitude ; d'où l'hostilité qu'il rencontra ; d'où la censure au temps du stalinisme ». La suite de cet avant-propos soulignait ses aspects avant-gardistes, rappelant les parentés entre cubisme, mouvement Dada, surréalisme et futurisme russe et italien. Bref, un effort pour arracher Maïakovski à la vision orthodoxe qu'avaient inventée pour lui des décennies de stalinisme et de bureaucratie bien pensante.

La réponse d'Elsa, très choquée par les attaques d'*Ogoniok*, fut vive : elle protesta, par l'intermédiaire d'un article publié dans *Les Lettres françaises* et intitulé « De la vérité historique », dès le 2 mai. *Ogoniok* répliqua, sous la signature du seul Koloskov cette fois, dans ses livraisons des 1er et 22 juin. Ce n'était plus seulement Lili et Elsa qui étaient attaquées, mais tout le mouvement culturel des années vingt en Russie : Ossip Brik, Boris Pasternak, Tretiakov, Meyerhold. Le 2 juillet, nouvelle réplique d'Elsa, toujours dans *Les Lettres françaises*, avec un deuxième article : « Nouvelle réponse à *Ogoniok* ». Cette fois, elle ne se contente pas de répondre aux accusations portées contre sa sœur et elle-même, elle met en cause la situation de la littérature en URSS : « On prépare un Maïakovski "sur mesure" et à la mesure des fabricants », écrit Elsa Triolet. Ce n'est pas à elle, l'auteur du *Grand Jamais* et d'*Écoutez-voir* sur les travestissements de l'Histoire, qu'on apprendra que le pouvoir en place cherche toujours, quand il n'est pas contrôlé par ceux dont le métier devrait être de faire preuve de rigueur intellectuelle, à accommoder à son profit les leçons de la littérature.

Les mesures de rétorsion de l'URSS à l'égard des *Lettres françaises* ne tarderont pas : alors que le journal dirigé par Aragon était l'organe quasi officiel du Parti communiste français, chargé des liens entre ce parti, les intellectuels et la politique culturelle, le 15 janvier 1969 Elsa annonce à Lili que les *Lettres* ont été interdites en URSS. Plus clairement, une décision est arrivée le 7 janvier de suspendre tous les abonnements soviétiques au journal ; ces abonnements représentaient évidemment, avec ceux de nombreuses démocraties populaires qui suivirent le mouvement, un appui non négligeable.

Un peu plus tard, le 27 juillet 1969, Elsa dira encore son mépris pour ce qu'est devenu le régime soviétique, son désamour pour ce pays si cher, à propos d'un article de *Novy Mir* consacré aux expériences malheureuses pour faire « atterrir » des hommes sur la Lune : « La lune aussi ils l'ont loupée, ces balourds... Elle n'est peut-être pas assez slave ? » (Elsa reprendra à un ou deux mots près cette phrase dans *Le Rossignol...*)

Et voici que des amis proches (Nadia, la veuve de Fernand Léger en particulier), vont répétant, puisque les désaccords du couple avec l'URSS sont devenus flagrants, qu'Aragon et elle-même « détestent la Russie » ! Ainsi Elsa, accusée autrefois d'avoir influencé Aragon dans le sens du sectarisme communiste se voit convaincue, au soir de sa vie, de l'entraîner dans l'antisoviétisme…

Si nous en croyons les souvenirs de François Nourissier, Elsa dans un dîner rue de Varenne, quinze jours avant sa mort, après avoir dit tout le mal qu'elle pensait de l'élection de Georges Marchais au poste de secrétaire général du PCF, aurait parlé avec une grande tristesse d'une nouvelle que venait de lui annoncer Lili : tous ses livres à elle, Elsa, avaient été retirés des bibliothèques russes : « Tous mes livres, dans ma langue, disparus… » a dit Elsa. « Ma langue »… Elsa n'en finirait pas des redoublements de l'exil.

La longue causerie interrompue

Là-bas pourtant, la reliant toujours à la terre de l'enfance, l'amie, la sœur, Lili. Ce qui fut entre elles autrefois rivalité souvent, jalousie même, est depuis longtemps oublié. L'homme qu'elles avaient aimé toutes deux et que l'aînée avait remporté est devenu le plus cher de leur souvenir commun, leur cause. Entre elles, toutes femmes célèbres qu'elles sont, et par elles-mêmes, et par les hommes qu'elles ont aimés, elles partagent les petits, les tout petits événements de la vie quotidienne, ceux qui comptent tellement mais que l'on n'évoque jamais – encombrants qu'ils sont de leur petitesse – dans les cercles trop intelligents de la littérature, de la politique : les gourmandises menues et les malheurs mesquins du corps, l'embonpoint qui gagne, le parfum qui grise, la robe qui enchante. Quand leurs lettres seront publiées, à l'aube de l'an 2000 comme on dit, il sera de bon ton de s'étonner qu'elles aient pu s'intéresser à ces choses minuscules : on aura oublié qu'elles n'écrivaient pas entre elles pour la postérité, mais qu'elles poursuivaient, au fil des jours, une longue conversation sur la vie, ses grands et ses petits côtés.

De temps en temps, deux ou trois fois en près de cinquante ans, de l'agacement perce chez l'une ou l'autre : ainsi d'Elsa, le 30 décembre 1968, qui décrit son projet de réveillon au Moulin, « neige, sapin, feu dans la cheminée », tout « comme chez les gens », et qui soulève entre elles la querelle entre le perfectionnisme de la plus jeune et le souci d'efficacité de l'aînée, en soulignant ses phrases, comme pour mieux dire sa colère : « tu te fâches toujours contre moi et tu me soupçonnes toujours de quelque chose quand je dis : *mieux vaut rien plutôt que quelque chose qui ne soit pas bien;* mais d'après toi, c'est : *bien ou mal peu importe, pourvu qu'il y ait quelque chose...* » Mais quand elle discute avec sa sœur un peu plus tard, en mars 1969, de la traduction en français des lettres échangées entre Lili et Maïakovski[6], elle termine ainsi : « Je vous embrasse. En ces temps difficiles... Et toujours séparés, toujours séparés... »

Car ces deux-là n'ont pas eu seulement même père et même mère : elles ont partagé les mêmes goûts littéraires, les mêmes enthousiasmes et les mêmes craintes en politique, et le même amour pour le poète de leur jeunesse. Évoquant ce que Maïakovski appelait, à propos de sa rencontre avec Lili, « la rencontre la plus heureuse », Elsa tient à voir son rôle reconnu dans cette rencontre : « J'ai envie que ce soit dit. [...] j'ai donné tellement de temps, de moi-même et de mes nerfs, à Volodia, que, *s'il en est bien ainsi*, il m'importe d'y être pour quelque chose. »

Entre les lettres, elles multiplient les coups de fil, et Elsa répète, en février 1970, le désir de cette proximité : « Pourvu que le téléphone se porte bien ! Quand on entend la voix, on a l'impression qu'il n'y a rien de plus simple que de se voir, qu'il n'y a que la rue à traverser ! »

Le 7 mai 1970, Lili écrira : « Il est impossible que nous ne nous voyions plus JAMAIS. » Et elle signera : « Jusqu'à la tombe, votre Lili. » Elle emploiera la même formule à la fin de sa lettre écrite du 2 au 6 juin. Cette lettre-là a dû croiser la dernière missive d'Elsa (des 5 et 6 juin) à ses chers Lilivassia (comme elle écrivait en contractant les prénoms de Lili et de son compagnon) : cette dernière lettre commençait par «il n'y a vraiment rien à écrire»...

LE SILENCE DU ROSSIGNOL

Elsa s'est éteinte le 16 juin 1970, l'après-midi.

Plusieurs fois déjà les crises cardiaques avaient donné l'alerte. Aragon a raconté lui-même, dans *Préambule*, comment elle s'était effondrée dans la cour du Moulin, le jour de début janvier où le premier exemplaire de son livre *Le rossignol se tait à l'aube* arrivait par la poste. Écoutons-le : «Et tout d'un coup j'ai crié, remontant avec ce petit livre, le montrant avant même d'entrer dans la chambre : "Ton livre, ton livre !" Elle ne m'entendait pas, mais gémissait un peu. Moi, je lui mettais le bouquin devant ses yeux fermés. Elle ne voyait pas. M'entendait-elle ? Cela dure, je ne sais pas, une heure ou deux. Puis voilà que ses yeux me regardent : «Écoute ton livre... le voilà.» Il y avait un mélange atroce de peur et d'espoir insensé à tenir ce bouquin, à le lui montrer. Malgré ou à cause de ce que c'était, ce *Rossignol*...» Mais lorsque Elsa meurt, ce 16 juin dans l'après-midi, aucun cri, aucun fracas de porcelaine brisée, de tasse en miettes sur le sol, des souffrances seulement, qui ont duré tout le jour, et Aragon fou de douleur, qui exige du médecin qu'il fasse encore une piqûre pour contrecarrer l'ultime crise, alors qu'elle est déjà morte.

Depuis plusieurs mois, elle avait décidé que tout était fini pour elle : Colette Seghers s'est souvenue[7] d'un dîner chez les Aragon, en 1969. «Elle se portait mal et l'ambiance était triste [...] elle posa soudain sa serviette et nous regarda bien en face tous les trois : "Je dois vous dire que j'ai décidé de ne plus rien écrire. Jamais".» Les Seghers s'étonnent : «Il y a un temps pour tout. C'est fini pour moi.» Louis se lève alors «fou de peine, fou de rage : "Elle n'a pas le droit ! [...]

Elsa, tu n'as pas le droit ! Jamais tu n'arrêteras d'écrire, jamais !" » Et, comme il sort de la pièce, Elsa confie à ses amis : « J'ai quelquefois l'impression que Louis devient fou. »

Cette douleur folle inspirera à Aragon des manifestations tout aussi folles : les obsèques d'Elsa avaient été organisées par le Parti communiste avec tous les honneurs, après que le cercueil eut été exposé dans le hall de *L'Humanité*. Il fallait qu'Aragon lui rendît un autre hommage, à sa manière poétique et grandiose : Elsa avait émis le souhait d'être enterrée au pied des grands hêtres qui dominaient la partie du parc faisant face à la maison d'habitation du Moulin. Le 17 septembre, la dépouille d'Elsa sera ramenée à cette place même. Devant les amis invités, les dirigeants du Parti communiste français, des représentants des ambassades des pays de l'Est, Aragon invente une cérémonie hallucinante. Pendant plus d'une heure, sous une pluie battante, tout ce monde assiste stupéfait à un étrange ballet : le poète apportant une à une toutes les roses du jardin sur la tombe d'Elsa. François Nourissier a raconté à Lili Marcou que le soir même, après un dîner auquel il assistait avec sa femme, en compagnie d'Edmonde Charles-Roux et Alain Jouffroy, Aragon, complètement ivre, leur avait demandé de ressortir : « il faut aller voir Elsa »... Et, malgré le très mauvais temps, il avait entraîné ses hôtes sur la tombe, pour s'y incliner et y déposer à nouveau des fleurs.

Plus préparée enfin, une dernière cérémonie pour Elsa : le 12 décembre, Mstislav Rostropovitch vint jouer sous les hêtres, devant la tombe, la *Sarabande* de Bach. « Bach pour toute éternité », avait répondu Elsa lorsqu'on l'interrogeait un jour sur son musicien favori... Et, pour elle, Aragon écrira :

> Joue encore pour moi Slava la sarabande
> Aux morts...

À l'enterrement d'Elsa, Pablo Neruda avait eu ce mot pour l'évoquer : « Une épée aux yeux bleus ». Il résumait en ce choc des termes l'étrange contradiction qui affleure toujours dans les descripions qu'ont faite d'Elsa Triolet ceux qui l'ont connue : une dureté, une sévérité, une précision de lame, et l'intensité séductrice d'une personnalité hors du commun. Les lettres à Lili nous ont introduits sur un versant plus intime où la sœur aînée se faisait la confidente des plaintes, des souffrances et des peurs. Part cachée d'une militante, chambre obscure de l'écrivain. Quant à l'œuvre elle-même, elle est là, elle résiste, elle parle à qui ne fait ni l'âne trop savant, ni le naïf innocent. Que je cite, pour rejoindre Elsa, par-delà les années et les biographies, ce passage de *La Mise en mots :*

« Bien, dit l'interlocuteur spécialisé. Alors, qui selon vous est Madeleine ? Et pourquoi Madeleine ?

Je donne ma langue aux chats. Que les chats en fassent ce qu'ils veulent, de ma langue, de ma plume, de mon cœur. »

NOTES

PROLOGUE
ELSA TRIOLET, ÉCRIVAIN

1. *Œuvres romanesques croisées de Louis Aragon et Elsa Triolet*, Robert Laffont, 1964-1974, 42 vol.

2. Jorge Luis Borges, *Essai biographique sur Evaristo Carriego.*

CHAPITRE 1
ELSA KAGAN

1. *Lili Brik – Elsa Triolet, Correspondance 1921-1970*, Gallimard, Paris, 2000.

2. Beilis, un Juif de Kiev, avait été accusé d'avoir sacrifié un enfant chrétien pour se servir de son sang dans une célébration religieuse de la Pâque juive.

CHAPITRE 2
MAÏAKOVSKI

1. Conrads, *Programs and Manifestoes on 20th Century Architecture.*

CHAPITRE 3
UN MARI ET DES ÎLES

1. Fragments d'autobiographie, in *Elsa Triolet, Écrits intimes 1912-1939*, publiés par Marie-Thérèse Eychart, dans la traduction de Lily Denis, Stock, 1998, p. 341.

2. Lilly Marcou, *Les Yeux et la Mémoire*, Plon, 1994.

3. *La Poésie russe*, édition bilingue sous la direction d'Elsa Triolet, Paris, Seghers, 1965.

4. Une traduction de cet ouvrage par Vladimir Pozner sera publiée en 1963 chez Gallimard.

5. Ce terme de «devoir» est important sous la plume d'une figure marquante du mouvement communiste, si l'on se souvient qu'au début des années vingt, les intellectuels «de gauche» partaient pour l'URSS plutôt que de s'en écarter.

CHAPITRE 4
CHEZ LES « MONTPARNOS »

1. La Nouvelle politique économique, marquant, à partir de 1921, un retour partiel au capitalisme privé.

2. Babel (Isaak Emmanouilovitch), écrivain soviétique (1894-1941), auteur de nouvelles et de drames qui peignent de manière réaliste des moments de la guerre civile et la nouvelle société née de la révolution.

3. Lettre du 5 août 1927.

4. *Ouverture*.

CHAPITRE 5
ELSA-ARAGON

1. Lilly Marcou, *Les Yeux et la Mémoire, op. cit.*

2. Colette Seghers, *Nous étions de passage,* Stock, 1999.

3. Koulechov : 1899-1970, réalisateur de films, théoricien du cinéma et enseignant, un des pionniers du cinéma soviétique. Il avait été l'un des amis intimes de Lili Brik.

4. Sur ces procès et cette exécution, on lira avec intérêt les passages que consacre à la politique stalinienne l'ouvrage de Lilly Marcou, *Les Yeux et la Mémoire*.

5. Sur le passage du russe au français dans l'écriture d'Elsa Triolet, le travail majeur a été accompli par Marianne Delranc-Gaudric, *D'Elza Triole à Elsa Triolet, les quatre premiers romans d'Elsa Triolet et le passage du russe au français*, thèse de doctorat, INALCO, 1991, 3 vol.

6. *La femme aux diamants*.

7. *Elsa Triolet choisie par Aragon*, Gallimard, 1960.

8. *Œuvres romanesques croisées*, volume 27.

9. Préface à la contrebande, *Œuvres romanesques croisées*, volume 3.

CHAPITRE 6
GUERRE ET RÉSISTANCE

1. Témoignage d'Elsa Triolet, recueilli pour la Commission d'histoire de l'Occupation et de la libération de la France par Mlle Y. Gouineau les 12.10.49, et 4.1.50, et conservé au Fonds Elsa Triolet – Aragon du CNRS-Paris.

2. Renaud de Jouvenel, 1907-1982, poète, romancier, journaliste, fils du baron Henry de Jouvenel et de la comtesse Isabelle de Cominges, fut un « compagnon de route » du PCF. Il dirigeait la maison d'éditions musicales *Le Chant du monde*. Il collaborera à la revue *Europe* et à différents journaux de la mouvance communiste, dont *Les Lettres françaises, La Nouvelle Critique*, etc. Il fut aussi un membre actif du CNE et des « Batailles du livre ».

3. *Préface à la Contrebande*.

4. Bernard Leuilliot, introduction à la *Correspondance Aragon, Paulhan, Triolet*, Gallimard, 1994.

5. Droits d'auteur dus à Aragon pour la traduction des *Voyageurs de l'impériale*.

6. *Préface à la Contrebande*.

7. Aragon, *Le Nouveau Crève-Cœur*, 1946.

8. Témoignage d'Elsa Triolet recueilli par Mlle Y. Gouineau, déjà cité.

9. *Préface à une vie de Michel Vigaud*, *Œuvres romanesques croisées*, volume 17.

10. *Préface à une vie de Michel Vigaud.*
11. *Ibid.*
12. *Ibid.*
13. *Préface au désenchantement, Œuvres romanesques croisées*, volume 9.
14. *Préface à une vie de Michel Vigaud.*
15. *Ibid.*
16. Le célèbre poème d'Aragon, «Il n'y a pas d'amour heureux», a été écrit au début de l'année 1943, et Aragon a évoqué des débats très durs avec Elsa pendant cette période dans ses *Entretiens avec Francis Crémieux*, Gallimard, 1964.
17. *Préface à la contrebande.*
18. Lettre de Camus à Elsa Triolet citée dans *Préface à la contrebande.*
19. Le titre reprend un message diffusé par la BBC dans la nuit précédent le débarquement allié en Normandie.

Chapitre 7
Se battre pour les livres

1. Dans le n° 5 des *Recherches croisées Aragon/Elsa Triolet.*
2. Elle les évoquera dans le prologue au volume IX des *Œuvres romanesques croisées*, *Préface au désenchantement*, et dans *La Mise en mots.*
3. *Préface au désenchantement.*
4. *Préface au désenchantement.* L'inauguration du nouveau centre du CNE, au 2, rue de l'Élysée, eut lieu le 16 octobre 1947, justement avec une Vente de livres.
5. Vassia : Vassili Katanian (1902-1980) avait épousé Lili en 1938. Critique, auteur dramatique, scénariste, il était aussi l'auteur d'une *Chronique* de la vie et de l'œuvre de Maïakovski. Elsa liait dans ses lettres le prénom de Vassili à celui de sa sœur en écrivant : «Chers Lilivassia».
6. *Préface au désenchantement.*
7. Conte fantastique paru dans la revue *Poésie 45* et dans *Les Lettres françaises*. Une édition, illustrée par Raymond Peynet, verra le jour chez Bordas en 1947.
8. *Préface à la mort dans l'âme, Œuvres romanesques croisées*, volume 13.
9. Louis Joxe était alors ministre des Affaires étrangères du général de Gaulle.
10. Fonds Elsa Triolet-Aragon du CNRS-Paris.
11. *Préface à la guerre ou à la paix, Œuvres romanesques croisées*, volume 21.
12. N° 24, décembre 1997.

Chapitre 8
Entre retraite et camarades

1. On trouvera une étude fouillée des origines et de l'histoire du Moulin, ainsi que sa présentation dans son état actuel, accompagnées de photos et de textes d'Aragon et d'Elsa, dans une brochure réalisée par Michel Apel-Muller, directeur de la Fondation Elsa Triolet-Aragon, «Elsa Triolet et Aragon au Moulin de Villeneuve», 1996, brochure disponible au Moulin.
2. Épouse du physicien français Aimé Cotton, elle-même universitaire de renom, Eugénie Cotton animait l'Union des femmes françaises et le Mouvement de la paix.

3. Arcadi Vaksberg, *Lili Brik, portrait d'une séductrice*, Albin Michel, 1999.

4. André Spire, Stanislas Fumet, Vercors, sont aussi du bureau sous la présidence de Louis-Martin Chauffier. À la suite de la démission de ce dernier, Vercors est élu à la présidence.

5. Ces débats sont très bien analysés dans l'ouvrage de Gisèle Sapiro, *La Guerre des écrivains*, Fayard, 2000.

6. Francis Jourdain, 1876-1958, artiste, décorateur – il avait réalisé les décors de *L'Atalante* de Jean Renoir –, écrivain, libertaire et antifasciste, il se rapprochera dès les années vingt du PCF auquel il adhèrera en 1944.

7. Postface au volume 32 des *Œuvres romanesques croisées*.

8. *Le Mal du pays*, Préface au volume 27 des *Œuvres romanesques croisées*.

9. Préface à *La Lutte avec l'ange*, volume 14 des *Œuvres romanesques croisées*.

10. Pierre Daix, *Aragon*, Flammarion, 1994.

11. Postface au volume 32 des *Œuvres romanesques croisées*.

12. *Ibid.*

13. Les extraits que nous citons ici, ainsi que les principaux documents sur ce film, sont tirés de l'article de Marina Arias, *Le travail d'Elsa Triolet sur le scénario du film* Normandie-Niémen, in *Colloque pour le centenaire de la naissance d'Elsa Triolet, op. cit.*

14. Lettre à Simonov du 4 avril 1958.

15. Lettre à Simonov du 22 juillet 1958.

16. *Le double destin d'Elsa Triolet en Russie*, documents des archives moscovites, *Colloque pour le centenaire de la naissance d'Elsa Triolet, op. cit.*, p. 99.

Chapitre 9
Le grand inventaire

1. François Nourissier, *À défaut de génie*, Gallimard, 2000.

2. *Recherches croisées Aragon-Elsa Triolet*, n° 5

3. L'un des éléments importants du récit intitulé *L'Âme*.

4. Le musée Maïakovski à Moscou tentait d'imposer une image du poète conforme à la ligne imposée, après la mort du poète, par les idéologues staliniens.

Chapitre 10
Le chemin de la nuit en larmes

1. Lettre à Lili du 4 novembre 1968.

2. *Op. cit.*, pp. 314-315.

3. Collaborateur direct de Mikhaïl Souslov, secrétaire du Parti communiste de l'Union soviétique responsable à l'idéologie.

4. Journaliste à *Partiïnaïa jizn'*(La vie du Parti).

5. La publication des archives du Comité central du PCUS confirme, selon le traducteur et commentateur de la Correspondance entre Elsa Triolet et Lili Brik, Léon Robel, « le caractère délibéré et longuement mûri de cette campagne ».

6. Maïakovski, *Lettres à Lili Brik* (1917-1930), traduites par Andrée Robel, présentées par Claude Frioux (Gallimard, « Littératures soviétiques », 1969).

7. Colette Seghers, *Nous étions de passage*, Stock, 1999, pp. 187-188.

ÉCRITS D'ELSA TRIOLET[a]

À Tahiti, traduit du russe par Elsa Triolet, ORC, tome 1, 1964.

Fraise-des-Bois, traduit du russe par Léon Robel, préambule d'Aragon, Paris, Gallimard, 1974.

Camouflage, traduit du russe par Léon Robel, Paris, Gallimard, 1976.

Colliers, traduit du russe par Léon Robel, ORC, tome 40, 1973.

Bonsoir, Thérèse, Paris, Denoël, 1938.

Maïakovski, vers et proses. Souvenirs, Paris, Éditeurs français réunis, 1957.

Mille Regrets, Paris, Denoël, 1942.

Le Cheval blanc, Paris, Denoël, 1943.

Les Amants d'Avignon, Paris, Seghers, 1945.

Yvette, récit de 1943, La Bibliothèque française, 1944.

Qui est cet étranger qui n'est pas d'ici ? ou le mythe de la baronne Mélanie, Paris, Seghers, 1944.

Le premier accroc coûte deux cents francs, Paris, Denoël, 1945.

Ce n'était qu'un passage de ligne, Paris, Seghers, 1945.

Six entre autres, Nouvelles, Lausanne, La Guilde du Livre, 1945.

Anne-Marie, tome 1 : *Personne ne m'aime*, Paris, Bibliothèque française, 1952 ; tome 2 : *Les Fantômes armés*, Bibliothèque française, 1952.

Dessins animés, Bordas, 1947.

---

a. Les écrits sont rangés ici sous leur ordre d'écriture, la date de leur publication étant évidemment indiquée. Les articles sont trop nombreux pour être mentionnés ici. Nous désignons par ORC les *Œuvres romanesques croisées*.

L'Écrivain et le livre ou la suite dans les idées, Paris, Éditions sociales, 1948.

L'Inspecteur des ruines, La Bibliothèque française, 1948.

Le Cheval roux ou *Les Intentions humaines*, Paris, Gallimard, 1972.

L'Histoire d'Anton Tchekhov, Sa vie, son œuvre, Paris, Éditeurs français réunis, 1954.

Pour que Paris soit, photos de Robert Doisneau, Paris, Éditions Cercle d'Art, 1956.

Le Rendez-vous des étrangers, Paris, Gallimard, 1956.

Le Monument, Paris, Gallimard, 1957.

L'Âge de nylon, tome 1 : *Roses à crédit*, Paris, Gallimard, 1959 ; *Luna-Park*, Paris, Gallimard, 1959 ; *L'Âme*, Paris, Gallimard, 1963.

Les Manigances, Journal d'une égoïste, Paris, Gallimard, 1962.

Le Grand Jamais, Paris, Gallimard, 1963.

Écoutez-voir, Paris, Gallimard, 1968.

La Mise en mots, Genève, Skira, 1969.

Le rossignol se tait à l'aube, Paris, Gallimard, 1970.

Après la mort d'Elsa Triolet, un choix de ses *Chroniques théâtrales* ont paru chez Gallimard, en 1981.

Traductions

Les Montagnes et les hommes de M. Iline, Paris, Éditions Hier et aujourd'hui.

Vers et proses de Maïakovski, Paris, Éditeurs français réunis, 1957.

La Jeune Fille de Kachine (journal intime et lettres d'Ina Konstantinova), Paris, Éditeurs français réunis, 1950.

Le Portrait de Nicolas Gogol, Paris, Éditeurs français réunis, 1952.

Théâtre d'Anton Tchekhov, Éditeurs français réunis, 1954-1962.

La Poésie russe, édition bilingue sous la direction d'Elsa Triolet, Paris, Seghers, 1965.

Poèmes de Marina Tsvetaïeva, Paris, Gallimard, 1968.

Capitaine Fedotov de Victor Chklovski, Paris, Gallimard, 1968.

Remerciements

Je ne saurais trop dire combien je suis redevable à Michel Apel-Muller qui m'a généreusement ouvert les portes du moulin de Saint-Arnoult, me permettant d'en visiter les pièces, d'en arpenter le parc, avant de me faire profiter du trésor de sa bibliothèque, ressuscitée par les soins de la Fondation qu'il dirige. La richesse de sa connaissance de Louis Aragon et Elsa Triolet n'a d'égal que le dévouement qu'il porte à la mémoire des deux écrivains qui furent ses amis.

Merci à Jean Ristat qui m'a autorisée à consulter les archives du Fonds Elsa Triolet-Aragon du CNRS, Fonds pour l'étude duquel j'ai trouvé en Danièle Maïsetti une aide précieuse, attentive et disponible. Merci à François et Marie Thérèse Eychart de m'avoir accueillie et conseillée au début de ce travail ; merci surtout pour le remarquable travail réalisé par Marie-Thérèse Eychart pour la publication des *Écrits intimes* d'Elsa Triolet (1912-1939), et pour la chronologie d'Elsa Triolet réalisée par elle et publiée dans le compte rendu du *Colloque* consacré au centième anniversaire de la naissance d'Elsa Triolet, Paris, L'Harmattan, 2000.

Deux équipes participent aujourd'hui en France au travail concernant l'œuvre d'Aragon et celle d'Elsa Triolet : celle des enseignants et chercheurs de l'université de Besançon, de l'université d'Aix-en-Provence, de l'INALCO et de différentes personnalités qu'a fédérée Michel Apel-Muller et qui édite la revue *Recherches croisées Aragon-Elsa Triolet*, et la Société des amis d'Aragon et Elsa Triolet qui édite des

Annales, et la revue *Faites entrer l'infini*. De jeunes chercheuses ont publié des travaux et des thèses remarquables sur Elsa Triolet, et je ne saurais trop remercier, pour sa contribution à la connaissance de l'écrivain Elsa Triolet, Marianne Delranc, dont la thèse *D'Elza Triole à Elsa Triolet* (1991) analyse le passage du russe au français dans l'œuvre d'Elsa Triolet.

Les lecteurs de ce livre savent déjà que j'ai beaucoup emprunté à la remarquable publication de la *Correspondance* croisée entre Lili Brik et Elsa Triolet, publiée sous la direction de Léon Robel, et qui couvre les années 1921 à 1970, Gallimard, 2000, au livre de Gisèle Sapiro, *La Guerre des écrivains*, Fayard, 2000, ainsi qu'aux deux biographies d'Elsa Triolet publiées en France à ce jour, celle de Dominique Desanti, *Les Clés d'Elsa*, Paris, Ramsay, 1983, et celle de Lilly Marcou, *Les Yeux et la Mémoire*, Plon, 1994. Je n'ai ni la parfaite connaissance de l'histoire du communisme français de l'une, ni les résultats de recherches au sein même des archives russes de l'autre. Qu'elles ne voient dans ce livre que l'effort de continuer un travail dont nous espérons qu'il participera à mieux faire connaître, et à mieux apprécier, l'écrivain que fut Elsa Triolet.

INDEX

TABLE DES MATIÈRES

Cet ouvrage a été réalisé par

FIRMIN DIDOT

GROUPE CPI

Mesnil-sur-l'Estrée

pour le compte des Éditions Flammarion
en décembre 2000

Imprimé en France
Dépôt légal : janvier 2001
N° d'édition : 773001 – N° d'impression : 53971